COLLECTION
FOLIO HISTOIRE

Orlando Figes

Les Chuchoteurs

Vivre et survivre sous Staline

I

Traduit de l'anglais
par Pierre-Emmanuel Dauzat

Préface d'Emmanuel Carrère

Denoël

Dans la même collection

LA RÉVOLUTION RUSSE. 1891-1924 : LA TRAGÉDIE D'UN PEUPLE, tome I, *nº 170*.

LA RÉVOLUTION RUSSE. 1891-1924 : LA TRAGÉDIE D'UN PEUPLE, tome II, *nº 171*.

La présente édition des *Chuchoteurs* est constituée de deux tomes dont la pagination est continue. Le tome premier comporte les chapitres I à IV et les notes correspondantes. Le tome second comporte les chapitres V à IX et les notes correspondantes, ainsi que les sources et un index des noms.

Sauf les exceptions qui suivent (indiquées par les numéros de page où elles figurent) toutes les photographies sont reproduites avec l'autorisation de leurs possesseurs, qu'elles viennent d'archives familiales ou privées ou des archives de Mémorial (MM, MP, MSP) : GARF : 91 ; RGAE : 93, 404, 406 ; RGALI : 61, 153, 268, 275, 366 ; TASS : 412, 417 ; TsGAKFD : 294.

Titre original :

THE WHISPERERS
PRIVATE LIFE IN STALIN'S RUSSIA

Éditeur original :
Allen Lane, an imprint of Penguin Books, Londres, 2007.

Diplômé de Cambridge, Orlando Figes enseigne actuellement l'histoire à la London University. Spécialiste de l'histoire contemporaine de la Russie et, plus généralement, de l'Europe de l'Est, il est notamment l'auteur de *La Révolution russe. 1891-1924 : la tragédie d'un peuple* et collabore à de nombreuses revues, dont *Granta*, *The New York Review of Books* et *The New Statesman*.

À ma mère, Eva Figes (née Unger, Berlin, 1932),
et à la mémoire de la famille que nous avons perdue

PRÉFACE

J'ai rarement vu mon ami Olivier Rubinstein, le patron de Denoël, aussi fier et enthousiaste que quand il a publié en 2007 *La Révolution russe — 1891-1924 : la tragédie d'un peuple*, traduction française du livre d'Orlando Figes, *A People's Tragedy*. Il aurait voulu l'offrir à tout le monde et allait répétant : lisez, lisez, vous allez voir ce que vous allez voir. Il me l'a offert, j'ai vu. C'est un livre extraordinaire. Ce qui le rend si extraordinaire, ce ne sont pas tant les thèses que l'auteur développe — encore qu'elles soient neuves et originales — que la façon dont il entrelace le récit minutieux des grands événements et les histoires personnelles des individus qui, en première ligne ou non, y ont été mêlés. Certains, comme Maxime Gorki, le général Broussilov et le prince Lvov, sont très connus, d'autres, comme le réformateur paysan Sergueï Semenov ou le soldat-commissaire Dimitri Oskine, inconnus, même des historiens, et tous ces héros, majeurs ou minuscules, se côtoient avec autant de naturel que, dans *La Guerre et la Paix*, le général Koutouzov et le moujik Platon Karataïev. Orlando Figes est le contraire d'un historien qui romance, il est difficile d'imaginer un chercheur plus respectueux de ses sources et un analyste plus rigoureux, il n'empêche qu'il déploie des talents de romancier — souplesse du récit, fusion de la narration et du commentaire, art du portrait, empathie avec tous les personnages — qui m'ont donné l'impression de me trouver devant tout autre chose qu'un excellent travail universitaire : un grand livre, et j'ai compris, c'est la loi des coups de foudre littéraires, que j'allais lire tout ce que son auteur écrirait ou avait déjà écrit. *La Révolution russe* paraissait en France avec dix ans de retard, au cours de ces dix ans il avait publié deux livres monumentaux que j'ai commandés sur Amazon et, bien que lire en anglais me demande un sérieux effort, dévorés. Le premier, *Natasha's Dance*, relève du genre le plus casse-gueule qui soit puisque c'est une histoire culturelle de la Russie, de la fondation de Saint-Pétersbourg à la fin de l'ère soviétique, et c'est une parfaite réussite, qu'il faudrait évidemment traduire. Le second, c'est celui que vous avez entre les mains et c'est à mon avis le plus beau, l'apogée de la méthode Figes.

L'édition en livre de poche des *Voyages de Gulliver* qui avait cours pendant mon adolescence comportait une préface de Maurice Pons, et cette préface m'enchantait parce que le père de Maurice Pons était un grand angliciste, *le* spécialiste incontesté de Swift en France, et que son fils racontait une enfance passée à l'ombre de Swift, dans son commerce quotidien, avec des portraits de Swift au mur, des blagues rituelles sur les Houyhnhnms et les Yahoos et tous les swiftiens de la terre défilant à la table familiale. J'ai exactement le même rapport avec l'histoire soviétique, dont ma mère, Hélène Carrère d'Encausse, est la grande spécialiste française. Petit garçon, j'ai sauté sur les genoux de ses prestigieux aînés, Richard Pipes, Alec Nove, Moshe Lewin ou Leonard Schapiro, et je considère ses brillants cadets, Figes ou Simon Sebag Montefiore, comme des sortes de cousins qui auraient repris la boutique. Il m'a fallu du temps pour assumer cet héritage, je m'en suis longtemps tenu prudemment éloigné, mais depuis que je suis adulte aucune période de l'histoire universelle ne me passionne autant, et d'une passion aussi constante, que les soixante-douze ans de l'expérience soviétique.

J'ai lu presque tous les témoignages accessibles de ceux qui l'ont vécue (la sainte trinité Soljenitsyne-Chalamov-Evguenia Guinzbourg, mais aussi tant d'autres qui, sans avoir été au Goulag, ont connu le goût cendreux de la vie quand on a peur). J'ai lu les romans de ceux qui, de première ou de seconde main, en ont donné des représentations plus ou moins teintées d'imaginaire. Et j'ai lu des dizaines, peut-être même des centaines de livres d'historiens. Tous m'inspirent la même fascination, mais aussi la conscience qu'un gouffre sépare ceux qui ont éprouvé dans leur chair cette expérience de la peur perpétuelle, de la faim jamais bien loin, du mensonge généralisé, de ceux qui sans l'avoir éprouvée essayent de la comprendre et de la décrire. C'est ainsi, cela ne disqualifie pas les seconds, et cela vaut d'ailleurs pour des expériences plus communes que les purges et les camps : je viens d'écrire un livre où il est question de cancer, je n'ai jamais eu de cancer, tant mieux pour moi, pourvu que ça dure, je ne sais donc pas de quoi je parle. Je sais en revanche que c'est une des frontières qui séparent l'humanité en deux : d'un côté ceux qui ont connu la maladie mortelle, de l'autre ceux qui ne la connaissent pas ; d'un côté ceux qui ont été dans un camp de concentration, de l'autre ceux qui ont juste lu des livres dessus. Alors on pourrait dire que seuls ceux qui sont du bon côté de la frontière (c'est-à-dire du mauvais) savent de quoi ils parlent et méritent d'être écoutés. D'une certaine façon c'est vrai, mais d'une certaine façon seulement : car il existe une catégorie particulière de gens qui savent mieux que les autres écouter et ensuite faire entendre ce qu'ils ont écouté. Des gens dont le talent particulier est de savoir se tenir face à l'expérience d'autrui et la faire résonner en eux-mêmes, lui donner forme, la transmettre. Martin Amis, qui partage ma passion pour tout ce qui est soviétique, note justement dans son livre sur Staline, *Koba la terreur* : « Votre fauteuil n'est jamais si confortable, votre bureau jamais si chaud, votre certitude de l'imminence du dîner jamais si grande que lorsque vous lisez un livre sur le Goulag. » Je suis certain que le bureau et le fauteuil d'Orlando Figes à Cambridge sont confortables et jamais il ne cherche à sortir de son rôle d'historien, mais je n'ai jamais non plus lu un livre d'historien qui donne l'impression de s'aventurer si près de l'infranchissable frontière dont je parlais plus haut.

À la différence des précédents, composés sur la base d'archives, *Les Chuchoteurs* est un livre d'histoire orale. Orlando Figes en a formé le projet alors qu'il était un très jeune chercheur, à Moscou, dans les premières années de la *perestroïka*, c'est à cette époque qu'il a rencontré la famille Golovnia dont vous allez bientôt faire la connaissance, mais il s'y est vraiment mis quand il n'a plus été possible de différer. Ce livre réfléchi et majestueux est né d'une urgence : la génération qui avait accédé à l'âge adulte sous Staline était en train de disparaître, ceux qui avaient connu la répression avaient plus de quatre-vingts ans, ils mouraient les uns après les autres et, certes, beaucoup laissaient des Mémoires ou des témoignages, mais il restait à faire quelque chose qui ne pouvait être fait qu'à ce moment-là, juste avant que les dernières voix se taisent, et par quelqu'un du dehors, quelqu'un qui savait tout ce qu'il est humainement possible de savoir de cette expérience quand on ne l'a pas soi-même vécue.

Dans un autre livre exactement contemporain, on sent la même urgence et le même devoir : je parle des *Disparus*, où Daniel Mendelsohn relate des années de recherches et de voyages visant à apprendre *tout* ce qu'en se donnant beaucoup de mal il est encore possible d'apprendre, soixante ans plus tard, sur les six membres de sa famille maternelle qui ont été exterminés dans un *shtetl* de Galicie en 1942 : les circonstances exactes de leur mort, les détails exacts de leur vie. *Les Disparus* et *Les Chuchoteurs* sont parus la même année, ils ont été écrits par des hommes du même âge, qui est aussi le mien, et bien que le premier soit autobiographique, ce que le second n'est en aucune façon, bien que le premier soit explicitement du côté de la littérature, à quoi le second atteint sans jamais y prétendre, on éprouve à les lire des émotions très voisines. Je pense qu'Orlando Figes, même s'il ne le dit pas, a dû être tenaillé, aiguillonné, par l'obsession que Daniel Mendelsohn décrit très bien : celle du dernier coup d'œil en arrière, du moment où on se dit qu'on a tiré tout ce qu'on pouvait d'une source ou d'un témoin. Si on restait une heure de plus, pourtant, si on posait une question de plus ou laissait se prolonger un silence de plus, si on buvait une tasse de thé ou un verre de vodka de plus, peut-être apprendrait-on quelque chose de plus, quelque chose de précieux ou même de décisif, quelque chose qui change tout ce qu'on croyait savoir. On soupçonne cela, on voudrait creuser toujours davantage, en même temps il faut bien s'arrêter à un moment, on ne peut pas rester toute sa vie dans cette cuisine, et alors on s'en va, et cette petite vieille qu'on quitte, dont la maison rapetisse puis disparaît dans le rétroviseur, on sait qu'on ne la reverra plus, qu'elle va bientôt mourir, et sa mémoire avec elle, et que la question si importante à laquelle on n'a pas pensé, la question que soulèvera une autre rencontre, plus tard, et dont elle seule peut-être avait la réponse, on ne pourra plus jamais la lui poser. C'est fini, c'est trop tard, il n'y a pas de seconde chance.

La matière du livre d'Orlando Figes, ce sont — outre des Mémoires inédits — de très longs entretiens conduits avec des centaines de personnes, toutes à peu près du même âge, mais d'origines géographiques et sociales très diverses, et toutes, à la notable exception de l'écrivain Constantin Simonov, qui tient ici le rôle dévolu dans *La Révolution russe* à Maxime Gorki, inconnues. Inconnues mais pas, ou plus, anonymes. Figes a travaillé avec le concours de la société Mémorial, créée en 1988 pour commémorer les quelque vingt-cinq millions d'êtres humains qui ont été non seulement tués mais délibérément effacés de la mémoire. Et les commémorer, c'est d'abord les nommer. En cela, comme Yad Vashem à Jérusalem, Mémorial et ce livre exaucent le vœu d'Anna Akhmatova dans *Requiem* : « Je voudrais, tous, vous appeler par vos noms. » Ou, pour le dire avec les mots d'Orlando Figes évoquant à la fin ses héros : « En un sens très réel, c'est leur livre. Je n'ai fait que leur donner la parole. Ce sont des histoires pour nous ; pour eux, c'est leur vie. »

Pendant soixante-douze ans, on a mené en Union soviétique une expérience à grande échelle visant à créer un nouvel être humain. L'aspect le plus immédiatement visible de l'expérience, celui qui était revendiqué et mis en avant, consistait à abolir la propriété privée. Son aspect ultime (encore que, comme disait Philip K. Dick, un connaisseur, on n'ait jamais affaire en ces matières qu'à des « vérités avant-dernières », *penultimate truths*) consistait à abolir la réalité. Il était moins explicitement revendiqué, mais c'est tout de même à un compagnon de Lénine, Piatakov, et non à George Orwell, qu'on doit cette phrase : « Un vrai bolchevik, si le Parti l'exige, est prêt à croire que le noir est blanc et le blanc noir. » C'est de cet aspect-là que l'expérience soviétique tire cette qualité fantastique, à la fois monstrueuse et monstrueusement comique, que met en lumière toute la littérature souterraine, du *Nous autres* de Zamiatine aux *Hauteurs béantes* de Zinoviev en passant par *Tchevengour* de Platonov. C'est cet aspect-là qui fascine tous les écrivains capables, comme Dick, comme Martin Amis ou comme moi, d'absorber des bibliothèques entières sur ce qui est arrivé à l'humanité en Russie au siècle dernier, et que résume parfaitement un de mes préférés parmi ses historiens, Martin Malia : « Le socialisme intégral n'est pas une attaque contre des abus spécifiques du capitalisme mais contre la réalité. C'est une tentative pour abroger le monde réel, tentative condamnée à long terme mais qui sur une certaine période réussit à créer un monde surréel défini par ce paradoxe : l'inefficacité, la pénurie et la violence y sont présentées comme le souverain bien» (*La Tragédie soviétique*). Ou encore, Leszek Kolakowski: «Des individus sous-alimentés, dépourvus du strict nécessaire vital, assistaient à des réunions où ils répétaient les mensonges du gouvernement sur leur bien-être et leur prospérité, et curieusement, ils croyaient à moitié à ce qu'ils disaient. La vérité, ils le savaient, était l'affaire du Parti, les mensonges devenaient donc vrais même s'ils contredisaient ce qu'on pouvait observer dans la réalité. Ils vivaient dans deux mondes étanches et cette schizophrénie fut la réussite la plus remarquable du système soviétique» (*Histoire du marxisme*).

Sur le chemin qui, de l'abolition de la propriété, conduit à celle de la réalité, un troisième aspect de l'expérience a consisté à abolir la vie privée. C'est sous cet angle-là qu'Orlando Figes examine le système soviétique.

Un vrai bolchevik, disait Khrouchtchev, est bolchevik même quand il dort. Non seulement il est bolchevik avant d'être père ou mari, mais le fait d'être père ou mari menace la qualité de son bolchevisme et on donne en exemple quiconque s'affranchit de ces liens personnels, par essence contre-révolutionnaires. L'homme nouveau, comme Sergueï Goussev dans le premier chapitre de ce livre, ne reconnaît pas sa fille abandonnée quinze ans plus tôt pour le service exclusif du Parti et, si elle se présente à lui, l'accueille d'un haussement d'épaules distrait (quant à la fille, elle trouve cette réaction tout à fait normale et Lénine adorait que, plus tard, elle lui raconte l'anecdote). L'homme nouveau s'exalte à l'idée que chacun, dans la société nouvelle, surveille l'ardeur révolutionnaire de son prochain, et si son prochain est son père, s'il peut le dénoncer à la Tcheka et obtenir qu'il soit exécuté, c'est encore mieux, il devient un héros comme le jeune Pavlik Morozov, dont le Parti a organisé le culte dans les années 30. L'homme nouveau, si on lui dit, comme Staline à Kaganovitch : « Il paraît que ton frère fricote avec des droitiers », répond placidement : « Alors, il faut régler son cas » et le règle sans tarder : le frère se suicide le jour même et s'il ne s'était pas suicidé on l'aurait envoyé au Goulag. L'homme nouveau pense ce que pense le frère cadet d'Elena Bonner le jour où on arrête leur père : « C'est fou, ça ! Ces ennemis du peuple, ils arrivent même à se glisser dans les papas ! », et se réjouit qu'on l'ait débusqué.

Je relève ces quelques exemples au hasard de mes notes, il y en a des dizaines dans le livre, et, les relevant, je m'avise tout à coup que je les présente comme monstrueux, que l'auteur auquel je les emprunte et certainement le lecteur qui nous lit les trouvent monstrueux aussi, mais que des traits semblables dans Plutarque sont jugés admirables et qu'on peut trouver de la grandeur, antique ou cornélienne, à la réponse de Staline quand les Allemands lui ont proposé d'échanger contre le feld-maréchal Paulus son propre fils Iakov, qui venait d'être fait prisonnier : « Je n'échange pas de feld-maréchaux contre de simples lieutenants » — et que périsse Iakov, qui se suicida en se jetant contre les barbelés de son camp de concentration ! Albert Camus disait qu'entre la justice et sa mère il préférerait toujours sa mère, et nous sommes dans des sociétés où nous vivons à peu près tous d'accord avec lui, je trouverais dommage pourtant que nous devienne totalement incompréhensible l'héroïsme qu'il y a à choisir, si coûteux que ce soit, un idéal commun contre ses affections privées. Si la Révolution avait *vraiment* fait le bonheur des hommes et si le père de Pavlik Morozov avait *vraiment* risqué de l'en empêcher, comme des millions de gens l'ont cru en toute bonne foi, est-ce que Pavlik Morozov et surtout la société qui inspire et exalte les Pavlik Morozov nous sembleraient aussi haïssables ? La question est purement rhétorique, dans la mesure où le père de Pavlik Morozov était comme tous les koulaks un ennemi imaginaire et la Révolution une machine à dévorer ses enfants et à étendre exponentiellement l'empire du mensonge, et là où on s'en rend bien compte, *a contrario*, c'est dans le chapitre magnifique qu'Orlando Figes consacre à la guerre et à l'immense *soulagement* psychique qu'ont représenté les souffrances de la guerre pour des millions de Russes. Pour des millions de Russes, pour Akhmatova aussi bien que pour Simonov, ces années de guerre ont été les plus belles de leur vie et ils en ont jusqu'à leur mort gardé la nostalgie. C'est qu'on souffrait alors pour quelque chose, pour sa patrie, pour son village, pour les siens. C'est que les sacrifices avaient un sens et que l'emprise du mensonge se relâchait. C'est que l'on combattait enfin des ennemis véritables, alors que pendant la collectivisation, puis la Grande Terreur, les ennemis du peuple, c'était le peuple lui-même.

Antonina Golovina, sur l'émouvante figure de qui s'ouvre et se ferme le livre, a porté toute sa vie le poids d'une biographie « souillée ». En 1934, âgée de onze ans et en butte aux persécutions de son institutrice, elle a écrit avec une camarade d'infortune une lettre au directeur de leur école où elles faisaient valoir qu'étant des enfants, ce n'était pas leur faute si leurs parents avaient été des koulaks. Sur mon exemplaire, à la page 145 de l'édition anglaise, j'ai noté avec stupeur : « C'est la première fois depuis le début du livre que quelqu'un avance cet argument. » Que les fils ne puissent être tenus pour responsables des crimes des pères (en mettant de côté la question de la réalité de ces crimes), cela nous semble une des bases de la justice, un critère de l'avancement d'une civilisation et, curieusement, Staline lui-même a éprouvé le besoin de rappeler ce principe dans une directive de 1935. Pourtant, dans la Russie soviétique, ce n'était même pas un principe formel, quelque chose à quoi on pouvait théoriquement se référer — ce qui explique mon étonnement devant le fait que cet argument soit venu à l'esprit de la petite Antonina Golovina. Il va de soi pour nous, mais il était aussi hors de propos, dans le contexte, et témoignait par conséquent d'une intrépidité morale aussi vive que celui de cet officier du NKVD qui un beau jour avait trouvé « totalement erroné » de fixer à l'avance le nombre de gens à arrêter et à fusiller dans un district, indépendamment de ce qu'on pouvait avoir à leur reprocher (l'officier du NKVD fut aussitôt arrêté et fusillé). Si certains ont eu un peu de mal à simplement *saisir* le principe de quotas qui présidait aux purges (dans un passage extraordinaire du *Vertige*, Evguenia Guinzbourg décrit son effarement au moment où elle comprend que les gens sont arrêtés *par ordre alphabétique*), tout le monde avait intériorisé la loi selon laquelle la femme ou l'enfant d'un ennemi du peuple étaient par contagion des ennemis du peuple eux aussi.

Malgré le peu de cas que l'idéologie soviétique, au moins dans ses temps héroïques, faisait de la famille, malgré le soin qu'elle prenait d'en séparer les membres, d'affranchir les enfants de l'influence délétère de leurs parents, dès qu'il s'agissait de punir la solidarité reprenait ses droits et personne apparemment ne voyait rien d'étonnant à ce qu'il existe au Kazakhstan un camp de travail pour les femmes des traîtres à la patrie et des mini-Goulags pour leurs enfants. Personne ne trouvait étonnant que ces derniers deviennent, lorsqu'ils survivaient, des citoyens de seconde zone, proscrits du Komsomol, de l'Université, de l'Armée rouge, du Parti, des *usual suspects* dès qu'il fallait trouver des responsables à une nuisance, et cet état de fait mais encore plus d'esprit constitue le cadre d'une grande partie des histoires racontées dans ce livre. Il y a ceux qui essayent de s'en sortir en dissimulant leurs origines de classe, en se bricolant de fausses biographies, qui passent toute leur vie dans la hantise d'être démasqués : ainsi ce mari et cette femme qui vivent plus de vingt ans ensemble, qui s'aiment mais ne s'avoueront jamais qu'ils ont grandi tous deux dans des colonies pour enfants d'ennemis du peuple. Il y a ceux qui espèrent faire oublier la tache sur leur biographie en faisant du zèle, et comme faire du zèle, c'est dénoncer, les organes n'auront pas de meilleurs auxiliaires que les enfants de koulaks ou de purgés. Il y a les femmes qui renient leur mari (pour les y encourager, le coût du divorce, qui était de 500 roubles, descendait à 3 roubles quand on divorçait d'un prisonnier), les enfants qui renient leurs parents et, plus déchirant encore, les parents qui encouragent leurs enfants à les renier, qui espèrent qu'ils les renieront et qu'ils les renieront *sincèrement*, parce que ainsi ils seront mieux armés pour survivre. Il y a ceux qui, parce que cela permet de vivre, se forcent à croire vraiment ce qu'au fond d'eux-mêmes ils croient faux. Il y a ceux qui sont revenus de là où personne ne pensait qu'ils reviendraient, et ce moment où, comme dit Akhmatova, elle encore, « deux Russie se regarderont les yeux dans les yeux : la Russie qui a emprisonné, et celle qui a été emprisonnée ». Il y a les enfants abandonnés qui se transforment en adultes du jour au lendemain, ces millions d'enfants nés dans les années 30 qui se sont retrouvés à la rue, en bandes affamées et pillardes, et au bénéfice desquels on a abaissé à douze ans (*douze ans !*) l'âge de la responsabilité pénale, donc de la peine de mort… Bref.

Chacune de ces histoires de familles, d'amour et de désespoir qu'il a recueillies à la source, Orlando Figes les rapporte au style indirect, avec un mélange unique d'émotion et de réserve, de concision et de sens du détail superbement servis par la traduction de Pierre-Emmanuel Dauzat. Mais il ne se contente pas de les rapporter, il les organise, les monte, les entrelace, les éclaire les unes par les autres de telle sorte qu'ensemble elles racontent la grandiose et effroyable Histoire de l'Union soviétique. Toutes ou presque sont tragiques, mais elles le sont de façons différentes. Les unes sont atroces, les autres poignantes. Les unes nous disent, comme Varlam Chalamov, que cette tentative gigantesque pour extirper du cœur de l'homme tout ce qui le fait humain a réussi ; les autres, comme Evguenia Guinzbourg, qu'elle a malgré tout échoué, qu'on peut affamer l'homme, le torturer, le priver de tous repères, exercer sur lui les chantages moraux les plus subtils, mais pas lui prendre son âme — ou du moins, pas toujours. Que la peur, la faim et le mensonge font sortir le pire mais aussi des actes de bonté extraordinaires. Chacun se fera en lisant ce livre son anthologie personnelle, choisira les microromans, les héros, les moments de vérité qui le touchent le plus. Les miens, ce sont les dernières heures de Ioulia Piatnitskaïa, telles qu'une très vieille femme qui était avec elle au camp de Karaganda les raconte à son fils, cinquante ans plus tard, contre sa dernière volonté. Ce sont les lettres écrites par l'économiste Kondratiev (l'inventeur des « cycles de Kondratiev » dont on me parlait à Sciences Po) à sa fille bien-aimée, Elena, qui avait cinq ans lors de son arrestation, c'est le conte qu'il a écrit et illustré pour elle juste avant d'être abattu et sans qu'elle sache évidemment pourquoi il a ensuite arrêté de lui écrire. C'est le dessin du « coin de papa » fait par un autre *zek*, plutôt mieux loti celui-là, et je me rends bien compte, et je sais bien pourquoi, que ce qui me fait pleurer à tous les coups, ce sont les histoires de pères séparés de leurs petites filles — comme dans *Soleil trompeur*, le film roublard et pourtant bouleversant de Nikita Mikhalkov. Je relis mes notes, il y a mille choses encore dont je voulais parler, je m'aperçois que je n'ai rien dit de Constantin Simonov mais tant pis, vous n'allez pas tarder à faire sa connaissance. Je ne veux pas terminer cette préface, en revanche, sans avoir écrit le nom de Claudia Alexeïeva, la directrice d'école qui au plus fort des purges a protégé, parmi tant d'autres, les petites Elena Bonner et Ida Slavina. « Je voudrais, tous, vous appeler par vos noms. » Ils ne sont pas tous là, seulement quelques centaines sur vingt-cinq millions, mais ils parlent pour les autres. Écoutez-les.

EMMANUEL CARRÈRE

NOTE SUR LES NOMS PROPRES

Dans cet ouvrage, les noms russes sont orthographiés conformément au système de translittération d'usage courant en français, mais certaines graphies ont été légèrement modifiées. Dans les noms russes, la terminaison « ii », rendue naguère par « y », a été réduite à un simple « i » (Trotskii, Trotsky, Trotski). Pour faciliter la prononciation, on a opté pour Piotr, plutôt que Petr, Semion plutôt que Semen, et Andreïev plutôt qu'Andreev. En revanche, Evguenia, dont l'usage s'est imposé en français, a été conservé de préférence à Ievguenia, plus proche de la prononciation russe. De même a-t-on retenu Mandelstam, plutôt que Mandelshtam. Dans d'autres cas, on a choisi des graphies simples et familières afin d'aider le lecteur à identifier les noms russes qui occupent une place de choix dans le corps du texte : Ioulia, au lieu de Iuliia, Lydia plutôt que Lidiia. Dans un souci de clarté, on a aussi abandonné le signe doux russe de tous les noms de personnes et de lieux (Iaroslav' devient donc Iaroslav, et Noril'sk, Norilsk). Toutefois, dans les notes, les références bibliographiques respectent la translittération de la Bibliothèque du Congrès afin d'aider les lecteurs qui le souhaitent à retrouver les sources citées. Il en va de même pour les noms d'auteurs d'articles ou de livres non traduits en français, transcrits à l'identique, sauf exception, dans le corps du texte et les notes. Chaque fois que possible, la version française indique les traductions disponibles et complète la référence en conséquence, mais en suivant la graphie consacrée par l'usage en France (*ee* = eïe ; *ge* = gue ; *k* = c ; *ks* = x ; *ch* = tch ; *sh* = ch ; *u* = ou ; *zh* = j ; *ii* = i ; *y* = i).

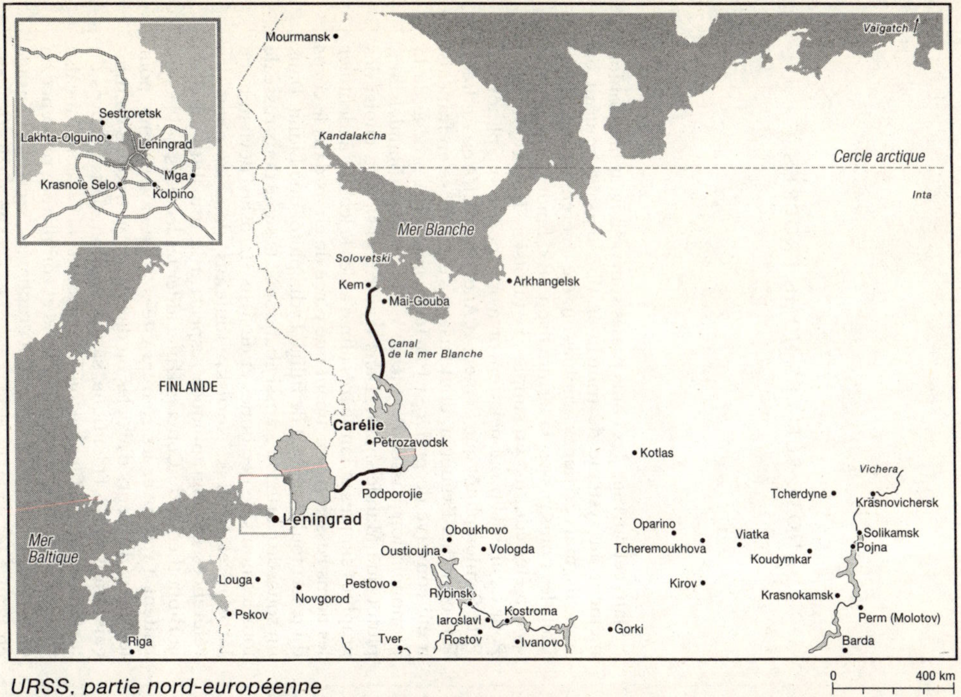

URSS, partie nord-européenne

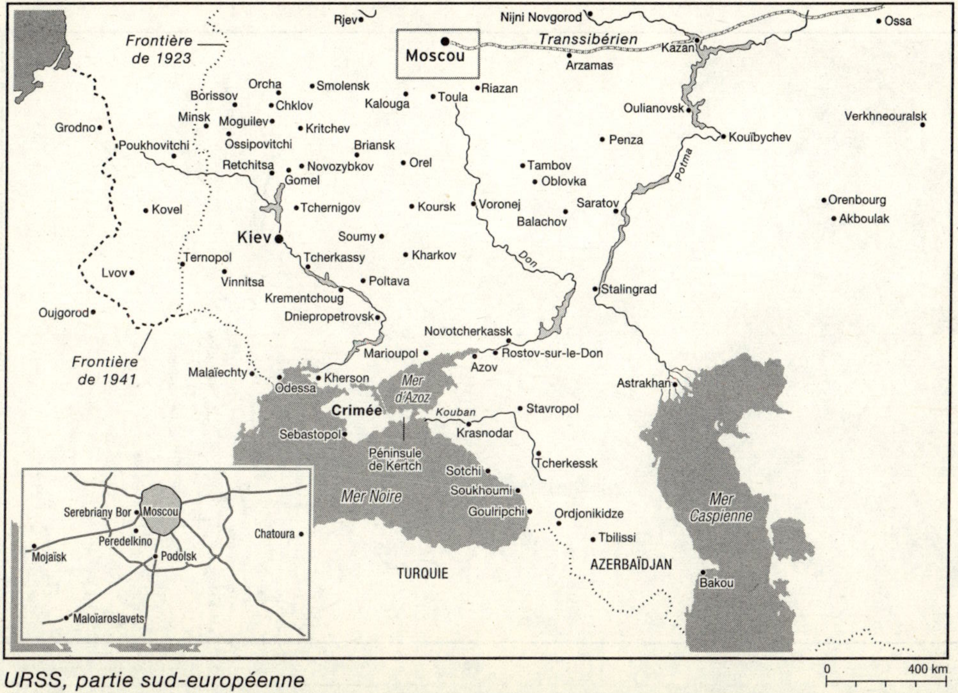

URSS, partie sud-européenne

Sibérie occidentale et centrale

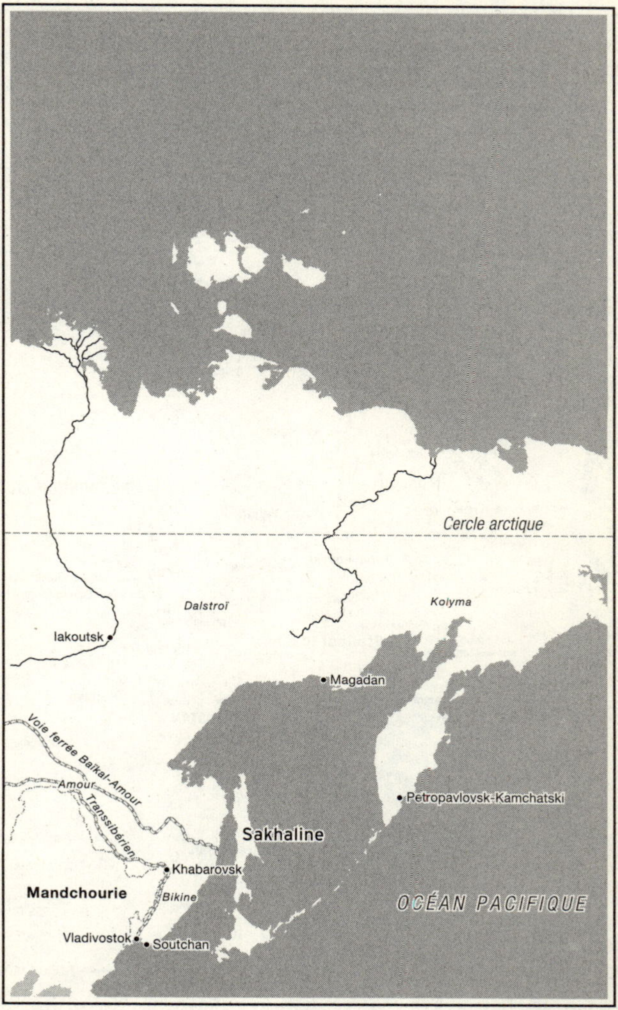

Sibérie orientale

L'Union soviétique sous Staline

Mer des Tchouktches
OCÉAN PACIFIQUE
ARCTIQUE
Leninka
Mer de Sibérie orientale
Ambartchik
Kolymskaïa
Dalstroï
Mer de Laptev
Elguen
Mylga
Magadan
Dalstroï
rilsk
Iakoutsk
Mer d'Okhotsk
ourkhansk
FÉDÉRATIVE SOVIÉTIQUE DE RUSSIE (RSFSR)
Lena
Kraslag
Bourlag
Krasnoïarsk
Ioujsiblag
Lac Baïkal
Khabarovsk
Irkoutsk
Tchita
Ienisseï
Vladivostok
RÉPUBLIQUE POPULAIRE DE MONGOLIE
Mer du Japon
JAPON
CORÉE
CHINE
0
300
600
900 km

Familles Simonov et Laskine

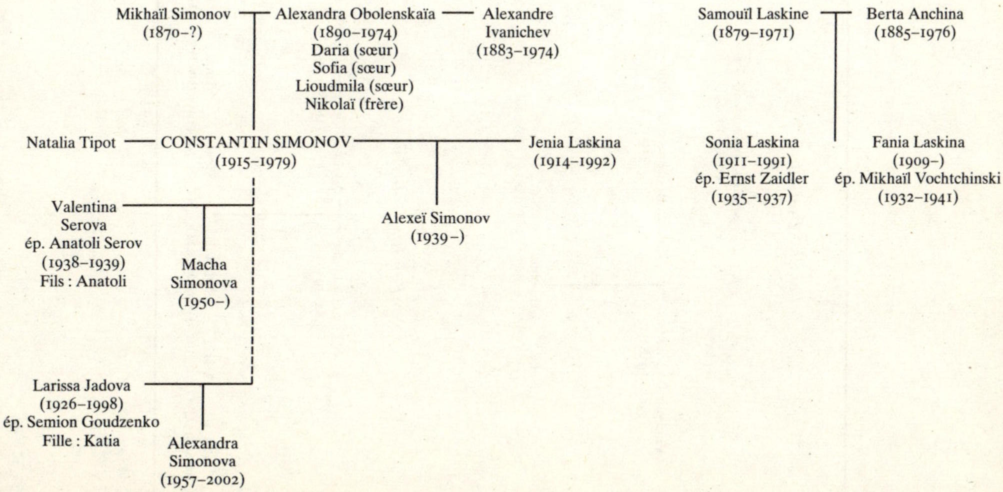

Famille Bouchouïev

Maria Kamenchtchikova
(1884–1962)

Vladimir Bouchouïev (1906–1938) — Zinaïda Bouchouïeva (Kamenchtchikova) (1908–1992)

Nelly (1933–) | Angelina (1937–) | Slava (1938–)

Famille Golovine

Nikolaï Golovine (1882–1958) — Evdokia Golovine (Soboleva) (1886–1955)

Ivan (1907–1941) | Maria (1910–1985) | Nikolaï (1912–1941) | Alexeï (1915–1974) | Anatoli (1920–1941) | Antonina (1923–2006)

Famille Fourseï-Guerman

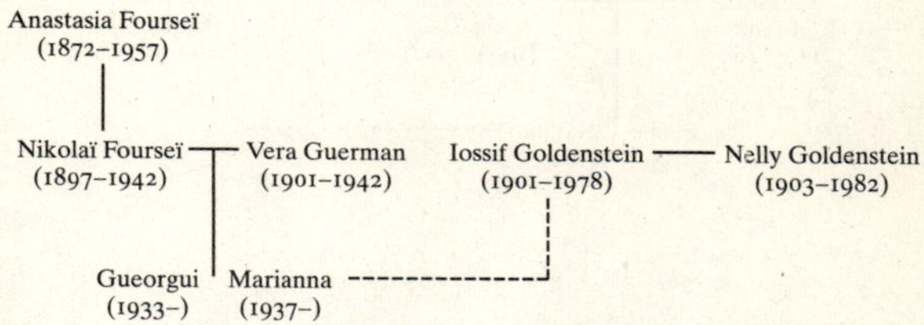

Famille Golovnia-Babitski

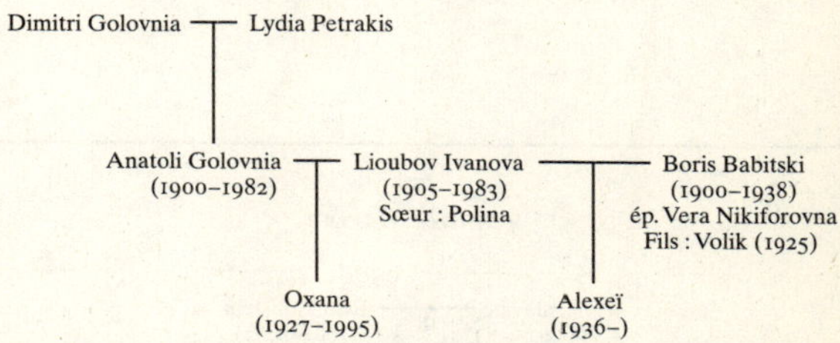

Famille Konstantinov

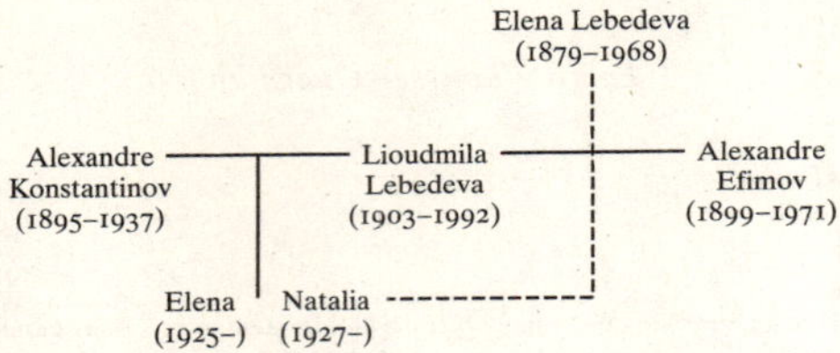

Famille Nizovtsev-Karpitskaïa

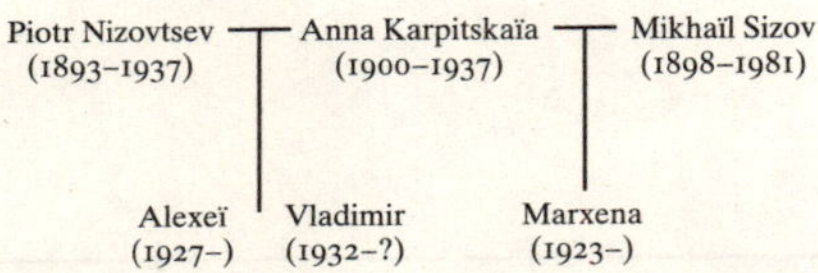

Famille Slavine

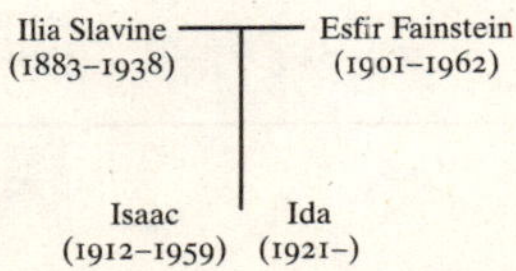

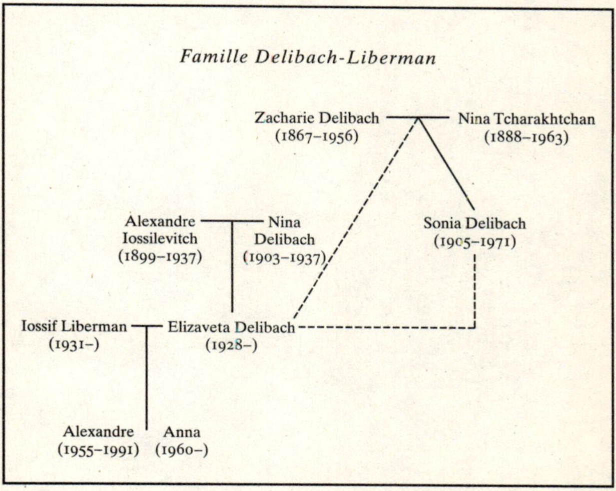
Famille Delibach-Liberman
Zacharie Delibach (1867–1956)
Nina Tcharakhtchan (1888–1963)
Alexandre Iossilevitch (1899–1937)
Nina Delibach (1903–1937)
Sonia Delibach (1905–1971)
Iossif Liberman (1931–)
Elizaveta Delibach (1928–)
Alexandre (1955–1991)
Anna (1960–)

INTRODUCTION

Antonina Golovina avait huit ans quand elle fut exilée avec sa mère et ses deux petits frères en Sibérie, dans la lointaine région de l'Altaï. Son père avait été arrêté et condamné à trois ans de camp de travail en tant que « koulak » et paysan « riche » au cours de la collectivisation de leur village, en Russie du Nord ; la famille avait perdu tous ses biens domestiques, ses outils agricoles et son bétail au profit de la ferme collective[a]. La mère d'Antonina n'eut droit qu'à une heure pour emballer quelques vêtements en vue de ce long voyage. La maison que les Golovine habitaient depuis des générations fut ensuite détruite, et le reste de la famille dispersé : les frères et la sœur aînés d'Antonina, ses grands-parents, ses oncles, tantes et cousins fuirent dans toutes les directions pour éviter l'arrestation, mais la plupart se firent prendre par la police et furent exilés en Sibérie, ou envoyés dans les camps de travail du Goulag. Pour beaucoup, on ne devait plus jamais les revoir.

Antonina passa trois années dans une « colonie

a. On se reportera à l'arbre généalogique de la famille Golovine en page 34.

spéciale », un camp forestier composé de cinq baraques de bois, le long d'une rivière, où étaient logés un millier de « koulaks » avec leur famille. Le premier hiver, d'abondantes chutes de neige eurent raison de deux baraquements, obligeant une partie des exilés à vivre dans des trous creusés à même le sol gelé. La neige isolant la colonie, il n'y avait aucune livraison de nourriture, si bien que les exilés devaient vivre de ce qu'ils avaient apporté avec eux. Ils furent si nombreux à mourir de la faim, du froid et du typhus qu'il était impossible de les enterrer ; on se contenta d'entasser les cadavres gelés jusqu'au printemps, où on les jeta dans la rivière.

Antonina rentra d'exil avec sa famille en décembre 1934 ; son père les rejoignit dans un logement d'une pièce à Pestovo, une ville pleine d'anciens « koulaks » et de leur famille. Mais le traumatisme subi marqua sa conscience d'une grande cicatrice, et la blessure la plus profonde de toutes fut le stigmate de ses origines « koulaks ». Dans une société où la classe sociale était tout, Antonina fut flétrie comme une « ennemie de classe », exclue des écoles supérieures et de maints emplois tout en demeurant toujours vulnérable aux persécutions et aux arrestations lors des vagues de terreur qui balayèrent le pays sous le règne de Staline. Son sentiment d'infériorité sociale nourrit ce qu'Antonina elle-même appelle une « espèce de peur » : « Parce que nous étions des “koulaks”, le régime pouvait nous faire n'importe quoi, nous n'avions aucun droit et devions souffrir en silence. » Elle était trop effarouchée pour se défendre des enfants qui la brutalisaient à l'école. Un jour, une de ses professeurs, qui avait décidé de la punir, déclara devant la classe entière que « les siens » étaient des « “ennemis du peuple”, d'affreux “koulaks”! Vous avez certainement mérité d'être déportés, j'espère que vous serez tous exterminés ici ! ». Antonina en éprouva un sentiment profond d'injustice et de colère qui lui donna l'envie de crier et de protester. Mais une peur plus profonde encore la réduisit au silence[1].

Cette peur ne devait plus la quitter sa vie durant. La seule manière qu'elle avait de la dominer était de s'immerger dans la société soviétique. Jeune femme intelligente, Antonina avait un sens prononcé de l'individualité. Résolue à surmonter les stigmates de sa naissance, elle travailla dur à l'école dans l'espoir, un jour, de se faire accepter socialement comme une égale. Malgré les discriminations, elle réussit bien dans ses études et prit peu à peu de l'assurance. Elle entra même au Komsomol, la Ligue de la Jeunesse communiste, dont les dirigeants fermèrent les yeux sur ses origines « koulaks » tant ils appréciaient son esprit d'initiative et son énergie. À dix-huit ans, Antonina prit une décision hardie qui décida de son destin : elle dissimula ses origines aux autorités — une stratégie à hauts risques — et truqua même ses papiers afin de pouvoir entrer à la faculté de médecine. Jamais elle n'en dit mot à sa famille ni à aucun de ses amis ou collègues de l'Institut de physiologie de Leningrad, où elle travailla quarante années durant. Elle devint membre du Parti communiste (et y resta jusqu'à sa dissolution, en 1991) : non qu'elle crût à son idéologie, du moins l'assure-t-elle aujourd'hui, mais afin de détourner les soupçons et de protéger sa famille. Peut-être pensa-t-elle aussi qu'adhérer au Parti l'aiderait dans sa carrière et lui vaudrait une reconnaissance professionnelle.

Antonina dissimula la vérité sur son passé à ses deux maris, avec chacun desquels elle vécut plus de vingt ans. Son premier mari, Gueorgui Znamenski, et elle étaient des amis de longue date, mais, entre eux, ils évoquaient rarement le passé de leur famille. En 1987, Antonina reçut la visite de l'une des tantes de Gueorgui, qui laissa échapper qu'il était le fils d'un officier de marine tsariste exécuté par les bolcheviks. Tout au long de ces années, à son insu, Antonina avait partagé la vie d'un homme qui, comme elle, avait passé sa jeunesse dans des camps de travail et des « colonies spéciales ».

Antonina Golovina, 1943

Le second mari d'Antonina, un Estonien du nom de Boris Ioganson, était lui aussi issu d'une famille d'« ennemis du peuple ». Son père et son grand-père avaient été tous deux arrêtés en 1937, même si Antonina n'en sut rien ni n'évoqua son propre passé avec son époux avant le début des années 1990, quand, encouragés par la politique de transparence (*glasnost*) engagée par Mikhaïl Gorbatchev et par la critique ouverte des répressions staliniennes dans les médias, ils se mirent enfin à parler. Antonina et Gueorgui saisirent aussi l'occasion pour révéler leurs histoires secrètes, qu'ils s'étaient mutuellement dissimulées depuis plus de quarante ans. En revanche, ils n'en dirent mot à leur fille Olga, institutrice, parce qu'ils redoutaient une réaction communiste et se disaient que son ignorance pouvait la protéger si les staliniens revenaient. Ce n'est que très progressivement, au milieu des années 1990, qu'Antonina surmonta enfin sa peur et, prenant son courage à deux mains, se décida à parler à sa fille de ses origines « koulaks ».

Les Chuchoteurs révèle l'histoire cachée de nombreuses familles pareilles aux Golovine ; ensemble, elles éclairent, comme jamais jusqu'ici, le monde intérieur des Soviétiques ordinaires qui vécurent sous la tyrannie de Staline. Beaucoup de livres décrivent la Terreur sous ses aspects extérieurs — arrestations et procès, asservissement et tueries au Goulag —, mais *Les Chuchoteurs* est le premier ouvrage à explorer en profondeur son influence sur la vie personnelle et familiale. Qu'en fut-il de la vie privée des Soviétiques sous le régime stalinien ? Que pensaient-ils et éprouvaient-ils vraiment ? Quel genre de vie privée était possible dans les appartements communautaires encombrés, où logeait l'immense majorité de la population urbaine, où une famille entière et souvent plus d'une famille se partageaient la même chambre, et où toute conversation pouvait être épiée depuis la pièce voisine ? Quel sens avait la vie privée quand l'État se mêlait de tous ses aspects ou presque à travers la législation, la surveillance et le contrôle idéologique ?

Des millions de gens vécurent comme Antonina dans un état permanent de peur parce que leurs parents avaient été réprimés. Comment géraient-ils cette insécurité ? Quel genre d'équilibre pouvaient-ils trouver entre leurs sentiments naturels d'injustice et d'aliénation par rapport au système soviétique et leur besoin d'y trouver une place ? À quels ajustements durent-ils consentir pour surmonter les stigmates de leur « biographie empoisonnée » et se faire accepter par la société ? Se retournant sur sa vie, Antonina explique qu'elle n'a jamais vraiment cru au Parti ni à son idéologie, même si elle était visiblement fière de son statut professionnel, lequel supposait qu'elle acceptât les objectifs et principes fondamentaux du système dans ses activités de médecin. Peut-être mena-t-elle une double vie, se conformant aux normes dans sa vie publique tout en continuant de se sentir tiraillée dans sa vie privée entre cette allégeance et les valeurs chrétiennes et paysannes de sa famille. Bien des Soviétiques vécurent ce dédoublement. Mais il y eut aussi des enfants de « koulaks », sans parler des rejetons de familles nobles ou d'origines bourgeoises, qui rompirent complètement avec le passé et s'immergèrent, tant idéologiquement qu'émotionnellement, dans le système soviétique.

Le domaine central des *Chuchoteurs* est la sphère morale de la famille. Le livre étudie comment les familles réagirent aux pressions diverses du régime. Comment préservèrent-elles leurs traditions et croyances, et les transmirent-elles à leurs enfants, dès lors que ces valeurs étaient en conflit avec les objectifs publics et les mœurs que le système soviétique inculquait aux jeunes à travers les écoles et des institutions comme le Komsomol ? En quoi les relations intimes se ressentaient-elles de la vie dans un système de terreur ? Que pensait-on quand un mari ou une femme, un père ou une mère, était soudain arrêté comme « ennemi du peuple » ? En loyaux citoyens, comment les Soviétiques tranchaient-ils, dans leur esprit, le conflit entre la confiance en ceux qu'ils aimaient et l'adhésion au gouvernement dont ils avaient peur ? Comment des émotions et des sentiments humains pouvaient-ils garder la moindre force dans le vide moral du régime stalinien ? Qu'en était-il des stratégies de survie, des silences, des mensonges, des amitiés et des trahisons, des compromis moraux et des accommodements qui façonnèrent des millions de vie ?

Car rares sont les familles qui ne furent pas touchées par la Terreur stalinienne. Suivant des estimations prudentes, la répression s'abattit sur près de 25 millions de personnes entre 1928, quand Staline prit le contrôle de la direction du Parti, et 1953, quand le dictateur mourut et que son règne de la terreur, sinon le système qu'il avait instauré au fil d'un quart de siècle, toucha enfin à sa fin. Ces 25 millions — personnes fusillées par des pelotons d'exécution, « koulaks » expédiés dans des « colonies spéciales », travailleurs serviles d'une espèce ou d'une autre et populations déportées — représentent autour d'un huitième de la population soviétique en 1941, environ 200 millions d'habitants, soit, en moyenne, une personne pour 1,5 famille en URSS. Dans ces chiffres ne figurent pas les victimes de la famine ou de la guerre[a]. Outre les millions de personnes

a. J'appuie mes estimations sur les chiffres donnés par M. Ellman (« Soviet Repression Statistics: Some Comments », *Europe-Asia Studies*, vol. 54, n°. 7, novembre 2002, p. 1151-1172). Ellman avance le chiffre de 18,75 millions de condamnations au Goulag entre 1934 et 1953, mais beaucoup de

mortes, ou asservies, il y a les dizaines de millions de parents des victimes de Staline, dont la vie en pâtit lourdement, souvent avec des conséquences sociales profondes qui se font encore sentir aujourd'hui. Après des années de séparation par le Goulag, la réunion des familles n'était pas facile ; les relations étaient perdues ; il n'y avait plus de « vie normale » à laquelle retourner.

Une population taiseuse et conformiste est une conséquence durable du règne de Staline. Les familles comme les Golovine apprirent à ne pas parler de leur passé, d'aucuns, comme Antonina, allant jusqu'à le cacher à leurs amis et parents les plus proches. Les enfants apprirent à tenir leur langue, à ne parler de leur famille à personne, à ne rien juger ou critiquer de ce qu'ils voyaient hors de la maison. « S'agissant d'écouter ou de parler, il y avait certaines règles que nous autres, enfants, devions apprendre », se souvient la fille d'un cadre moyen bolchevik qui grandit dans les années 1930 :

> Ce que nous surprenions des chuchotis des adultes, ou ce que nous les entendions dire dans notre dos, nous savions que nous ne devions le répéter à personne. Le simple fait de leur faire savoir que nous

---

détenus du Goulag purgèrent plus d'une peine au cours de cette période. Il donne aussi les chiffres suivants pour ces années : au moins 1 million d'exécutions ; 2 millions de personnes dans l'armée du travail et autres unités de travaux forcés subordonnées au Goulag ; 5 millions pour les minorités déportées. D'après les estimations les plus fiables, près de 10 millions de personnes furent réprimées comme « koulaks » après 1928. Ce qui donne un total de 36,5 millions de personnes ; en tenant compte des condamnations multiples au Goulag, on peut raisonnablement avancer le chiffre de 25 millions de personnes ; et probablement est-il en deçà de la réalité.

> avions entendu ce qu'ils avaient dit pouvait nous attirer des ennuis. Parfois les adultes disaient quelque chose, puis ils nous expliquaient : « Les murs ont des oreilles » ou « Tiens ta langue », ou quelque autre expression de ce genre, et nous comprenions que ce qu'ils venaient de dire, nous n'étions pas censés l'avoir entendu[2].

Une autre femme, dont le père fut arrêté en 1936, raconte :

> On nous a appris à la fermer. « Tiens ta langue ou tu auras des ennuis », voilà ce que l'on disait aux enfants, à l'époque. Nous avons eu peur de parler toute notre vie. Maman disait qu'il y avait des mouchards partout. Nous avions peur de nos voisins, et surtout de la police… Aujourd'hui encore, je me mets à trembler de peur à la vue d'un policier[3].

Dans une société où l'on pensait que l'on arrêtait ceux qui n'avaient pas su tenir leur langue, les familles survécurent en se claquemurant. Elles apprirent à mener une double vie, à soustraire aux regards et aux oreilles de leurs dangereux voisins, voire de leurs propres enfants, les informations et opinions, les croyances religieuses, les valeurs et traditions familiales ainsi que les formes d'existence privée en conflit avec les normes publiques. Elles apprirent à chuchoter.

Le russe compte deux mots pour désigner un « chuchoteur » : l'un pour celui qui chuchote par peur de se laisser surprendre (*cheptchouchtchii*), l'autre pour la personne qui informe les autorités ou chuchote dans le dos d'autrui (*cheptoun*). La distinction trouve son origine dans le jargon des années Staline, quand la société tout entière se composait de chuchoteurs d'une espèce ou d'une autre.

Les Chuchoteurs n'est pas un livre sur Staline, bien que sa présence se fasse sentir à chaque page, ni directement sur son régime, mais sur la façon dont le stalinisme pénétra l'esprit des Soviétiques et leurs émotions, affectant toutes leurs valeurs et leurs relations. Il ne cherche pas à élucider l'énigme des origines de la Terreur, ni à suivre l'essor et la chute du Goulag, mais à expliquer comment l'État policier a pu s'enraciner dans la société et amener des millions de personnes ordinaires à observer passivement ou à collaborer avec son système de terreur. Le vrai pouvoir et l'héritage durable du régime stalinien ne se trouvent ni dans les structures de l'État ni dans le culte de la personnalité, mais, comme l'observa un jour l'historien russe Mikhaïl Guefter, « dans le stalinisme qui s'est insinué en chacun de nous[4] ».

Les historiens ont tardé à entrer dans le monde intérieur de la Russie stalinienne. Dernièrement encore, leurs recherches portaient surtout sur la sphère publique, la vie politique et l'idéologie, ou l'expérience collective des « masses soviétiques ». L'individu — pour autant qu'il apparût — était le plus souvent l'auteur d'une lettre aux autorités, c'est-à-dire un acteur public plutôt qu'un particulier ou le membre d'une famille. La sphère privée des gens ordinaires demeurait largement soustraite aux regards. Le problème était, à l'évidence, celui des sources. La plupart des collections personnelles (*litchnye fondy*) des anciennes archives du régime et du Parti appartenaient à des personnalités du monde politique, scientifique et culturel. Les documents que l'on y trouvait étaient soigneusement sélectionnés par leurs propriétaires en vue de les donner à l'État et concernaient surtout la vie publique de ces personnages. Sur les milliers de collections personnelles survolées aux premières étapes des recherches engagées pour ce livre, une poignée à peine révélait quoi que ce soit de la vie familiale ou personnelle[a].

Les Mémoires publiés en URSS, ou accessibles dans les archives soviétiques avant 1991, ne révèlent généralement pas grand-chose de l'expérience privée de leurs auteurs, même s'il est des exceptions, notamment parmi ceux publiés après 1985 à la faveur de la *glasnost*[5]. Les Mémoires d'intellectuels émigrés d'Union soviétique ou de survivants des répressions staliniennes parus en Occident sont à peine moins problématiques, bien qu'ils aient été largement salués comme la « voix authentique » de gens « réduits au silence », qui nous montrait à quoi « ressemblait » la vie d'un citoyen ordinaire pendant la Terreur stalinienne[6]. Au faîte de la guerre froide, au début des années 1980, l'image occidentale du régime stalinien était dominée par ces récits de survie de l'intelligentsia, en particulier ceux d'Evguenia Guinzbourg et de Nadejda Mandelstam, qui étayaient par des éléments de première main l'idée libérale de l'esprit humain individuel comme force d'opposition intérieure à la tyrannie soviétique[7].

a. Les collections personnelles conservées dans les archives d'institutions scientifiques, littéraires et artistiques (par exemple, SPbF ARAN, RGALI, IRL RAN) sont parfois plus révélatrices, bien que la plupart aient des sections fermées où sont relégués la majeure partie des documents privés. Après 1991, quelques anciennes archives soviétiques ont reçu des collections personnelles venant de familles ordinaires : par exemple, TsMAMLS, qui possède un large éventail d'archives privées venant de Moscovites.

Cette vision morale — accomplie et symbolisée par la victoire de la « démocratie » en 1991 — exerça une forte influence sur les Mémoires écrits en masse après l'effondrement du régime[8]. Elle a eu aussi un impact sur les historiens qui, après 1991, ont été plus enclins qu'ils ne l'avaient été à souligner les forces de résistance populaire à la dictature stalinienne[9]. Or, si ces Mémoires expriment une vérité pour quantité de ceux qui survécurent à la Terreur, en particulier l'intelligentsia fortement attachée aux idéaux de liberté et d'individualisme, ils ne disent rien concernant les millions d'anonymes, y compris de maintes victimes du régime stalinien, qui ne partageaient pas cette liberté intérieure ni ce sentiment de dissension mais qui, au contraire, acceptaient en silence et intériorisaient les valeurs de base du système, se conformaient à ses règles publiques et, peut-être, collaboraient à la perpétration de ses crimes.

Les journaux extraits des archives semblèrent à première vue plus prometteurs. Il en est de tout genre (journaux d'écrivains, carnets de travailleurs, almanachs littéraires, albums de coupures de journaux, chroniques quotidiennes, etc.), mais relativement peu de l'époque stalinienne révèlent quoi que ce soit de fiable — sans l'intrusion de grilles d'interprétation — sur les sentiments et les opinions de leurs auteurs. Peu de Soviétiques coururent le risque d'écrire des journaux intimes dans les années 1930 et 1940. Quand quelqu'un était arrêté — et tout le monde ou presque pouvait l'être à chaque instant ou presque —, la première chose confisquée, c'était son journal, qui avait toutes chances d'être utilisé comme pièce à conviction s'il contenait des réflexions ou des sentiments susceptibles d'être jugés « antisoviétiques » (l'écrivain Mikhaïl Prichvine écrivit son journal d'une écriture en pattes de mouche, à peine lisible avec une loupe, afin de dissimuler ses pensées à la police au cas où il serait arrêté et son journal saisi). Dans l'ensemble, les journaux intimes publiés à l'époque soviétique étaient l'œuvre d'intellectuels qui pesaient soigneusement leurs mots[10]. Après 1991, d'autres journaux — entre autres, ceux de personnes issues des échelons intermédiaires ou inférieurs de la société soviétique — commencèrent à sortir des anciennes archives ou à voir le jour du fait d'initiatives volontaires comme les Archives du Peuple, à Moscou (TsDNA)[11]. Mais, au total, le corpus des journaux intimes de l'époque stalinienne demeure réduit (bien que l'on puisse en découvrir davantage dans les archives de l'ancien KGB), beaucoup trop maigre pour que l'on en puisse tirer des conclusions générales sur l'univers intérieur des citoyens ordinaires. Pour l'historien de la vie privée, un autre problème tient à la « soviet-langue » dans laquelle sont écrits nombre de ces journaux et aux idées conformistes qu'ils expriment ; sans connaissance des mobiles qu'avaient leurs auteurs (peur, croyance ou concession à la mode) d'écrire leurs journaux, ils restent difficiles d'interprétation[12].

Plus récemment, un certain nombre d'historiens ont focalisé leur attention sur la « subjectivité soviétique », soulignant, à partir de leur lecture de textes littéraires et privés (surtout des journaux intimes), à quel point l'idéologie du régime dominait la vie intérieure du citoyen[13]. Selon certains, il était pour ainsi dire impossible à l'individu de penser ou de ressentir hors du cadre défini par le discours public du régime ; toute autre pensée ou émotion risquait d'être perçue comme une « crise du moi » exigeant d'être épurée de la personnalité[14]. L'intériorisation des valeurs et idées soviétiques est bel et bien caractéristique de maints sujets des *Chuchoteurs*, même si peu s'identifient au système stalinien dans le souci de s'améliorer qui, suivant la suggestion de ces historiens, serait représentatif de la « subjectivité soviétique ». Les mentalités soviétiques dont on trouve des reflets dans ces pages occupaient le plus souvent une région de la conscience où les valeurs et croyances plus anciennes avaient été suspendues ou effacées ; les gens les adoptaient non pas tant par un désir ardent de « devenir soviétique » que par un sentiment de honte et de peur. C'est bien dans cet état d'esprit qu'Antonina résolut de bien travailler à l'école et de devenir une égale dans la société, afin de pouvoir surmonter ses sentiments d'infériorité (qu'elle vivait comme une « espèce de peur ») en tant qu'enfant de « koulak ». L'immersion dans le système était un moyen de survie pour la plupart des Soviétiques, y compris pour maintes victimes du régime stalinien, un moyen nécessaire de faire taire leurs doutes et leurs peurs qui, exprimés, pouvaient leur rendre la vie impossible. Croire et collaborer au projet soviétique était une façon de donner un sens à leur souffrance, qui sans cette fin plus haute pouvait les réduire au désespoir. Pour citer un autre enfant de « koulak », un homme astreint à de longues années d'exil comme « ennemi du peuple » mais qui n'en resta pas moins un stalinien convaincu tout au long de sa vie, « le fait de croire à la justice de Staline [...] nous aidait à accepter nos châtiments, et nous soulageait de la peur[15] ».

On trouve souvent moins de reflets de mentalités de ce genre dans les journaux intimes et les lettres de l'époque stalinienne — dont la teneur était généralement dictée par des règles soviétiques d'écriture et de bienséance qui ne permettaient pas d'avouer sa peur — que dans l'histoire orale[16]. Les historiens du régime stalinien ont eu de plus en plus recours aux techniques de l'histoire orale[17]. Comme toute autre discipline tributaire des tours de la mémoire, l'histoire orale se distingue par ses difficultés méthodologiques, et en Russie, pays exercé aux chuchotis, où la mémoire de l'histoire soviétique est recouverte de mythes et d'idéologies, ces problèmes revêtent une acuité particulière. Pour avoir vécu dans une société où des millions d'individus furent arrêtés parce qu'ils avaient parlé par inadvertance à des mouchards, beaucoup de personnes âgées se méfient terriblement des chercheurs qui leur tendent un micro (instrument associé au KGB). Sous l'empire de la peur ou de la honte, voire par stoïcisme, ces survivants ont refoulé leurs souvenirs douloureux. Beaucoup sont incapables de réfléchir à leur vie, tant ils ont pris l'habitude d'éviter les questions fâcheuses sur tout, à commencer par leurs propres choix moraux aux moments cruciaux de leur parcours personnel dans le système soviétique. D'autres répugnent à admettre des actions dont ils ont honte, justifiant souvent leur conduite en invoquant des mobiles et des croyances qu'ils ont plaqués sur leur passé. Malgré ces défis, et à bien des égards à cause d'eux, l'histoire orale, sous réserve d'être correctement utilisée, est d'un profit considérable pour l'historien de la vie privée. Il doit pour ce faire recouper rigoureusement les éléments glanés dans les entretiens et les comparer, chaque fois que possible, aux traces écrites trouvées dans les archives familiales et publiques.

Les Chuchoteurs fait appel à plusieurs centaines d'archives familiales (lettres, journaux intimes, documents personnels, Mémoires, photographies et artefacts) que, tout récemment encore, les survivants de la Terreur stalinienne dissimulaient chez eux dans des tiroirs secrets ou sous leurs matelas. Pour chaque famille, de longs entretiens ont été réalisés avec les parents les plus âgés, à même d'expliquer le contexte de ces documents privés et de les resituer dans une histoire familiale qui, pour une large part, n'avait pas été racontée. Le projet d'histoire orale lié aux recherches menées pour cet ouvrage, qui porte surtout sur le monde intérieur des familles et des personnes, diffère sensiblement des précédentes histoires orales de la période soviétique qui demeuraient essentiellement sociologiques ou se préoccupaient des détails extérieurs de la Terreur et de l'expérience du Goulag[18]. Ces matériaux ont été réunis dans un fonds spécial, qui constitue l'une des plus grandes collections de documents sur la vie privée sous Staline[a].

Les familles dont *Les Chuchoteurs* retrace l'histoire forment un large échantillon de la société soviétique. Elles sont issues de divers milieux sociaux, de métropoles, de villes et de villages de toute la Russie ; elles comprennent des familles qui ont été réprimées et d'autres dont les membres ont trempé

a. La plupart des archives ont été recueillies par l'auteur en collaboration avec la société Mémorial, association d'histoire et de défense des droits de l'homme organisée à la fin des années 1980 pour représenter et commémorer les victimes de la répression soviétique. Déposées aux archives de la société Mémorial à Saint-Pétersbourg (MSP), Moscou (MM) et Perm (MP), la plupart sont aussi disponibles en ligne (www.orlandofiges.com) avec les transcriptions et des extraits sonores des entretiens. Une partie de ces matériaux est disponible en anglais. Pour plus de détails sur le projet de recherche lié à ce livre, voir *infra* les remerciements.

dans le système de répression en tant qu'agents du NKVD ou administrateurs du Goulag. Il est aussi des familles qui n'ont pas été affectées par la Terreur stalinienne, même si, statistiquement, elles furent peu nombreuses.

À partir de ces matériaux, *Les Chuchoteurs* retrace l'histoire d'une génération née dans les premières années de la révolution, essentiellement entre 1917 et 1925, et dont la vie a ainsi suivi la trajectoire du système soviétique. Dans les derniers chapitres, les descendants ont aussi voix au chapitre. Une approche multigénérationnelle est importante pour comprendre l'héritage du régime. Trois quarts de siècle durant, le système exerça son influence sur la sphère morale de la famille ; aucun autre système totalitaire n'eut un impact aussi profond sur la vie privée de ses sujets — pas même la Chine communiste (la dictature nazie, que l'on compare souvent au régime stalinien, ne dura que douze ans). Le souci de comprendre le phénomène stalinien dans la « longue durée » met aussi ce livre à part. Les précédentes histoires du sujet se sont surtout focalisées sur les années 1930 — comme s'il suffisait d'une explication de la Grande Terreur de 1937-1938 pour saisir l'essence du régime stalinien. La Grande Terreur fut de loin l'épisode le plus meurtrier du règne de Staline (il fut responsable de 85 % des exécutions politiques entre 1917 et 1955). Mais ce ne fut qu'une des nombreuses vagues de répression (1918-1921, 1928-1931, 1934-1935, 1937-1938, 1943-1946, 1948-1953), qui chaque fois engloutirent de nombreuses vies : la population des camps de travail et des « colonies spéciales » du Goulag culmina non pas en 1938, mais en 1953 ; et l'impact de ce long règne de la terreur continuait d'être ressenti par des millions de personnes de longues décennies après la mort de Staline.

Les histoires de familles entremêlées au récit dans *Les Chuchoteurs* sont probablement trop nombreuses pour que le lecteur puisse les suivre comme des histoires individuelles, même s'il peut toujours se reporter à l'index pour les rattacher ainsi. Il convient plutôt de les lire comme autant de variantes d'une histoire commune : celle du stalinisme, qui marqua la vie de chaque famille. Mais il est plusieurs familles, comme les Golovine, dont les histoires courent tout au long du récit : pour chacune d'elles a été dressé un arbre généalogique. Au cœur des *Chuchoteurs* se trouvent les Laskine et les Simonov, familles liées par le mariage, et dont les fortunes contrastées pendant la Terreur stalinienne devaient s'entremêler tragiquement.

Constantin Simonov (1915-1979) est la figure centrale et peut-être, suivant le point de vue, le héros tragique des *Chuchoteurs*. Issu d'une famille noble qui souffrit de la répression du régime, Simonov se mua en « écrivain prolétarien » au cours des années 1930. Quoique largement oublié de nos jours, il fut une grande figure de l'establishment littéraire soviétique : couronné de six prix Staline et d'un prix Lénine, il fut aussi Héros du Travail socialiste. Poète lyrique de talent, ses romans traitant de la guerre connurent un immense succès. Peut-être ses pièces étaient-elles faibles et tenaient-elles de la propagande, mais il fut un journaliste de première classe, un des meilleurs de Russie dans la guerre ; plus tard, il fut un superbe mémorialiste, qui scruta honnêtement ses péchés et ses compromis moraux avec le régime stalinien. En 1939, Simonov épousa Evguenia Laskina, la plus jeune des trois filles d'une famille juive qui avait quitté la « zone de résidence » pour s'installer à Moscou, mais il ne tarda pas à l'abandonner avec leur bébé afin de poursuivre de ses assiduités la belle actrice Valentina Serova — une idylle qui lui inspira son très célèbre poème *Attends-moi* (1941), que connaissait par cœur chaque soldat, ou presque, qui se battait pour retrouver qui sa petite amie, qui son épouse. Simonov devint un personnage important de l'Union des écrivains entre 1945 et 1953, époque où les idéologues staliniens appelaient les chefs de file de la littérature soviétique à prendre part à la persécution de leurs confrères jugés trop libéraux et à joindre leur voix à la campagne menée contre les Juifs dans les arts et dans les sciences. L'une des victimes de cet antisémitisme officiel fut la famille Laskine, mais à cette époque Simonov était par trop impliqué dans le régime stalinien pour les aider ; peut-être, en tout état de cause, ne pouvait-il rien faire.

Simonov était un personnage complexe. De ses parents, il hérita les valeurs du service de la population propres à l'aristocratie et, en particulier, son ethos du devoir et de l'obéissance militaires qu'il finit par assimiler, dans son esprit, aux vertus soviétiques de l'activisme public et du sacrifice patriotique, ce qui lui permit de se frayer une place dans la hiérarchie stalinienne du pouvoir. Simonov ne manquait pas d'admirables qualités humaines. S'il était possible d'être un « bon stalinien », sans doute pourrait-il figurer dans cette catégorie. Ce fut un homme honnête et sincère, rangé et strictement discipliné, mais il n'était pas pour autant dépourvu d'une chaleur et d'un charme considérables. Activiste par son éducation autant que par tempérament, il se perdit de bonne heure dans le système soviétique et manqua des moyens de se libérer de ses pressions et exigences morales. En ce sens, Simonov incarna tous les conflits et dilemmes moraux de sa génération — ceux dont le régime stalinien obscurcit la vie —, et comprendre ses pensées et ses actions, c'est peut-être comprendre son temps.

Chapitre premier

ENFANTS DE 1917

(1917-1928)

I

Elizaveta Drabkina ne reconnut pas son père quand elle le vit à l'Institut Smolny, le quartier général des bolcheviks, en octobre 1917. La dernière fois qu'elle l'avait vu, juste avant qu'il ne plongeât dans la clandestinité révolutionnaire, elle n'avait que cinq ans. Douze ans plus tard, elle avait oublié à quoi il ressemblait. Elle ne le connaissait que sous son pseudonyme du Parti. Secrétaire à l'Institut Smolny, le nom de « Sergueï Goussev » lui était familier par les douzaines de décrets qu'il avait signés en qualité de président du Comité révolutionnaire militaire du soviet de Petrograd, organe chargé du maintien de l'ordre dans la capitale. Se hâtant dans les interminables couloirs voûtés du Smolny, où des soldats et des gardes rouges au repos plaisantaient et sifflaient sur son passage, elle avait distribué les décrets dans les bureaux de fortune du nouveau gouvernement soviétique qui occupaient les salles de classe aux allures de caserne, de cette ancienne école de demoiselles de la noblesse. Mais quand elle dit aux autres secrétaires que la signature était celle de son père, de longue date perdu de vue, nul n'y vit rien de très remarquable. Nul ne suggéra non plus qu'elle le contactât. Dans ces cercles, où chaque bolchevik était censé subordonner ses intérêts personnels à la cause commune, il était « béotien » de penser à sa vie privée alors que le Parti était engagé dans un combat décisif pour la libération de l'humanité[1].

Au bout du compte, c'est la faim qui poussa Elizaveta à aborder son père. Elle venait d'achever son repas au sous-sol, dans une salle à manger enfumée, quand entra un bel homme, petit mais athlétique, attifé d'un costume militaire et d'un pince-nez. Suivi d'une cohorte d'ouvriers du Parti et de gardes rouges, il s'assit à la longue table centrale, où deux soldats servaient de la soupe aux choux et de la bouillie aux prolétaires affamés. Elizaveta avait encore faim. Depuis une petite table placée dans un coin, elle regarda le nouvel arrivé avaler sa soupe avec une cuiller tout en signant les papiers que les membres de sa suite plaçaient devant lui.

> Soudain, j'ai entendu quelqu'un l'appeler « camarade Goussev ».
>
> J'ai compris que ce devait donc être mon père. Sans réfléchir, je me suis levée et me suis frayé un chemin vers lui en contournant les tables encombrées.
>
> « Camarade Goussev, j'ai besoin de toi », ai-je dit. Il s'est tourné vers moi. Il avait l'air épuisé, les yeux rougis par le manque de sommeil.
>
> « J'écoute, camarade !
>
> — Camarade Goussev, je suis ta fille. Donne-moi trois roubles pour un repas. »
>
> Peut-être était-il tellement exténué qu'il n'a entendu que ma demande de trois roubles.
>
> « Bien sûr, camarade », a répondu Goussev, glissant la main dans sa poche pour en retirer un billet vert de

trois roubles. J'ai pris l'argent en le remerciant et me suis payé un autre déjeuner[2].

Lénine adorait cette anecdote. Il pria souvent Drabkina de la lui raconter dans les années précédant sa mort, en 1924, quand elle devint une de ses proches. L'épisode prit un caractère de légende dans les cercles du Parti, illustrant l'idéal bolchevik du sacrifice personnel et du dévouement désintéressé à la cause révolutionnaire. « Un vrai bolchevik, aimait à dire Staline, ne saurait avoir de famille, parce qu'il doit se donner tout entier au Parti[3]. »

Les quatre secrétaires de Iakov Sverdlov, principal organisateur des bolcheviks, Institut Smolny, octobre 1917. Drabkina est la deuxième en partant de la droite

Les Drabkine étaient un bon exemple de ce principe révolutionnaire. Le père d'Elizaveta (Iakov Drabkine, de son vrai nom) était encore écolier quand il avait rejoint les sociaux-démocrates de Lénine en 1895. Sa mère, Feodossia, était un agent important (« Natacha ») de l'appareil clandestin du Parti ; pour donner le change, elle emmenait sa fille avec elle lors des fréquents voyages qu'elle effectuait à Helsingfors (Helsinki) afin d'acheter des munitions destinées aux révolutionnaires de Saint-Pétersbourg (la dynamite et les cartouches étaient rapportées en contrebande dans un sac de jouets d'Elizaveta). Après l'échec de la révolution de 1905, la police tsariste força les parents d'Elizaveta à se cacher. La fillette de cinq ans fut placée chez son grand-père, à Rostov, où elle resta jusqu'à la révolution de Février, en 1917, quand le gouvernement provisoire, à peine installé, libéra tous les révolutionnaires[a]. Elizaveta retrouva sa mère à Petrograd (nom alors donné à Saint-Pétersbourg). Elle rejoignit le Parti bolchevik et fit partie d'une unité de mitrailleurs des gardes rouges. Le 25 octobre, quand les bolcheviks se lancèrent à l'assaut du pouvoir, elle participa à la prise du palais d'Hiver avant de devenir secrétaire de Iakov Sverdlov, responsable de l'organisation du Parti. Ses fonctions la conduisirent au Smolny où travaillait son père, Goussev[4].

a. Formé de libéraux et de socialistes modérés, le gouvernement provisoire était chargé de piloter le pays jusqu'à la fin de la Première Guerre mondiale et l'élection démocratique d'une Assemblée constituante. Mais son autorité politique ne tarda pas à s'effondrer tandis qu'ouvriers, paysans et soldats formaient leurs propres comités révolutionnaires locaux, les soviets en particulier, afin de mener à bien une révolution sociale radicale. C'est au nom des soviets que les bolcheviks de Lénine prirent le pouvoir en octobre 1917. Les bolcheviks, qui comptaient autour de 350 000 militants à la veille de l'insurrection, étaient le bras révolutionnaire du Parti social-démocrate (marxiste), dont l'aile modérée, les mencheviks, soutenait le gouvernement provisoire. En mars 1918, les bolcheviks abandonnèrent leur nom pour celui de Parti communiste russe.

Les bolcheviks au pouvoir pressèrent leur base de suivre l'exemple des révolutionnaires de la Russie tsariste qui avaient « sacrifié leur bonheur personnel et renoncé à leur famille pour servir la classe ouvrière[a] ». Ils élevèrent un culte au « révolutionnaire désintéressé », échafaudant une nouvelle morale dans laquelle tous les vieux commandements étaient éclipsés par un principe unique : servir le Parti et sa cause. Dans leur vision utopique, le militant révolutionnaire était le prototype d'une nouvelle espèce d'être humain — une « personnalité collective » ne vivant que pour le bien commun — qui peuplerait la future société communiste. Maints socialistes tenaient la création de ce nouvel homme pour le but fondamental de la révolution. « La nouvelle organisation de la vie politique exige de nous tous une organisation nouvelle de nos âmes », écrivit Maxime Gorki au printemps de 1917[5].

Pour les bolcheviks, la réalisation radicale de la « personnalité collective » impliquait de « faire exploser la coquille de la vie privée ». Tolérer une « distinction entre vie privée et vie publique », assurait la femme de Lénine, Nadejda Kroupskaïa, « débouchera tôt ou tard sur la trahison du communisme[6] ». Selon les bolcheviks, l'idée d'une « vie privée » distincte du champ politique était un non-sens parce que la politique affectait tout ; dans la prétendue « vie privée » d'une personne, il n'était rien qui ne fût

a. Ils furent légion à le faire : ainsi d'Alexandre Fadeïev, le père du futur écrivain, qui quitta sa femme et ses trois enfants pour se dévouer à la « cause du peuple » en 1905, ou Liouba Radtchenko, qui quitta son mari et leurs deux petites filles parce que, comme elle le dit dans son journal, « il est du devoir du véritable révolutionnaire de ne pas être lié par une famille » (RGAE, f. 9455, op. 3, d. 14, l. 56).

politique. Ainsi la sphère personnelle devait-elle être soumise à la supervision et au contrôle publics. Aux yeux des bolcheviks, les espaces privés soustraits à la coupe de l'État étaient de dangereuses pépinières de contre-révolutionnaires, qu'il convenait de débusquer et d'extirper.

Elizaveta revit rarement son père après cette rencontre. Les activités révolutionnaires les accaparaient l'un et l'autre. Après 1917, Elizaveta continua de travailler au cabinet de Sverdlov; au cours de la guerre civile (1918-1920), elle servit dans l'Armée rouge, d'abord comme aide médicale, puis aux commandes d'une mitrailleuse, combattant les armées blanches, ou contre-révolutionnaires, et les puissances occidentales qui les soutenaient en Sibérie, dans les pays Baltes et dans le sud de la Russie. Au cours de la campagne contre l'Armée blanche de l'amiral Koltchak, sur le front est, elle combattit même sous le commandement de son père, qui avait alors une position élevée au sein du Conseil militaire révolutionnaire, l'organe de commandement central des forces soviétiques coiffé par Léon Trotski. Elizaveta entendit souvent son père s'adresser aux soldats, mais jamais elle ne l'aborda parce que, comme elle l'expliqua plus tard, elle ne pensait pas que les bolcheviks dussent « se préoccuper des affaires personnelles ». Ils ne se croisèrent que deux fois au cours de la guerre civile: aux obsèques de Sverdlov, en mars 1919, puis, la même année, lors d'une réunion officielle au Kremlin. Dans les années 1920, quand le père et la fille travaillaient activement pour le Parti à Moscou, ils se virent plus souvent et logèrent même un temps sous le même toit, sans jamais devenir proches. Ils avaient vécu si longtemps séparés qu'il leur était impossible de former une cellule familiale.

« Mon père ne me parla jamais de lui, rappela Elizaveta, et je m'aperçois aujourd'hui que je ne l'ai connu qu'après sa mort [en 1933], quand on m'a raconté des histoires sur lui[7]. »

La guerre civile ne fut pas simplement une lutte militaire contre les armées blanches : ce fut une guerre révolutionnaire contre les intérêts privés de l'ancienne société. Pour combattre les Blancs, les bolcheviks mirent au point leur première version de l'économie planifiée (le « communisme de guerre »), qui allait servir de modèle aux plans quinquennaux de Staline. Ils essayèrent d'extirper le commerce et la propriété privés (il y eut même des plans visant à remplacer l'argent par un rationnement universel) ; saisirent le grain des paysans pour nourrir les villes et les troupes ; enrôlèrent des millions de personnes dans les armées du travail, déployées sur le « front économique » afin d'abattre des arbres destinés à servir de combustible, mais aussi construire des routes et réparer des voies ferrées ; imposèrent des formes expérimentales de travail collectif et de vie dans des dortoirs et des baraques attachés aux usines ; menèrent une guerre contre la religion, persécutant les prêtres et les fidèles tout en fermant des centaines d'églises ; et réduisirent au silence toute dissension et opposition à la dictature du prolétariat. Sur le « front intérieur » de la guerre civile, les bolcheviks déclenchèrent une campagne de terreur (la « Terreur rouge ») contre la « bourgeoisie » — ex-officiels tsaristes, propriétaires terriens, marchands, paysans « koulaks », petits commerçants et ancienne intelligentsia — dont les valeurs individualistes faisaient des partisans potentiels des Blancs et autres « contre-révolutionnaires ». Dans l'esprit des bolcheviks, cette purge violente de la société était un raccourci vers l'utopie communiste.

Au printemps de 1921, la politique du communisme de guerre avait ruiné l'économie soviétique et conduit une bonne partie de la Russie paysanne au bord de la famine. Un quart de la paysannerie mourait de faim en Russie. À travers le pays, les paysans se soulevèrent contre le régime bolchevik et ses réquisitions de grain dans une série de rébellions que Lénine lui-même jugea « bien plus dangereuses que tous les Blancs réunis ». Dans une large partie de la Russie rurale, le pouvoir soviétique avait quasiment cessé d'exister, tandis que les paysans prenaient le contrôle des villages et empêchaient le ravitaillement des villes en céréales. Les ouvriers affamés se mirent en grève. Les marins de la base navale de Cronstadt, qui avaient aidé les bolcheviks à s'emparer du pouvoir dans la ville voisine de Petrograd en octobre 1917, se retournèrent alors contre eux dans une mutinerie dont les étendards de révolte d'inspiration anarchiste réclamaient des élections libres aux soviets, la « liberté d'expression, de la presse et de réunion pour tous ceux qui travaillent » et la « liberté pour les paysans de travailler la terre comme bon leur semble ». Les bolcheviks étaient clairement confrontés à une situation révolutionnaire. « C'est à peine si nous tenons », reconnut Lénine début mars. Trotski, qui avait auparavant présenté les marins de Cronstadt comme la « fierté et la joie de la révolution », mena l'assaut contre la base navale. La force des armes et la terreur implacable furent également employées contre les soulèvements paysans. On estime à cent mille le nombre de personnes emprisonnées ou déportées et à quinze mille celui des fusillés au cours de l'écrasement des révoltes. Mais Lénine comprit aussi que, pour contenir la vague de révolte populaire et amener les paysans à reprendre leurs livraisons de vivres aux villes, les bolcheviks devaient abandonner les politiques abominées du communisme de guerre et rétablir la liberté du commerce. Après avoir défait les armées blanches, les bolcheviks cédèrent à la paysannerie[8].

La Nouvelle Politique économique (NEP en russe), que Lénine inaugura en mars 1921 au XXe Congrès du Parti, remplaça la réquisition des denrées alimentaires par un impôt relativement clément et officialisa le retour du commerce et de l'industrie privés à petite échelle. Elle donna à l'agriculture et à la production de biens de consommation la préférence sur le développement de l'industrie lourde. Dans l'idée de Lénine, la NEP n'était qu'une concession temporaire, mais nécessaire, à la petite paysannerie — attachée aux principes de la production familiale privée —, afin de sauver la révolution et remettre le pays d'aplomb. Pour lui, elle ne devait pas « durer moins d'une décennie, voire davantage ». La restauration du marché redonna vie à l'économie soviétique. Le commerce privé ne tarda pas à résorber les pénuries chroniques qui s'étaient creusées dans les années de révolution et de guerre civile. En 1921, la population s'habillait de vêtements et de souliers rapiécés, cuisinait avec des ustensiles brisés et buvait dans des tasses ébréchées. Tout le monde avait besoin d'articles neufs. Les commerçants aménagèrent baraques et étals, les marchés aux puces prospérèrent, et les marchands paysans apportèrent des denrées alimentaires en ville. Autorisés par les nouvelles lois, cafés, boutiques et restaurants privés, maisons de crédit et d'épargne et même petites industries foisonnèrent comme des champignons après la pluie. Moscou et Petrograd, villes cimetières de la guerre civile, reprirent subitement vie, avec des commerçants bruyants, des cochers affairés et des échoppes lumineuses éclairant la rue comme avant 1917.

Pour bien des bolcheviks, le retour au marché apparaissait comme une trahison de la révolution. La base du Parti accueillit l'introduction de la NEP avec une profonde méfiance (Nikolaï Boukharine lui-même, le « favori » de Lénine, qui allait devenir plus tard le principal défenseur de la NEP, ne s'y rallia que progressivement au cours des années 1921-1923), et Lénine dut user de tous ses talents de persuasion et de son autorité pour l'imposer au congrès. Parmi les ouvriers des villes, notamment, le sentiment était largement partagé que la NEP sacrifiait leurs intérêts de classe à la paysannerie, qui s'enrichissait à leurs dépens en raison du renchérissement des denrées alimentaires. Il leur semblait que l'essor du commerce privé se solderait immanquablement par un écart croissant entre riches et pauvres et la restauration du capitalisme. La NEP, raillaient-ils, n'était que la « Nouvelle Exploitation du prolétariat ». Leur colère visait largement les *Nepmen*, les commerçants qui prospérèrent dans les années 1920. Dans l'imagination populaire, formée par la propagande et les caricatures soviétiques, les *Nepmen* habillaient leurs épouses et leurs maîtresses de fourrures et de diamants, circulaient dans de grosses voitures importées, ronflaient à l'opéra, chantaient au restaurant et dans les bars d'hôtel hors de prix, se vantaient bruyamment des monceaux de dollars qu'ils avaient gaspillés aux courses et dans les casinos qui venaient de rouvrir. La prodigalité légendaire de cette classe de nouveaux riches, sur fond de chômage et de misère urbaine dans les années 1920, nourrit une rancœur profonde chez ceux qui pensaient que la révolution devait mettre fin à l'inégalité.

Sur le « front intérieur », la NEP donna un sursis aux vestiges de la « culture bourgeoise » que le communisme avait promis d'éliminer, mais dont il ne pouvait encore se passer. Elle donna un coup d'arrêt à la guerre contre l'ancienne bourgeoisie et l'intelligentsia professionnelle, dont l'expertise était nécessaire à l'économie soviétique. Les années 1924-1928 virent aussi un relâchement temporaire de la guerre contre la religion : on cessa alors de fermer les églises et de persécuter le clergé comme il l'avait été par le passé (et le serait plus tard) ; bien que la guerre de propagande contre l'Église continuât sans relâche, les fidèles étaient à peu près libres d'observer leur religion comme ils l'avaient toujours fait. Pour finir, la NEP donna un répit aux vieilles habitudes domestiques et traditions familiales de la vie privée, suscitant une véritable inquiétude chez maints bolcheviks, qui redoutaient que les usages et les mentalités de la « petite-bourgeoisie » russe — les millions de petits commerçants et producteurs dont la NEP gonfla les effectifs — n'eussent pour effet de faire échec à leur campagne révolutionnaire, voire de la miner. « Emprisonnant l'esprit de millions de travailleurs, déclara Staline en 1924, les attitudes et habitudes héritées de l'ancienne société sont l'ennemi le plus dangereux du socialisme[9]. »

Les bolcheviks imaginaient la construction de leur utopie communiste comme une bataille de chaque instant contre la coutume et les habitudes. Avec la fin de la guerre civile, ils se préparaient à une nouvelle lutte, plus longue, sur le « front intérieur » : une guerre révolutionnaire pour libérer la personnalité communiste à travers l'éradication du comportement individualiste (« bourgeois ») et des habitudes déviantes (prostitution, alcoolisme, hooliganisme et religion) hérités de l'ancienne société. Dans les rangs des bolcheviks, on ne doutait guère que cette bataille pour transformer la nature humaine prendrait des décennies. Le désaccord ne portait que sur le moment d'engager les hostilités. Marx avait enseigné que l'altération de la conscience était tributaire des changements de la base matérielle, et Lénine, quand il lança la NEP, affirma que, tant que les conditions matérielles d'une société communiste n'auraient pas été réunies — processus qui demanderait toute une époque historique —, il ne rimait à rien d'essayer d'organiser un système de morale communiste dans la vie privée. En revanche, la plupart des bolcheviks n'admettaient pas que la NEP exigeât de se désengager de la sphère privée. Bien au contraire : ils étaient de plus en plus enclins à penser qu'un engagement actif était essentiel à tout moment et sur tous les champs de bataille de la vie quotidienne : dans la famille, à la maison et dans le monde intérieur de l'individu, où la persistance des vieilles mentalités faisait planer une lourde menace sur les objectifs idéologiques de base du Parti. Voyant les instincts individualistes des masses « petites-bourgeoises » se renforcer dans la culture de la NEP, ils redoublèrent d'efforts. Comme l'écrivit Anatoli Lounatcharski en 1927 : « La sphère de la vie dite privée ne saurait nous échapper, parce que c'est précisément ici que doit être atteint l'objectif final de la révolution[10]. »

La famille est le premier domaine dans lequel les bolcheviks aient engagé la lutte. Dans les années 1920, que la « famille bourgeoise » fût socialement délétère était pour eux un article de foi : repliée sur soi et conservatrice, elle était un bastion de la religion, de la superstition, de l'ignorance et du préjugé ; elle encourageait l'égotisme et l'instinct de la possession matérielle et opprimait femmes et enfants. Les bolcheviks comptaient bien voir disparaître la famille à mesure que la Russie se développerait en un système pleinement socialiste où l'État assumerait la responsabilité de toutes les fonctions domestiques élémentaires, ouvrant des crèches, des laveries et des cantines dans les centres publics et les immeubles d'habitation. Délivrées du travail domestique, les femmes seraient libres de rejoindre la main-d'œuvre à égalité avec les hommes. Le mariage patriarcal, avec la morale sexuelle qui l'accompagnait, dépérirait pour laisser place, croyaient les plus radicaux, à des « unions libres » fondées sur l'amour.

Telle que les bolcheviks la voyaient, la famille était le principal obstacle à la socialisation des enfants. « En aimant un enfant, écrivait la spécialiste soviétique de l'éducation Zlata Lilina, la famille le transforme en un être égotiste, l'encourageant à se croire le centre de l'univers[11]. » Les théoriciens bolcheviks s'accordaient sur la nécessité de remplacer cet « amour égotiste » par l'« amour rationnel » d'une « famille sociale » élargie. *L'ABC du communisme* (1919) envisageait une société future dans laquelle les parents n'emploieraient plus le possessif *moï* pour désigner leurs enfants, mais veilleraient sur tous les enfants de leur communauté. Toutefois les bolcheviks étaient partagés sur le temps que demanderait ce changement. Les radicaux affirmaient que le Parti devait agir afin de miner immédiatement la famille, mais la plupart acceptaient les arguments de Boukharine et des théoriciens de la NEP, à savoir que dans un pays de paysans comme la Russie la famille devait rester quelque temps l'unité première de production et de consommation et qu'elle s'affaiblirait progressivement à mesure que le pays avancerait dans sa transition vers une société socialiste urbaine.

En attendant, les bolcheviks adoptèrent diverses stratégies — comme la transformation de l'espace intérieur — destinées à accélérer la désintégration de la famille. Pour s'attaquer à la pénurie de logements dans les villes surpeuplées, les bolcheviks forcèrent les familles riches à partager leurs appartements avec les citadins pauvres dans le cadre d'une politique connue sous le nom de « condensation » (*ouplotnenie*). Dans les années 1920, le type le plus courant d'appartement communautaire (*kommounalka*) était un appartement dont les propriétaires d'origine occupaient les pièces principales, « côté rue », tandis que d'autres familles habitaient les pièces du fond. À cette époque, il était encore possible aux anciens propriétaires de sélectionner ceux avec qui ils devaient cohabiter, sous réserve de satisfaire à la « norme sanitaire » (l'espace vital par personne régressa de 13,5 mètres carrés en 1926 à juste 9 mètres carrés en 1931). De nombreuses familles faisaient venir des domestiques ou des connaissances pour éviter de voir installer des inconnus dans leur espace excédentaire. Cette politique exerçait une forte séduction idéologique : comme une forme de guerre contre les privilèges, ainsi que la présentait la propagande du nouveau régime (« Guerre aux palais ! »), mais aussi l'élément d'une croisade pour mettre en place un mode de vie plus collectif. En forçant les gens à partager des appartements communautaires, les bolcheviks croyaient pouvoir les rendre communistes dans leurs formes élémentaires de pensée et de comportement. L'espace et la propriété privés disparaîtraient, la famille individuelle (« bourgeoise ») laisserait place à une fraternité et une organisation communistes, et la vie de l'individu serait toujours plus immergée dans la communauté. À compter du milieu des années 1920 furent conçus de nouveaux types de logement en vue de cette transformation. Les architectes soviétiques les plus radicaux, comme les constructivistes de l'Union des architectes contemporains, proposèrent l'effacement total de la sphère privée en construisant des « habitations communautaires » (*doma kommouny*), dont les habitants se partageaient tous les biens, y compris les vêtements et les sous-vêtements, où les corvées domestiques, comme la cuisine et les enfants, étaient confiées par roulement à diverses équipes, et où tout le monde couchait dans un immense dortoir, divisé par sexe, avec des pièces privées pour faire l'amour. Peu de maisons de ce genre virent jamais le jour, même si elles occupent une place de choix dans l'imagination utopique et dans des romans futuristes comme *Nous autres* (1920) d'Evgueni Zamiatine. La plupart des projets qui se concrétisèrent, comme la maison du Narkomfin (ministère des Finances) à Moscou (1930) conçue par le constructiviste Moïsseï Guinzbourg, restaient en deçà de la forme communautaire intégrale et prévoyaient des espaces de vie privés à côté de blocs partagés pour les laveries, les bains, les salles à manger et les cuisines, les crèches et les écoles. Mais l'objectif restait d'organiser l'architecture de manière à amener l'individu à se détourner des formes de vie domestique privées (« bourgeoises ») au profit d'un mode de vie plus collectif[12].

Les bolcheviks devaient aussi intervenir plus

directement dans la vie domestique. Le nouveau Code du mariage et de la famille (1918) instaura un cadre législatif qui visait clairement à faciliter l'effondrement de la famille traditionnelle. Il priva l'Église de toute influence sur le mariage et le divorce, en en faisant une simple affaire d'état civil. Il accorda les mêmes droits aux couples de concubins qu'aux couples dûment mariés. De luxe pour riches, le Code fit du divorce une démarche facile et à la portée de tous. Il en résulta une forte augmentation des mariages à la va-vite et le plus fort taux de divorce au monde — trois fois plus élevé qu'en France et en Allemagne, et vingt-six fois plus qu'en Angleterre —, tandis que l'effondrement de l'ordre patriarcal chrétien et le chaos des années révolutionnaires se soldèrent par un relâchement des mœurs mais aussi des liens familiaux et communautaires[13].

Dans les premières années du pouvoir soviétique, l'éclatement des familles était si courant chez les militants révolutionnaires qu'il faisait presque figure de risque du métier. Les passades étaient pour ainsi dire la norme dans les cercles bolcheviks au cours de la guerre civile, quand n'importe quel camarade pouvait être à tout moment envoyé sur quelque lointain secteur du front. Ce relâchement demeura courant tout au long des années 1920, alors que l'on apprenait aux activistes du Parti et à leurs jeunes émules du Komsomol (Ligue de la Jeunesse communiste) à faire passer leur attachement au prolétariat avant l'amour romantique ou la famille. La promiscuité était encore plus prononcée dans les rangs des jeunes membres du Parti qu'au sein de la jeunesse soviétique en général. Beaucoup de bolcheviks tenaient la licence sexuelle pour une forme de libération des conventions morales bourgeoises et un signe de la « modernité soviétique ». D'aucuns prônaient même la promiscuité, y voyant le moyen de contrer la formation de relations de couple qui séparaient les amants de la collectivité et les détournaient de leur allégeance au Parti[14].

C'était là un lieu commun : le bolchevik faisait un mauvais mari et un mauvais père parce que les exigences du Parti l'éloignaient de son foyer. « Nous autres, communistes, nous ne connaissons pas nos familles, observa un bolchevik de Moscou. On part de bonne heure et on rentre tard. On voit rarement sa femme et presque jamais ses enfants. » Aux congrès du Parti, où le problème fut débattu tout au long des années 1920, on reconnut que les bolcheviks étaient bien plus portés que les maris non membres du Parti à abandonner femmes et familles, et que cela tenait largement au fait que l'allégeance au Parti primait sur la fidélité conjugale. En vérité, le problème des épouses et des mères absentes était presque aussi aigu dans les cercles du Parti, comme dans les cercles élargis de l'intelligentsia soviétique, où la plupart des femmes étaient impliquées dans la sphère publique[15].

Selon Trotski, les bolcheviks étaient plus touchés que d'autres par la dislocation des foyers parce qu'ils étaient « les plus exposés à l'influence des conditions nouvelles ». En tant que pionniers d'un mode de vie moderne, écrivit-il en 1923, « l'avant-garde communiste expérimente plus tôt et plus intensément ce qui est plus ou moins inévitable pour la classe dans son ensemble[16] ». Dans bien des foyers de membres du Parti prévalait le sentiment d'inaugurer un nouveau type de famille — qui libérait les deux parents pour les activités publiques —, mais au prix d'un certain délaissement de leurs enfants.

Anna Karpitskaïa et son mari, Piotr Nizovtsev, étaient des militants importants au sein du Parti de Leningrad (tel fut le nom donné à Petrograd après la mort de Lénine)[a]. Ils logeaient dans un appartement privé, près de l'Institut Smolny, avec leurs trois enfants, dont Marxena[b], la fille qu'Anna avait eue en 1923 d'un premier mariage. Marxena voyait rarement ses parents, qui partaient travailler le matin avant son réveil et rentraient très tard la nuit. « L'attention d'une mère me manquait, avoue Marxena, et j'ai toujours été jalouse des enfants dont la mère ne travaillait pas. » En l'absence de leurs parents, les enfants étaient confiés aux soins de deux domestiques, une bonne et une cuisinière, deux paysannes fraîchement débarquées de leur campagne. Toutefois, étant l'aînée, Marxena, à ce qu'elle raconte, hérita dès quatre ans de « l'autorité et de la responsabilité complètes du ménage ». La cuisinière lui demandait ce qu'elle devait préparer pour le dîner, mais aussi de quoi acheter des provisions dans un magasin réservé aux cadres du Parti. Si les servantes enfreignaient les règles du ménage, « ou si elles faisaient des choses que je ne trouvais pas bien », Marxena le rapportait à sa mère, mais le plus souvent, raconte-t-elle, « je leur disais moi-même quand quelque chose ne me plaisait pas ». Marxena se sentait responsable — elle avait compris que ça arrangeait sa mère de lui confier cette

a. On se reportera à l'arbre généalogique de la famille Nizovtsev-Karpitskaïa en page 36.

b. D'après Marx et Engels : un des nombreux noms soviétiques tirés des annales de la révolution après 1917. Parmi les autres noms « soviétiques », citons : Vladlen (Vladimir Lénine), Engelina, Ninel, Marlen (pour Marx et Lénine) et Melor (pour Marx, Engels, Lénine et révolution d'Octobre).

responsabilité — et trouvait cela naturel : « Ma mère avait clairement laissé entendre que ce qui se passait à la maison ne la regardait pas, et je n'ai jamais contesté cela. »

Élevée dans les valeurs de la nouvelle société, Marxena était une enfant de 1917. Ses parents voyaient en elle une « petite camarade ». Elle n'avait pas de jouets, pas de coin à elle où s'amuser à sa guise comme une enfant. « Mes parents me traitaient en égale et me parlaient comme à une adulte, se souvient Marxena. J'ai appris très tôt à être indépendante et à me débrouiller toute seule. » Pour son premier matin à l'école primaire — elle n'avait que sept ans —, sa mère l'accompagna à l'école et lui dit de mémoriser la route — un trajet complexe de près de 3 kilomètres — afin de pouvoir rentrer à la maison dans l'après-midi. « Dès lors, je suis toujours allée à l'école seule, à pied. Il ne m'est jamais venu à l'idée que l'on aurait dû m'accompagner. » Marxena acheta tous ses livres et ses fournitures scolaires dans une boutique du centre-ville qui se trouvait à une heure à pied de chez elle. Dès huit ans, elle allait toute seule au théâtre, utilisant le passe dont disposaient ses parents en tant que cadres du Parti et s'installant ainsi dans une loge près de l'orchestre. « Personne ne m'a jamais dit ce que je devais faire, conclut-elle. Je me suis élevée toute seule. »

Les parents de Marxena restèrent pour elle des figures lointaines. Même pendant les vacances, ils partaient seuls pour une des stations balnéaires de Crimée réservées aux cadres du Parti et laissaient leurs enfants à Leningrad. En revanche, ils imposaient leurs rigidités idéologiques, ce dont Marxena se souvient comme d'une source de contrariété. Sa mère la grondait parce qu'elle lisait Pouchkine et

Tolstoï plutôt que les livres didactiques pour enfants qui avaient les faveurs du Parti, comme le livre d'aventures scientifiques de Vladimir Obroutchev, *La Terre de Sannikov* (1926) ou *La République de Chkid* (1927) de Grigori Belykh et Alexeï Panteleïev, une histoire d'orphelins sans foyer envoyés à l'école à Leningrad : c'est Anna qui les avait rapportés à la maison ; Marxena se fit un devoir de les lire avant de les ranger dans une armoire et de les oublier. Sa mère avait interdit à Marxena d'inviter des camarades d'école à la maison parce que, disait-elle, mieux valait qu'ils ne vissent pas le confort dans lequel vivaient les dirigeants du Parti — pourtant modeste et à la spartiate — en comparaison des conditions de vie de leurs familles. Ses parents la félicitaient ou la complimentaient très rarement, et pour ainsi dire jamais ne l'embrassaient ou ne la serraient dans leurs bras. Son unique source d'affection était sa grand-mère, qui s'occupait d'elle quand elle était malade. « J'aimais aller chez elle, raconte Marxena. Elle était aux petits soins pour moi. C'est elle qui m'a appris à coudre et à me faire un collier de perles. Elle avait des jouets pour moi, et elle m'acheta même une kitchenette en bois, qu'elle disposa dans un coin de sa chambre, où j'aimais jouer[17]. »

De nombreux enfants nés de familles du Parti après 1917 ont décrit l'absence d'affection parentale. De ce point de vue, les usages de l'élite soviétique en matière d'éducation n'étaient pas si différents de ceux de l'aristocratie russe du XIXe siècle, qui ne se souciait guère de pouponner et abandonnait ses enfants, dès les tout premiers jours, aux soins de nourrices, servantes et autres domestiques[18].

Angelina Evsseïeva est née en 1922 dans une famille de bolcheviks. Ses parents s'étaient connus dans les rangs de l'Armée rouge au cours de la guerre civile. De retour à Petrograd en 1929, son père commanda l'une des divisions qui prit part à l'écrasement de la mutinerie de Cronstadt. En 1925, il entra à l'Académie de médecine militaire, où il passait ses soirées à étudier. Quant à la mère d'Angelina, elle devint cadre au commissariat au Commerce. Peu après la naissance d'Angelina, elle se mit à fréquenter l'institut du Commerce extérieur, passant elle aussi ses soirées à étudier. Angelina a le souvenir d'une enfance largement abandonnée aux soins de la bonne :

> Ma mère m'aimait, elle était patiente et attentive, mais pas affectueuse ; jamais elle ne me gâtait ni ne jouait avec moi. Elle attendait de moi que je me conduise comme une adulte, et me traitait en conséquence. [...] Quant à mon père, il était totalement accaparé par son travail. J'avais l'impression de le gêner. Je devais être une source de tracas pour mes parents. Je ne me plaisais pas à la maison. J'ai grandi dans la cour et dans la rue : une sale môme. Un jour, j'avais huit ans, mon père a rapporté un aquarium d'un voyage de travail à Moscou. Comme il ne voulait pas que j'aille jouer dehors, j'ai renversé l'aquarium et tous les poissons se sont répandus par terre. Il m'a frappée avec un tuyau et j'ai crié : « T'es pas mon père, t'es qu'une marâtre, une marâtre[19] ! »

Maria Boudkevitch est née en 1923 à Moscou, dans la famille d'un cadre du Parti travaillant à l'Encyclopédie militaire, le principal éditeur des forces armées soviétiques. Son père ne vivait pas avec le reste de la famille, non qu'il fût séparé de sa femme, qui faisait des recherches sur l'histoire de la guerre civile, mais parce qu'il jugeait plus commode pour son travail de disposer de son propre appartement. Maria le voyait si rarement qu'à cinq ou six ans elle se mit à douter qu'elle eût bien un père. « Je ne comprenais pas ce que c'était, raconte-t-elle. Je savais que les autres filles avaient quelqu'un qu'elles appelaient *papa*, mais moi, je ne le voyais pour ainsi dire jamais. Il débarquait sans crier gare, au retour d'un voyage à l'étranger. Du coup, c'était la fête, avec des cadeaux pour tout le monde, puis il disparaissait de nouveau[20]. »

Les parents d'Elena Bonner étaient des activistes du Parti de Leningrad. Ils travaillaient des aurores jusqu'à une heure avancée de la nuit et voyaient rarement leurs enfants, confiés aux soins de leur grand-mère. Elena brûlait d'être entourée de l'affection de sa mère. Elle apprit à pleurnicher et feignit souvent d'être malade pour obliger sa mère à rester à la maison. Elle enviait les autres enfants dont les mères ne travaillaient pas et avaient « toujours l'air enjouées » en comparaison. Même quand ils étaient à la maison, ses parents étaient tellement occupés par leur travail pour le Parti qu'ils ne prêtaient guère attention aux enfants. Quand elle avait neuf ou dix ans, raconte Elena, son père « travaillait énormément le soir et, la nuit, il rédigeait des brochures "sur la construction du Parti". (J'ai longtemps cru que le Parti construisait des maisons[21]) ».

Les Bonner logeaient dans un hôtel réservé aux cadres du Parti, dans l'ancien hôtel Astoria de Leningrad. Tout, dans leurs pièces chichement meublées, était fait pour le travail. Jusque dans les années 1930, quand Staline se mit à récompenser ses fidèles par de luxueux appartements et des biens de consommation, la plupart des membres du Parti se contentaient d'un style de vie pareillement minimaliste. Même les hauts responsables avaient un train de vie très modeste. La famille de Nikolaï Semachko, qui fut commissaire à la Santé de 1923 à 1930, occupait un petit appartement, à peine meublé, dans l'immeuble du Narkomfin, à Moscou. « Aucune forme de *byt* [confort bourgeois] ou de décor ne devait jamais les intéresser », se souvient un de leurs voisins[22].

Les idéalistes bolcheviks des années 1920 vouaient un culte à ce mode de vie spartiate. De la clandestinité révolutionnaire, source de leurs valeurs et principes dans les premières années du régime, ils avaient hérité un ascétisme prononcé. Le rejet des biens matériels était au centre de la culture et de l'idéologie de l'intelligentsia socialiste russe, qui s'efforçait d'en finir avec tout signe de vie domestique « petite-bourgeoise » — porcelaines ornementales sur la cheminée, canaris, plantes d'intérieur, sièges rembourrés, portraits de famille et autres objets ordinaires du foyer — pour s'astreindre à une vie plus haute et plus spirituelle. La bataille contre le « vulgaire *byt* » était au cœur de l'élan révolutionnaire pour instaurer un mode de vie plus communiste. Comme le poète Maïakovski l'écrivit en 1921,

Depuis le mur, Marx regarde. Il regarde
Et soudain
Ouvrant grand la bouche,
Il se met à hurler :
La Révolution s'enlise dans la grossièreté
Plus terrible que Wrangel[a] *: le vulgaire* byt.
Mieux vaut
Arracher la tête des canaris,

a. Le chef des armées blanches dans le sud de la Russie au cours de la guerre civile.

Que le communisme
Ne soit pas victime des piafs[23].

Dans l'esthétique bolchevik, il était vulgaire de s'intéresser à la décoration de son intérieur. Dans l'idéal, l'« espace de vie » (c'est ainsi que les fonctionnaires soviétiques appelaient le foyer) était décoré et meublé au minimum. Il était purement fonctionnel, avec un mobilier économe en place, comme des canapés-lits. Dans l'imagination bolchevik, la simplicité de ce mode de vie était une forme de libération de la société bourgeoise où le culte de la possession asservissait les gens. Dans *Le Ciment* (1925), l'influent roman de Fiodor Gladkov, un homme et une femme, tous deux militants du Parti, sacrifient leur bonheur personnel et quittent leur foyer et leur fille pour aider à reconstruire une cimenterie détruite lors de la guerre civile. Quand le vieux confort domestique de son foyer commence à manquer à Gleb, sa femme s'empresse de le rappeler à de plus nobles aspirations : « Ce sont de jolies fleurs au balcon et un lit couvert d'oreillers que tu veux ? Non, Gleb, l'hiver je vis dans une chambre sans chauffage, et je mange à la cuisine collective. Vois-tu, je suis une citoyenne soviétique libre[24]. »

Chez les bolcheviks prévalait une attitude pareillement austère envers l'apparence personnelle : mode vestimentaire, coiffure, bijoux, parfum et produits de beauté étaient tous relégués au domaine vulgaire du *byt*. Les « hommes nouveaux » de l'avant-garde du Parti portaient des habits simples et ordinaires — pseudo-prolétariens ou quasi militaires — sans la moindre parure. Sous la NEP, alors que les dirigeants bolcheviks redoutaient que la base du Parti ne se laissât corrompre par les agréments et les tentations de la culture « bourgeoise » qui étaient soudain devenus à leur portée, le régime encouragea ces attitudes spartiates comme un symbole de pureté idéologique. En 1922, Aron Solts, le principal porte-parole du Parti en matière d'éthique communiste, y alla de sa mise en garde : la NEP risquait d'amener les membres à croire qu'« il existe une forme de vie personnelle dans laquelle ils sont entièrement libres de se laisser aller à leurs goûts et même d'imiter ce que la société bourgeoise tient pour élégant ». Et Solts d'appeler les bolcheviks à se défaire de cet instinct bourgeois en changeant d'esthétique. « Porter des bagues, des bracelets et des dents en or, c'est laid » : de son point de vue, pareille conduite devait « susciter l'indignation esthétique » dans les rangs du Parti[25].

Née à Moscou en 1922, Valentina Tikhanova grandit dans la maison du leader bolchevik Vladimir Antonov-Ovseïenko, l'homme qui conduisit la prise du palais d'Hiver en octobre 1917. Sa mère avait connu le fameux bolchevik à Prague, où Vladimir était ambassadeur : elle avait alors quitté le père de Valentina, éditeur, pour l'épouser en 1927. Valentina se souvient du petit appartement moscovite où sa famille avait vécu dans les années 1920 « comme d'un appartement meublé simplement avec un mobilier des plus ordinaires et des lits en fer forgé ». Le seul objet de valeur était une grosse boîte de malachite qui appartenait à sa mère. L'appartement était sans ornement ni décoration : ce genre de choses n'intéressait pas ses parents. Devenue la femme d'un ambassadeur, sa mère continua de ne pas porter de bijoux. L'ascétisme était aussi de rigueur au domicile des Antonov-Ovseïenko. Leur appartement de la Seconde Maison du Sovnarkom, un grand immeuble d'habitation réservé aux hauts responsables du Parti moscovite, consistait en quatre petites pièces. Pareille à une cellule, la chambre de Valentina était équipée en tout et pour tout d'un lit pliant, d'un bureau et d'une petite bibliothèque. Évoquant cette atmosphère austère, Valentina en parle comme d'un élément conscient des principes de l'intelligentsia (*intelliguentnost'*) de sa famille et de l'idéologie soviétique. « Nous étions des Soviétiques (*sovki*), observe-t-elle. Nous vivions de notre croyance dans le bonheur futur de notre société, non pour satisfaire nos besoins. Notre façon de vivre était empreinte d'une pureté morale[26]. »

Lioudmila Eliachova grandit dans la famille d'un bolchevik letton. Son père, Leonid, était encore adolescent en 1917 quand il avait fui Riga pour rejoindre les bolcheviks. Ses parents étaient de riches Juifs. Stricts et cruels, ils lui inspiraient honte et rancœur, et l'attraction qu'exerçait sur lui le mouvement ouvrier tenait en partie à son mode de vie spartiate, qu'il embrassa, ainsi qu'il le reconnut dans une lettre de 1920 à sa femme, comme un « renoncement à [sa] classe bourgeoise ». Selon sa fille Lioudmila, Leonid attachait une signification personnelle aux paroles de *L'Internationale* : « Répudions le vieux monde, Secouons sa poussière de nos pieds[a]. » « Il éprouvait le besoin de renoncer non seulement à sa classe, dit-elle, mais aussi à sa famille, et au mode de vie auquel il s'était habitué, avec ses appartements confortables et ses datchas, sa grande cuisine, ses vêtements à la mode, ses parties de tennis, et bien

a. Il s'agit en fait des paroles de *La Marseillaise* en russe telle qu'on les trouve dans Paoustovski, *L'Histoire d'une vie. II. Une jeunesse inquiète*, Paris, Gallimard, 1964, p. 283-284 [*N.d.T.*].

Leonid Eliachov, 1932

d'autres choses encore. » Il apprit à ses filles, Lioudmila (née en 1921) et Marxena (en 1923), à avoir honte de toute forme de richesse ou de confort qui les plaçait plus haut que la classe laborieuse. Il leur disait qu'elles devraient se sentir coupables d'avaler un bon petit déjeuner, quand d'autres gosses, plus pauvres qu'elles, avaient moins à manger. Aux repas, il disait : « C'est honteux de manger du poisson ou des saucisses quand tous les autres doivent se contenter d'œufs et de pain. Qu'est-ce qui nous rend meilleurs que les autres ? » Il était fermement partisan du « maximum du Parti » — système de restriction des salaires des membres du Parti dans les années 1920 — et apprit aux siens à vivre dans la limite de leurs moyens. Il n'était pas question pour les filles d'acheter de nouveaux souliers tant que les anciens n'étaient pas complètement en lambeaux. Elles n'avaient droit à des bonbons que lors des grandes fêtes soviétiques. « Nous vivions très modestement », se souvient Lioudmila.

> Notre mobilier était bon marché ; tout avait été acheté à l'État. Nous mangions simplement, nos habits étaient ordinaires. Je n'ai jamais vu mon père porter autre chose que son uniforme militaire, une veste et des bottes. Mère avait sa « tenue spéciale » pour le théâtre et une ou deux autres robes, mais c'était tout. [...] Les sorties au théâtre, c'était notre luxe : ça et des tas de livres.

Comme beaucoup d'enfants de 1917, Lioudmila et sa sœur furent élevées dans l'idée que l'abnégation était synonyme de pureté morale et de combat révolutionnaire pour le bonheur futur de tous. En 1936, elle écrivit sur la couverture de son journal : « Souffrir détruit l'insignifiant et endurcit le fort[27]. »

Pour certaines familles, l'ascétisme de l'activiste fut une trop rude épreuve. Les Voïtinski en sont un bon exemple. Iossif Voïtinski était né à Saint-Pétersbourg en 1884 dans une famille libérale de Juifs russifiés. Son père était professeur de mathématiques, son frère Nikolaï ingénieur et, comme son autre frère, Vladimir, Iossif était diplômé de la faculté de droit de l'université de Saint-Pétersbourg. La révolution d'Octobre fit éclater la famille. Les parents de Iossif s'enfuirent en Finlande. Vladimir, ancien menchevik et figure en vue du gouvernement provisoire de 1917, émigra à Berlin, où il devint un critique virulent des bolcheviks. Iossif et sa sœur Nadejda furent les seuls de la famille à rester à Petrograd. Comme Vladimir, Iossif était un ancien menchevik, mais il espérait se rattraper en rejoignant les bolcheviks et en prenant part à la guerre civile. Pour prouver sa loyauté, il alla même jusqu'à écrire à son frère à Berlin — sans doute dans l'idée que ses supérieurs liraient la lettre — pour l'implorer de « réévaluer ses principes politiques et de regagner la Russie soviétique pour notre travail commun ». Terrifié à l'idée d'être châtié pour les activités contre-révolutionnaires de son frère, Iossif s'adonna sans réserve à la cause du Parti. « Du fait de mes péchés dans une vie ancienne, ils ont fait seulement de moi un membre à l'essai, écrivit-il à Nikolaï, mais j'assume quantité de tâches du Parti et, en bon communiste, je suis toujours prêt à être expédié en enfer[28]. »

Iossif et Alexandra, Ekaterinoslav, 1924

En fait, il fut envoyé à Ekaterinoslav, où il travailla au service juridique de l'organisation syndicale locale. Iossif et sa femme Alexandra logeaient dans une chambre en sous-sol humide et à peine meublée. « Nous ne trouvons rien de mieux, écrivit Alexandra à Nadejda en 1922. Tout coûte très cher et seuls les *Nepmen* ont de quoi payer un loyer. Pour ce qui est de notre vie domestique, nous manquons des choses les plus élémentaires : linge de maison, habits, aiguille, fil. En un mot, nous manquons de tout. » Iossif était trop occupé pour se soucier de ces « détails domestiques ». Il était « dénué de sens pratique et désordonné en tout, sauf dans son travail », assurait son épouse. Le couple n'avait pas d'argent parce que le « maximum du Parti » ne leur laissait qu'une somme modique, dont ils devaient envoyer la plus grosse partie à la mère de Iossif en Finlande. Alexandra fit de son mieux pour compléter leurs revenus en prenant des petits boulots. Mais elle supportait mal de devoir travailler et en voulait au Parti de ruiner ses « rêves de famille ». En 1922, Alexandra se fit avorter. Comme elle l'expliqua dans une lettre à Nadejda, elle désirait cet enfant, mais elle avait interrompu sa grossesse parce qu'elle était « usée par les soucis de santé » et ne voulait pas « ajouter au poids de Iossif » alors même qu'il était « accablé par son travail pour le Parti ». Leur vie de couple en pâtit. Les problèmes d'argent suscitaient des disputes constantes. Iossif avait eu une liaison avec une autre femme, qui accoucha d'un fils en 1924, et la soutenait financièrement. Ses relations avec Alexandra avaient atteint un point de rupture. Iossif s'absentait souvent pour le compte du Parti : à Moscou, où il donnait un cours de droit du travail, ou au Kouban, où il travaillait pour les syndicats. « Je vois rarement mon Iossif, écrivit Alexandra à Nadejda en 1925. Ça me rend amère que tout ait tourné ainsi, mais tel est notre mode de vie ces temps-ci. Il n'y a pas de place pour la vie privée, et nous devons enterrer les idylles comme une relique du passé[29]. »

II

Pour les bolcheviks, l'éducation était la clé de la création d'une nouvelle société. À travers les écoles et les ligues communistes pour les jeunes (les Pionniers et le Komsomol), leur but était d'inculquer le nouveau mode de vie collectif à la génération suivante. Ainsi que le déclara en 1918 un des théoriciens de la scolarité soviétique :

> Nous devons faire des jeunes une génération de communistes. Les enfants, telle la cire tendre, sont très malléables, et il faut les façonner en bons communistes. [...] Nous devons soustraire les enfants à l'influence délétère de la famille. [...] Nous devons les nationaliser. Dès les tout premiers jours de leur petite vie, ils doivent se trouver sous l'influence bénéfique des écoles communistes. [...] Obliger la mère à donner son enfant à l'État soviétique : telle est notre tâche[30].

La mission première de l'école soviétique était de retirer les enfants de leur famille « petite-bourgeoise », où les anciennes mentalités de la vie privée sapaient la culture des instincts sociaux, et de leur inculquer les valeurs publiques d'une société communiste. « Il faut apprendre au jeune à penser en termes de "nous", écrivit en 1918 le commissaire à l'Éducation Anatoli Lounatcharski, et à tourner le dos à tous les intérêts privés[31]. »

La dissémination des valeurs communistes était le principe directeur des programmes scolaires. En ce sens, reconnaissaient les penseurs de l'éducation soviétique, le rôle du marxisme dans les écoles soviétiques était semblable à celui de la religion dans les écoles tsaristes. Dans les établissements plus expérimentaux, on insistait lourdement sur l'apprentissage à travers des activités pratiques plutôt que par la théorie. Même dans les Écoles du travail unifié, censées offrir un cadre national à tous les écoliers du primaire jusqu'à l'université, le programme était habituellement organisé autour d'une série d'ateliers (non pas de classes), où l'on initiait les enfants aux techniques, aux arts et métiers en guise d'introduction aux grandes matières académiques, notamment la science et l'économie[32].

L'endoctrinement politique était fait pour produire des activistes. L'image de l'enfant idéal colportée par la propagande était celle d'un orateur politique précoce rompu à l'agit-prop. Le communisme ne s'enseignait pas dans les livres, expliquaient les spécialistes de l'éducation. Il fallait l'inculquer tout au long de la vie scolaire, qu'il convenait à son tour de rattacher au monde plus large de la vie politique à travers des activités extrascolaires, comme la célébration des fêtes soviétiques, la participation à des marches publiques, la lecture de journaux et l'organisation de débats et de procès à l'école. L'idée était d'initier les enfants aux pratiques, cultes et rituels du système soviétique en sorte que, grandissant, ils devinssent des communistes actifs et loyaux.

Les enfants étaient initiés au culte de « l'oncle Lénine » dès leur premier âge. Dans les jardins d'enfants, on les appelait les « octobrins » ou « petits octobres » (*oktiabriata*), dès l'instant où ils étaient capables de montrer du doigt le portrait du dirigeant soviétique. Après la mort de Lénine, craignant qu'une génération ne grandît sans savoir qui il était, ordre fut donné aux écoles d'aménager des « coins Lénine », des sanctuaires politiques réservés au culte du fondateur quasi divin de l'État soviétique. Les récits légendaires autour de Lénine et des autres héros de la révolution étaient un instrument d'éducation politique important. La plupart des enfants ne comprenaient pas l'idéologie de l'État soviétique — à leurs yeux, la révolution n'était qu'une simple lutte entre le « bien » et le « mal » —, mais ils pouvaient s'identifier aux actes héroïques des révolutionnaires.

Un coin Lénine, années 1920

Les écoles progressistes étaient organisées telles des versions miniatures de l'État soviétique : plans de travail et résultats étaient affichés sous forme de graphiques épinglés au mur ; les classes étaient organisées à la manière des régiments ; et le fonctionnement quotidien de l'école était régi par une structure bureaucratique de conseils et de comités, qui initiaient les enfants au monde adulte de la politique soviétique. Dans certaines écoles on encourageait les enfants à organiser leur propre police ; on les invitait à écrire des dénonciations contre les élèves qui avaient enfreint la discipline et on organisait même des procès en classe. Pour insuffler l'ethos de l'obéissance collective, certains établissements mirent en place un système de dressage politisé, avec défilés, chants et serments d'allégeance aux dirigeants soviétiques. « À l'occasion des fêtes publiques, toute la classe défilait, se souvient Ida Slavina en évoquant sa scolarité à Leningrad. Nous étions fiers de marcher en tant que représentants de nos écoles. Quand nous passions devant un immeuble où des gens étaient postés aux fenêtres, nous ralentissions et scandions à l'unisson : "Honte à vous qui restez à la maison, accoudés à la fenêtre[33] !" »

Né en 1910, Alexeï Radtchenko était issu d'une famille de révolutionnaires célèbres. Stepan, son oncle, était un vétéran du mouvement communiste clandestin dès avant le temps de Lénine, tandis que son père, Ivan, était un membre fondateur du Parti bolchevik, chargé de développer l'industrie soviétique de la tourbe (considérée comme une source d'énergie vitale) après 1917. La famille habitait Chatoura, petite ville à l'est de Moscou, dans une grande maison confortable à proximité de la centrale qui transformait la tourbe en électricité pour la capitale. Alissia, la mère d'Alexeï, était issue d'une famille germano-suédoise de la petite bourgeoisie de Tallinn, et ses goûts personnels, ses aspirations à la respectabilité et son souci du bonheur bourgeois portaient la marque de cette éducation. Idéologiquement, cependant, elle était attachée à l'idéal communiste qui voulait balayer cette vieille culture bourgeoise et créer un nouveau type d'être humain.

Pionnière des théories pédagogiques soviétiques et proche collaboratrice de Kroupskaïa dans son travail éducatif, Alissia concevait la scolarisation de son fils comme un laboratoire de son éducation communiste. Ses théories venaient largement des idées de Piotr Lesgaft, le fondateur de l'éducation physique en Russie, dont elle suivit les cours à Saint-Pétersbourg en 1903-1904, et des écrits de Maxime Gorki en l'honneur de qui elle avait choisi le nom de son fils (de son vrai nom, Gorki s'appelait Alexeï Pechkov). Elle enseigna à Alexeï les langues, lui fit étudier le piano et le violon, lui assigna des corvées domestiques et dans leur parcelle de jardin, pour l'encourager à respecter le travail manuel, et arrangea à la maison la visite de pauvres afin d'éveiller sa conscience sociale. Directrice de l'École du travail unifié de Chatoura à compter d'octobre 1917, Alissia organisa l'école à la manière d'une commune, associant cours magistraux et travaux agricoles à la ferme afin que les enfants comprissent d'emblée ce qu'était une vie de communiste[34].

Alexeï et Ivan Radtchenko, 1927

Alexeï fut élevé dans la vénération de son père et des autres révolutionnaires. Garçon chétif, souffrant d'une maladie de la colonne vertébrale et ayant du mal à marcher, il se réfugia dans un monde livresque de chimères. Idolâtrant Lénine, il prit à cœur les mots d'encouragement de son père, qui le pressait de « devenir comme lui ». En décembre 1923, apprenant que Lénine souffrait d'une maladie mortelle, il confia à son journal : « Je quitterais la maison précipitamment et donnerais à Lénine tout mon sang, si cela pouvait lui sauver la vie. » Après la mort du leader soviétique, Alexeï aménagea un « coin Lénine » dans sa chambre, recouvrant les murs de portraits du dirigeant soviétique et de textes de discours qu'il apprenait par cœur. Alissia, de son côté, tint une chronique de la maturation politique d'Alexeï, composée d'entrées de ses journaux à lui ou d'exemples de son travail scolaire et de dessins, complétant le tout par des commentaires personnels sur l'éducation de son fils. Suivant ses propres mots, son journal était un « carnet de bord scientifique » qui pouvait servir de « guide à la question de l'éducation communiste dans les familles et les écoles ». Alissia encouragea son fils à frayer avec les autres enfants de Chatoura — issus pour la plupart de familles d'ouvriers d'origine paysanne employés à la centrale — et s'efforça de lui faire sentir qu'il était un leader de ces amis moins privilégiés en organisant des jeux et des activités à leur intention dans leur grande maison. « Suis l'exemple de ton père, écrivit Alissia en marge du journal intime de son fils. Apprends à être un leader pour tes petits amis, de même qu'il est un leader pour la classe ouvrière. » Encouragé par sa mère, Alexeï créa une organisation « secrète » avec quelques-uns de ses camarades d'école : le

Bureau central du comité russe de l'Association des enfants du monde. Ils avaient leurs insignes, leur propre chant révolutionnaire (*Le Commencement*), qu'Alissia avait écrit pour les enfants, et leurs bannières rouges maison, qu'ils brandissaient en défilant à travers les rues de Chatoura les jours de fête[35].

Les enfants de 1917 étaient encouragés à jouer aux révolutionnaires. Les spécialistes soviétiques de l'éducation étaient influencés par l'idée d'« apprendre par le jeu » que prônaient des pédagogues européens comme Friedrich Fröbel et Maria Montessori. Le jeu structuré était à leurs yeux une expérience éducative à travers laquelle les enfants assimilaient les valeurs soviétiques de la collectivité, de l'activisme social et de la responsabilité. Tout le propos de l'école soviétique, avec ses journaux muraux, ses coins Lénine, ses conseils et ses comités, était d'inculquer aux enfants l'idée qu'ils étaient eux aussi des révolutionnaires en puissance et qu'ils devaient être prêts à se révolter — si nécessaire, contre leurs parents — à l'appel de la direction du Parti. Raïssa Berg, qui grandit dans les années 1920 à Leningrad dans une famille de l'intelligentsia, se souvient de ses amis comme de petits camarades toujours prêts à se battre :

> Un fort esprit d'amitié, de confiance et de solidarité unissait les élèves de notre classe. Entre nous et nos merveilleux professeurs, que nous aimions tous, sans exception, se livrait néanmoins une bataille incessante, une vraie guerre de classes. Nous n'avions que faire de calculs stratégiques ou de conspirations, nous nous conformions à un code non écrit : seule comptait la loyauté envers nos camarades. Il n'était pas question de tout dire à nos parents : ils risquaient de nous trahir auprès des enseignants[36].

Dans les cours, un des jeux les plus populaires dans les années 1920 était les Rouges et les Blancs, version soviétique des cow-boys et des Indiens, où les enfants jouaient les épisodes de la guerre civile en utilisant souvent des carabines à air comprimé (*pougatchi*) spécialement fabriquées pour le jeu. Les parties de Blancs et Rouges tournaient souvent à la bagarre, car, comme le rappelle l'un d'eux, tous les garçons voulaient être Lénine :

> Nous nous disputions le droit de jouer le rôle du leader. Tout le monde voulait être Rouge, bolchevik, et personne ne voulait être Blanc, menchevik. Seuls les adultes pouvaient mettre fin à ces querelles, en nous suggérant de nous battre sans donner de noms, et les gagnants, quels qu'ils fussent, seraient les bolcheviks.

Un autre jeu était celui de la Perquisition-Réquisition : un groupe, généralement les garçons, jouait le rôle d'une brigade de réquisition de l'Armée rouge tandis qu'un autre, habituellement les filles, était des « spéculateurs bourgeois » ou des paysans « koulaks » qui cachaient leur grain[37].

Les jeux du type Blancs et Rouges ou Perquisition-Réquisition encourageaient les enfants à accepter la division soviétique du monde en « bons » et « mauvais ». Des études menées dans les écoles au cours des années 1920 montrèrent que les enfants, dans l'ensemble, ignoraient les épisodes de l'histoire récente (beaucoup d'élèves ne savaient pas ce qu'était un tsar), mais qu'ils avaient été influencés par les images sombres et menaçantes des partisans de l'ancien régime dans la propagande, les livres et le cinéma soviétiques. Ces images poussaient maint enfant à croire qu'il continuait d'exister des « ennemis cachés » : croyance susceptible de produire peurs irrationnelles, hystérie et agression contre tout signe de l'ancien régime. Une petite écolière demanda à son maître : « Ils mangent des enfants, les bourgeois ? » Un autre, qui avait vu sur le dos d'un camarade de classe une vieille chemise avec une couronne gaufrée sur la manchette, s'écria soudain en pleine classe : « Hé, c'est un partisan du tsar[38] ! »

Beaucoup d'enfants de 1917 firent leur première expérience de la politique chez les Pionniers. Créée en 1922, l'organisation était calquée sur le mouvement scout, un des derniers organismes publics indépendants que le gouvernement avait mis hors la loi en 1920. L'ethos des scouts, qui avaient essayé de cultiver chez les jeunes un sens du devoir public à travers des activités pratiques, continua de prévaloir dans maintes organisations de Pionniers (comme dans certaines écoles soviétiques d'élite) au cours des années 1920. Près d'un cinquième des enfants âgés de dix à quatorze ans étaient enrôlés dans les Pionniers en 1925, et ce pourcentage alla croissant dans les années suivantes. Comme les scouts, les pionniers avaient leurs codes moraux et leurs rituels. Ils avaient un serment que chaque pionnier était censé apprendre par cœur (beaucoup s'en souviennent encore, trois quarts de siècle plus tard) : « Moi, jeune pionnier de l'Union soviétique, je jure solennellement devant mes camarades d'être fidèle aux préceptes de Lénine, de défendre fermement la cause de notre Parti communiste et la cause du communisme. » Les pionniers défilaient et chantaient beaucoup, pratiquaient la gymnastique et le sport. Ils avaient un chant à répons emprunté à l'Armée rouge : « Pionnier, sois prêt ! » Réponse : « Toujours prêt ! » Ils étaient organisés en brigades. Ils avaient leurs étendards, leurs drapeaux et leurs chants, ainsi que leur uniforme (chemise blanche, écharpe rouge), qui était une source d'orgueil immense et, semble-t-il, le principal attrait des Pionniers. « Je ne comprenais pas les obligations du mouvement. Comme tout le monde, je voulais juste l'écharpe rouge », raconte une pionnière. Vera Minoussova, entrée aux Pionniers de Perm en 1928, se souvient : « L'uniforme me plaisait, surtout l'écharpe, que je repassais tous les jours et que je portais à l'école. C'étaient les seuls habits propres et élégants que j'eusse. J'étais fière et je me sentais grande quand je les portais. » Valeri Frid, écolier à Moscou dans les années 1920, était si fier de son écharpe rouge qu'il dormit plusieurs nuits de suite avec elle après son entrée aux Pionniers[39].

Vera Minoussova, début des années 1930

À travers les Pionniers, les petits Soviétiques éprouvaient un fort sentiment d'inclusion sociale. Chaque enfant voulait devenir pionnier. Il était prestigieux et excitant d'en être, et l'écharpe rouge était une marque importante d'acceptation et d'égalité sociales. Les enfants exclus des Pionniers — beaucoup l'étaient, en raison de leurs origines sociales — en concevaient d'intenses sentiments de honte et d'infériorité. Maria Drozdova fut chassée des Pionniers parce qu'elle venait d'une famille « koulak ». Son désir d'être réintégrée était si ardent qu'elle porta l'écharpe dissimulée sous sa chemise de longues années durant. Sofia Ozemblovskaïa, fille d'un aristocrate polonais, fut écartée des Pionniers parce qu'on l'avait aperçue à l'église. Elle est encore toute retournée quand elle évoque son expulsion :

> Soudain, un communiqué — un « flash d'information » — est apparu sur le journal mural du couloir de l'école : « En ligne, sur-le-champ ! » Les enfants sont sortis en courant des salles de classe et ont formé des rangs sur le terrain de jeu. J'ai dû me placer devant et on m'a fait honte devant toute la brigade. Les enfants criaient : « Elle a couvert notre brigade de honte en allant à l'église ! Elle n'est pas digne de l'écharpe ! Elle n'a pas le droit de porter l'écharpe ! » Ils m'ont traitée de tous les noms. Puis ils ont essayé de m'arracher l'écharpe. Je me suis mise à pleurer. J'ai crié : « Je vous donnerai pas l'écharpe ! Je vous donnerai pas l'écharpe ! » Je suis tombée à genoux et les ai suppliés de ne pas me la prendre. Mais ils me l'ont prise quand même. À compter de ce jour, j'ai cessé d'être une pionnière[40].

Le dessein de l'organisation des Pionniers était d'endoctriner tous les petits Soviétiques, de leur inculquer les valeurs et la discipline communistes. Ils étaient assujettis au même régime de « plans de travail » et de « revues » en usage dans le Komsomol et le Parti. D'après le psychologue et théoricien de l'éducation A. B. Zalkind, principal porte-parole du Parti sur le conditionnement social de la personnalité, l'objectif du mouvement des Pionniers était de former des « combattants communistes révolutionnaires totalement libérés des poisons de classe de l'idéologie bourgeoise ». Dans l'idée de Kroupskaïa, les Pionniers devaient remplacer la famille dans le rôle de principale influence sur les enfants. On apprenait aux pionniers à travailler dur et à obéir, à être purs en pensée et en action. « C'est par les Pionniers que j'ai appris à être dégourdie et rangée, à finir toutes mes tâches à temps et à être disciplinée dans tout ce que j'ai fait, songe Minoussova. Tels ont été dès lors mes principes dans la vie[41]. »

Les pionniers étaient des activistes. Il existait un large éventail d'activités — organisation de manifestations, préparation de journaux muraux, travail volontaire (*soubbotniki*[a]), pièces et concerts — destinées à cultiver l'activisme social et à insuffler aux pionniers un sentiment de leadership. Né en 1914, Vassili Romachkine était issu d'une famille paysanne de la province de Moscou. Se retournant sur son parcours scolaire et son engagement dans les Pionniers

a. Les *soubbotniki*, ou campagnes de travail du samedi, furent introduits au cours de la guerre civile. Étudiants, ouvriers et autres citoyens étaient tous astreints, en tant que « volontaires », à diverses corvées comme l'enlèvement des détritus dans les rues. Cette pratique ne tarda pas à devenir un trait permanent du mode de vie soviétique : non seulement des jours, mais des semaines entières, la population allait être appelée à travailler sans rémunération.

au cours des années 1920, il évoque ainsi l'importance donnée à l'activité publique :

> Être une « personne soviétique », qu'est-ce que ça voulait dire ? Ça voulait dire aimer la mère patrie soviétique, travailler dur et donner l'exemple, comme on nous l'apprenait à l'école et chez les Pionniers. Ces mots me tenaient à cœur. Dès ma troisième année d'école [en 1924], j'étais président du comité scolaire. Plus tard, je suis devenu président de la cour de l'école, un procureur dans les procès scolaires, et vice-président du syndicat de l'école. J'étais un pionnier actif. Par les Pionniers, j'ai appris à aimer mon école et mon pays plus que ma famille. J'aimais la maîtresse d'école de notre village comme une mère[42].

Tous les pionniers n'étaient pas aussi actifs que Romachkine. Pour bien des enfants, ces activités n'étaient qu'une forme de jeu. Fille d'un juriste soviétique éminent, Ida Slavina avait formé son propre club dans l'immeuble de Leningrad où elle grandit :

> J'aimais lire le journal pour enfants *Mourzilka*, avec en couverture ce slogan : « Maman ! Papa ! Nous allons abattre votre pouvoir ! » Le journal appelait les enfants à instaurer un nouveau mode de vie en mettant en commun tous leurs jouets et en s'organisant en club, à l'image des Pionniers. J'étais leader des enfants de notre escalier. Je lisais le journal à haute voix et expliquais le sens des articles aux membres de mon club. L'administration du bâtiment nous permettait d'utiliser une pièce en sous-sol pour nos réunions. Nous avons couvert les murs d'images de nos héros révolutionnaires et y avons entreposé tous nos jouets[43].

D'autres pionniers prenaient leurs activités politiques plus au sérieux. Encouragés par leurs aînés, ils imitaient les pratiques des communistes adultes et tenaient les rôles de bureaucrates et de policiers. Ces passionnés précoces se rendaient aux « réunions de direction » serviette sous le bras, se faisaient l'écho des slogans du Parti, tenant des minutes officielles, et dénonçaient les maîtres qu'ils soupçonnaient de vues contre-révolutionnaires. Il y avait même des pionniers pour aider la police à traquer les « espions » et « ennemis » en jouant les mouchards dans la rue[44].

À quinze ans, les petits Soviétiques quittaient les Pionniers pour le Komsomol. Mais tous les enfants n'effectuaient pas ce passage. En 1925, le Komsomol comptait un million de membres — autour de 4 % des enfants en âge d'y entrer (de quinze à vingt-trois ans) —, soit, proportionnellement, cinq fois moins que d'enfants aux Pionniers[45]. Rejoindre le Komsomol, c'était s'engager sur un chemin qui conduisait au Parti. Beaucoup de postes et de cycles de formation supérieure n'étaient accessibles qu'aux membres du Komsomol, ou donnaient leur préférence à ceux-ci plutôt qu'à des candidats par ailleurs plus qualifiés. Nina Vichniakova se souvient de son entrée au Komsomol comme d'un « immense événement » :

> À ce jour [écrivait-elle en 1990], je me souviens de chaque mot du règlement — il remuait tant de choses en moi : je me souviens d'avoir pensé que j'étais maintenant, tout à coup, une adulte responsable. [...] Il me semblait que je pourrais faire bien plus que je n'en avais été capable avant d'entrer. J'avais toujours caressé le rêve d'appartenir à l'élite soviétique, d'accomplir quelque chose d'important, et voici que ce rêve devenait réalité[46].

Né en 1915 dans une famille moscovite de juristes, le poète Evgueni Dolmatovski se souvient de son passage des Pionniers au Komsomol en 1930. Arrivé en retard à la réunion d'admission, il eut droit à une remontrance du secrétaire du Komsomol, qui expliqua que, « de toute évidence, il n'était pas assez mûr pour entrer au Komsomol » et que sa démarche était celle d'un « carriériste ». Quand Dolmatovski fit part de l'incident à son père, celui-ci lui reprocha de le prendre à la légère. « Ils t'ont à l'œil, prévint son père, et tu dois prouver que tu es prêt à te donner à eux corps et âme. » Lors de la réunion suivante, une fille questionna Dolmatovski et lui demanda s'il était « prêt à sacrifier sa vie pour le pouvoir soviétique[47] ».

Appartenir au Komsomol supposait d'accepter les ordres, les règles et l'éthique du Parti communiste. Les membres du Komsomol étaient censés faire passer leur loyauté envers la révolution avant leur loyauté envers leur famille. Ils n'étaient plus des enfants, mais des jeunes communistes : on attendait d'eux, comme des membres du Parti, qu'ils vécussent leur vie dans la sphère publique. Le Komsomol était une sorte d'armée de réserve de jeunes militants enthousiastes pour le Parti, fournissant des volontaires pour le travail de celui-ci aussi bien que des espions et des informateurs prêts à dénoncer la corruption et les abus. Ces tâches exerçaient une grande séduction sur la jeunesse des années 1920 et 1930, imprégnée des idéaux de la révolution et de la guerre civile, quand l'action et l'énergie avaient fait la décision. Beaucoup de jeunes entrèrent au Komsomol non pas parce qu'ils étaient communistes, mais parce qu'ils étaient activistes : ils voulaient faire quelque chose, et il n'existait pas d'autre exutoire à leur énergie sociale[48]. Les membres étaient chargés de démasquer les « ennemis de classe » parmi les parents et les enseignants et, comme pour se préparer à leur future profession, participaient à des simulacres de procès de « contre-révolutionnaires » à l'école et au collège.

Nés trop tard (entre 1905 et 1915) pour avoir assimilé les valeurs de l'ancienne société, et trop jeunes pour avoir pris part aux combats sanglants de la guerre civile, ces jeunes activistes avaient une vision très romantique de la « période héroïque » de la révolution. « Nous brûlions d'être associés aux révolutionnaires, à nos frères aînés et à nos pères, raconte Romachkine. Nous nous identifiions à leur combat. Nous nous habillions comme eux, dans un style militaire, et pratiquions une espèce de jargon de troupe, que nous copiions sur les garçons plus âgés du village qui avaient rapporté ce jargon de l'Armée rouge à la maison. » Les activistes embrassaient d'autant plus ardemment la culture spartiate des bolcheviks. Pour avoir grandi dans le paysage économique stérile de la Première Guerre mondiale, de la révolution et de la guerre civile, l'austérité leur était familière. Ce qui ne les empêchait pas de se montrer singulièrement militants dans leur rejet ascétique de toute espèce de richesse et de plaisir personnels (« bourgeois ») qui détournait du combat révolutionnaire. D'aucuns formèrent des communes et mirent en commun leur argent et leurs biens afin d'« abolir l'individualisme ». D'un point de vue moral, ils étaient eux aussi absolutistes et s'efforçaient de se libérer des vieilles conventions[49].

Les idéalistes du Komsomol des années 1920 formaient un groupe spécial, qui devait jouer un grand rôle sous le régime stalinien. Activiste du Komsomol dans la région d'Odessa qui avait formé un club avec ses amis, Mikhaïl Baïtalski a décrit en ces termes l'ethos qui les inspirait. « Chacun était pur, prêt à donner sa vie au besoin pour défendre le communisme, écrit-il dans ses souvenirs. Ceux qui crânaient ou se plaignaient se faisaient traiter d'intellectuels pourris. "Intellectuel pourri" était une des étiquettes les plus insultantes, juste après "égoïste". » Dans ces cercles, le dévouement à la cause du Parti était total. Nul ne fut choqué, par exemple, en apprenant qu'un agent de la Tcheka (la police politique) avait confisqué la quincaillerie de son père pour les besoins de la révolution. Jugée honteuse, toute idée de bonheur personnel était à proscrire. La révolution exigeait le sacrifice des plaisirs présents au nom d'une vie meilleure à l'avenir. Comme l'explique Baïtalski :

> Avec nos espoirs rivés sur l'avenir, le sentiment de participer personnellement à la révolution mondiale, laquelle était imminente, et un empressement à en partager toute la responsabilité, nous étions exaltés et fortifiés en toutes choses, même les plus ordinaires. Un peu comme si nous avions attendu un train qui allait nous conduire quelque part pour accomplir quelque chose de merveilleux et nous efforcions joyeusement de l'entendre siffler au loin[50].

Les relations intimes entre jeunes gens étaient mal vues car de nature à les détourner de leur passion collective pour la révolution. Le mariage était perçu comme une convention « bourgeoise ». « Il est inadmissible d'entretenir des pensées de relations personnelles », déclara un activiste du Komsomol dans l'usine Poutilov Rouge de Leningrad en 1926. « Ces idées appartiennent à une époque — avant la révolution d'Octobre — révolue depuis un bail[51]. » Baïtalski faisait de longue date la cour à une jeune Juive, Eva, secrétaire de la cellule locale du Komsomol. Mais les occasions manquaient de vivre leur idylle tant Eva mettait d'ardeur à l'ouvrage ; il en était réduit à espérer lui tenir la main et lui voler un baiser quand elle rentrait des réunions du Komsomol à la maison. Ils finirent par se marier. Eva eut un fils, qu'ils nommèrent Vi, en l'honneur de Lénine (les initiales des deux prénoms de Lénine). En 1927, Baïtalski fut expulsé comme « contre-révolutionnaire trotskiste », à la suite de l'exclusion de Trotski du Parti. Eva fit passer avant tout sa loyauté envers le Parti. Supposant que son mari était réellement coupable d'activités contre-révolutionnaires, elle renonça à lui et l'obligea à quitter leur foyer. Baïtalski fut arrêté en 1929.

Se retournant sur ces événements vus depuis les années 1970, Baïtalski estima qu'Eva était quelqu'un de bien, mais qu'elle avait dû faire taire sa bonté au profit de sa loyauté envers le Parti, dont les articles de foi avaient prédéfini sa réponse au « bien » et au « mal » dans le monde. Elle avait subordonné sa propre personnalité et ses pouvoirs de raisonnement à l'autorité collective et « sans pareille » du Parti. Les Eva se comptaient par « dizaines de milliers » dans les rangs des bolcheviks, et leur acceptation inconditionnelle du jugement du Parti persista lors même que la révolution déboucha sur la dictature stalinienne :

> Ces gens n'ont pas dégénéré. Bien au contraire, ils ont trop peu changé. Leur univers intérieur est demeuré le même qu'avant, les empêchant de voir ce qui avait commencé de changer dans le monde extérieur. Leur infortune a été leur conservatisme (leur « conservatisme révolutionnaire », préciserais-je),

exprimé dans leur attachement intangible [...] aux normes et définitions acquises dans les premières années de la révolution. Il était même possible de les convaincre que, pour le bien de la révolution, il leur fallait confesser qu'ils étaient des espions. Et beaucoup ont été convaincus, et sont morts en croyant à la nécessité révolutionnaire de le faire[52].

III

« Nous autres, communistes, sommes d'une trempe particulière, expliqua Lénine en 1924. Nous sommes d'une meilleure étoffe. [...] Il n'est rien de plus haut que l'honneur d'appartenir à cette armée. » Les bolcheviks s'imaginaient porteurs de vertus et de responsabilités qui les distinguaient du reste de la société. Dans son ouvrage qui fit date sur l'*Éthique du Parti* (1925), Aron Solts comparait les bolcheviks à l'aristocratie des temps tsaristes. « Aujourd'hui, observe-t-il, c'est nous qui formons la classe dominante. [...] C'est suivant notre façon de vivre, de nous habiller, de priser telle ou telle relation, suivant notre conduite que les usages s'imposeront dans notre pays. » En tant que caste prolétarienne dominante, il était hors de question pour les bolcheviks de frayer avec des représentants d'une classe sociale différente. Par exemple, prétendait Solts, il était de « mauvais goût » pour un bolchevik de choisir sa femme hors du prolétariat, et ces unions étaient condamnables au même titre que le « mariage d'un comte avec une bonne l'eût été au siècle dernier[53] ».

L'ethos du Parti en vint rapidement à dominer chaque aspect de la vie publique en Russie, tout comme celui de l'aristocratie avait dominé la vie publique dans la Russie tsariste. Lénine lui-même compara les bolcheviks à la noblesse et, de fait, rejoindre le Parti après 1917 revenait à s'élever d'une classe. Cette ascension valait une préférence pour les postes bureaucratiques, statut d'élite et privilèges, ainsi qu'une part personnelle dans l'État-Parti. À la fin de la guerre civile, les bolcheviks étaient retranchés à tous les postes clés du gouvernement, dont la bureaucratie pléthorique était passée sous le contrôle de l'État comme presque tous les aspects de la vie en Russie. En 1921, cette bureaucratie était dix fois plus forte que ne l'avait jamais été l'État tsariste, avec 2,4 millions de fonctionnaires de l'État, soit plus de deux fois le nombre d'ouvriers en Russie. Ils formaient la principale base sociale du régime.

Les attitudes de l'élite s'enracinèrent très vite dans les familles des bolcheviks, qui les transmirent à leurs enfants. Pour la majorité des écoliers, selon une étude fondée sur des jeux surveillés et menée dans diverses écoles en 1925, il était tout naturel que les membres du Parti eussent un rang plus élevé que les autres membres de la société. Appelés à trancher d'eux-mêmes une dispute entre deux garçons, les autres enfants se prononçaient habituellement pour celui qui revendiquait la préséance sous prétexte que ses parents étaient bolcheviks. L'étude suggérait que les écoles soviétiques avaient changé en profondeur les valeurs des enfants, remplaçant le vieux sens de l'équité et de l'égalité qui avaient dominé autrefois au sein de la classe ouvrière par un nouveau système hiérarchique. Les enfants des membres du Parti avaient un sens aigu de leurs prérogatives. Dans un jeu surveillé, un groupe d'enfants jouait au train. Les garçons voulaient que le train parte sans attendre qu'une fillette monte à bord, mais elle leur dit : « Le train attendra. Mon mari travaille dans l'OGPU [la police politique], et moi aussi. » Sur ce, elle embarqua et exigea de recevoir un billet gratuit[54].

La qualification déterminante de cette élite autoproclamée était la « morale communiste ». Le Parti bolchevik prétendait être une avant-garde tant morale que politique, dont le sentiment messianique de leadership exigeait que ses membres prouvent qu'ils étaient dignes d'appartenir à cette élite. En tant qu'élu, chaque membre était tenu de démontrer que sa conduite privée et ses convictions se conformaient aux intérêts du Parti. Il devait prouver qu'il était un fidèle adepte du communisme ; démontrer que sa conscience morale et politique était plus élevée que celle de la masse de la population ; qu'il était honnête et discipliné, qu'il était un travailleur acharné et se dévouait à la cause de manière désintéressée. Ce n'était pas un système moral au sens classique. Les bolcheviks rejetaient l'idée de morale abstraite ou chrétienne comme une forme d'« oppression bourgeoise ». Il s'agissait plutôt d'un système dans lequel les questions morales étaient toutes subordonnées aux besoins de la révolution. « La morale, écrivit un théoricien du Parti en 1924, est ce qui aide le prolétariat dans la lutte de classes. Est immoral tout ce qui l'entrave[55]. »

La croyance était la qualité morale cruciale de tout bolchevik « conscient ». Elle distinguait le vrai communiste du « carriériste » qui entrait au Parti à des fins personnelles. Et la croyance était synonyme de conscience claire. Les purges du Parti et les grands procès furent conçus comme une forme d'inquisition dans l'âme de l'accusé, homme ou femme, afin de dévoiler la vérité de ses croyances (d'où l'importance attachée aux confessions, qui passaient pour la révélation du moi caché). De surcroît, la croyance était une affaire publique, plutôt que privée. Peut-être était-ce lié à la tradition orthodoxe de confession et de pénitence publiques, si différentes de la nature privée de la confession dans l'Occident chrétien. Quoi qu'il en soit, la morale communiste ne laissait aucune place à la notion occidentale de conscience comme dialogue privé avec le moi intime. Le mot russe qui désigne la « conscience » en ce sens, *sovest'*, allait presque disparaître de l'usage officiel après 1917. Il laissa place au mot *soznatel'nost'*, qui véhicule l'idée de conscience ou de capacité supérieure d'atteindre un jugement moral et une meilleure compréhension du monde. Dans le discours bolchevik, *soznatel'nost'* était synonyme d'accès à une logique morale révolutionnaire plus haute, c'est-à-dire à l'idéologie marxiste-léniniste[a] [56].

Naturellement, tous les bolcheviks n'étaient pas censés avoir une connaissance détaillée de l'idéologie du Parti. Dans la piétaille, il suffisait d'observer quotidiennement ses rituels — serments et chants, cérémonies, cultes et codes de conduite — de même que les fidèles d'une religion constituée exprimaient leur croyance en se rendant à l'église. En revanche, tous ses fidèles devaient prendre les doctrines du Parti comme autant d'articles de foi. Son jugement collectif devait être adopté comme l'expression de la justice. Accusé de crimes par la direction, le membre

a. De même, la « conscience prolétarienne » nécessitait des preuves de cette conscience (attachement idéologique à la cause du Parti) ; il ne suffisait pas d'être issu du prolétariat par sa naissance, parce que beaucoup de gens d'origine ouvrière avaient développé une mentalité de « petit-bourgeois ».

du Parti devait se repentir, se mettre à genoux devant le Parti et se féliciter du verdict rendu contre lui. Se défendre, c'était se rendre coupable d'un autre crime : se dissocier de la volonté du Parti. Cela explique pourquoi tant de bolcheviks se résignèrent à leur destin lors des purges, alors même qu'ils étaient innocents des crimes dont on les accusait. Une conversation rapportée par un ami du leader bolchevik Iouri Piatakov peu de temps après son exclusion du Parti comme trotskiste en 1927 résume bien leur attitude. Pour obtenir sa réintégration, Piatakov avait abjuré nombre de ses plus anciennes convictions politiques. Mais cela ne faisait pas de lui un lâche, comme l'accusait son ami. Cela prouvait plutôt, expliqua Piatakov,

> qu'un authentique bolchevik chassera volontiers de son esprit les idées auxquelles il a cru des années durant. Un vrai bolchevik a submergé sa personnalité dans la collectivité, « le Parti », au point d'être capable d'accomplir l'effort nécessaire pour se défaire de ses opinions et convictions. […] Si le Parti l'exigeait, il serait tout prêt à croire que le noir était blanc, et le blanc noir[57].

Néanmoins, précisément parce qu'il avait changé d'idées du tout au tout, Staline, qui ordonna son arrestation en 1936, ne s'y fia jamais ni ne crut complètement Piatakov, pas plus que les autres « renégats ».

Les purges débutèrent bien avant l'ascension de Staline. Elles trouvent leurs origines dans la guerre civile, quand les rangs du Parti grossirent à vue d'œil et que ses dirigeants craignirent d'être submergés par les « carriéristes » et autres « égoïstes ». Les premières purges prirent pour cibles des groupes sociaux entiers: «éléments bourgeois régénérés», «koulaks», etc. Les bolcheviks issus de la classe ouvrière étaient exemptés de cet examen, sauf s'ils avaient été la cible d'une dénonciation spécifique lors des réunions de purge. Au cours des années 1920, cependant, la pratique de la purge évolua progressivement, insistant de plus en plus sur la conduite privée et les convictions des bolcheviks.

Cette évolution s'accompagna d'un système toujours plus élaboré d'inspection et de contrôle de la vie privée des membres du Parti. Le candidat à l'adhésion au Parti devait démontrer qu'il adhérait à son idéologie. On attachait la plus grande importance au moment où ils s'étaient convertis à la cause, et seuls étaient censés avoir prouvé leur engagement ceux qui avaient combattu avec l'Armée rouge dans la guerre civile. Tout au long de leur vie, à intervalles réguliers, les membres du Parti devaient rédiger une courte autobiographie ou remplir un questionnaire (*anketa*), donnant ainsi des détails sur leur origine sociale, leur éducation et leur carrière ainsi que sur l'évolution de leur conscience politique. Les documents étaient essentiellement une forme de confession publique dans laquelle les membres du Parti réaffirmaient qu'ils étaient dignes de compter parmi les élus. L'essentiel était de montrer que la formation de leur conscience politique devait tout à la révolution et à la tutelle du Parti[58].

Un incident tragique survenu à l'Académie des mines de Leningrad contribua à étayer l'insistance du Parti sur la supervision de la vie privée de ses membres. En 1926, une étudiante se suicida au foyer de l'école. Il apparut qu'elle y avait été poussée par la cruauté de son concubin. Constantin Korenkov ne fut pas jugé, mais exclu du Komsomol en raison de sa « responsabilité morale dans le suicide d'une camarade ». La commission de contrôle de l'organisation régionale du Parti — sorte de cour régionale — cassa cette décision, jugée trop rude, et la remplaça par une « réprimande sévère doublée d'un avertissement ». Quelques semaines plus tard, le même Korenkov et son petit frère dévalisèrent le bureau du caissier de l'Académie des mines, poignardant le caissier à mort et blessant sa femme. L'affaire échut à Sofia Smidovitch, membre éminent de la Commission centrale de contrôle, l'instance en charge de l'éthique et de la légalité du parti. Elle définit le « korenkovisme » comme une « maladie » dont le principal symptôme était l'indifférence aux mœurs et à la conduite de ses camarades :

> La vie privée de mon camarade ne me regarde pas. L'ensemble des étudiants voient comment Korenkov enferme sa femme malade, qui se vide littéralement de son sang : eh bien, c'est sa vie privée. Il la traite de tous les noms et l'accable de remarques humiliantes : personne ne s'en mêle. Qui plus est : un coup de feu retentit dans la chambre de Korenkov, et l'étudiant de la chambre en dessous ne juge même pas nécessaire d'aller voir ce qu'il se passe. Il estime que c'est une affaire privée.

Pour Smidovitch, il appartenait à la collectivité de faire observer les normes morales parmi ses membres à travers une surveillance mutuelle et en intervenant dans leur vie privée. Pour elle, il n'y avait pas d'autre moyen d'encourager le collectivisme réel et une « conscience communiste[59] ».

Le système de surveillance mutuelle et de dénonciation qu'envisageait Smidovitch n'était pas entièrement une invention de la révolution de 1917. Les dénonciations faisaient partie de la gouvernance russe depuis des siècles. Les pétitions au tsar contre les officiels qui abusaient de leur pouvoir avaient joué un rôle vital dans le système tsariste, accréditant le mythe populaire d'un « tsar juste » qui, en l'absence de tribunaux ou de toute autre institution publique, protégeait le peuple des « mauvais serviteurs ». Dans les dictionnaires russes, la « dénonciation » (*donos*) était définie comme une vertu civique, la « révélation d'actes illégaux », plutôt qu'un acte intéressé ou malveillant, et cette définition fut conservée tout au long des années 1920 et 1930[60]. Sous le régime soviétique, toutefois, la culture de la dénonciation changea de sens et prit une intensité nouvelle. Le régime encourageait les citoyens à donner des renseignements sur leurs voisins, collègues et amis, voire sur leurs parents. La vigilance était le premier devoir de tout bolchevik. « Lénine nous a appris que chaque membre du Parti doit devenir un agent de la Tcheka, autrement dit observer et écrire des rapports », assura Sergueï Goussev, qui avait grimpé les échelons au point de devenir un membre en vue de la Commission centrale de contrôle[61]. Les membres du Parti avaient pour consigne de dénoncer leurs camarades s'ils estimaient que leurs pensées privées ou leur conduite menaçaient l'unité du Parti. Dans les usines et les casernes, la liste des postulants était placardée devant le bureau de la cellule du Parti. Les membres du collectif étaient alors invités à écrire des dénonciations contre les candidats, histoire d'attirer l'attention sur leurs faiblesses personnelles (grossièreté, abus de boisson, par exemple) dont il serait ensuite débattu lors d'une réunion du Parti. Les comptes rendus de conversations privées devinrent un trait de plus en plus courant de cette pratique de la dénonciation, même si certains dirigeants du Parti exprimèrent des réserves sur la morale de ces actions. Au XIVe Congrès du Parti, en 1925, il avait été décidé que rapporter une conversation privée était généralement répréhensible, mais pas si cette conversation semblait être une « menace pour l'unité du Parti[62] ».

Les invitations à la dénonciation étaient au centre de la culture de la purge qui se développa au cours des années 1920. Le Parti et les organisations soviétiques tenaient des réunions régulières de purge où les membres et cadres du Parti devaient répondre aux critiques sollicitées auprès de la base sous la forme de dénonciations orales et écrites. Ces réunions pouvaient prendre un tour très personnel, ainsi que le découvrit la toute jeune Elena Bonner qui en observa une à l'hôtel du Komintern :

> [...] On les interrogeait sur leur femme et parfois sur leurs enfants. C'est là que j'ai appris que certains hommes battaient leur femme et buvaient beaucoup de vodka. Batania [la grand-mère de Bonner] aurait dit que les gens convenables ne posent pas des questions pareilles. Parfois, celui qui était purgé disait qu'il allait arrêter de battre sa femme ou de boire. Quand il s'agissait de problèmes à leur travail ou avec le Parti, ils assuraient aussi qu'ils « ne le feraient plus » et qu'ils « avaient tout compris ». Cela ressemblait alors à un entretien devant le conseil de discipline : le professeur est assis, on est debout, il vous gronde, les autres professeurs sourient d'un air sournois, et on dit à toute vitesse : « J'ai compris », « Je ne le ferai plus », « C'est vrai, j'ai mal agi. » Mais on ne parle pas sérieusement, on dit cela juste pour qu'on vous laisse retourner en récréation avec les autres enfants. Seulement, ces gens étaient beaucoup plus émus que lorsque l'on se retrouve devant un conseil de discipline. Certains

> étaient même au bord des larmes. C'était un spectacle très pénible. Chaque purge durait longtemps. Au cours d'une soirée, on purgeait environ trois personnes, parfois juste une[63].

De plus en plus, il ne resta rien dans la vie privée du bolchevik qui ne fût soumis au regard et à la censure de la direction du Parti. Jusqu'à la Révolution culturelle chinoise, cette culture publique, qui attendait de chaque membre qu'il révélât son moi intérieur à la collectivité, fut le propre des bolcheviks — il n'y eut rien de semblable dans les mouvements nazi ou fasciste, dont les membres avaient droit à une vie privée du moment qu'ils adhéraient aux règles et à l'idéologie du Parti. Les bolcheviks rejetaient explicitement toute distinction entre vie privée et vie publique. « Quand un camarade dit : "Ce que je fais maintenant concerne ma vie privée, pas la société", nous disons que ce ne saurait être correct », écrivit un bolchevik en 1924[64]. Dans la vie privée d'un membre du Parti, tout était social et politique ; tout ce qu'il faisait avait un impact direct sur les intérêts du Parti. Tel était le sens de l'« unité du Parti » : la fusion complète de l'individu avec la vie publique du Parti.

Dans son livre sur l'*Éthique du Parti*, Solts imaginait le Parti comme un collectif assurant sa propre police, où chaque bolchevik passait au crible et critiquait les motifs et le comportement privés de ses camarades. Ainsi, imaginait-il, le bolchevik apprendrait à se connaître à travers les yeux du Parti. En réalité, cependant, la surveillance mutuelle eut l'effet contraire : elle encouragea les gens à se conformer extérieurement aux idéaux soviétiques tout en dissimulant leur vrai moi dans une sphère privée secrète.

Cette dissimulation devait se généraliser dans le système soviétique, qui exigeait d'*afficher* sa loyauté et punissait toute *expression* de dissension. Pendant la terreur des années 1930, quand le secret et la tromperie devinrent des stratégies de survie nécessaires à tout le monde ou presque en URSS, apparut un type de personnalité et de société entièrement nouveau. Mais cette double vie était déjà une réalité pour de larges sections de la population dans les années 1920, notamment pour les familles du Parti, qui vivaient dans l'œil public, et pour ceux que leurs origines sociales ou leurs convictions rendaient vulnérables à la répression. Les Soviétiques apprirent à porter un masque et à tenir le rôle de citoyens loyaux, même si, dans l'intimité de leur foyer, ils obéissaient à d'autres principes.

C'était une société dans laquelle il était dangereux de parler. Les conversations familiales répétées hors de la maison pouvaient conduire à l'arrestation et à l'emprisonnement. Les enfants étaient la principale source de danger. Naturellement bavards, ils étaient trop petits pour comprendre la portée politique des propos qu'ils surprenaient. Le terrain de jeu, notamment, était une pépinière d'informateurs. « On nous apprenait à tenir notre langue et à ne parler de notre famille à personne », se souvient la fille d'un cadre bolchevik de rang moyen à Saratov :

> Pour ce qui était d'écouter et de parler, il y avait certaines règles que, nous, enfants, devions apprendre. Les chuchotis des adultes que nous surprenions, ce que nous les entendions dire dans notre dos, nous savions que nous ne pouvions le répéter à personne. Le simple fait de leur faire savoir que nous avions entendu ce qu'ils avaient dit pouvait nous attirer des

> ennuis. Parfois, les adultes disaient quelque chose, puis ils ajoutaient à notre intention : « Les murs ont des oreilles », « Tiens ta langue » ou quelque autre expression. [...] Mais pour la plupart, nous avons appris ces règles d'instinct. Personne ne nous expliqua que parler tout haut pouvait être politiquement dangereux, mais, d'une manière ou d'une autre, nous l'avons compris[65].

Nina Iakovleva grandit dans une atmosphère d'opposition silencieuse au régime. Sa mère était issue d'une famille noble de Kostroma qui avait fui les bolcheviks au cours de la guerre civile ; son père était un social-révolutionnaire[a] qui avait été jeté en prison après avoir pris part au grand soulèvement paysan contre les bolcheviks dans la province de Tambov en 1921 (il s'évada et se réfugia à Leningrad, où il fut de nouveau arrêté en 1926 et condamné à cinq ans de camp d'isolement spécial à Souzdal). Grandissant dans les années 1920, Nina comprit d'instinct qu'elle n'avait pas le droit de parler de son père à ses camarades d'école. « Ma mère gardait ostensiblement le silence dès qu'il était question de politique, observe Nina. Elle affectait publiquement de se désintéresser des affaires politiques. » Par son silence, Nina apprit à tenir sa langue. « Personne n'édicta de règles précises sur ce dont on pouvait parler, mais il y avait dans la famille un sentiment général, une atmosphère qui nous faisait bien comprendre que nous ne devions pas parler de père. » Nina apprit aussi à se méfier de tout le monde en dehors de sa famille

a. Les sociaux-révolutionnaires (SR) étaient le premier parti de Russie en 1917. Recrutant au sein de la paysannerie, ils étaient majoritaires à la Constituante que les bolcheviks décidèrent de dissoudre en janvier 1918.

la plus proche. « Je n'aime personne, je n'aime que maman, papa et tante Liouba, écrivit-elle à son père en 1926. Je n'aime que notre famille. Je n'aime personne d'autre[66]. »

Née en 1921, Galina Adassinskaïa appartenait à une famille d'opposants actifs. Son père était social-révolutionnaire ; sa mère et sa grand-mère, mencheviks (tous trois furent arrêtés en 1929). Dans les années 1920, quand il était encore possible à d'ex-SR ou mencheviks de travailler pour le pouvoir soviétique, les parents de Galina menèrent une double vie. Son père travaillait dans l'administration de coopératives, organisation économique promue par la NEP, et sa mère au ministère du Commerce, tout en conservant, en leur for intérieur, leurs anciennes convictions politiques. Galina fut protégée et exclue de cette sphère politique secrète. Elle fut élevée de manière à en faire une « enfant soviétique » (elle entra aux Pionniers puis au Komsomol). « La politique est une chose que mes parents faisaient au travail, ou sur laquelle ils écrivaient. Mais à la maison ils n'en parlaient jamais. [...] Dans leur idée, la politique était une chose sale[67]. »

Les familles dans lesquelles Nina et Galina grandirent étaient peut-être des cas extrêmes, mais de nombreuses familles observaient les règles du silence qu'elles apprirent d'instinct. Sofia Ozemblovskaïa, la fille de l'aristocrate polonais exclue des Pionniers après qu'on l'eut aperçue à l'église, habitait avec sa famille les pièces donnant sur la rue d'une maison de bois dans un village près de Minsk. « À la maison, nous ne parlions jamais de politique ni de rien de ce genre, rappelle-t-elle. Papa disait toujours : "Les murs ont des oreilles." Un jour, il nous a même montré comment écouter la conversation de nos voisins avec un verre appliqué contre le mur. Alors, nous avons compris. À compter de ce jour, nous aussi, on a eu peur de nos voisins[68]. »

Lioubov (Liouba) Tetiouïeva est née en 1923 à Tcherdyne, petite ville de l'Oural. Son père, Alexandre, prêtre orthodoxe, fut arrêté en 1922 et maintenu en prison pendant presque une année. Après son élargissement, l'OGPU (la police politique) exerça des pressions sur lui pour en faire un mouchard et le forcer à écrire des rapports sur ses paroissiens, mais il refusa. Le soviet de Tcherdyne priva les Tetiouïev de leurs droits civils et d'une carte de rationnement quand le système fut introduit en 1929[a]. L'église d'Alexandre fut reprise par des « rénovateurs » (*obnovlentsy*), des réformateurs qui ambitionnaient de simplifier la liturgie orthodoxe et avaient le soutien du régime. Peu après, Alexandre fut arrêté une deuxième fois, à la suite d'une dénonciation des *obnovlentsy*, qui l'accusèrent de semer la « discorde parmi les croyants » (en refusant de les rejoindre). La mère de Lioubov perdit son emploi au musée de Tcherdyne, où elle travaillait au catalogue de la bibliothèque, tandis que l'aîné de ses deux frères fut exclu de son école et du Komsomol. La famille se retrouva tributaire du revenu de la sœur aînée de Lioubov, maîtresse d'école. Lioubov se souvient de son enfance dans les années 1920 :

a. Ainsi étaient-ils *lichentsy* (littéralement, « désaffranchis ») : catégorie de gens, essentiellement formés de l'ancienne intelligentsia, de la petite bourgeoisie et du clergé, privés de leurs droits civils et électoraux. Durant les années 1920, les bolcheviks soumirent les *lichentsy* à des discriminations sans cesse croissantes, privant de nombreuses familles de tout accès aux écoles soviétiques et au logement social et leur refusant une carte de rationnement.

Si mes parents avaient besoin de parler d'une chose importante, ils sortaient toujours de la maison et se parlaient en chuchotant. Parfois, ils causaient avec ma grand-mère dans la cour. Ils n'avaient jamais de conversations de ce genre devant les enfants — jamais. [...] Pas une seule fois ils n'ont discuté ou n'ont critiqué le pouvoir soviétique — même s'ils avaient beaucoup à dire —, pas une seule fois, en tout cas, que nous ayons pu surprendre. La seule chose que ma mère ne cessait de nous dire, c'était : « Ne vous laissez pas aller à bavarder, ne bavardez pas. Moins vous en entendez, mieux ça vaut. » Nous avons grandi dans une maison de chuchoteurs[69].

La famille Tetiouïev (Lioubov, quatre ans, est assise au centre), Tcherdyne, 1927

IV

De nombreuses familles souffrirent d'une fracture générationnelle croissante au cours des années 1920 : les us et coutumes de l'ancienne société continuaient de dominer l'espace privé du foyer, où l'ancienneté était la règle, tandis que les jeunes étaient toujours plus exposés à l'influence de la propagande soviétique à travers l'école, les Pionniers et le Komsomol. La situation mettait les aînés devant un dilemme moral : d'un côté, ils voulaient transmettre à leurs enfants les traditions et les croyances familiales ; de l'autre, ils devaient les élever pour en faire des citoyens soviétiques.

Dans la plupart des familles, ce sont surtout les grands-parents qui transmettaient les valeurs traditionnelles. La grand-mère, notamment, jouait un rôle particulier : c'est à elle que revenait avant tout la responsabilité d'élever les enfants et de tenir la maison si les deux parents travaillaient ; et, lorsque la mère travaillait à temps partiel, elle jouait un rôle auxiliaire important. Pour reprendre les mots du poète Vladimir Kornilov, « on avait l'impression que, durant ces années-là, il n'y avait plus de mères, juste des grand-mères[70] ». L'influence de la grand-mère s'exerçait de diverses manières. En tenant la maison, elle avait un effet direct sur les manières et les habitudes des enfants. Elle racontait aux enfants des histoires de « l'ancien temps » (avant 1917) qui, le moment venu, pouvait servir de point de référence ou de contrepoids à l'histoire soviétique, leur permettant de remettre en question la propagande dont ils étaient gavés à l'école. Elle perpétuait les valeurs collectives du XIXe siècle en lisant aux enfants la littérature russe prérévolutionnaire, négligée dans les écoles soviétiques, ou en les emmenant au théâtre, dans les galeries ou au concert[71].

Elena Bonner a été élevée par sa grand-mère. « C'est Batania, non pas maman, qui a été le centre de ma vie », écrivit-elle plus tard. En tant qu'activistes du Parti, la mère et le père d'Elena étaient souvent absents de la maison. Dans sa relation avec sa grand-mère, Elena trouva l'affection et l'amour auxquels elle aspirait, mais qu'elle ne recevait pas de ses parents. Batania offrait un contrepoids moral à l'influence soviétique de la mère et du père d'Elena. Enfant, Elena avait conscience que sa grand-mère — « femme formidablement belle », quoique avec une légère tendance à l'embonpoint, et arborant un « maintien tranquille et plein d'autorité » — ne vivait pas dans le monde soviétique qui était celui de ses parents.

> Les amis et connaissances de Batania venaient rarement chez nous, où les enfants et elle étaient les seuls qui ne fussent pas membres du Parti. Mais j'allais souvent leur rendre visite avec elle. Je voyais qu'ils vivaient différemment : ils avaient des plats différents, des meubles différents. (Chez nous, Batania était la seule qui eût un mobilier normal et quelques jolies choses.) Ils parlaient de tout différemment. J'avais le sentiment (une impression qui venait en fait clairement de papa et maman) qu'ils étaient des gens d'une espèce différente sans que je pusse dire s'ils étaient pires ou meilleurs.

Le conservatisme moral de Batania s'enracinait dans le monde de la bourgeoisie judéo-russe. Grande travailleuse, stricte mais attentionnée, elle était entièrement dévouée à sa famille. Dans les

Batania Bonner avec ses petits-enfants (en partant de la gauche : Zoria, Elena, Egorka), Moscou, 1929

années 1920, Batania travailla comme « spécialiste » (*spets*) — classe d'experts et de techniciens « bourgeois » très moquée mais encore nécessaire — aux douanes de Leningrad, où elle était comptable. Elle gagnait plus que les parents de Bonner astreints au « maximum du Parti ». La frugalité de Batania en matière d'argent était d'un autre temps, et la tenue de la maison était une source de friction constante avec le « régime soviétique » que les parents d'Elena imposaient chez eux. « Elle lisait beaucoup, mais se refusait obstinément à lire des auteurs contemporains » et, « par principe », elle n'allait pas au cinéma tant son dédain pour le monde moderne était grand. Elle n'avait que mépris pour le monde nouveau, dénigrait les dirigeants du Parti et tançait sa fille pour les excès de la dictature bolchevik. Quand elle était réellement en colère, elle commençait toujours par : « Je me permets de te rappeler qu'avant votre révolution... » Après que le gouvernement eut interdit les jours gras, la fête la plus haute en couleur du calendrier orthodoxe, Batania, qui avait une certaine tendresse pour les vieilles coutumes, dit à sa petite-fille : « Tu n'as qu'à remercier ton petit papa et ta petite maman ! » Le conflit des valeurs au sein de la famille ne pouvait manquer de laisser Elena perplexe. « Notre éducation suscita un conflit terrible », raconte-t-elle dans un entretien.

> Grand-mère me rapportait des livres de la Bibliothèque dorée pour enfants, des sottises, et maman faisait une moue de désapprobation, même si elle n'osait jamais dire quoi que ce soit à grand-mère. Maman rapportait à la maison d'autres livres, Pavel Kortchaguine[a], par exemple, qu'elle me ramena en manuscrit, et je le lus aussi. Je ne savais pas quel genre de livre je préférais.

Elena aimait sa grand-mère et la respectait « plus que personne au monde », mais elle voulait naturellement s'identifier à ses parents et à leur univers : « J'ai toujours perçu les amis de papa et de maman comme des gens de mon espèce, et ceux de Batania comme des étrangers. Au fond j'appartenais déjà au Parti[72]. »

À Moscou, chez Anatoli Golovnia, le cameraman de la plupart des films de Vsevolod Poudovkine dans les années 1920 et 1930, l'influence dominante était celle de sa mère, Lydia Ivanovna[b]. Issue

a. *Et l'acier fut trempé* (1932-1934), le roman de Nikolaï Ostrovski sur l'instauration du pouvoir soviétique et la vie héroïque d'un activiste du Komsomol, Pavel Kortchaguine, qui inspira de nombreux petits Soviétiques dans les années 1930 et 1940.

b. On se reportera à l'arbre généalogique de la famille Golovnia-Babitski en page 35.

d'une famille de marchands grecs d'Odessa, elle était passée par l'Institut Smolny, où elle acquit les attitudes et manières raffinées de l'aristocratie russe. Lydia introduisit ces usages dans la maison des Golovnia, qu'elle dirigeait d'une main de fer, dans le style « victorien russe ». Lydia méprisait les manières « vulgaires » de la femme d'Anatoli, actrice de cinéma d'une beauté extraordinaire : une dénommée Liouba, qui avait quitté sa famille de paysans pauvres de Tcheliabinsk pour s'établir à Moscou. À ses yeux, son goût pour les toilettes et les meubles coûteux reflétait la cupidité de la « nouvelle bourgeoisie soviétique », la classe des paysans et des ouvriers qui gravissait les échelons de la bureaucratie. Lors d'une violente dispute, alors que Liouba rentrait de ses courses, elle lui lança qu'elle représentait le « côté affreux de la révolution ». Lydia elle-même avait des goûts simples. Elle portait toujours la même robe longue noire avec de grandes poches où elle fourrait son poudrier et sa lorgnette. Ayant survécu à la famine qui s'était abattue sur le sud-est de la Russie et l'Ukraine à la fin de la guerre civile, elle vivait dans la peur de la faim, même si les revenus d'Anatoli étaient amplement suffisants pour subvenir aux besoins de la maison, qui comptait aussi la fille et la sœur de Liouba. Lydia préparait chaque repas en s'aidant d'un petit calepin, où elle notait les quantités exactes des ingrédients nécessaires qu'il fallait acheter. Elle avait ses boutiques favorites, la boulangerie de l'élite Filippovski et la boutique Elisseïev, rue Tverskaïa, où « elle s'offrait le luxe de boire un jus de tomate glacé ». Se retournant sur son enfance, la fille de Liouba, Oxana, écrivit en 1985 :

> Grand-mère était quelqu'un de très effacé et discipliné. Un genre de moraliste, une pédagogue peut-être. Elle essayait toujours de faire la « bonne chose ». Je me souviens qu'elle aimait dire à son fils, bolchevik convaincu : « Si vous faisiez les choses comme moi, cela ferait belle lurette que vous l'auriez construit, votre communisme. » Elle parlait sans crainte et ne dissimulait rien de ce qu'elle pensait ou faisait. Elle croyait fermement que les idéaux doivent être exprimés clairement et à voix haute, sans fard ni peur ou dissimulation. Elle me disait souvent : « Ne chuchote pas, c'est grossier[a] ! » Je vois bien aujourd'hui qu'elle se conduisait ainsi pour donner un exemple moral à sa petite-fille : me montrer comment on doit se conduire. Merci, grand-mère[73] !

Les grand-mères étaient aussi les principales praticiennes et gardiennes de la foi. C'est presque toujours elles qui organisaient le baptême des enfants, parfois à l'insu de leurs parents ou sans leur consentement, qui les conduisaient à l'église et leur transmettaient coutumes et croyances religieuses. Même s'ils conservaient leur foi, les parents étaient moins susceptibles de la transmettre, en partie par crainte que la découverte de ces croyances, à l'école notamment, n'eût des conséquences catastrophiques pour la famille. « C'est ma grand-mère qui m'a fait baptiser, alors même que mon père et ma mère y étaient violemment opposés », précise Vladimir Fomine, né dans une famille d'ouvriers de Kolpino, près de

a. Elena Volkonskaïa est née à Rome en 1924 et y a passé son enfance. Elle se souvient d'avoir entendu la même expression dans la bouche de sa mère. Née en 1893, celle-ci était la fille de Piotr Stolypine, Premier ministre russe entre 1906 et 1911, et avait fréquenté elle aussi l'Institut Smolny (entretien avec Elena Volkonskaïa, Cetona, juillet 2006).

Leningrad. « Tout s'est fait en secret dans une église de campagne. Mes parents avaient peur de perdre leur travail à l'usine si l'on découvrait que j'avais été baptisé[74]. »

Les croyances religieuses d'une grand-mère pouvaient amener l'enfant à se heurter au système idéologique des écoles soviétiques. Née en 1918 dans une famille de riches ingénieurs de Tiflis, Evguenia Evangoulova passa une bonne partie de son enfance chez ses grands-parents à Rybinsk parce que son père, Pavel, chef des mines au Conseil minier du soviet, effectuait de fréquents déplacements professionnels en Sibérie, tandis que sa mère Nina, qui étudiait à Moscou, ne pouvait s'occuper d'elle. Femme pieuse de la vieille école et mariée à un marchand, la grand-mère d'Evguenia exerça une forte influence sur son éducation. Pour son premier jour d'école, elle lui donna une petite croix à porter sous sa chemise. Mais un groupe de garçons s'en aperçut et se moqua d'elle. « Elle croit en Dieu ! » crièrent-ils en la montrant du doigt. L'incident la traumatisa. Evguenia se replia sur elle-même. Invitée à rejoindre les Pionniers, elle refusa — rare acte de protestation chez une enfant de son âge, puis refusa plus tard d'entrer au Komsomol[75].

Né en 1921, Boris Gavrilov était le fils d'un chef d'entreprise et haut responsable du Parti dans une des banlieues industrielles de Leningrad. Sa mère était institutrice. Boris fut donc élevé par sa grand-mère maternelle, veuve d'un riche marchand d'ivoire, dont la foi eut sur lui une influence durable :

> Grand-mère avait sa chambre à elle — nous avions cinq pièces au total — où les murs étaient couverts d'images pieuses et de grandes icônes avec leurs

> lampes votives. C'était la seule pièce de la maison où mon père tolérait des icônes. Ma grand-mère allait à l'église et m'emmenait avec elle, sans le dire à mon père. J'adorais l'office de Pâques, bien qu'il fût très long. [...] Cette église était sa seule joie — elle n'allait ni au théâtre ni au cinéma et elle ne lisait que des livres religieux. Ce sont aussi les premiers livres que j'ai appris à lire. Ma mère avait de la religion, elle aussi, mais elle n'allait pas à la messe. Elle n'avait pas le temps, et de toute façon mon père ne le lui aurait pas permis. À l'école, on voulait faire de nous des athées. Mais j'étais plus attaché à la beauté de l'église. Quand ma grand-mère est morte, et que mes parents ont divorcé [en 1934], ma mère m'a encouragé à continuer d'aller à l'église. Il m'arrivait même de recevoir la communion et d'aller me confesser. J'ai toujours porté une croix, même si je ne me crois pas particulièrement religieux. Naturellement, je n'ai jamais dit un mot de ma religion à l'école, ni quand je suis entré dans l'armée [en 1941]. Les choses de ce genre, il fallait les dissimuler[76].

La division maison/école créait des conflits au sein de maintes familles. Les enfants étaient souvent désorientés par la contradiction entre ce que disaient leurs parents et ce que les maîtres leur enseignaient. « À la maison, on entend une chose, à l'école une autre. Je ne sais pas ce qui est le mieux », écrivait un écolier en 1926. Le problème de la religion était particulièrement déroutant. Une écolière confia son sentiment d'être « déchirée entre deux forces » : à l'école, on lui enseignait qu'« il n'y a pas de Dieu, mais à la maison grand-mère dit que Dieu existe ». La question de la religion divisait jeunes et vieux, surtout à la campagne, où les enseignants encourageaient les enfants à contester les croyances et l'autorité de leurs aînés. « Au thé, j'ai discuté avec ma mère de l'existence de Dieu, écrivit en 1926 un écolier d'une zone rurale. Elle a dit que le pouvoir soviétique avait tort de combattre la religion et de réprimer les prêtres. Mais je lui ai assuré: "Non, maman, c'est toi qui as tort. Le pouvoir soviétique a raison. Le prêtre est un menteur." » Une fois aux Pionniers, les enfants gagnaient en assurance. Ils prenaient conscience d'appartenir à un mouvement voué à balayer les coutumes rétrogrades du passé. « Un jour, pendant le carême, je suis rentré de l'école et ma grand-mère ne m'a donné que des pommes de terre avec le thé, écrivit un pionnier. Je me suis plaint et ma grand-mère a dit: "Ne te fâche pas, le jeûne n'est pas encore terminé." Mais j'ai répondu: "Pour toi, peut-être bien, parce que tu es vieille. Mais nous, on est des pionniers et on n'est pas obligés d'observer ces rituels." » Cet aplomb était encore plus marqué au Komsomol, où l'athéisme militant passait pour un signe de conscience politique « progressiste » au point d'être presque une condition pour y appartenir[77].

Les parents devaient mûrement réfléchir à ce qu'ils allaient dire de Dieu à leurs enfants. Souvent, ils choisissaient sciemment de ne pas leur donner une éducation religieuse, même s'ils avaient eux-mêmes des inclinations religieuses. Ils reconnaissaient que leurs enfants devaient s'adapter à la culture soviétique s'ils voulaient réussir à l'âge adulte. Ce compromis était particulièrement courant dans les familles de professionnels, qui comprenaient parfaitement que l'accomplissement des ambitions de l'enfant nécessitait la soumission à l'État. Un ingénieur, fils d'un architecte, se souvient que ses parents, élevés avant la révolution, avaient appris à croire en Dieu et à suivre les principes que leur avaient inculqués ses grands-parents. En revanche, on lui apprit à respecter des principes différents, à « être digne » et, suivant ses propres mots, « à répondre à tout ce que la société lui demandait ». On retrouve la même situation à Moscou, chez Piotr et Maria Skatchkov, tous deux bibliothécaires. Alors même qu'ils étaient croyants et allaient toujours à l'église, ils n'élevèrent pas leurs trois filles dans la foi. L'une d'elles se souvient :

> Mes parents pensaient ainsi : dès lors que la religion était interdite, ils n'allaient pas en parler avec leurs enfants, parce qu'il nous faudrait vivre dans une société différente de celle dans laquelle ils avaient grandi. Ils ne voulaient pas nous obliger à mener une double vie, si nous devions entrer aux Pionniers ou au Komsomol[78].

Beaucoup de familles menaient une double vie. Elles célébraient les fêtes publiques soviétiques comme le 1er Mai et le 7 Novembre (fête de la Révolution) et se conformaient à l'idéologie athée du régime, mais continuaient d'observer leur religion dans l'intimité de leur foyer. Ekaterina Olitskaïa était membre du Parti social-révolutionnaire. Dans les années 1920, elle fut exilée à Riazan, où elle logea chez une vieille femme, veuve d'un ancien cheminot, et sa fille, membre du Komsomol employée dans une fabrique de papier. La vieille femme était très pieuse mais, à la demande pressante de sa fille, elle gardait ses icônes enfermées dans un placard secret dissimulé par un rideau dans la pièce du fond. Sa fille craignait d'être renvoyée si le Komsomol découvrait qu'il y avait des icônes chez elle. « Les samedis et les principaux jours de fête, le soir, on masquait toutes les fenêtres, on tirait le rideau et on allumait la veilleuse, écrit Olitskaïa. La porte, qui ordinairement n'était pas fermée à clef, était alors verrouillée. » Antonina Kostikova grandit elle aussi dans une maison pareillement vouée au secret. Son père, paysan, présida le soviet du village dans la province de Saratov de 1922 à 1928, mais, en privé, demeura fidèle à l'orthodoxie. « Nos parents étaient très religieux, raconte Antonina. Ils savaient toutes les prières. Père était particulièrement pieux, mais il parlait rarement de religion, sauf la nuit à la maison. Jamais il ne nous [ses trois enfants] autorisa à prier. Il nous expliqua que nous devions apprendre ce que l'on nous disait de Dieu à l'école. » Simple paysanne, la mère d'Antonina gardait une icône cachée dans le compartiment d'une console qu'Antonina ne découvrit qu'à la mort de sa mère dans les années 1970[79].

L'observance secrète des rites religieux touchait même les familles du Parti. En fait, c'était une pratique très courante si l'on en juge d'après le rapport de la Commission centrale de contrôle qui révéla que près de la moitié des membres exclus du Parti en 1925 avaient été purgés pour cause d'observance religieuse. Dans de nombreux ménages du Parti, le Christ côtoyait l'idéal communiste, et le portrait de Lénine trônait avec les icônes familiales dans le coin « rouge » ou « sacré » du salon[80].

La nourrice, autre fourrier des valeurs russes traditionnelles au sein de la famille soviétique, était une alliée naturelle de la grand-mère. Beaucoup de familles urbaines en employaient, surtout les ménages dont les deux parents travaillaient. L'offre de nourrices de la campagne était presque illimitée, surtout après 1928, quand des millions de paysans fuirent dans les villes pour échapper à la collectivisation, apportant avec elles les coutumes et les croyances de la paysannerie.

La quasi-totalité des bolcheviks employaient des nourrices pour s'occuper de leurs enfants. C'était une nécessité pratique pour la plupart des femmes du Parti, du moins avant que l'État ne mît en place des crèches ouvertes à tous, parce qu'elles travaillaient. Dans maintes familles du Parti, la nourrice faisait office de contrepoids moral aux attitudes soviétiques dominantes du ménage. Paradoxalement, les bolcheviks les plus haut placés avaient tendance à employer les nourrices les plus chères, qui professaient généralement des opinions réactionnaires. Les Bonner, par exemple, eurent une série de nourrices, dont une qui avait travaillé à Saint-Pétersbourg dans la maison du comte Cheremetiev, une Allemande de la Baltique (une connaissance de vieux amis de Batania propriétaires terriens) qui enseigna les « bonnes manières » aux enfants, et même une qui avait autrefois travaillé pour la famille impériale[81].

Nourrice paysanne, famille Fourseï (Leningrad)

Les nourrices pouvaient exercer une influence profonde sur la vie familiale. À Leningrad, les activistes du Parti Anna Karpitskaïa et Piotr Nizovtsev, par exemple, employaient une nourrice paysanne du nom de Macha, adepte fervente des vieux-croyants[a], qui observait ses rites religieux chez eux. Elle mangeait à part, avec ses assiettes et ses couverts à elle, priait matin et soir dans sa chambre et associait les enfants aux rites élaborés de sa foi. Macha exerçait aussi ses talents de guérisseuse, comme elle l'avait fait dans son village natal du nord de la Russie, préparant des remèdes à base d'herbes pour soigner les enfants de diverses maladies. Bonne et attentionnée, Macha se gagna le respect de ses employeurs, qui la protégèrent des autorités soviétiques à la poursuite des activistes religieux. Sa présence contribua à l'atmosphère libérale peu commune qui régnait dans cette maison. « Nous ne trouvions pas étrange d'avoir une vieille-croyante dans la famille, se souvient Marxena, la fille d'Anna. Il n'y avait pas trace chez nous de l'athéisme militant que l'on trouvait à cette époque dans d'autres foyers du Parti. Nous avons été élevés dans la tolérance de toutes les religions et croyances, quand bien même nous étions athées[82]. »

Inna Gaister est encore une enfant de bolcheviks qui fut profondément marquée par les contre-valeurs de sa nourrice. Le père d'Inna, Aron Gaister, était un économiste chevronné du Gosplan (Commission de planification d'État) ; et sa mère, Rakhil Kaplan, économiste au commissariat du peuple à l'Industrie

a. Les vieux-croyants restaient fidèles aux rituels orthodoxes russes d'avant les réformes ecclésiales des années 1650 qui les avaient rapprochés de la liturgie orthodoxe grecque.

lourde. Ses deux parents étaient issus de familles laborieuses de la Zone de résidence, l'angle sud-ouest de l'Empire russe où les Juifs du tsar avaient été contraints de vivre. Le couple s'était connu à Gomel, en Biélorussie; ils rejoignirent le Parti en pleine guerre civile puis, en 1920, s'établirent à Moscou, dans un appartement communautaire. Aron étudia à l'Institut des professeurs rouges, tandis que Rakhil travailla à l'Union des ouvriers du textile. Comme beaucoup de Juifs soviétiques, les Gaister plaçaient leurs espoirs dans le programme d'industrialisation qui, dans leur esprit, devait mettre fin à toute forme d'arriération, d'inégalité et d'exploitation en Union soviétique. Deux mois après la naissance de leur premier enfant, Inna, en 1925, ils embauchèrent une nourrice, Natacha, qui s'installa à leur nouveau domicile. Natacha Ovtchinnikova était issue d'une famille paysanne de la province de Riazan, au sud de Moscou, dont la petite ferme avait été ruinée par les réquisitions de grain des bolcheviks pendant la guerre civile. Au cours de la famine de 1921, Natacha se réfugia dans la capitale. Chez les Gaister, elle parlait rarement de sa famille. Mais dès huit ou neuf ans, Inna avait deviné que le monde dans lequel avait grandi sa nourrice était très différent de celui dans lequel vivaient ses parents. Inna s'aperçut que Natacha priait à l'église; elle l'entendit pleurer dans sa chambre. Quand sa nourrice l'emmena chez ses propres parents, qui s'étaient eux aussi réfugiés dans la capitale et vivaient en immigrés clandestins dans des baraques surpeuplées, elle vit bien leur misère. La nièce de Natacha, une fille avec qui Inna aimait jouer, n'avait pas de chaussures: Inna lui en apporta une de ses paires puis, quand ses parents l'interrogèrent sur sa disparition, prétendit qu'elle l'avait perdue. Bien qu'elle fût encore trop jeune pour remettre quoi que ce soit en cause en matière de politique, Inna avait déjà noué une alliance tacite avec Natacha et sa famille[83].

Natacha Ovtchinnikova

Les traditions de la famille patriarcale dominaient largement le monde paysan d'où venaient ces nourrices. En 1926, la paysannerie représentait 82 % de la population : 120 millions d'âmes (sur une population totale de 147 millions), dispersées entre 613 000 villages et lointaines colonies de peuplement à travers l'Union soviétique[84]. L'attachement de la paysannerie au travail individuel sur la ferme familiale privée en faisait le dernier grand bastion de l'individualisme en Russie et, aux yeux des bolcheviks, le principal obstacle social à leur utopie communiste.

Dans certaines régions, notamment en Russie centrale, les mœurs urbaines se propageaient à la campagne, et les fils de paysans alphabétisés remplaçaient leur père à la tête des fermes familiales, ou se libéraient des familles élargies pour créer leur propre foyer. Ailleurs, toutefois, les traditions de la famille paysanne patriarcale continuaient de dominer.

Née en 1923, Antonina Golovina était la petite dernière d'une famille paysanne de six enfants. Leur village, Oboukhovo, à 800 kilomètres au nord-est de Moscou, était une ancienne colonie de maisons de bois au cœur d'une forêt; il y avait un étang au milieu du village ainsi qu'une grande église de bois construite au XVIIIe siècle. Les Golovine avaient toujours vécu à Oboukhovo (en 1929, ils représentaient vingt des cinquante-neuf foyers du village[85]). Le père d'Antonina, Nikolaï, était né au village en 1882 et, en dehors des trois années passées dans l'armée au cours de la Première Guerre mondiale, il y vécut toute sa vie. Comme beaucoup de villages, Oboukhovo était une communauté étroitement soudée où famille et parenté jouaient un rôle crucial. Les paysans se considéraient comme une seule « famille » et apprenaient aux enfants à s'adresser aux autres adultes en termes familiers (« tante », « oncle », etc.). Les efforts des bolcheviks pour diviser la paysannerie en classes sociales hostiles les unes aux autres — les « koulaks » (ou « bourgeoisie rurale ») et les paysans pauvres (le « prolétariat rural ») — échouèrent lamentablement à Oboukhovo, comme dans une bonne partie de la Russie soviétique au cours de la guerre civile.

En tant que paysan travailleur, sobre et prospère, issu du clan le plus important du village, Nikolaï était un homme très respecté à Oboukhovo. « C'était un homme posé — il ne passait pas la journée à causer — mais il travaillait honnêtement et veillait à ce que les choses soient faites; les paysans appréciaient cela », se souvient un villageois. Au retour de la Première Guerre mondiale, Nikolaï devint un chef de file de la commune paysanne d'Oboukhovo. Gouvernée par l'assemblée de ses principaux paysans, la commune était une vieille institution, mise en place au temps du servage, qui réglementait presque tous les aspects de la vie villageoise et agraire. L'émancipation des serfs, en 1861, avait considérablement élargi ses pouvoirs d'autogestion, puisqu'elle hérita de la plupart des fonctions des propriétaires terriens en matière d'administration, de police et de justice jusqu'à devenir l'unité de base de l'administration rurale. La commune contrôlait la terre des paysans qui, dans la majeure partie de la Russie, relevait de la propriété collective tout en étant cultivée individuellement ; elle fixait les formes communes de culture et de pacage nécessitées par le système d'*openfield* et le découpage de la terre en bandes (sans haie entre les bandes ou les champs) ; périodiquement, elle redivisait la terre arable entre les exploitants en fonction de la taille du foyer : un principe égalitaire qui aidait aussi la commune à payer ses impôts à l'État en assurant que la terre fût pleinement travaillée par les familles avec des ouvriers agricoles. En 1917, la commune devint le noyau organisateur de la révolution paysanne sur la terre. Après l'effondrement de l'ancien ordre rural et la fuite de la plupart de ses chefs, les membres de la petite noblesse et du clergé, les paysans prirent le contrôle de la terre à travers la Russie et — sans attendre les consignes du gouvernement central ou des partis révolutionnaires des villes — la redistribuèrent à travers la commune paysanne et les divers conseils de village (soviets) et comités qu'ils avaient mis en place pour diriger leurs affaires en 1917[86].

Avant la révolution, Nikolaï louait de la terre arable au prêtre du village. Comme la plupart des paysans de Russie, où la surpopulation et une exploitation inefficace se soldaient par des pénuries de terre, il avait eu besoin de louer cette terre pour nourrir sa famille. En 1917, la commune s'empara de la terre de l'Église et la partagea avec la terre communale entre les paysans. Nikolaï reçut 4 hectares de terre de labour et de pâturage — norme fixée en proportion du nombre de « bouches à nourrir » de sa famille (c'est-à-dire de la taille du foyer). Il disposait maintenant de presque deux fois plus de terre qu'il n'en avait travaillé avant 1917, sans avoir à en louer désormais la moindre parcelle. Mais 4 hectares ne suffisaient pas pour vivre à Oboukhovo, ni nulle part ailleurs en Russie septentrionale, où la terre était pauvre et, du fait de la présence de bois, découpée en lopins disparates ; qui plus est, pour s'assurer que chaque paysan eût une part égale de ces petits lopins, les terres en question étaient encore découpées en bandes étroites de quelques pieds de large seulement et inadaptées aux charrues modernes. La terre arable des Golovine consistait en quelque quatre-vingts bandes séparées à dix-huit endroits distincts : des chiffres qui n'étaient pas inhabituels pour les paysans de la région de Vologda. Pour compléter leurs revenus, les paysans pratiquaient divers métiers, qui avaient toujours joué un rôle vital, presque aussi important que l'agriculture dans l'économie des villages du Nord, et qui fleurirent sous la NEP, quand le gouvernement encouragea les métiers ruraux et les subventionna même par le truchement des coopératives. Nikolaï avait un atelier de cuir dans l'arrière-cour de sa ferme. Chez nous, raconte Antonina,

> nous avions assez pour vivre, mais simplement parce que nous travaillions dur et étions économes. Les six enfants travaillaient tous la terre, même le petit dernier, et père travaillait de longues heures à faire des souliers et d'autres articles de cuir dans son atelier. Quand il achetait une vache au marché, il veillait à tout récupérer. Il abattait la vache, vendait la viande, corroyait la peau lui-même (chaque paysan de notre région savait le faire), fabriquait des bottes en cuir puis les vendait aussi au marché[87].

Cette éthique du travail fut la « grande philosophie de l'éducation de notre enfance », conclut-elle. Que les enfants apprissent de bonne heure à travailler la terre était typique des familles paysannes les plus industrieuses. Ces paysans, explique Antonina, étaient fiers de leur travail :

> Père aimait à dire que tout ce que nous faisions devait être bien fait, comme si c'était l'œuvre d'un maître. C'est ce qu'il appelait la « manière Golovine » : il n'y avait dans sa bouche de plus grand éloge. [...] Quand nous allions à l'école, il nous disait d'étudier avec acharnement et d'apprendre un bon métier. À ses yeux, les bonnes professions, c'étaient médecin, enseignant, agronome et ingénieur. Il ne voulait pas que ses enfants apprissent la cordonnerie, qu'il tenait pour une vie rude, même si lui-même était un artiste dans ce domaine, et la beauté de son travail ne manquait pas de nous inspirer, nous ses enfants, comme tous ceux qui venaient à la maison[88].

Nikolaï construisit lui-même sa maison : une longue bâtisse sans étage et blanchie à la chaux, près de la meule, au cœur d'Oboukhovo. Seule maison de brique de tout le village, elle comportait une salle à manger ainsi qu'une chambre à coucher chichement équipée de meubles d'usine achetés à Vologda et de deux lits de fer : l'un pour Nikolaï et sa femme, Evdokia ; et l'autre pour leurs deux filles (les garçons couchaient par terre, dans la salle à manger). Devant la cuisine, seule entrée de la maison, se trouvait une cour protégée pour les bêtes, avec une étable, une porcherie, une écurie et deux granges. La cour abritait aussi des bains, des toilettes, une cabane à outils et un atelier. Au-delà de la cour, ils avaient aussi un verger plein de pommiers.

Nikolaï était un père strict. « Tous les enfants avaient peur de lui, se rappelle sa fille Antonina, mais c'était une peur fondée sur le respect. Comme notre mère aimait à répéter, "Dieu est au ciel, père à la maison". Tout ce que disait père avait force de loi. Même pour les quatre garçons. » Ce genre de maison patriarcale ne laissait guère de place à la tendresse ou à l'intimité, même entre adultes et enfants. « Nous n'embrassions jamais nos parents ni ne les serrions dans nos bras, précise Antonina. Ce n'est pas comme ça que nous les aimions. Nous avions appris à les respecter et à les vénérer. Nous leur obéissions toujours. » Mais cela ne voulait pas dire qu'il n'y avait pas d'amour. Nikolaï adorait sa petite dernière, qui se souvient d'un moment de tendresse de son enfance, quand elle n'avait que quatre ans. Vêtu de sa plus belle chemise de coton pour une fête, son père la prit dans ses bras robustes pour se rendre à l'église du village :

> Subitement, il a pris mes mains et les a pressées contre ses lèvres. Il a fermé les yeux et a embrassé mes mains avec une vraie tendresse. Je me le rappelle. Je comprends aujourd'hui combien je comptais pour

lui, combien il avait besoin d'exprimer son amour. Il était si propre, il sentait si bon, dans cette chemise neuve et sa broderie marron[89].

V

Pour les élites de l'ancienne société, la transmission des traditions et valeurs familiales à la génération suivante était particulièrement compliquée ; si elles voulaient réussir dans la nouvelle société, elles ne pouvaient se contenter de s'accrocher à leurs usages, mais devaient s'adapter aux conditions soviétiques. Pour maintenir l'équilibre entre l'ancien et le nouveau, les familles avaient à leur disposition diverses stratégies. Elles pouvaient par exemple mener une double vie, se replier sur un monde privé (« émigration intérieure ») où elles s'en tenaient secrètement à leurs anciennes croyances, peut-être en les dissimulant à leurs enfants, élevés à la soviétique.

Les Preobrajenski sont un bon exemple d'une famille qui appartenait naguère à l'élite et qui perpétua secrètement certains aspects de la vie d'antan tout en s'adaptant largement aux conditions soviétiques. Avant 1917, Piotr Preobrajenski avait travaillé comme prêtre à l'hôpital psychiatrique Priajka de Saint-Pétersbourg. Il était l'un des « spiritualistes » à qui l'impératrice Alexandra s'était adressée pour soigner le tsarévitch de son hémophilie avant l'arrivée de Raspoutine à la cour. L'épouse de Piotr, passée par l'Institut Smolny, était la confidente de l'impératrice douairière Maria Fiodorovna [Fedorovna]. Après 1917, Piotr et son fils aîné travaillèrent comme concierges à l'hôpital. Son fils cadet, qui avait été maître de chapelle au monastère Alexandre-Nevski, rejoignit l'Armée rouge et trouva la mort dans la guerre civile. La fille aînée de Piotr devint secrétaire au soviet de Petrograd, tandis que la cadette, Maria, abandonna sa carrière de pianiste de concert pour devenir inspectrice des fermes collectives dans la région de Louga. Le mari de Maria, chanteur, se fit travailleur sanitaire à l'hôpital Priajka. Tout au long des années 1920, la famille vécut ensemble dans un bureau, à l'arrière de l'hôpital. Sans jamais rouspéter contre leur misère, ils vécurent paisiblement, acceptant les tâches que leur assignait le nouveau régime, à une exception près. Tous les soirs, ils sortaient les icônes de leur cachette, allumaient les lampes votives et récitaient leurs prières. La famille allait à l'église, célébrait Pâques et eut toujours un arbre de Noël, même après 1929, quand celui-ci fut interdit comme une « relique du mode de vie bourgeois ». Maria et son mari firent porter à leur fille Tatiana un collier avec une croix en or, tout en lui disant de bien la cacher. « On m'a appris à croire en Dieu, mais aussi à apprendre de l'école et de la vie soviétiques », raconte Tatiana. Les Preobrajenski habitaient la marge entre ces deux mondes. Piotr continua d'officier secrètement pour ceux qui préféraient encore enterrer les leurs suivant les rites chrétiens : la majorité silencieuse de la population soviétique[a]. « Nous

a. En assurant la gratuité de la crémation, le gouvernement encouragea l'incinération dans le cadre de cérémonies soviétiques laïques, mais, si l'on en croit un fonctionnaire de la morgue au début des années 1930, « les Russes sont encore trop religieux ou trop superstitieux pour se défaire des traditions funéraires orthodoxes » (GARF, f. 4390, op. 12, d. 40, l. 24).

n'avons jamais gagné de quoi joindre les deux bouts, explique Tatiana, si bien que mon grand-père faisait le tour des cimetières de Leningrad pour administrer les sacrements moyennant quelques sous[90]. »

Pour les anciennes élites professionnelles existait une autre manière de s'adapter à la société soviétique tout en perpétuant leur mode de vie traditionnel. Médecins, avocats, enseignants, scientifiques, ingénieurs et économistes pouvaient mettre leurs compétences à la disposition du nouveau régime, dans l'espoir de préserver ainsi en partie leur existence privilégiée. Ils pouvaient même vivre fort bien, tout au moins dans les années 1920, quand le régime avait terriblement besoin du savoir-faire de ces « spécialistes bourgeois ».

Pavel Vittenbourg était un homme en vue dans le monde de la géologie soviétique et joua un rôle important dans le développement des goulags, ou camps de travail forcé, de l'Arctique à la Kolyma et Vaïgatch. Né en 1884, il était le huitième d'une famille de neufs enfants d'Allemands de la Baltique installés à Vladivostok en Sibérie. Le père de Pavel était de Riga, mais avait été exilé en Sibérie pour avoir pris part au soulèvement polonais contre le régime tsariste en 1862-1864. Après sa libération, il travailla pour le télégraphe de Vladivostok. Pavel fit ses études à Vladivostok, Odessa et Riga, puis partit pour Tübingen, en Allemagne, avant de s'installer à Saint-Pétersbourg en 1908. Docteur ès sciences jeune et sérieux, il épousa Zina Razoumikhina, fille d'un ingénieur des chemins de fer et d'une lointaine parente, qui étudiait alors la médecine à Saint-Pétersbourg. Le couple acheta une maison de bois spacieuse et confortable dans la station huppée d'Olguino, sur le golfe de Finlande, près de

Saint-Pétersbourg. Ils eurent trois filles : Veronika en 1912, Valentina en 1915 et Evguenia en 1922. Ils formaient une famille unie et chaleureuse. En tant que père, se souvient Evguenia, Pavel était « attentif, patient et affectueux » ; à Olguino, ils menaient une « vie heureuse, avec de la musique, de la peinture et des soirées de lecture en famille ». L'été était l'occasion de longues promenades et d'interminables repas magnifiquement préparés par la nourrice Annouchka, qui avait élevé Zina. Les Vittenbourg recevaient souvent la visite d'artistes et d'écrivains, comme le célèbre auteur de livres pour enfants Korneï Tchoukovski, qui séjourna plusieurs étés chez eux. Cette existence tchékhovienne se perpétua tout au long des années 1920.

La famille Vittenbourg à Olguino, 1925

Les Vittenbourg avaient un sens prononcé du service public, qui était peut-être le trait le plus marquant de l'intelligentsia du XIXe siècle. Après 1917,

Zina mit à profit sa formation médicale pour ouvrir un hôpital dans la ville voisine de Lakhta, où elle traita les patients gratuitement. Élu président du conseil de Lakhta en 1917, Pavel organisa une école de technologie pour les enfants des travailleurs pauvres. « Il était toujours au travail, raconte Evguenia. S'il n'écrivait pas, il préparait des explorations pour la Commission polaire ou classait des documents pour le musée de Géologie. Il avait toujours quelque chose à faire et pouvait rarement se détendre. » Pavel était attaché à la cause de l'exploration et de la géologie polaires, encore naissantes, où l'Union soviétique occupait la première place au monde. Les livres et le cinéma soviétiques présentaient les explorateurs du pôle comme des héros et, dans les années 1920, le gouvernement consacra une bonne partie de son budget scientifique à des études sur la possibilité d'une exploitation minière de la zone arctique. La politique n'intéressait pas Pavel, qui se réjouit néanmoins de l'attention du régime et de l'occasion qu'il lui donnait de pratiquer sa science dans un cadre organisé et discipliné. « Les dix dernières années ont été une héroïque période d'exploration polaire », écrivit Pavel en 1927, peu avant de quitter Olguino pour explorer les gisements d'or de la Kolyma. « L'avenir promet de plus grandes réalisations encore[91]. »

Un autre couple de l'élite qui s'adapta ainsi aux conditions soviétiques est celui des parents de l'écrivain Constantin Simonov[a], qui est au cœur de ce livre. Simonov est encore un enfant de 1917. Sa mère, Alexandra, descendait des Obolenski, véné-

a. On se reportera à l'arbre généalogique des familles Simonov et Laskine en page 33.

rable et prestigieux clan de bureaucrates et propriétaires fonciers princiers, qui occupaient une position éminente dans le système impérial, bien que son père Leonid, comme beaucoup de nobles, fût entré dans le commerce au cours des années 1870. Née en 1890, et diplômée de l'Institut Smolny, Alexandra était une femme de l'« ordre ancien », dont les attitudes aristocratiques tranchaient souvent sur les usages soviétiques. Grande et imposante, « Alinka », comme on l'appelait dans la famille, avait de la politesse des notions d'un autre âge : des règles de conduite qu'elle transmit à son fils, qui fut réputé pour son urbanité tout au long de sa vie (même au faîte de sa carrière dans l'establishment stalinien). Alinka attendait des gens qu'ils fussent courtois, surtout avec les femmes, fidèles en amitié et constants dans leurs principes. « Pédagogue », ajoute son petit-fils, elle ne « se lassait jamais d'expliquer aux autres comment se conduire[92] ».

En 1914, Alexandra épousa Mikhaïl Simonov, un colonel de l'état-major général presque deux fois plus âgé qu'elle : Constantin vint au monde un an plus tard[a]. Spécialiste des fortifications militaires, Mikhaïl combattit en Pologne au cours de la Première Guerre mondiale, pour devenir général-major dans la 5e armée et chef d'état-major du 4e corps d'armée. Il disparut en 1917. Au cours des quatre années suivantes, Alexandra n'eut plus aucune nouvelle de Mikhaïl, qui se trouvait apparemment en Pologne,

a. Ils le baptisèrent Cyrille (Kirill) et l'appelèrent ainsi toute sa vie, mais quand il s'engagea dans la carrière des lettres, dans les années 1930, il préféra le nom de Constantin parce qu'il trouvait le « r » difficile à prononcer. Par souci de clarté, nous avons choisi de l'appeler Constantin tout au long de ces pages.

engagé dans quelque mission secrète qui l'empêchait d'entrer en contact avec sa famille restée en Russie soviétique. Peut-être rejoignit-il l'armée polonaise, ou les Blancs, avec qui les Polonais s'étaient alliés dans la guerre civile russe. En tout état de cause, il répugnait à regagner la Russie, où son statut de général tsariste, sinon de contre-révolutionnaire, pouvait lui valoir à tout le moins d'être arrêté par les bolcheviks. On ne sait trop comment Alexandra eut vent des activités de son mari. Quoi qu'elle ait su, elle le cacha à son fils, sans doute afin de protéger ses intérêts. En 1921, Mikhaïl écrivit de Pologne à Alexandra. Il l'implorait de le rejoindre avec leur fils à Varsovie, où il était devenu citoyen polonais. Alexandra ne parvint pas à se décider sur la ligne à tenir. Elle prenait au sérieux le serment conjugal, et Mikhaïl était gravement malade. Mais, finalement, elle était trop patriote pour quitter la Russie. « Ma mère réagit par une incompréhension mâtinée de tristesse à l'émigration russe postrévolutionnaire, alors même qu'elle avait des amis et des parents réfugiés à l'étranger, raconta plus tard Simonov. Elle n'arrivait vraiment pas à comprendre comment il était possible de quitter la Russie[a 93]. »

Alexandra rejoignit la cohorte des jeunes femmes de familles nobles et bourgeoises qui travaillèrent comme dactylos, comptables et traductrices dans les bureaux du nouveau gouvernement. À l'automne 1918, elle fut chassée de son appartement de Petrograd. C'était au faîte de la Terreur rouge, de

a. Suivant la légende familiale, Alexandra en voulut à Mikhaïl de la fausse couche qui lui fit perdre sa fillette et décida de le quitter (entretien avec Alexeï Simonov, Moscou, juin 2003).

la campagne bolchevik contre les anciennes élites, quand les « hommes du passé » comme les Obolenski, les nobles ruinés et les membres de la « bourgeoisie » furent expulsés de leurs maisons et dépouillés de leurs biens, affectés à des équipes de travail, voire arrêtés et internés par la Tcheka comme « otages » dans la guerre civile contre les Blancs. Après de longs mois de vaines requêtes auprès du soviet, Alexandra quitta Petrograd avec son fils Constantin pour s'installer à Riazan, à 200 kilomètres au sud-est de la capitale, où elle vécut avec sa sœur aînée, Lioudmila, veuve d'un capitaine d'artillerie tué au cours de la Première Guerre mondiale et dont le régiment relevait de la garnison locale. Ils comptèrent parmi les millions de citadins qui fuirent les villes affamées de la guerre civile pour se rapprocher des sources de vivres[94].

Riazan était une ville d'environ quarante mille habitants au début des années 1920. L'une de ses principales institutions était l'École militaire créée par les bolcheviks pour former les commandants de l'Armée rouge pendant la guerre civile. Dans son personnel figurait Alexandre Ivanichev, colonel de l'armée tsariste, blessé à deux reprises (et par trois fois victime d'une attaque au gaz toxique) au cours de la Première Guerre mondiale, et dont Trotski avait fait un commandant de l'Armée rouge. Alexandra épousa Ivanichev en 1921. Pour une fille du clan d'élite Obolenski, c'était sans aucun doute une mésalliance : Alexandre était le fils d'un humble cheminot. Mais Alexandra traversait une passe difficile, et elle trouva dans l'ethos militaire de son mari un reflet des principes de sa classe, la noblesse, mais aussi de ses idéaux de service public où elle puisait quelque réconfort en ces temps d'incertitudes[95].

Alexandre était un « militaire » consommé : un homme ponctuel, scrupuleux, ordonné et à cheval sur la discipline, mais bon et d'un naturel doux. À Riazan, il dirigea son ménage comme un régiment, raconte Constantin :

> Notre famille logeait dans les baraquements des officiers. Nous étions entourés de militaires et le mode de vie militaire réglait chacun de nos pas. Matin et soir, il y avait des parades sur la place devant la maison. Mère siégeait à divers comités de l'armée avec les autres femmes d'officiers. Quand nous avions des invités, la conversation portait toujours sur l'armée. Le soir, mon père dressait des plans d'exercices militaires. Il m'arrivait de l'aider. Dans la famille régnait une discipline stricte, purement militaire. Tout était organisé heure par heure, à la minute près. Pas question d'être en retard. Pas question de refuser une tâche. Il fallait apprendre à tenir sa langue. Le plus infime mensonge suscitait une vive réprobation. En accord avec leur éthique du service, ma mère et mon père introduisirent à la maison une division du travail très stricte. Dès six ou sept ans, j'ai été accablé de responsabilités toujours plus nombreuses. Je faisais la poussière, lavais le sol, aidais à faire la vaisselle, nettoyais les pommes de terre, m'occupais du pétrole lampant et allais chercher le pain et le lait[96].

Cette éducation eut une influence cruciale sur Simonov. Les valeurs militaires qu'il assimila enfant (« obéissance et conscience, empressement à triompher de tous les obstacles, impératif de dire "oui" ou "non", d'aimer sans réserve et de haïr à l'avenant », suivant la définition qu'il donna lui-même de ces qualités) le préparèrent à embrasser le système soviétique quasi militaire de commandement politique dans les années 1930 et 1940 :

À treize ans je savais :
Qu'on ne parle pas à la légère.
Oui c'est oui. Non c'est non.
On ne discute pas.
Je savais le sens du devoir,
Je savais ce qu'était un sacrifice.
Je savais du courage la vertu,
Aucune indulgence pour la lâcheté !

(De « Père », 1956[97])

Constantin (à gauche), Alexandra et Alexandre Ivanichev (à droite), Riazan, 1927

Simonov vénérait son beau-père (« un homme que je n'ai jamais vu autrement qu'en uniforme militaire ») et, très tôt, vit en lui son véritable père. Les principes militaires du devoir et de l'obéissance qu'il apprit d'Alexandre se mêlèrent chez lui aux idées de service public héritées de sa mère et de son milieu aristocratique. Les livres qu'il lut enfant ne firent que le conforter dans ces principes en l'imprégnant du culte soviétique de l'armée. Il trouva une inspiration dans les récits légendaires de la guerre civile, comme le *Tchapaïev* (1925) de Dimitri Fourmanov, un « classique soviétique » que chaque écolier lisait. Ses héros de petit garçon étaient tous des militaires. Ses livres de classe étaient pleins de griffonnages du soldat qu'il voulait devenir[98]. Tout aussi tôt, Simonov prit conscience de la nécessité de trouver sa place dans une hiérarchie de commandement. Il grandit dans l'idée qu'il ne serait pas un simple soldat, mais un officier, responsable de ses subalternes. Dans le même temps, son sens hypertrophié du devoir public et de l'obéissance exigeait aussi la subordination à ses supérieurs. Comme lui-même devait l'écrire, « être bon », dans son idée, était synonyme d'« honnêteté » et de « droiture » (*poriadotchnost'*) : c'est cette approche qui devait plus tard former la base de son soutien au régime stalinien. Toutes les personnes qui l'ont marqué pendant ses années de formation étaient des figures d'autorité. Fils unique, il passait le plus clair de son temps en compagnie d'adultes et il s'entendait à gagner leur approbation. Sans ami proche à l'école, il n'apprit jamais vraiment les leçons morales de l'amitié, ou de la loyauté envers ses pairs, qui auraient pu contrarier sa propension croissante à plaire aux supérieurs, même si la camaraderie fut un thème dominant de sa poésie (domaine d'expression de ses aspirations) dans les années 1930 et 1940. Simonov était intelligent et précoce. Il lut énormément et mit beaucoup d'ardeur au travail. Il fréquenta quantité de clubs, joua dans des pièces et rejoignit les Pionniers. Ses griffonnages mis à part, ses cahiers d'écolier révèlent un garçon sérieux qui passait de longues heures à dessiner des cartes et des graphiques, à dresser des listes et des tableaux ou à organiser des tâches à la manière d'un bureaucrate[99].

Page d'un cahier de Simonov (1923)

Dans ses Mémoires, rédigés dans sa dernière année, Simonov assure que ses parents avaient accepté le régime soviétique. Il n'avait pas souvenir d'une seule conversation dans laquelle ils eussent exprimé leur désapprobation du gouvernement, ou regretté de n'avoir pas émigré après 1917. Dans son souvenir, ses parents étaient d'avis que, en tant que membres de l'intelligentsia, il était de leur devoir de rester et de travailler pour la Russie soviétique et, même si leurs valeurs n'étaient pas « soviétiques », ils avaient l'obligation d'élever Constantin en petit « Soviétique ». Mais ce n'était qu'une demi-vérité.

Derrière une apparence de loyauté politique, Alexandra dissimulait une opinion critique du régime qui, somme toute, avait plongé sa famille dans la catastrophe. Son frère Nikolaï fut contraint de fuir à Paris après 1917 (ancien gouverneur de la province de Kharkov, il aurait été sinon arrêté par les bolcheviks). Elle ne devait plus le revoir. Le reste de la famille — Alexandra, sa mère et ses trois sœurs — vécut dans la peur et la misère, d'abord à Petrograd, puis à Riazan. Après la guerre civile, ses sœurs Sonia et Daria retournèrent à Petrograd ; et quand leur mère mourut, en 1923, Lioudmila les y rejoignit à son tour. Restée seule à Riazan, Alexandra s'efforça de s'adapter à l'environnement soviétique (« Je suis née dans un autre monde, écrivit-elle à son fils en 1944. Les vingt-cinq premières années de ma vie, j'ai vécu dans le confort. [...] Puis ma vie a été soudain détruite. [...] J'ai passé mes journées à travailler, à faire la lessive, la cuisine ou les courses »). Outre qu'elle transmit les valeurs de l'aristocratie, Alexandra s'efforça aussi de continuer à pratiquer. Elle emmena son fils à l'église jusqu'à ses douze ans (dans ses dernières lettres à ses tantes, elle continue de les saluer en termes religieux les jours de fête orthodoxes). Mais elle lui apprit aussi que ses origines nobles étaient dangereuses et qu'il fallait les cacher s'il voulait s'élever[100]. Malgré le climat relativement libéral de la NEP, la guerre de classes déclenchée par la révolution ne connaissait qu'un répit temporaire : sous une surface pacifique, les pressions montaient en vue d'une épuration renouvelée des anciennes élites qui menaçaient les familles comme les Simonov.

En 1927, sa mère emmena Simonov à la campagne chez des parents de son beau-père, près de Krementchoug. « Tante Jenia » vivait avec son mari,

Evgueni Lebedev, un vieux général de longue date retiré de l'armée tsariste à cause d'une blessure à la jambe, qui le laissa paralysé et à la charge de sa jeune épouse. Le général était un libéral, d'un naturel bon et optimiste, qui ne protestait ni ne se plaignait du gouvernement. Constantin se plaisait en sa compagnie, parce qu'il était intéressant et racontait bien les histoires. Un jour, après une promenade dans les bois, Constantin regagna la maison de sa tante. Un inconnu ouvrit la porte. En fait, c'était un des hommes de l'OGPU venus fouiller la maison à la recherche de preuves d'activités contre-révolutionnaires avant l'arrestation du général. Dans ses Mémoires, Simonov évoque l'incident :

> À l'instant où j'entrai, un des hommes de l'OGPU soulevait le matelas, sur lequel le vieil homme était allongé, et fouillait dessous. [...] « Assieds-toi, petit, et attends », me dit-il en me montrant du doigt un tabouret. Il n'était pas vraiment brutal, plutôt impérieux, et je compris que je devais m'asseoir et obéir. [...] La perquisition était menée par deux hommes en uniforme, mais ils n'avaient pas produit de mandat, et le vieux général les insultait : très en colère, il menaçait de se plaindre de leur conduite illégale. Tante Jenia, me sembla-t-il, était relativement calme, craignant pardessus tout que son mari n'eût une crise cardiaque, et essayait, vainement, de le calmer. Les hommes continuèrent la perquisition, feuilletant chaque livre l'un après l'autre, regardant sous les toiles cirées et les broderies empilées sur des étagères. Le vieil homme, adossé au mur et à demi allongé sur le lit, continuait de jurer. [...] Quand la perquisition fut enfin terminée, les hommes se retirèrent, sans rien emporter. Ils firent preuve de retenue, se gardant de jurons ou de brutalités parce qu'ils avaient affaire à un vieil homme qui était paralysé. [...] Dans mon esprit, cet épisode

n'avait rien de menaçant, de tragique ou de troublant ; il paraissait plus ou moins normal.

Ce qui est intéressant, dans cet épisode, c'est la manière dont Simonov le perçut. Il avait été témoin d'un acte de répression illégale contre sa famille, mais il n'en fut pas effrayé. Du moins l'assura-t-il plus tard. D'une certaine façon, cela relevait à ses yeux de la routine, la procédure était « normale ». Simonov devait réagir de la même façon à l'arrestation d'autres parents, notamment celle de son beau-père et de ses trois tantes, dans les années 1930. Il les justifia comme des actes « nécessaires » : des erreurs, peut-être, parce que ses parents étaient certainement innocents, mais des faits compréhensibles dans le cadre plus général de la nécessité pour l'État d'extirper des contre-révolutionnaires en puissance[101].

En 1928, Simonov et ses parents s'installèrent à Saratov, grande ville industrielle de la Volga, où Alexandre devint instructeur à l'école militaire. La famille fut logée dans les baraquements, occupant deux pièces adjacentes et partageant une cuisine commune avec d'autres familles. Simonov entra au collège mais en 1929, à tout juste quatorze ans, il abandonna, décidant de ne pas achever le parcours scolaire tracé par ses parents, mais d'entrer à l'école d'apprentissage en usine (FZU), associant enseignement général et formation technique. Comme beaucoup d'enfants de l'ancienne intelligentsia, Simonov avait hâte de se forger une nouvelle identité « prolétarienne » afin de se défaire de ses origines sociales, qui ne pouvaient que le freiner dans la société soviétique. Les FZU et les écoles techniques supérieures de la fin des années 1920 étaient pleines d'enfants de l'intelligentsia qui, se voyant fermer les portes de l'université (qui accueillait de préférence les candidats issus de la classe ouvrière), se dirigeaient plutôt vers des écoles techniques ou des systèmes d'apprentissage en usine pour gagner la qualité de « prolétaires » qui leur ouvrirait la porte d'autres postes et formations. Comme Simonov, qui déclara que sa mère était « employée de bureau », beaucoup d'enfants de l'ancienne élite dissimulaient leurs origines sociales, ou faisaient un usage sélectif de leurs biographies, afin de se faire admettre dans des écoles et collèges techniques. La plupart allaient devenir ingénieurs ou techniciens dans la révolution industrielle du premier plan quinquennal (1928-1932), cultivant ainsi une nouvelle identité professionnelle qui les libéra du grand dilemme de la classe sociale, parce que la seule chose qui importait, c'était leur dévouement à la cause de l'industrie soviétique. Le rejet par Simonov de la formation universitaire que ses parents avaient choisie pour lui était significatif : c'est à ce moment-là qu'il tourna le dos à l'ancienne civilisation, qui l'avait vu naître, et adopta une identité « soviétique ».

À la FZU, Simonov allait devenir tourneur. Le soir, il travaillait comme apprenti dans une usine de munitions de Saratov. Lui-même devait le reconnaître plus tard : il n'était « pas vraiment doué pour le travail industriel » et ne persévéra que « par vanité ». Dans ses lettres à sa tante Sonia de Leningrad, l'adolescent fait étalage de son activisme social et de son enthousiasme pour la cause soviétique :

> 1929
> Chère tata Sonia !
> Pardonne-moi d'avoir mis si longtemps à répondre à ta gentille lettre. Je n'ai jamais été si occupé. Je suis

> membre de quatre clubs : je siège au comité directeur de deux d'entre eux, et j'en préside un (les jeunes naturalistes). En outre, je suis membre de la commission de compétition [socialiste], du groupe de lecture, du conseil éditorial de l'école et de la brigade chimique [contre les attaques au gaz toxique]. Je suis aussi instructeur en matière d'assistance collective, membre du conseil administratif [rendant compte à l'administration de l'école des activités et opinions politiques des élèves de la FZU] et de la MOPR [Société internationale d'aide ouvrière]. À l'heure actuelle, j'organise aussi la propagande antireligieuse à travers la sous-commission administrative et dirige le comité de classe. Dernièrement, j'ai été chargé d'organiser un club d'échecs à l'école. Je crois que c'est tout[102].

Il est difficile de dire ce que cache cette frénésie d'activité : l'énergie d'un adolescent élevé dans l'ethos du service de la population ; le calcul, avec l'idée que ces engagements lui permettraient de cacher ses origines sociales et d'asseoir sa position dans la société soviétique ; ou une adhésion fervente à l'idéal communiste. Mais ce fut le point de départ de l'engagement de Simonov dans le régime stalinien.

VI

La classe des marchands trouva elle aussi le moyen de s'adapter au nouveau régime, surtout après l'introduction de la NEP. En 1922, Samouïl Laskine[a], sa femme et leurs trois filles quittèrent la ville d'Orcha pour s'établir à Moscou. La famille

a. On se reportera à l'arbre généalogique des familles Simonov et Laskine en page 33.

s'installa dans une pièce en sous-sol, près du marché de la Soukharevka, alors synonyme du commerce privé qui florissait sous la NEP. Samouïl Laskine était un petit marchand de harengs et autres poissons salés. Comme beaucoup de Juifs, il était venu à Moscou profiter des nouvelles occasions offertes aux commerçants. Il caressait toutes sortes de rêves pour ses filles : il espérait qu'elles profiteraient des écoles et des universités soviétiques pour entrer dans les professions interdites aux Juifs avant 1917.

Né en 1879, Samouïl appartenait à un grand clan de marchands d'Orcha, un bourg de maisons de bois sans étage, sans eau courante ni tout-à-l'égout, dans la Zone de résidence. Son père, Moïsseï, grossiste en poisson salé, habitait une vétuste maison de bois entre l'église orthodoxe et l'église catholique sur la route passante de Chklov. Orcha était une ville multiculturelle où se côtoyaient Russes, Polonais, Biélorusses, Lettons, Lituaniens et Juifs (il y eut un petit pogrome en 1905). Les Laskine parlaient yiddish et russe. Ils observaient les rites juifs, fréquentaient la synagogue et envoyaient leurs enfants à l'école juive, mais attachaient aussi un grand prix à l'éducation de leurs enfants et à leur progression dans la société russe. Moïsseï avait six enfants. Les aînés (Sima, Saul et Samouïl) furent tous trois scolarisés à la maison ; mais les plus jeunes (Fania, Iakov et Jenia) allèrent à l'université et devinrent médecins, parvenant tant bien que mal à contourner les restrictions tsaristes qui fermaient aux Juifs l'accès aux universités russes et aux professions libérales[a]. Cela relevait

a. Fania et Iakov firent leurs études à l'université de Iourev (Tartu) en Estonie, l'une des rares universités de l'Empire qui admît des Juifs avant 1917.

de l'exploit à cette époque, en particulier pour les deux filles, Fania et Jenia[103].

Samouïl suivit Moïsseï dans le commerce. En 1907, il épousa Berta, la fille d'un marchand juif de la ville voisine de Chklov, où le couple vécut jusqu'à la révolution de 1917 avec ses trois filles : Fania (née en 1909), Sonia (1911) et Evguenia (1914). Homme affable et bon, doué du sens pratique et avisé, animé d'un vif intérêt pour la littérature et la politique internationale, Samouïl embrassa la révolution, dans laquelle il vit une libération des Juifs. Il avait toujours rêvé de donner une éducation à ses filles et avec la proclamation de la NEP, qui lui permit de gagner sa vie à Moscou, il crut que son rêve allait enfin devenir réalité.

La famille Laskine (de gauche à droite) : Berta, Sonia, Evguenia (Jenia), Fania, Moscou, 1930. Samouïl était exilé à cette époque

La NEP transforma Moscou en un immense marché. Après 1921, la population de la ville doubla en cinq ans. À la suite des épreuves de la guerre civile, où le commerce privé avait été interdit, tout ce que le marché pouvait offrir suscitait une demande considérable. La foule se pressait sur les marchés de rue, comme la Soukharevka, tandis que les marchands vendaient de tout : ferraille et vêtements, batteries de cuisine ou œuvres d'art. Samouïl avait un étal de harengs sur la place Bolotnaïa, marché de produits alimentaires qui pourvoyait aux besoins des restaurants et cafés bien achalandés de la ville, au sud de la Moskova, non loin du Kremlin. Nul ne connaissait mieux le commerce du hareng que Samouïl. Il pouvait ouvrir une conserve de poisson salé et dire tout de suite d'où elle venait : de la Volga ou de la mer d'Aral, près d'Astrakhan ou de Nijni Novgorod.

La vie fut rude au départ. La chambre en sous-sol des Laskine, dans la première rue Mechtchanskaïa, était dépouillée. Ils dormaient sur des matelas posés par terre et avaient suspendu un rideau au plafond pour séparer le coin des enfants de celui des adultes. Ils partageaient les toilettes et la cuisine avec les locataires de l'étage. En 1923, cependant, le commerce de hareng de Samouïl était florissant, et les Laskine louèrent un appartement dans une maison autrefois magnifique de la rue Sretenskaïa. C'était un appartement confortable avec trois pièces spacieuses, une grande salle de bains, ainsi que des toilettes et une cuisine privées, luxe rare à Moscou en ce temps-là. Les affaires de Samouïl marchaient si bien qu'il pouvait envoyer de l'argent tous les mois à ses parents restés à Orcha, mais aussi aider son neveu Mark, également venu à Moscou avec sa famille. Les Laskine allaient régulièrement au Bolchoï, où Samouïl acheta même une loge[104].

En 1923-1924, cependant, la pénurie de marchandises et l'inflation attisèrent la rancœur des prolétaires envers les *Nepmen* et leur nouvelle opulence tandis que, pour apaiser l'agitation populaire, les soviets municipaux fermèrent trois cent mille affaires privées[105]. Les Laskine furent victimes de la réaction. Le commerce de Samouïl survécut, mais il fut contraint de verser un impôt spécial au soviet de Moscou et, comme beaucoup de petits marchands, fut relégué dans la sous-classe des *lichentsy* — des gens privés de leurs droits civils, électoraux et autres. Samouïl endura calmement ces châtiments. Plusieurs années durant, il paya le « bail commercial » excessif de son étal de fer rouillé : une des nombreuses taxes spéciales imposées par le soviet de Moscou aux marchands privés pour apaiser la rancœur de la classe ouvrière à l'égard de la NEP. En 1925, Samouïl déclina une invitation à se rendre en Iran, où l'industrie du poisson était largement tributaire du savoir-faire russe. Il voulait voir ses trois filles grandir en Union soviétique, profiter des nombreuses possibilités que le régime leur avait ouvertes — du moins le pensait-il, à tort. Fania, l'aînée des filles, était aussi la plus débrouillarde. En 1926, elle réussit haut la main ses examens, mais, son père étant *lichenets*, l'entrée de la faculté de médecine lui fut refusée. Elle se décida donc à travailler en usine tout en suivant des cours du soir en économie. Sonia était une fille sérieuse et s'exprimait bien. D'une beauté frappante, elle avait souffert de la polio enfant et en était restée partiellement paralysée. Les études supérieures lui étant interdites, comme à sa sœur, Sonia suivit des cours du soir en statistiques à l'école industrielle Sokolniki de Moscou avant d'entrer à l'Institut de l'acier en 1928. Comme beaucoup de Juifs, dont son cousin Mark, qui devint ingénieur, Sonia se dévoua au programme industriel du premier plan quinquennal qui promettait de moderniser la Russie paysanne arriérée, la Russie des pogromes, à laquelle les Laskine avaient voulu échapper en venant en ville. Evguenia (Jenia), la cadette, était la plus portée sur les arts et étudia la littérature : une passion que toute sa famille partageait. La maison Laskine était « toujours en plein débat littéraire », ajoute Fania. Quand Sonia, en 1927, se fit rejeter par le Komsomol parce que enfant de *lichenets*, les trois filles formèrent leur propre cercle de lecture avec Mark et les enfants d'amis de leurs parents qui habitaient dans le voisinage. Ils discutaient de politique et organisaient des « grands procès » de personnages de la littérature. Un jour, ils firent le procès de l'Ancien Testament : ayant trouvé un exemplaire de la Bible, ils l'étudièrent ensemble un mois durant[106]. Les procès publics d'œuvres littéraires, d'idéologies et de coutumes religieuses étaient des pratiques courantes de l'agit-prop dans les années 1920 et 1930.

Les Laskine sont typiques de la première génération de Juifs soviétiques. Ils s'identifièrent à l'internationalisme de la révolution, qui promettait d'éradiquer toute forme de préjugés nationaux et d'inégalités, et, avec sa vision libératrice de la ville moderne, offrait aux Juifs un accès sans précédent aux écoles et aux universités, à la science et aux arts, aux professions libérales et aux commerces. Une génération après 1917, les Juifs de Russie étaient devenus un peuple urbain tandis que la population des *shtetls* de l'ancienne Zone de résidence avait émigré ou s'était éteinte (au début de la Seconde Guerre mondiale, 86 % des Juifs soviétiques vivaient en zones urbaines, dont la moitié dans les onze plus grandes villes de l'URSS). La population juive de Moscou passa de quinze mille personnes en 1914 à deux cent cinquante mille (pour devenir la deuxième communauté de la ville) en 1937[107]. Les Juifs prospéraient en Union soviétique. Ils formaient une large proportion de l'élite du Parti, de la bureaucratie, de la hiérarchie militaire et de la police. À en juger d'après les Mémoires de l'époque, il y avait relativement peu d'antisémitisme ou de discrimination, alors même que de nombreux Juifs, comme Samouïl Laskine, étaient privés de leurs droits civils en raison de leur classe sociale et de leur lien avec le commerce privé. Il est vrai que maintes synagogues furent fermées, mais ce fut dans le cadre de la campagne bolchevik générale contre la religion, dans les années 1920 et 1930. La famille resta le véritable centre de la vie religieuse juive, les aînés se chargeant des prières et des rituels traditionnels, qui dans la plupart des foyers coexistaient avec l'observance des fêtes publiques soviétiques et l'acceptation des croyances soviétiques par les plus jeunes en particulier. Activement encouragée par le gouvernement, la culture yiddish laïque prospérait, avec des écoles en yiddish, un cinéma et des théâtres, dont le Théâtre d'État yiddish de Moscou, sous la direction de Solomon Mikhoels, qui devint un point focal pour de nombreux bolcheviks et intellectuels juifs de gauche. Dans la plupart des familles juives des grandes villes, l'attachement à la culture juive traditionnelle allait de pair avec un attachement intellectuel à l'art et à la littérature russo-soviétiques comme moyen d'entrer dans la culture internationale plus large[108].

Cette identité multiple complexe (judéo-russe et soviétique) demeura celle de Samouïl et Berta. Ni l'un ni l'autre n'étaient religieux. Ils n'allaient pas à la synagogue ni n'observaient les fêtes et rituels juifs, même si Berta préparait toujours des plats juifs à l'occasion des fêtes soviétiques. Samouïl et

Berta connaissaient le yiddish, mais parlaient russe à la maison. Leurs filles les comprenaient quand ils parlaient yiddish, mais elles le parlaient mal et ne firent aucun effort pour apprendre cette langue, qu'elles tenaient pour une « relique exotique » du passé. Pour les filles, la question de l'identité était plus simple. « Nous ne voulions pas nous considérer comme juives, se souvient Fania. Nous ne voulions pas non plus être russes, même si nous vivions en Russie et baignions dans sa culture. Nous nous voyions comme des citoyens soviétiques. » La famille tenait l'éducation, le zèle et la culture pour la voie de la libération et de l'égalité personnelles. Samouïl portait un vif intérêt à la politique et tirait une immense fierté des réalisations de bolcheviks juifs éminents comme Trotski. Bien que n'ayant pas reçu d'éducation, sa maison était bourrée de livres et de journaux ; et il aimait à discuter de politique, en particulier des événements à l'étranger, sur lesquels il était fort bien renseigné. Il tenait un « parlement de cuisine » avec les parents et amis qui venaient le dimanche aux fameux « soupers Laskine » ; la cuisine juive de Berta avait la réputation d'être sans rivale à Moscou[109].

Dans certaines familles juives, le désir d'être « soviétique » passait par la suppression de toute identification persistante avec la culture ou la religion juives. Chez les Gaister, par exemple, les coutumes juives étaient si discrètes, à peine plus qu'un étrange plat juif, une expression en yiddish ou des légendes familiales sur les pogromes à l'époque tsariste, que, même adolescente, Inna n'avait pas vraiment conscience d'être elle-même juive. Rebekka Kogan, née en 1923 dans une famille juive de la région de Gomel, où les parents d'Inna se connurent, se rappelle son enfance « entièrement soviétique ». Ses parents observaient les principales coutumes juives et, à l'occasion, parlaient yiddish, surtout quand ils ne voulaient pas que Rebekka comprît. Autrement, ils l'élevèrent « de manière moderne », précise-t-elle, « sans religion, ni l'influence de mes grands-parents, qui s'accrochaient encore aux usages juifs[110] ».

Ida Slavina eut une enfance semblable. Née à Moscou en 1921, elle était de la famille d'un éminent juriste soviétique, Ilia Slavine, qui avait joué un rôle important dans l'émancipation des Juifs de Biélorussie[a]. Aîné d'une famille nombreuse de travailleurs agricoles juifs pauvres, Ilia était né dans une petite ville des environs de Moguilev en 1883. Dès l'âge de douze ans, il travailla et étudia dans une pharmacie locale. Devenu pharmacien, la loi l'autorisait à vivre hors de la Zone de résidence[b]. En 1905, il s'inscrivit comme externe à la faculté de droit de l'université de Kharkov. Alors même qu'il n'avait pas fait d'études en bonne et due forme au-delà de douze ans, Ilia arriva en tête aux examens de première année, ce qui lui permit de s'inscrire officiellement, dans le cadre des 3 % de Juifs autorisés par le quota officiel. Diplômé de l'université, Ilia se vit offrir un poste à la faculté, sous réserve de se convertir au christianisme. Il repoussa l'offre et retourna dans la Zone de résidence, où il travailla comme assistant d'un avocat de Moguilev. Au cours de la Première Guerre mondiale,

a. On se reportera à l'arbre généalogique de la famille Slavine en page 36.

b. Les seuls Juifs autorisés à vivre hors de la Zone de résidence étaient les marchands de la première corporation, les artisans exceptionnellement doués, les étudiants ou les pharmaciens qualifiés.

quand les Allemands occupèrent les territoires occidentaux, Ilia partit à Petrograd, où il travailla au siège de l'Union des villes, aidant les Juifs de la Zone de résidence à se fixer ailleurs en Russie. Après 1917, Ilia fut élu juge et exerça aux cours populaires de Moguilev, Gomel et Vitebsk. Il rejoignit Moscou en 1921 et continua de gravir les échelons au sein de l'establishment juridique soviétique. Bel homme, brillant, bon et généreux, Ilia cultivait de nobles idéaux, qu'il investit dans l'expérience soviétique, au point même de nier sa judéité.

À compter de 1903, Ilia avait été un sioniste militant, membre en vue des Prolétaires du Parti de Sion, qui visait à instaurer une société socialiste en Palestine. Le sionisme d'Ilia était un fruit de sa vie dans la Zone de résidence, où étaient pour l'essentiel concentrés les Prolétaires de Sion. Mais sitôt à Petrograd, où il entra en contact avec des Juifs européanisés et assimilationnistes, Slavine commença à s'éloigner du sionisme pour se rapprocher de la social-démocratie. Ayant embrassé la révolution comme une cause internationale, Slavine accepta la nécessité de subordonner les intérêts nationaux juifs à la lutte de classes. En tant que président de la cour de Vitebsk, il défendit même les auteurs d'un pogrome ouvrier contre les Juifs en 1919, sous prétexte que c'était l'expression de leur haine de classe des directeurs d'usine juifs[111]. En 1920, Ilia quitta le mouvement sioniste pour rejoindre brièvement les bundistes (marxistes juifs) avant de rallier les bolcheviks en 1921. Slavine reconnut ses « erreurs politiques » (sionisme et nationalisme juif) dans son autobiographie, écrite quand il rejoignit les bolcheviks et, dès lors, proscrivit la culture juive de sa maison. Il apprit à sa femme Esfir à lire le russe et à l'écrire, lui interdit de parler le yiddish et éleva ses deux enfants, Isaac (né en 1912) et Ida, de manière à en faire des Soviétiques étrangers aux traditions juives. Ida se souvient :

> Père faisait tout pour être dans la ligne, mener la vie du bolchevik idéal. Nous n'observions aucune coutume juive à la maison et ne parlions jamais yiddish : nous autres, enfants, ne le savions même pas. Sitôt devenu bolchevik, mon père fit un effort pour débarrasser notre foyer de tout ce qui lui rappelait le ghetto et la Zone de résidence. Internationaliste, il croyait à l'égalité des nations, à l'Union soviétique, et emplit la maison d'objets soviétiques. Son trésor le plus précieux était une miniature en marbre du mausolée de Lénine qu'il gardait sur son bureau[112].

La famille Slavine, 1927. Ida est avec son père Ilia (au centre) et sa mère, Esfir, à sa droite

Dès que les attaques contre la NEP redoublèrent, les perspectives des nouveaux Juifs urbains s'assombrirent. En 1928, le soviet de Moscou frappa les petits commerçants d'une taxe spéciale. Pour Samouïl Laskine, la taxe survint à un moment fâcheux. La NEP avait rétabli les droits de propriété privée ou coopérative en matière de logement et plus tôt, cette même année, il avait placé de l'argent dans un projet de construction sur la place Zoubov : des spéculateurs construisaient une maison à deux niveaux dans la cour d'un grand immeuble d'habitation de ce quartier chic de Moscou et, du fait de son investissement, Samouïl devait obtenir un appartement de trois pièces à l'étage. Samouïl nourrissait des rêves de propriété privée — il voulait s'occuper de ses trois filles tant qu'elles n'avaient pas fini leurs études — et refusa donc de payer la taxe dans son intégralité. Arrêté, il fut emprisonné quelque temps à Moscou puis exilé à Nijni Novgorod[113]. L'arrestation eut lieu dans le cadre d'une grande offensive contre le commerce privé, qui débuta en 1927 et conduisit finalement au renversement de la NEP. Cette campagne contre la NEP est inextricablement liée à l'ascension de Staline et à la défaite de ses principaux rivaux à la direction du Parti : Trotski et Boukharine, qui continuaient de soutenir la politique d'économie mixte introduite par Lénine en 1921.

Les bolcheviks avaient toujours été partagés au sujet de la NEP, mais nombre de leurs partisans prolétaires, qui ne pouvaient payer les prix qu'affichaient les boutiques privées, y étaient farouchement opposés. Leur méfiance envers la NEP se nourrit encore des amples fluctuations du marché, qui faisaient monter les prix chaque fois que la pénurie de produits à la campagne poussait les paysans à garder les denrées alimentaires plutôt que de les livrer en ville. Le premier grand effondrement du marché s'était produit en 1923-1924, quand les Soviétiques avaient lancé leur première attaque contre les *Nepmen*, en bonne partie pour apaiser les griefs de la classe ouvrière à l'égard de l'inflation. Le marché se stabilisa au milieu des années 1920, mais une seconde crise survint en 1927-1928, avec la concomitance d'une mauvaise récolte et d'une pénurie de produits de consommation. Les prix des biens manufacturés augmentant, la paysannerie réduisit ses livraisons de céréales aux dépôts d'État et aux coopératives ; les prix fixes qui leur étaient consentis étaient beaucoup trop bas pour leur permettre d'acheter les articles dont ils avaient besoin. Les paysans préféraient manger leur grain, nourrir leur bétail, les stocker dans leurs granges ou les vendre sur le marché privé plutôt que de les livrer à l'État. Les partisans de la NEP divergeaient sur la bonne manière de répondre à la crise. Boukharine était partisan de relever les prix d'achat, essentiellement afin de préserver le mécanisme du marché et l'union avec les paysans dont Lénine avait fait la base de la NEP, même s'il reconnaissait que l'augmentation des dépenses de l'État ralentirait le rythme des investissements dans l'industrie. Trotski, Kamenev et Zinoviev (l'Opposition unifiée) étaient las de faire de nouvelles concessions à la paysannerie dans la crainte que cela ne pût que remettre à plus tard l'objectif soviétique d'une industrialisation socialiste. Dans leur idée, l'État devait recourir à des réquisitions temporaires, s'emparer des grains des paysans pour se procurer les stocks de vivres et les capitaux dont il avait besoin pour relancer la production de biens de consommation, et seulement ensuite rétablir le mécanisme du marché avec les paysans. Staline prit le parti de Boukharine, mais uniquement jusqu'à la défaite de Trotski et de Zinoviev au XVe Congrès du Parti en décembre 1927, après quoi il se retourna contre Boukharine et la NEP. Présentant la crise céréalière comme une « grève des koulaks », Staline prôna un retour aux réquisitions de la guerre civile afin d'étayer un plan quinquennal d'industrialisation de l'Union soviétique. Il évoqua brutalement la nécessité d'exterminer les derniers restes de l'économie capitaliste (petit commerce et agriculture paysanne) qui, à l'en croire, avaient bloqué la marche du pays vers l'industrialisation socialiste.

La violence de sa rhétorique — ses appels au retour à la guerre de classes de la révolution et de la guerre civile — séduisit une large section de la base prolétarienne du Parti, où prévalait le sentiment croissant que la bourgeoisie revenait sous une autre forme à travers les *Nepmen*, les « spécialistes bourgeois » et les « koulaks ». Beaucoup avaient le sentiment que la NEP marquait un recul par rapport à l'idéal bolchevik de justice sociale et craignaient qu'elle ne débouchât sur la restauration d'une économie capitaliste. L'argent revenait. « Or, nous avions cru en finir avec lui. Les jeunes communistes dont j'étais ne s'étaient pas demandé si la suppression de l'argent n'était pas, plutôt qu'une grande réalisation socialiste, un expédient [...]. Si l'argent reparaît, les riches vont reparaître aussi ? Ne glissons-nous pas sur la voie du capitalisme ? Nous nous le demandions avec inquiétude. » L'appel de Staline à un retour aux méthodes de la guerre civile séduisait plus particulièrement les jeunes communistes — nés dans les années 1900 et 1910 —, trop jeunes pour avoir pris part aux combats révolutionnaires de 1917-1921, mais élevés dans le « culte de la lutte » fondé sur des histoires de la guerre civile. Un bolchevik, né en 1909, raconta dans ses Mémoires que la vision du monde militante de ses contemporains les avait préparés à accepter les arguments de Staline sur la nécessité d'une « relance de la guerre de classes » contre les « spécialistes bourgeois », les *Nepmen*, les « koulaks » et autres « laquais de la bourgeoisie ». Les jeunes communistes étaient démoralisés, explique un stalinien :

> Les komsomols de ma génération — ceux qui connurent la révolution d'Octobre à dix ans ou plus jeunes — s'irritaient de notre destin. Au Komsomol, à l'usine, nous déplorions qu'il ne nous restât rien à faire : la révolution était terminée, les années rudes mais romantiques de la guerre civile ne reviendraient plus, et la génération de nos aînés ne nous avait laissé qu'une vie ennuyeuse et prosaïque dénuée de lutte et d'excitation.

Alexeï Radtchenko écrivit dans son journal en 1927 :

> De nos jours, la jeunesse progressiste n'a pas de véritable intérêt ni de goût pour l'activité : ce ne sont pas les années de la guerre civile, mais juste la NEP, une étape de la révolution nécessaire mais ennuyeuse. Les gens se laissent distraire par des affaires personnelles, des questions familiales. [...] Nous avons besoin de quelque chose qui nous secoue et purifie l'air (d'aucuns rêvent même de guerre)[114].

Staline joua de ces idées romantiques, de la guerre civile comme « période héroïque » et de l'Union soviétique comme d'un État engagé dans une lutte incessante contre les ennemis capitalistes de l'intérieur et de l'étranger. Il fabriqua la « peur de guerre » de l'année 1927, inondant la presse soviétique d'histoires truquées d'« espions » et de « plans d'invasion » britanniques contre l'URSS, puis exploita cette peur pour en appeler à l'arrestation massive des « ennemis » potentiels (« monarchistes » et « ci-devant »). Il utilisa aussi la menace de guerre pour étayer ses arguments en vue d'un plan quinquennal et de la construction des forces armées. La NEP, assura-t-il, était un moyen d'armement industriel trop lent, et n'était pas assez sûre pour se procurer du grain en cas de guerre. Toute la conception que Staline avait du plan quinquennal reposait sur l'idée d'une lutte de chaque instant contre l'ennemi. Dans ses batailles politiques avec Boukharine pour le contrôle du Parti en 1928-1929, Staline l'accusa de souscrire à l'idée dangereuse que la lutte des classes s'apaiserait au fil du temps et qu'il était possible de concilier des « éléments capitalistes » avec un système socialiste (en vérité, Boukharine pensait que la lutte se poursuivrait dans la sphère économique). Ce point de vue, soutenait Staline, conduirait le Parti à baisser la garde contre ses ennemis capitalistes, leur permettant d'infiltrer le système soviétique et de le subvertir de l'intérieur. Donnant un avant-goût des thèses par lesquelles il devait justifier les vagues croissantes de répression d'État lors de la Grande Terreur, Staline fit valoir au contraire que la résistance de la bourgeoisie ne pouvait que s'amplifier à mesure que le pays s'acheminait vers le socialisme, en sorte qu'il fallait faire preuve à chaque instant d'une vigueur renouvelée pour « extirper et écraser l'opposition des exploiteurs[115] ». Telle est la justification qui rallia les forces de Staline et assura sa victoire contre Boukharine. La terreur fut la source d'inspiration, non pas l'effet, du plan quinquennal.

L'offensive contre le commerce privé fut la bataille inaugurale d'une nouvelle guerre révolutionnaire. Des milliers de *Nepmen* furent jetés en prison ou chassés de chez eux. À la fin de 1928, plus de la moitié des quatre cent mille affaires privées enregistrées en 1926 avaient disparu sous le poids des taxes ou avaient été fermées par la police. À la fin de 1929, il n'en restait qu'une sur dix. Les nouvelles restrictions frappant les *lichentsy* rendirent la vie plus dure encore aux familles des *Nepmen*. Les *lichentsy* furent ainsi privés des cartes de rationnement introduites en 1928 et donc contraints d'acheter leurs aliments dans les rares épiceries privées qui subsistaient et dont les prix montèrent en flèche. Plus souvent que par le passé, leurs familles furent expulsées des logements publics, tandis que leurs enfants se virent fermer la porte des écoles et des universités soviétiques[116].

C'est au faîte de cette guerre de classes que Samouïl Laskine revint à Moscou au terme de son exil à Nijni Novgorod. Au printemps de 1929, les Laskine emménagèrent dans leur nouvelle maison de la place Zoubov. Mais l'abolition de la propriété privée, qui suivit le renversement de la NEP, ne tarda pas à anéantir leur rêve d'avoir leur propre maison. Le soviet de Moscou nationalisa la maison des Laskine et en fit un appartement communautaire où il installa un vieux couple (des informateurs notoires), qui hérita des deux pièces les plus vastes, laissant les Laskine louer une seule pièce. En novembre 1929, l'État expropria le commerce de hareng de Samouïl. Arrêté une deuxième fois, il fut incarcéré plusieurs semaines durant à la prison des Boutyrki, puis exilé à Voronej, d'où il revint en 1930 pour commencer une nouvelle vie d'employé soviétique dans la poissonnerie[117].

Samouïl avait tout perdu. Mais il supporta cet abaissement comme il supporta tout, sans jamais se plaindre une seule fois du régime. Nadejda Mandelstam, amie de Jenia dans les années 1950, a évoqué cet aspect du caractère de Samouïl dans ses souvenirs sur les années Staline :

> Le père de Génia [Jenia], un tout petit commerçant, élevait ses trois filles et vendait des harengs. La révolution fut pour lui un bonheur inouï : les Juifs obtinrent l'égalité des droits, et il se mit à rêver d'instruction pour ses fillettes si intelligentes. On décréta la NEP et il y crut. Pour mieux nourrir ses filles, il essaya de se remettre au commerce des harengs et se retrouva au nombre des victimes parce qu'il n'avait pas pu payer ses impôts. Sans doute fit-il lui aussi des calculs sur son abaque pour voir comment il pourrait sauver sa famille. Je crois qu'il fut déporté à Narym, mais ni la prison — c'était la période où l'on « confisquait les valeurs » et où l'on avait commencé à employer les « nouvelles méthodes », c'est-à-dire à torturer, sans commencer par passer les gens à tabac — ni l'exil ne le brisèrent. De son premier lieu d'exil, il envoya à sa femme une lettre remplie d'une tendresse si bouleversante que la mère et les trois filles décidèrent de ne la montrer à personne d'étranger à la famille. La vie s'écoula en une succession d'exils et de retours, puis commencèrent les malheurs des filles et des gendres.
>
> Les filles vivaient leur vie propre, perdaient leur mari dans les camps et en exil, périssaient elles-mêmes, puis ressuscitaient. L'histoire de cette famille fournit un tableau complet de biographies soviétiques typiques, mais au centre se trouvait le père qui vieillissait, mais ne changeait pas. La sainteté juive, la mystérieuse spiritualité et la bonté — toutes les qualités qui consacraient Job — s'étaient incarnées en lui[118].

Chapitre II

LA GRANDE RUPTURE

(1928-1932)

I

Le 2 août 1930, les villageois d'Oboukhovo célébrèrent la Saint-Iline, vieille fête religieuse qui marquait la fin du solstice d'été : les paysans russes festoyaient et priaient pour que la moisson fût bonne. Après un service à l'église, les villageois se réunirent chez les Golovine, la plus grande famille d'Oboukhovo, où on leur distribua des tourtes maison et de la bière à l'intérieur tandis que les enfants jouaient dehors. La soirée approchant, commença la danse villageoise (*goulian'e*). Guidées par une troupe de joueurs de balalaïkas et d'accordéonistes, deux rangées séparées de garçons et de filles, vêtus de costumes de fête en coton, s'éloignèrent de la maison pour descendre la rue du village en chantant[1].

Cette année-là, de violentes altercations assombrirent la fête. Les villageois se déchiraient sur la question de savoir s'ils devaient former une ferme collective (kolkhoze), comme l'avait ordonné le gouvernement. La plupart des paysans répugnaient à céder leurs fermes familiales, sur lesquelles ils travaillaient depuis des générations, et à partager leurs biens, leurs chevaux, leurs vaches et leur matériel agricole dans un kolkhoze. Dans la ferme collective, leur terre, leur cheptel et leurs outils seraient tous collectivisés; les lopins individuels des paysans seraient regroupés en grands champs accessibles aux tracteurs; et les paysans deviendraient tous des travailleurs agricoles pour ne conserver que de minuscules jardins potagers où élever leur volaille et faire pousser quelques légumes. Les villageois d'Oboukhovo étaient très attachés aux principes de la propriété et du travail familiaux. Ce qu'ils avaient entendu dire de la collectivisation dans d'autres villages du Nord les effrayait. On colportait des histoires terrifiantes de soldats forçant les paysans à rejoindre le kolkhoze, d'arrestations et de déportations massives, de maisons brûlées et de villageois tués, de paysans fuyant et massacrant leur bétail pour éviter la collectivisation. « Sur nos fermes, nous pouvons travailler pour nous, avait prévenu Nikolaï Golovine dans une réunion de la commune en juillet; sur le kolkhoze, en revanche, nous serons de nouveau serfs[2]. » Nombre des paysans d'Oboukhovo les plus âgés étaient nés avant l'abolition du servage en 1861.

En 1917, Nikolaï avait conduit la révolution paysanne sur la terre. Il organisa la confiscation de la terre de l'Église (il n'y avait pas de petite aristocratie rurale dans la région) et, à travers la commune et le soviet, supervisa le partage de la terre du village, allouant des bandes de terre arable aux fermes familiales en fonction de la taille des foyers. Nikolaï était bien vu des autres villageois. Le nombre des petites exploitations familiales avait augmenté des suites de la révolution. Ils venaient souvent lui demander des conseils en matière d'agriculture. Ils prisaient son intelligence et son honnêteté, son zèle, sa sobriété et sa force tranquille ; ils se fiaient à ses opinions parce qu'il comprenait et pouvait expliquer en termes simples la politique du gouvernement. La vieille meule, devant sa maison, était un lieu de rencontre informel où les villageois se rassemblaient les soirs d'été ; Nikolaï donnait alors son sentiment sur les incidents locaux[3].

Evdokia et Nikolaï avec leur fils, Alexeï Golovine (années 1940)

Les Golovine étaient des défenseurs de la tradition paysanne. Leur propre ferme était organisée de manière patriarcale : les enfants travaillaient tous sous l'autorité de leur père et avaient appris en grandissant à lui obéir comme à une figure d'autorité quasi divine (« Dieu est au ciel, père à la maison »). Comme tous les paysans, les Golovine croyaient aux droits que le travail familial donnait sur la terre. Tel avait été le principe directeur de la révolution agraire de 1917-1918. Au cours de la guerre civile, quand

Nikolaï avait aidé à organiser l'Armée rouge dans le Nord, il avait apporté son soutien au régime dans l'idée qu'il défendrait les droits des paysans (tout au long des années 1920, il garda un portrait de Kliment Vorochilov, le commissaire soviétique aux Affaires militaires, à côté des icônes dans la pièce principale de sa maison). Or les bolcheviks s'en prenaient de plus en plus à ces droits, avec les jeunes militants et activistes du Komsomol qui menaient la campagne de collectivisation à Oboukhovo. Le Komsomol tint des réunions dans l'école du village ; des agitateurs se lancèrent dans des diatribes contre les paysans les plus riches d'Oboukhovo : la plupart visaient les Golovine. Les villageois n'avaient jamais entendu de propagande de ce genre par le passé ; les mots compliqués qu'employaient les leaders du Komsomol en impressionnèrent plus d'un. Lors de ces réunions, ils expliquèrent aux villageois qu'ils appartenaient à trois classes hostiles les unes aux autres : les paysans pauvres, alliés du prolétariat ; les paysans moyens, qui étaient neutres ; et les paysans riches ou « koulaks », qui étaient leurs ennemis[a]. Les noms de tous

a. Le mot *koulak*, dérivé du mot désignant le « poing », servait initialement aux paysans pour montrer du doigt les exploiteurs (usuriers, sous-loueurs de terre, brasseurs d'affaires, etc.) parmi les leurs. Un fermier entreprenant, dans leur optique, ne pouvait être un « koulak », même s'il embauchait des ouvriers agricoles. Les bolcheviks, en revanche, abusèrent du terme, en un sens marxiste, pour décrire tout paysan aisé. Ils en firent un synonyme de « capitaliste » en supposant à tort que le recrutement d'ouvriers agricoles dans l'agriculture paysanne (extrêmement rare dans la majeure partie de la Russie) était une forme de « capitalisme » (plutôt qu'une manière de compenser la pénurie de main-d'œuvre sur la ferme). Au cours de la guerre civile, les bolcheviks essayèrent d'attiser la guerre de classes dans les campagnes et réquisitionnèrent du grain en

les paysans de ces différentes classes étaient écrits sur un panneau, devant l'école du village. Ces divisions étaient le fait du seul Komsomol. Jusque-là, les villageois ne s'étaient jamais représentés en termes de classes sociales. Ils s'étaient toujours considérés comme une seule « famille paysanne » et les paysans les plus pauvres étaient d'ordinaire respectueux, voire déférents, envers les plus prospères, comme les Golovine. Aux réunions de l'école du village, cependant, alors que l'alcool leur déliait les langues, les pauvres ajoutaient leur voix aux dénonciations des « koulaks Golovine[4] ».

Le Komsomol d'Oboukhovo consistait en une douzaine d'adolescents qui circulaient dans le village en uniforme plus ou moins militaire et portaient des fusils. Ils intimidaient les villageois. Leur chef était un dénommé Kolia Kouzmine, dix-huit ans, fils d'un paysan pauvre et alcoolique, dont la maison sordide avec sa toiture enfoncée se trouvait tout au bout du village, où habitaient les familles les plus pauvres d'Oboukhovo. Enfant, Kolia avait été envoyé par les siens quémander dans les autres fermes. Il se rendait souvent en voisin chez les Golovine pour « demander des allumettes, du sel, du pétrole lampant ou de la farine qui, chez les Kouzmine, ne duraient jamais jusqu'au Nouvel An », ajoute Antonina, la fille de Nikolaï. Son père prit l'adolescent en pitié et lui donna du travail dans son atelier de cuir installé dans la cour de sa ferme. Kolia y travailla plusieurs

---

organisant les paysans sans terre (essentiellement des citadins) en « comités de pauvres » (*kombedy*) contre les « koulaks », qui étaient accusés de thésauriser du grain. Sous la collectivisation, le mot « koulak » fut employé contre tout paysan — riche ou pauvre — qui refusait d'entrer dans les fermes collectives.

années, jusqu'en 1927 : il rejoignit alors le Komsomol et se retourna contre les Golovine[5].

Dans beaucoup de villages, surtout reculés comme Oboukhovo, les bolcheviks s'en remettaient au Komsomol pour faire de l'agitation en l'absence de cellule du Parti. Pour chaque membre du Parti dans les campagnes, on comptait quatre komsomols au milieu des années 1920. L'antenne du Parti la plus proche d'Oboukhovo se trouvait à 7 kilomètres, dans le chef-lieu d'Oustioujna. Le soviet d'Oboukhovo étant dominé par les Golovine, les jeunes hommes les plus turbulents du village qui rejoignirent le Komsomol furent chargés de diriger la campagne pour le kolkhoze. À compter de l'automne 1928, quand la direction du Parti se mit à prôner la collectivisation de masse, Kouzmine et ses camarades firent le tour du village, incitant les paysans les plus pauvres à se joindre à eux dans la bataille contre l'influence « contre-révolutionnaire » des « koulaks » et de l'Église tout en adressant des lettres de dénonciation anonymes au chef-lieu. Au printemps de 1929, Nikolaï fut chassé du soviet d'Oboukhovo et privé de ses droits civils en tant que « propriétaire capitaliste d'une entreprise de travail du cuir ». Puis, en novembre, le komsomol du village, accompagné de fonctionnaires du chef-lieu, fouilla sa maison et infligea une lourde taxe de 800 roubles à sa ferme « koulak ». Cet impôt, institué dans le cadre d'une politique nationale visant à « pressurer » les « koulaks » et à confisquer leurs biens, provoqua la ruine de près de quatre mille foyers paysans rien qu'à Vologda[6].

Pour s'acquitter de cet impôt, Nikolaï se vit contraint de vendre deux vaches laitières, son outillage de cordonnier, un lit de fer et une malle de vêtements. Avec deux de ses quatre frères, il alla travailler cet hiver-là sur un chantier de Leningrad afin de gagner un peu d'argent. Les trois frères pensaient quitter Oboukhovo, où la collectivisation de l'agriculture semblait maintenant inévitable, et voulaient voir à quoi ressemblait la vie en ville. Ils dormaient sur des bancs dans un dortoir, prenaient leurs repas dans des cafétérias et mirent assez d'argent de côté pour envoyer aux leurs quelques centaines de roubles. Mais au bout de plusieurs mois de cette vie, ils décidèrent de retourner au village. « Ce n'est pas une vie pour un homme, expliqua Nikolaï dans une lettre à sa famille, s'il faut tout acheter dans les boutiques : pain, pommes de terre et chou[7]. »

Le retour de Nikolaï, au printemps de 1930, envenima ses relations avec le Komsomol jusqu'au point de rupture. Un soir qu'il soupait chez lui avec son frère Ivan Golovine, paysan dans le village voisin, attablés près de la fenêtre, leurs silhouettes, illuminées par une lampe à pétrole, étaient parfaitement visibles de Kouzmine et des siens. Ils se rassemblèrent dehors, dans l'obscurité. Les jeunes gens étaient manifestement éméchés. Ils crièrent aux « koulaks » de « sortir », puis tirèrent à travers la fenêtre. Ivan fut touché à la tête. Il gisait mort dans une mare de sang.

Quelques semaines plus tard, Kouzmine retourna chez Nikolaï, cette fois accompagné de deux cadres du Parti venus du chef-lieu du district. Ce soir-là, on recevait chez les Golovine. La pièce principale était pleine de parents et d'amis. Kouzmine les accusa de tenir une assemblée illégale. « Dégagez, les koulaks, arrêtez de conspirer contre le pouvoir soviétique ! » cria-t-il en frappant du poing contre la porte. Armé d'un fusil, il tira en l'air. Allant au-devant des intrus sous le porche, Nikolaï refusa de les laisser entrer. Kouzmine menaça de l'abattre (« Je vais te faire la peau, de même que j'ai tué ton frère, et personne ne me punira », l'entendit-on dire). Sur ce, s'ensuivit une rixe, et Nikolaï fit tomber Kouzmine par terre. Sans demander son reste, il s'en alla avec ses camarades. Quelques jours plus tard, il écrivit au chef de la police politique d'Oustioujna (OGPU) pour dénoncer Nikolaï, le présentant comme un

> exploiteur koulak qui répand de la propagande antisoviétique dans notre village avec une douzaine d'autres éléments koulaks. Ils disent que le gouvernement soviétique vole le peuple. Leur objectif est de saboter la collectivisation en montant le peuple contre elle.

Kouzmine devait bien savoir que c'était assez pour faire arrêter son ancien patron, d'autant que sa dénonciation était corroborée par les deux bolcheviks qui, pour faire bonne mesure, ajoutèrent que Nikolaï était « toujours ivre » et « insultait les soviets[8] ».

Et naturellement, le 2 août, alors que les invités des Golovine s'apprêtaient à partir à la fin de la Saint-Iline, deux fonctionnaires vinrent arrêter Nikolaï. Interné à Oustioujna, il comparut devant un tribunal de l'OGPU composé de trois hommes : reconnu coupable de « visée terroriste », pour avoir jeté Kouzmine à terre, il fut condamné à trois ans de prison dans le complexe des Solovetski, sur une île de la mer Blanche. La dernière fois qu'Antonina vit son père, ce fut à travers les barreaux de la prison d'Oustioujna. Elle s'était rendue à pied au chef-lieu de district avec sa mère, ses frères et ses sœurs pour l'entrevoir avant qu'il ne fût expédié dans le camp des Solovetski. Au cours des trois années suivantes, l'image de son père derrière les barreaux hanta les rêves d'Antonina[9].

Quelques semaines après l'arrestation de Nikolaï, les paysans d'Oboukhovo furent appelés à une réunion de village où ils votèrent une résolution par laquelle ils renonçaient à leurs fermes familiales et remettaient la totalité de leur terre, de leur outillage et de leur cheptel pour créer un kolkhoze.

La collectivisation marqua le grand tournant de l'histoire soviétique. Elle détruisit un mode de vie qui s'était développé au fil des siècles : une vie fondée sur la ferme familiale, l'ancienne commune paysanne, le village indépendant et son église, mais aussi le marché rural, dans lesquels les bolcheviks voyaient autant d'obstacles à l'industrialisation socialiste. Des millions de personnes furent arrachées à leurs foyers et dispersées à travers l'Union soviétique : récalcitrants fuyant les fermes collectives ; victimes de la famine provoquée par la réquisition excessive des grains des kolkhozes ; orphelins ; « koulaks » et leurs familles. Cette population nomade devint la principale main-d'œuvre de la révolution industrielle de Staline, emplissant les villes et les chantiers industriels, les camps de travail et les « colonies spéciales » du Goulag (administration centrale des camps). Le premier plan quinquennal, qui fixa cette forme de développement forcé, lança un nouveau type de révolution sociale (une « révolution par le haut ») qui consolida le régime stalinien : dislocation des liens et allégeances d'antan, dissolution de la morale et imposition de valeurs et identités nouvelles (« soviétiques »). La population tout entière se trouva subordonnée à l'État et tributaire de celui-ci en toute chose ou presque : logement, scolarité, travail et vivres, tous relevant de l'économie planifiée.

L'éradication de la ferme familiale fut le point de départ de cette « révolution par le haut ». Les bolcheviks se méfiaient viscéralement de la paysannerie. En 1917, sans influence aucune dans les campagnes, force leur avait été de tolérer la révolution paysanne, qu'ils avaient exploitée pour miner l'ancien régime. Mais ils n'avaient jamais caché que leur objectif à long terme était d'en finir avec la petite propriété paysanne pour la remplacer par de grandes exploitations collectives mécanisées, où les paysans seraient transformés en « prolétariat rural ». L'idéologie marxiste avait appris aux bolcheviks à voir dans la paysannerie une relique « petite-bourgeoise » de l'ancienne société au fond incompatible avec le développement d'une société communiste. Elle était trop étroitement liée aux coutumes et traditions patriarcales de la vieille Russie, trop imprégnée des principes et habitudes du libre-échange et de la propriété privée, et trop pénétrée de l'« égotisme » familial, pour être pleinement socialisée.

Aux yeux des bolcheviks, les paysans étaient une menace potentielle pour la révolution aussi longtemps qu'ils resteraient la principale source de vivres. Comme l'avait montré la guerre civile, la paysannerie pouvait précipiter le régime au seuil de l'effondrement en refusant de mettre leur grain sur le marché. La crise céréalière des années 1927-1928 ranima dans les cercles staliniens la peur d'une « grève des koulaks ». Staline réagit en rétablissant les réquisitions de denrées alimentaires et fomenta une atmosphère de « guerre civile » contre la « menace koulak » afin de justifier sa politique. En janvier 1928, il se rendit en Sibérie, région céréalière cruciale, et pressa les activistes locaux de ne pas faire de quartier avec les « koulaks » soupçonnés de retenir des céréales. Il appuya son cri de bataille par une série de mesures d'urgence donnant pour instructions aux organes locaux d'utiliser le Code pénal afin d'arrêter tout paysan qui refuserait de remettre ses grains aux brigades de réquisition et de confisquer ses biens (une interprétation très libre du Code qui suscita quelque résistance au sein du gouvernement). Des « koulaks malveillants » (des paysans ordinaires comme Nikolaï Golovine) furent arrêtés par centaines de milliers et expédiés dans des camps de travail, leurs biens détruits ou confisqués, alors que le régime s'efforçait de briser la « grève des koulaks » et de transformer ses prisons surpeuplées en un réseau de camps de travail (bientôt connu sous le nom de Goulag[10]).

La bataille du grain s'intensifiant, Staline et les siens s'acheminèrent vers une politique de collectivisation de masse en vue de renforcer le contrôle de l'État sur la production alimentaire et d'en finir une fois pour toutes avec la « menace koulak ». « Nous devons imaginer un système obligeant les fermes collectives à livrer toute leur production de grains commercialisable aux organisations étatiques et coopératives sous peine de retrait des subventions et des crédits de l'État », expliqua Staline en 1928[11]. Celui-ci évoqua avec un optimisme croissant le potentiel des grandes fermes collectives mécanisées. Les statistiques indiquaient que les rares fermes de ce genre qui existaient déjà avaient un excédent disponible pour le marché bien supérieur aux modestes surplus agricoles produits par l'immense majorité des exploitations paysannes familiales.

Cet enthousiasme pour les fermes collectives était

relativement nouveau. Jusque-là, le Parti n'avait guère insisté sur la collectivisation. Sous la NEP, l'État avait bien encouragé l'organisation de fermes collectives à travers une aide financière et agronomique, mais dans les cercles du Parti on estimait généralement que la collectivisation devait être un processus progressif et volontaire. Au cours de la NEP, rien ne permit de penser que les paysans s'habituaient au principe collectif, et l'essor du secteur kolkhozien fut pour ainsi dire insignifiant. Après 1927, alors que l'État intensifia ses pressions par le biais de la fiscalité — accordant des crédits aux fermes collectives et frappant de droits élevés les fermes « koulaks » —, le secteur des kolkhozes connut une croissance plus rapide. Toutefois, ce ne sont pas les grandes *kommouny* (où la terre et tous les biens étaient mis en commun), mais les associations plus petites, plus informelles et « plus paysannes », les *TOZy* (où la terre était travaillée en commun, tandis que les paysans conservaient leur cheptel et leurs outils, qui étaient leur propriété privée), qui intéressaient le plus les paysans. Le plan quinquennal ne permettait guère de penser que le Parti était sur le point de changer de politique. Il prévoyait une légère augmentation de la terre ensemencée par les fermes collectives et ne laissait présager aucune rupture avec le principe du volontariat.

Staline imposa le soudain changement de politique en 1929. La volte-face fut un coup décisif porté contre Boukharine, lequel essayait désespérément de conserver le mécanisme du marché de la NEP dans le cadre du plan quinquennal qui, dans sa version initiale (adoptée au printemps de 1929, mais datée rétrospectivement de 1928), avait envisagé des objectifs d'industrialisation socialiste optimistes bien que raisonnables. Staline poussa à l'adoption d'objectifs de taux de croissance industrielle toujours plus hauts au point qu'à l'automne 1929 ceux-ci avaient été spectaculairement augmentés. L'investissement devait tripler ; la production de charbon, doubler ; et la production de saumons de fonte (dont l'augmentation prévue dans la première version du plan était de 250 %) était maintenant censée quadrupler d'ici 1932. Dans une vague d'optimisme délirant, largement partagé par la base du Parti, la presse soviétique lança le slogan : « Le plan quinquennal en quatre ans[12] ! » Ce sont ces taux de croissance utopiques qui obligèrent le Parti à accepter la politique stalinienne de collectivisation de masse qui était, en apparence, la seule manière de garantir une fourniture de denrées alimentaires bon marché à une main-d'œuvre industrielle en expansion rapide (et d'en vendre à l'étranger pour obtenir des capitaux).

Au cœur de cette politique se trouvait la guerre du Parti contre la paysannerie. La collectivisation de l'agriculture était une offensive directe contre l'attachement de la paysannerie au village et à l'Église, à la ferme familiale, au commerce et à la propriété privée, qui enracinaient tous la Russie dans le passé. Le 7 novembre 1929, Staline publia un article dans la *Pravda* sous le titre : « L'année de la grande rupture », saluant le plan quinquennal comme le début de la dernière grande lutte révolutionnaire contre les « éléments capitalistes » en URSS qui devait déboucher sur la fondation d'une société communiste construite par l'industrie socialiste. Ce que Staline entendait par « grande rupture », ainsi qu'il l'expliqua à Gorki, c'était la « dislocation totale de l'ancienne société et la construction fébrile de la nouvelle[13] ».

À compter de l'été 1929, le Parti envoya dans les

campagnes des milliers d'activistes chargés de battre le rappel au nom des fermes collectives. Comme les villageois d'Oboukhovo, la plupart des paysans avaient peur d'abandonner un mode de vie séculaire pour faire un saut dans l'inconnu. Les rares exemples de bonnes fermes collectives propres à persuader la paysannerie étaient précieux. Un spécialiste allemand de l'agriculture qui travaillait en Sibérie en 1929 a décrit les fermes collectives comme des « candidates à la mort ». Très peu avaient des tracteurs ou du matériel moderne. Elles étaient mal gérées par des hommes qui ne connaissaient pas grand-chose à l'agriculture et commettaient de « grossières erreurs », lesquelles « discréditaient toute la collectivisation ». D'après l'OGPU, l'impression qu'en retiraient les paysans était qu'ils « perdraient tout » — terre et vaches, chevaux et outils, foyer et famille — s'ils rejoignaient un kolkhoze. « L'un après l'autre, observa un vieux paysan, les conférenciers viennent nous expliquer que nous devrions oublier les possessions et tout mettre en commun. Mais alors d'où vient dans notre sang le désir que nous en avons[14] ? »

Incapables de persuader la paysannerie, les activistes se mirent à recourir à des mesures coercitives. Dès décembre 1929, quand Staline appela à la « liquidation des koulaks en tant que classe », la campagne pour faire entrer les paysans dans les fermes collectives prit la forme d'une guerre. Le Parti et le Komsomol furent systématiquement armés et mobilisés avec le renfort des milices locales, d'unités de l'armée et de l'OGPU, d'ouvriers et d'étudiants volontaires, et envoyés dans les villages. La consigne était stricte : ils ne devaient pas revenir au centre sans avoir organisé un kolkhoze. « Mieux vaut aller trop loin que pas assez, leur expliquèrent les instructeurs. Ne perdez pas de vue que nous ne vous condamnerons pas pour un excès, mais si vous n'en faites pas assez, gare ! » Un activiste rapporte un discours du dirigeant bolchevik Mendel Khataïevitch devant une assemblée de quatre-vingts organisateurs du Parti de la région de la Volga :

> Vous devez entreprendre la tâche qui vous attend dans un esprit de stricte responsabilité vis-à-vis du Parti, sans une plainte et sans manifester la moindre trace de libéralisme pourri. Jetez par la fenêtre votre humanitarisme bourgeois et montrez-vous de vrais bolcheviks, dignes du camarade Staline. Écrasez l'agent des koulaks partout où vous le voyez lever la tête. La guerre est déclarée : c'est eux ou nous ! Il faut balayer à tout prix les vieux débris pourris de l'agriculture capitaliste[15] !

Dans les deux premiers mois de 1930, la moitié de la paysannerie soviétique (près de soixante millions de personnes dans plus de cent mille villages) dut rejoindre de force les fermes collectives. Les activistes employèrent diverses tactiques d'intimidation dans les réunions de village où se déroulait le vote décisif pour rejoindre le kolkhoze. Dans un village sibérien, par exemple, les paysans répugnaient à accepter la motion visant à adhérer à la ferme collective. Quand l'heure vint de passer au vote, les activistes firent venir des soldats en armes et demandèrent aux personnes hostiles à la motion de se déclarer : nul n'osa soulever des objections, et la motion fut déclarée « adoptée à l'unanimité ». Dans un autre village, après que les paysans eurent voté contre l'entrée dans le kolkhoze, les activistes exigèrent de savoir quels paysans étaient hostiles au pouvoir soviétique, expliquant que l'ordre de rejoindre les fermes collectives venait du gouvernement. Personne ne voulant déclarer son opposition, les activistes notèrent que le village avait « voté à l'unanimité » pour la collectivisation. Dans d'autres villages, seule une infime minorité des habitants (triés sur le volet par les activistes) furent autorisés à participer à la réunion, quand bien même le résultat du vote s'imposait à l'ensemble de la population. Le village de Tcheremoukhova, dans la région de Komi, par exemple, comptait 437 foyers, mais 52 seulement avaient des représentants à l'assemblée du village : 18 votèrent pour la collectivisation et 16 contre, mais cela suffit à faire entrer la totalité du village dans le kolkhoze[16].

Les paysans qui se prononçaient contre la collectivisation étaient battus, torturés, menacés et harcelés jusqu'à ce qu'ils consentissent à rejoindre la ferme collective. Beaucoup furent expulsés de leurs maisons comme « koulaks » et chassés du village. Le rassemblement forcé des paysans dans les fermes collectives s'accompagna d'une violente offensive contre l'Église, point focal de l'ancien mode de vie villageois et que les bolcheviks tenaient pour une source d'opposition potentielle à la collectivisation. Les prêtres furent arrêtés par milliers, les églises pillées et détruites, obligeant des millions de croyants à garder leur foi dans le secret de leurs habitations. Les communistes ruraux et les responsables soviétiques opposés à la collectivisation forcée furent chassés du Parti et arrêtés.

Dans l'esprit de Staline, la guerre contre les « koulaks » était inséparable de la campagne de collectivisation. Tel qu'il voyait les choses, il n'y avait rien à gagner à essayer de neutraliser les « koulaks » ou à tâcher de les transformer en ouvriers agricoles dans le kolkhoze, comme le proposaient certains bolcheviks. « Quand la tête est coupée, trancha Staline, on ne pleure pas sur la chevelure[17]. »

Malgré tout le discours sur les « koulaks », il n'existait pas de catégorie objective de ce genre. Le champ d'application du mot était si large et aléatoire que chaque paysan ou presque pouvait être dépossédé comme « koulak », mais ce flou ne faisait qu'ajouter à la terreur que la guerre contre les « koulaks » était destinée à créer. Suivant l'idéologie léniniste, les « koulaks » étaient des fermiers capitalistes qui embauchaient de la main-d'œuvre, mais ce n'était le cas que d'une poignée de paysans effectivement réprimés comme « koulaks » après 1929. La NEP avait permis aux paysans de s'enrichir par leur travail, et certains, comme les Golovine, avaient pu, sans ménager leurs efforts, se construire une modeste propriété sur leurs fermes familiales[a]. Mais la NEP avait maintenu un contrôle serré sur l'embauche de main-d'œuvre agricole et en tout état de cause, après 1927, avec l'augmentation des taxes sur les paysans, la plupart des plus riches, comme les Golovine, perdirent une bonne part de leur richesse privée. L'idée d'une « classe koulak » de paysans capitalistes était une chimère. L'immense majorité des prétendus « koulaks » étaient des paysans qui travaillaient dur comme les Golovine — les paysans les plus sobres, économes et progressistes du village — et

a. Les Golovine possédaient deux granges, plusieurs machines, trois chevaux, sept vaches, quelques douzaines de moutons et de cochons, ainsi que des biens d'équipement ménagers, dont deux lits de fer et un samovar, également signes de richesse dans les campagnes soviétiques.

dont le modeste patrimoine venait souvent de ce qu'ils avaient des familles plus nombreuses. Le gros de la paysannerie reconnaissait l'assiduité des « koulaks ». La campagne contre les « koulaks », observait un kolkhozien en 1931, signifiait seulement que les « meilleurs travailleurs de la terre et les plus assidus » étaient chassés des fermes collectives[18].

La destruction des « koulaks » fut une catastrophe économique pour l'Union soviétique. Elle priva les fermes collectives de l'éthique du travail et du savoir-faire des paysans les plus industrieux du pays pour conduire en définitive au déclin terminal du secteur agricole. Or la guerre de Staline contre les « koulaks » n'avait pas grand-chose à voir avec des considérations économiques, mais tout avec l'élimination de l'opposition potentielle à la collectivisation du village. Les « koulaks » étaient les paysans individualistes, les dirigeants les plus forts et les tenants du vieux mode de vie rural. Ils devaient disparaître.

La « liquidation des koulaks » suivit le même modèle national. En janvier 1930, une commission du Politburo établit des contingents de soixante mille « koulaks malveillants » à envoyer dans des camps de travail et de cent cinquante mille autres foyers « koulaks » à exiler dans le Nord, en Sibérie, dans l'Oural et au Kazakhstan. Les chiffres faisaient partie d'un plan d'ensemble concernant un million de foyers « koulaks » (autour de six millions de personnes) qui devaient être dépouillés de leurs biens et envoyés dans des camps de travail ou des « colonies spéciales ». L'application des contingents fut confiée à l'OGPU (laquelle releva l'objectif des ménages paysans à liquider comme « koulaks » de 3 à 5 %), puis transmise à ses antennes locales et aux organisations du Parti (qui, dans maintes régions, dépassèrent délibérément les quotas dans l'idée de montrer ainsi la vigilance qu'attendaient d'elles leurs supérieurs[19]). Chaque village avait son quota fixé par les autorités du district. Les militants du Komsomol et les activistes du Parti préparaient des listes de « koulaks » à arrêter et exiler dans chaque village. Ils dressaient des inventaires des biens à confisquer dans leurs foyers quand les « koulaks » étaient chassés.

La persécution des « koulaks » suscita étonnamment peu d'opposition, surtout au vu des vigoureuses traditions historiques de solidarité villageoise en Russie (les campagnes antérieures contre les « koulaks », pendant la guerre civile, par exemple, n'avaient pas réussi à diviser la paysannerie). Il y eut certainement des endroits où les villageois résistèrent au quota, protestant qu'il n'y avait pas de « koulaks » chez eux et que tous les paysans étaient pareillement pauvres, mais aussi des régions où ils refusèrent de livrer leurs « koulaks », voire essayèrent de les défendre contre les activistes venus les arrêter. Mais, dans sa majorité, la paysannerie réagit à la soudaine disparition d'une partie des villageois avec une résignation passive née de la peur. Dans certains villages, les paysans choisirent les « koulaks » parmi eux. Ils organisèrent tout simplement une réunion du village et décidèrent qui devait faire office de « koulak » (les fermiers isolés, les veufs et les vieillards étaient particulièrement vulnérables). Ailleurs, les « koulaks » furent tirés au sort[20].

Né en 1917, Dimitri Streletski était issu d'une grande famille paysanne de la région de Kourgan, en Sibérie. Il se souvient de la manière dont ses parents furent sélectionnés pour être déportés de leur village comme « koulaks » :

> Il n'y a eu ni inspection ni calculs. Ils sont simplement venus et nous ont dit: « Vous partez. » Serkov, le président du soviet du village qui nous a déportés, a expliqué: « J'ai reçu l'ordre [du comité de district du Parti] de trouver dix-sept familles koulaks à déporter. J'ai formé un comité des pauvres et nous avons siégé toute la nuit pour choisir les familles. Il n'y a personne au village d'assez riche pour entrer dans cette catégorie, et pas beaucoup de vieux, alors nous avons simplement désigné les dix-sept familles. Vous avez été choisis, nous a-t-il expliqué. Je vous en prie, ne le prenez pas comme une affaire personnelle. Que pouvais-je faire d'autre[21] ? »

Il est très difficile de donner des statistiques précises sur le nombre de paysans réprimés comme « koulaks ». Aux points forts de la « campagne antikoulak » (hiver 1929-1930, premiers mois de 1931 et automne 1932), les routes de campagne étaient inondées de longs convois de déportés, chargés de leurs dernières possessions, pathétiques balluchons de vêtements ou de couchages, ou les tirant dans des charrettes. Un témoin oculaire de la région de Soumy, en Ukraine, décrit « une file de déportés qui s'étire aussi loin que porte le regard et que vient sans cesse grossir la population de nouveaux villages » à mesure que la colonne se dirige vers les points de rassemblement sur la voie ferrée. Là, on les faisait monter dans des voitures à bestiaux pour les transporter vers les « colonies spéciales ». Les chemins de fer étant incapables de faire face à cet afflux de déportés, beaucoup de « koulaks », en attendant le transport, furent retenus des mois durant dans des camps de détention primitifs où enfants et vieillards mouraient comme des mouches dans des conditions effroyables. En 1932, un million quatre cent mille

« koulaks » peuplaient ces « colonies spéciales », pour la plupart dans l'Oural et en Sibérie ; un nombre plus grand encore se trouvait dans des camps de travail rattachés aux usines et chantiers du Goulag, ou tout simplement sur les routes. Au total, au moins dix millions de « koulaks » furent expulsés de leurs maisons et villages entre 1929 et 1932[22].

Derrière ces chiffres se cachent d'innombrables tragédies humaines.

« Koulaks » exilés du village d'Oudatchne, Khrychyne (Ukraine), début des années 1930

En janvier 1930, Dimitri Streletski et les siens furent chassés de la ferme de Baraba, dans la région de Kourgan, où ils vivaient depuis cinquante ans. La maison de son grand-père fut détruite ; l'outillage agricole et les charrettes, les chevaux et les vaches transférés au kolkhoze, tandis que les villageois se répartirent les objets plus petits — habits et linge, ustensiles de cuisine. Les icônes de la famille furent toutes brisées et brûlées. Les grands-parents de

Dimitri, trois de leurs quatre fils et leurs familles (quatorze personnes au total) furent relogés dans un abri à bestiaux avec interdiction d'entrer en contact avec les autres villageois avant que l'ordre de déportation n'arrivât du chef-lieu. Six semaines plus tard, tous furent exilés dans un camp de bûcherons de l'Oural (où les grands-parents moururent dans l'année). Le père de Dimitri, Nikolaï, resta avec sa famille à Baraba. Ayant combattu dans les rangs de l'Armée rouge au cours de la guerre civile, Nikolaï avait organisé la première ferme collective (une *TOZ*) au village, et le kolkhoze avait terriblement besoin de ses compétences agricoles. Il fut donc autorisé à conserver sa maison, où il vivait avec sa femme Anna et leurs six enfants. Mais voici qu'un beau jour, au début du printemps 1931, ils furent eux aussi informés qu'ils avaient été « choisis » comme « koulaks » pour une seconde vague de déportation depuis Baraba. On leur laissa une heure pour rassembler leurs maigres effets avant de les escorter sous bonne garde hors du village puis les laisser au beau milieu de la steppe en leur disant de ne jamais revenir. « Nous avons tout perdu », raconte Dimitri.

> Que pouvions-nous espérer emballer en une heure ? Père voulait prendre ses cannes (dont une avec un pommeau d'argent), mais les gardes ne voulaient pas. Ils ont aussi pris la chaîne et la bague en or de ma mère. C'était du vol pur et simple. Il a fallu tout abandonner : la maison, nos granges et le bétail, le linge, les habits et la porcelaine. En tout et pour tout, nous n'avions que quelques malheureux vêtements… et nous-mêmes, bien entendu : parents, enfants, frères et sœurs, la vraie richesse vivante de notre famille[23].

Valentina Kropotina (deuxième en partant de la gauche) et sa sœur (deuxième en partant de la droite) avec trois cousins, 1939

Née en 1930, Valentina Kropotina est issue d'une famille de paysans pauvres de Biélorussie, réprimés comme « koulaks » en 1932. Son plus ancien souvenir est un souvenir de fuite avec ses parents dont la maison avait été incendiée sur ordre des communistes du village. Ils y mirent le feu au milieu de la nuit, quand la famille dormait à l'intérieur. Les parents de Valentina eurent à peine le temps d'attraper leurs deux filles avant de quitter, non sans blessures graves, leur maison dévorée par les flammes. Le père de Valentina fut arrêté cette même nuit et jeté en prison avant d'être exilé en Sibérie dans la région de l'Amour, où il passa les six années suivantes dans divers camps de travail. La maison familiale et la grange furent entièrement détruites par le feu ; la vache et les cochons, confisqués au profit de la ferme collective ; les arbres fruitiers de leur jardin, abattus ; leurs cultures, détruites. Il ne resta en tout et pour tout qu'un sac de pois. La mère de Valentina, paysanne illettrée du nom d'Efimia, ne fut pas autorisée à rejoindre le kolkhoze. On l'abandonna avec ses deux filles dans les ruines de leur maison. Avec les décombres de son ancienne maison, Efimia se bâtit une cabane à la lisière du village et gagna chichement sa vie en accomplissant divers travaux de nettoyage. Valentina et sa sœur n'allaient pas à l'école, dont les portes restèrent fermées plusieurs années durant à ces « filles de koulaks ». Elles firent leurs classes dans la rue, suivant leur mère dans ses tâches ménagères. « Mes souvenirs d'enfance sont tous tristes, songe Valentina. Je me souviens surtout de la sensation de faim, qui n'a jamais disparu[24]. »

Née en 1913, Claudia Roubliova était la troisième de onze enfants d'une famille paysanne d'Irbeï, dans la région de Krasnoïarsk, en Sibérie. Sa mère est morte en couches en 1924, laissant à son mari, Ilia, le soin d'élever seul les enfants. Homme entreprenant, Ilia profita de la NEP pour délaisser la ferme au profit de la culture maraîchère. Il cultiva des graines de pavot et des concombres, dont ses enfants en bas âge pouvaient aisément s'occuper. Cela lui valut d'être taxé de « koulak », arrêté et emprisonné puis envoyé dans un camp de travail. C'est Claudia, tout juste âgée de dix-sept ans, qui dut se charger des enfants. Ceux-ci furent privés de tous les biens de leur père : le soviet du village reprit la maison qu'il avait lui-même construite, tandis que le kolkhoze hérita des chevaux, des vaches, des moutons et de l'outillage agricole. Plusieurs semaines durant, les enfants vécurent dans les bains publics, avant que des officiels ne vinssent les chercher pour les placer dans un orphelinat. Claudia s'enfuit avec le petit dernier à Kansk, près de Krasnoïarsk, où vivait sa grande sœur, Raïssa. Avant de partir, elle vendit leurs derniers biens aux autres villageois. « Nous n'avions pas grand-chose à vendre, nous n'étions que des enfants, se souvient Claudia. Il y avait une couverture doublée de fourrure et une vieille peau de mouton, un matelas de plumes et un miroir, que nous avions tant bien que mal récupérés de la maison. C'était tout ce que nous avions à vendre[25]. »

Quels étaient les mobiles des hommes et des femmes qui menèrent cette guerre brutale contre la paysannerie ? La plupart des artisans de la collectivisation étaient des conscrits et des ouvriers impatients d'exécuter les ordres venus d'en haut (et, dans certains cas, de s'en mettre plein les poches). Leurs commandants et la propagande leur avaient inculqué la haine des « koulaks » décrits comme des « parasites » et des « vampires », de dangereux « ennemis du peuple ». « On nous avait entraînés à voir les koulaks, non pas comme des êtres humains, mais comme de la vermine, des poux, qu'il fallait détruire », rapporte un jeune activiste, chef d'une brigade du Komsomol au Kouban. « Sans le kolkhoze, écrivit un autre agent de la collectivisation dans les années 1980, les koulaks nous auraient pris à la gorge et tous écorchés vifs[26] ! »

D'autres se laissèrent emporter par leur ferveur communiste. Inspirés par les passions révolutionnaires romantiques attisées par la propagande du plan quinquennal, ils crurent avec les bolcheviks que la force de la volonté pouvait accomplir n'importe quel miracle. « Nous étions convaincus de créer une société communiste, se souvient un étudiant de cette époque, que les plans quinquennaux la réaliseraient, et nous étions prêts à n'importe quel sacrifice[27]. » Aujourd'hui, il est facile de sous-estimer la force émotionnelle de ces espoirs messianiques et le fanatisme qu'ils engendraient, en particulier chez les plus jeunes, élevés dans le « culte de la lutte » et le roman de la guerre civile. Ces jeunes gens voulaient croire que leur vocation était de mener le combat pour la vie nouvelle et meilleure que promettait *L'Internationale*. Pour citer l'un des « 25 000 », l'armée urbaine de fervents dépêchée dans les campagnes pour accomplir la campagne de collectivisation : « Combattre à chaque instant, combattre et encore combattre ! Ainsi nous avait-on appris à penser : que nous n'obtenions rien sans lutter, que c'était une norme de la vie sociale[28]. »

Suivant cette vision militante du monde, la création d'une nouvelle société impliquait et, de fait, nécessitait une âpre lutte avec les forces de l'ancienne société (une logique renforcée par la propagande du plan quinquennal, avec sa rhétorique incessante sur les « campagnes », les « batailles » et les « offensives » sur les « fronts » social, économique, international et intérieur). Ainsi les idéalistes communistes conciliaient-ils la terreur « antikoulak » avec leurs propres croyances utopiques. La violence brutale en consternait certains. La part qu'ils y prenaient donnait la nausée à d'autres. Mais tous savaient ce qu'ils faisaient (ils ne sauraient protester de leur ignorance, ni prétendre avoir simplement « suivi les ordres »). Et tous croyaient que la fin justifiait les moyens.

Lev Kopelev qui, jeune communiste, participa à quelques-unes des pires atrocités contre les paysans ukrainiens, a expliqué comment il justifiait ses actions. Kopelev s'était porté volontaire pour faire partie d'une brigade du Komsomol qui réquisitionnait le grain des « koulaks » en 1932. Ils prenaient tout, jusqu'à la dernière miche de pain. Se retournant sur cette expérience dans les années 1970, Kopelev évoque les hurlements des enfants et l'apparence des paysans, « effrayés, suppliants, haineux, frappés d'hébétude, anéantis par le désespoir ou au contraire saisis d'une demi-folie qui les rendait téméraires et féroces » :

> C'était déchirant de voir et d'entendre tout cela. Et pire encore d'y prendre part. [...] Je m'efforçais de me persuader, de m'expliquer ce qu'il en était. Je ne devais pas céder à la pitié débilitante. Nous réalisions une nécessité historique. Nous accomplissions notre devoir révolutionnaire. Nous obtenions du grain pour la patrie socialiste. Pour le plan quinquennal[29].

Alors même que la plupart des villages acquiescèrent à la répression des « koulaks », la collectivisation suscita une résistance paysanne généralisée. En 1929-1930, la police enregistra 44779 « troubles graves ». Communistes et activistes ruraux se firent tuer par centaines ; des milliers d'autres furent attaqués. Il y eut des manifestations et des émeutes paysannes, des assauts contre des institutions soviétiques, des incendies volontaires et des attaques contre les biens du kolkhoze, des protestations contre la fermeture des églises. Ce fut presque un retour à la situation qui régnait à la fin de la guerre civile, quand les guerres de paysans à travers le pays avaient contraint les bolcheviks d'abandonner la réquisition et d'introduire la NEP, sauf que cette fois le régime était assez fort pour écraser la résistance paysanne (de fait, maints soulèvements paysans de 1929-1930 furent provoqués par la police afin de débusquer et réprimer les « rebelles koulaks »).

Voyant leur impuissance, les paysans se retranchèrent sur la traditionnelle « arme des faibles » afin de saboter la collectivisation : ils abattirent leur bétail pour empêcher sa réquisition par les fermes collectives. Le nombre de têtes de bétail en Union soviétique chuta de 30 % en 1929-1930, et de moitié entre 1928 et 1933[30].

Devant la ruine des campagnes, Staline décréta un arrêt temporaire de la campagne de collectivisation. Dans un article de la *Pravda* (« Le vertige du succès »), le 2 mars 1930, il accusa les responsables locaux d'excès de zèle dans l'emploi de la force contre la paysannerie et l'institution de kolkhozes par décret. Des milliers de paysans y virent la permission de quitter les fermes collectives, et ils votèrent avec leurs pieds. Entre mars et juin 1930, la proportion de ménages paysans enrôlés dans les fermes collectives chuta de 58 à 24 % (dans la région centrale des Terres noires, de 83 à tout juste 18 %). Mais quitter la ferme collective n'était pas chose facile. Il était quasi impossible aux paysans de récupérer leurs biens, leur outillage et leur bétail. Six mois durant, prévalut une trêve instable. Puis, en septembre 1930, Staline lança une deuxième vague de collectivisation, dont le but déclaré était de collectiviser au moins 80 % des foyers paysans — contre 50 % lors de la première vague — et d'éliminer tous les « koulaks » d'ici la fin de 1931. Le Politburo donna pour instruction à l'OGPU de préparer un millier de « colonies spéciales », devant accueillir chacune jusqu'à trois cents familles de « koulaks », dans les régions lointaines du Nord, de la Sibérie, de l'Oural et du Kazakhstan. Deux millions de personnes y furent exilées dans les années 1930-1931[31].

En septembre 1930, juste au début de la seconde

vague, fut créé le kolkhoze d'Oboukhovo. « Vie nouvelle » (*Novyi byt*), le nom du kolkhoze, devint celui du village, qui existait sous le nom d'Oboukhovo depuis 1522. Des drapeaux rouges furent plantés à la porte du village pour bien montrer qu'il avait été collectivisé. La vieille église de bois, au centre du village, fut abattue et débitée en planches, ses cloches descendues pour être fondues, sous les yeux d'un groupe de paysannes en pleurs.

Les paysans perdirent leurs lopins de terre, qui furent réorganisés en grandes fermes collectives. Le kolkhoze s'empara de tous les chevaux de labour et enferma toutes les vaches dans des laiteries ; mais les nouvelles machines promises n'arrivant pas, les vaches furent restituées à leurs propriétaires chargés d'assurer la traite tandis qu'une taxe laitière frappait chaque maison. Kolia Kouzmine, le chef du Komsomol, devint président du kolkhoze. Il prit femme dans un village voisin et emménagea dans la plus grande maison confisquée au « koulak » exilé, Vassili Golovine. Kouzmine était responsable de la gestion quotidienne du kolkhoze, alors même qu'il était peut-être le fermier le moins expérimenté de tout le village. Il était souvent ivre et violent. Le premier hiver fut une catastrophe. Le kolkhoze livra bien un gros contingent de céréales et de lait, mais la moitié des chevaux moururent tandis que chaque kolkhozien ne reçut pour paye que 50 grammes de pain par jour.

Certains villageois continuèrent de résister. L'arrivée de Kolia Kouzmine venu leur enlever leurs biens avec une brigade armée suscita des échauffourées. De nombreux paysans s'enfuirent plutôt que d'être contraints de rejoindre le kolkhoze. Le clan des Golovine s'éparpilla. Sur les 120 Golovine qui habitaient

Oboukhovo en 1929, il n'en restait que 71 au milieu de l'année 1931 (20 s'étaient réfugiés dans diverses villes ; 13 avaient été exilés comme « koulaks » ; et 16 se retrouvèrent dans des fermes isolées pour avoir été exclus de la ferme collective).

Quant à la famille immédiate de Nikolaï, elle fut entièrement disloquée. Deux de ses frères furent exilés. Sa mère se réfugia dans la ville la plus proche. Son fils aîné fut arrêté et expédié au Goulag sur le chantier du canal de la mer Blanche (Belomorkanal). Les deux autres enfants, Maria et Ivan, fuirent pour échapper à l'arrestation. Sa femme, Evdokia, et leurs trois derniers essayèrent de rejoindre la ferme collective, mais l'entrée leur fut refusée comme à des « éléments koulaks », et ils se retrouvèrent isolés des autres villageois. Seuls les Poujinine, leurs plus vieux amis, voulaient bien leur parler. « L'atmosphère était terrible, se souvient Antonina. Maman pleurait souvent. On ne jouait plus dehors ; les voisins ne nous rendaient plus visite. Nous avons grandi du jour au lendemain. » Evdokia et ses enfants furent autorisés à rester dans leur maison familiale et à conserver une vache et un minuscule lopin de terre, grâce auxquels ils réussirent à survivre quelques mois, en partie parce que des parents les aidaient secrètement. Mais la vie devint insupportable quand Kouzmine s'empara de leur vache (le lait était leur principale source de nourriture). En janvier 1931, Kouzmine annonça son intention d'« en finir avec le dernier des koulaks Golovine » et le soviet du village frappa Evdokia d'un énorme impôt (une tonne de grain). « Kouzmine et sa bande ne lâchaient pas, raconte Antonina : ils ne cessaient de revenir, emportant tout ce que nous avions et exigeant davantage. Quand il n'y eut plus de grain, ils confisquèrent les derniers biens du ménage, les outils agricoles et les chariots, les meubles et les ustensiles de cuisine, pour ne nous laisser qu'un seul lit de fer, du vieux linge et quelques habits. »

Puis arriva l'ordre de déportation. Le 4 mai, par une journée froide de printemps, Evdokia et ses enfants furent chassés de leur maison et expulsés en Sibérie. On ne leur laissa qu'une heure pour prendre leurs affaires en vue de ce long voyage. Les Poujinine ramassèrent le lit de fer pour le mettre en lieu sûr. Le lit était le dernier bien des Golovine, l'endroit où tous leurs enfants étaient nés et la dernière trace de leurs racines à Oboukhovo, où la famille habitait depuis des siècles. Antonina se souvient de leur départ :

> Maman a gardé son calme. Elle nous a passé nos habits les plus chauds. Nous étions quatre : maman ; Alexeï, qui avait quinze ans ; Tolia, qui en avait dix, et moi, huit. [...] Maman m'a enveloppée dans un châle de laine, mais Kolia Kouzmine, venu superviser notre expulsion, a ordonné de le retirer, expliquant que le fichu avait été confisqué lui aussi. Maman avait beau le supplier en évoquant le froid de canard et le long trajet qui nous attendait, il ne voulait rien entendre. Tolia m'a donné une de ses vieilles casquettes à oreillettes, qu'il avait jetée parce qu'elle était déchirée, et je l'ai mise. J'avais honte de porter une casquette de garçon plutôt qu'un fichu [coiffe traditionnelle des jeunes paysannes]. Maman s'est inclinée et signée devant les icônes de la famille, et on a pris la porte. [...] Je vois encore le mur gris des gens qui nous ont regardés marcher vers la charrette. Personne n'a bougé ni n'a dit mot. [...] Personne ne nous a embrassés ni ne nous a dit un mot d'adieu ; ils avaient peur des soldats, qui nous ont accompagnés jusqu'à la charrette. Il était interdit de témoigner de la sympathie aux « koulaks » ; alors ils sont restés là et nous ont regardés en silence.

> [...] Maman a dit adieu à la foule. « Pardonnez-moi, femmes, si je vous ai offensées », a-t-elle dit en s'inclinant et en faisant un signe de croix. Puis elle s'est tournée, s'est inclinée et signée de nouveau. Elle s'est tournée et s'est inclinée quatre fois pour dire au revoir à tout le monde. Puis, dès qu'elle s'est assise dans la charrette, nous sommes partis. Je vois encore le visage des gens debout. C'étaient nos amis et voisins avec qui j'avais grandi. Personne ne s'est approché de nous. Personne ne nous a dit adieu. Ils se tenaient là en silence, comme des soldats en ligne. Ils avaient peur[32].

II

De retour dans son village natal de Biélorussie, en juin 1931, l'écrivain Maurice Hindus, qui avait émigré aux États-Unis près d'un quart de siècle auparavant, insista sur cette « négligence nouvelle venue au peuple » à la faveur de la collectivisation. « Maisons, cours, clôtures avaient terriblement besoin d'être retapées. » La Sainte-Trinité approchait,

> mais il n'y avait nulle part le moindre signe de peinture sur les fenêtres ou les volets, ni de toit dont le chaume eût été refait. Cette négligence était-elle un simple accident ? Je ne pouvais pas le croire. Les incertitudes que le kolkhoze avait largement propagées retenaient sans aucun doute les villageois d'améliorer leurs maisons[33].

Hindus aurait certainement pu faire la même observation dans la quasi-totalité des villages collectivisés. Dépossédés de leur terre et de leur bétail, les paysans perdaient cet attachement à leurs fermes familiales qui avaient été la source de leur fierté et de leur indépendance. Du jour où ils se trouvèrent réduits à l'état de simples kolkhoziens, ils n'eurent plus de moyens ni même de mobiles pour entretenir leurs maisons.

Les paysans qui travaillaient en brigades dans les kolkhozes étaient rémunérés sous la forme d'une petite ration alimentaire (qu'ils étaient censés compléter en cultivant des légumes et en élevant des cochons et des poulets sur leurs lopins privés) et une ou deux fois l'an d'espèces (en moyenne, de quoi se payer une paire de souliers). L'État achetait le gros de la production kolkhozienne par un système de « contrats » obligatoires qui maintenaient les prix très bas, si bien que les dirigeants des kolkhozes étaient contraints de pressurer les paysans pour faire face aux dépenses courantes. Pour les paysans, la collectivisation était un « second servage ». Ils étaient attachés à la glèbe et exploités par l'État, tout comme leurs ancêtres avaient été asservis et exploités par les propriétaires fonciers.

D'un point de vue économique, les fermes collectives étaient un terrible échec. Peu avaient des tracteurs pour remplacer les chevaux abattus par les paysans (dans les premières années, on recourait au trait humain pour labourer une bonne partie des terres). Les fermes collectives étaient mal gérées. Leurs dirigeants étaient des gens comme Kouzmine, choisis pour leur loyauté envers le Parti plutôt que pour leurs compétences agricoles. Rien ne pouvait remplacer l'esprit d'initiative et l'énergie des prétendus « koulaks », les paysans qui travaillaient le plus dur avant la collectivisation. Les nouveaux kolkhoziens ne s'intéressaient pas vraiment à leur travail. Ils reportaient toutes leurs attentions sur leurs lopins et chapardaient dans les kolkhozes. Beaucoup de kolkhoziens avaient le plus grand mal à se faire à la perte de leurs biens personnels. Ils savaient quel cheval ou quelle vache leur avait appartenu, et essayaient de cultiver la terre avec leur ancien cheval ou de traire leur ancienne vache[34].

Née en 1918, Olga Zapregaïeva est la quatrième d'une famille paysanne de six enfants installée à Krivocheïno, petit village de la région de Tomsk en Sibérie. Quand Krivocheïno fut collectivisé, en 1931, le kolkhoze s'empara des biens de sa famille (trois vaches et trois chevaux, les outils agricoles, les charrettes et deux granges pleines de foin), pour ne leur laisser que leurs poulets et leurs biques. « Le kolkhoze ne nous payait rien », se souvient Olga, qui quitta l'école pour travailler aux champs à treize ans. « Nous devions vivre du produit de notre jardin, de nos poulets et de nos chèvres. » Le kolkhoze n'avait pas de tracteur si bien que les paysans labouraient les champs avec leurs chevaux, gardés dans une étable spéciale près des locaux du kolkhoze, même si la mère d'Olga, comme beaucoup de villageois, craignait que ses chevaux n'y fussent malheureux et les ramenait souvent à la maison pour s'assurer qu'ils fussent bien toilettés et nourris. Dans un effort pour briser ce lien entre les paysans et leurs animaux, les présidents de kolkhozes de la région décidèrent d'éloigner les gens de leurs villages. Le père d'Olga fut autorisé à rester sur le kolkhoze de Krivocheïno, mais Olga, sa mère et les autres enfants furent affectés à un autre kolkhoze, à 8 kilomètres de là, près du village de Sokolovka, où ils louèrent une chambre. « Nous avons travaillé là-bas deux ans, raconte Olga. Nous n'avons vu notre père qu'une ou deux fois parce que nous n'avions qu'un jour de repos, et c'était rarement le même que le sien. » En 1935, la famille fut réunie à Tomsk, où le père d'Olga travaillait dans les étables d'un chantier. La mère d'Olga trouva une place dans une usine de viande, et la famille dut partager un dortoir avec une douzaine d'autres familles, tous d'anciens paysans qui avaient quitté la terre[35].

Après la bonne récolte de 1930, celles de 1931 et de 1932 furent désastreuses. Or l'État réclama deux fois plus en 1932-1933 que dans les années exceptionnelles 1929 et 1930. Le Parti assit ses prélèvements excessifs sur les bons résultats de 1930 et les chiffres artificiellement gonflés de 1931 et 1932 soumis par les responsables locaux soucieux de montrer leur réussite politique. La récolte effective de 1932 était d'au moins un tiers inférieure à ce qu'indiquaient les chiffres officiels (il s'agissait en fait de la plus mauvaise année depuis la famine de 1921). Il ne pouvait en résulter qu'une famine générale, laquelle commença au printemps de 1932 pour culminer l'année suivante, où soixante-dix millions d'habitants (la moitié de la population soviétique) vivaient dans les régions frappées par la famine. Le nombre de morts est impossible à calculer, ne serait-ce que parce que beaucoup n'étaient pas enregistrés, mais les meilleures estimations des démographes suggèrent qu'entre 4,6 et 8,5 millions de personnes moururent de faim ou de maladie entre 1930 et 1933. Les régions les plus touchées se trouvaient en Ukraine et au Kazakhstan, où la résistance des paysans à la collectivisation fut particulièrement forte et l'impôt céréalier excessivement lourd. Cette conjonction a amené certains historiens à soutenir, pour citer Robert Conquest, que la famine avait été « délibérément organisée », qu'il s'agissait d'un « massacre d'hommes, de femmes et d'enfants » motivé par l'idéologie communiste. Ce n'est pas tout à fait exact. Le régime est sans nul doute à blâmer de la famine. Mais sa politique ne se résumait pas à une campagne de « famine-terreur », encore moins de génocide, comme Conquest et d'autres l'ont laissé entendre[36]. Le régime se laissa surprendre par l'ampleur de la famine et n'avait pas de réserves à offrir à ses victimes. Il continua à réquisitionner du grain dans les régions les plus touchées et ne réduisit ses exigences qu'à l'automne 1932, mais trop peu et trop tard. Dès lors que la famine sévit, le régime essaya d'en dissimuler l'ampleur en empêchant la population de fuir les régions dévastées vers les villes du Nord[37].

Des millions de personnes n'en fuirent pas moins la terre. Pour trente paysans entrés dans le kolkhoze, dix quittèrent totalement l'agriculture, la plupart pour devenir salariés dans l'industrie. Dans les premiers mois de 1932, plusieurs millions de personnes étaient en déplacement, encombrant les stations de chemins de fer, cherchant désespérément à fuir les régions de famine[38]. Les villes ne pouvaient faire face à ce flot humain. Les maladies se propageaient. Le logement, l'approvisionnement en combustible et en vivres étaient soumis à de fortes pressions, lesquelles encourageaient les migrants à errer de ville en ville en quête de meilleures conditions. Redoutant que ses bastions industriels ne fussent submergés par des paysans faméliques et rebelles, le Politburo mit en place un système de passeports intérieurs afin de limiter l'immigration dans les villes. Suivant la nouvelle loi, les adultes devaient être munis d'un passeport visé par la police pour obtenir le permis de résidence (*propiska*) nécessaire pour trouver un emploi en ville. Le système fut instauré dans sept grandes villes en novembre 1932, puis étendu aux autres villes au cours de l'année suivante. La police s'en servit non seulement pour contrôler les déplacements de la population, mais aussi débarrasser les villes des « éléments socialement dangereux » (« koulaks », commerçants, paysans mécontents) qui risquaient de devenir une source d'opposition au régime. De fait, la loi força des millions de paysans sans toit à aller de ville en ville, travaillant illégalement dans les usines ou sur les chantiers avant de se faire rattraper par le système des passeports[39].

Les familles se désintégraient alors que les jeunes paysans quittaient leur foyer pour les villes. Des millions d'enfants furent abandonnés dans ces années-là. Beaucoup de paysans laissaient leurs enfants derrière eux quand ils quittaient leurs fermes collectives. Les « koulaks » confiaient leurs enfants à d'autres familles plutôt que de les entraîner dans le long voyage vers les « colonies spéciales » et autres lieux d'exil, où, assurait-on, beaucoup d'enfants mouraient. « Qu'ils m'exilent donc, expliqua un "koulak" sibérien, mais je n'emmènerai pas mes enfants. Je ne veux pas les détruire. » Chez les victimes de la famine, l'abandon des enfants devint un phénomène de masse. Les mères laissaient les enfants sur le pas de leur porte, les remettaient aux autorités soviétiques ou les abandonnaient dans la ville la plus proche. Des orphelins vivaient sur les chantiers. Ils écumaient les rues, fourrageant parmi les détritus en quête de reliefs alimentaires. Ils vivaient chichement de la mendicité, de menus larcins et de la prostitution, beaucoup rejoignant les bandes d'enfants qui contrôlaient ces activités dans les gares de chemins de fer, les débits de boissons et les rues commerçantes. La police rafla quelques-uns de ces enfants et les conduisit aux « centres d'accueil », d'où ils étaient envoyés dans des foyers pour enfants ou des camps. D'après les statistiques de la police, les centres d'accueil auraient reçu le nombre stupéfiant de 842 144 enfants sans foyer en 1934-1935. À la fin de 1934, on dénombrait 329 663 orphelins dans les seuls orphelinats de Russie, d'Ukraine et de Biélorussie, et bien d'autres dans des foyers spéciaux et des camps de travail (« colonies d'éducation par le travail ») sous la coupe de la police. À partir d'avril 1935, date à laquelle l'âge légal de la responsabilité pénale fut abaissé à douze ans, le nombre d'enfants dans le système du Goulag se mit à croître régulièrement au point que, dans les cinq années suivantes, plus de 100 000 enfants âgés de douze à seize ans furent condamnés par les cours et tribunaux pour délits[40].

Quand ils quittèrent Oboukhovo, Evdokia Golovina et ses trois petits enfants furent conduits jusqu'à la gare la plus proche, à Pestovo, à 56 kilomètres de leur village, où ils furent placés dans un camp de détention. Trois jours plus tard, ils durent embarquer dans des wagons à bestiaux pour un voyage de six semaines jusqu'à Kemerovo en Sibérie. Les voitures étaient pleines de familles, avec des enfants et des hommes ou des femmes de tous âges. Il y avait un seau par wagon pour faire ses besoins ; il n'était vidé qu'une fois par jour, quand les gardes ouvraient les portes et donnaient à chacun un morceau de pain. À Kemerovo, les Golovine furent conduits dans un centre de répartition, où plusieurs centaines de familles étaient concentrées sous bonne garde dans un champ fermé par une grande clôture de barbelés, mais sans rien d'autre que leurs bagages pour dormir. Un mois plus tard, ils furent transférés à Chaltyr, une « colonie spéciale » pour « koulaks » dans la lointaine région de l'Altaï, en Sibérie.

Exilés dans une « colonie spéciale » de Sibérie occidentale, 1933

Les « colonies spéciales » étaient des camps primitifs et isolés. La plupart ne consistaient qu'en quelques baraquements construits par les exilés à leur arrivée ; plusieurs centaines de personnes y dormaient sur des planches de bois, même si, dans nombre de « colonies spéciales », les « koulaks » se contentaient de casemates quand ils n'étaient pas logés dans des églises et des bâtiments abandonnés, des abris à bestiaux et des granges. La surpopulation était effarante. Le monastère de Priloutski, près de Vologda, hébergeait sept mille exilés, avec une seule cuisine et sans toilettes ni installations sanitaires dignes de ce nom. À Vologda même, deux mille personnes vivaient dans une église. Un témoin a décrit les conditions de vie des vingt-cinq mille exilés de Kotlas :

> Dans les baraquements, conçus pour loger chacun deux cent cinquante personnes, il fait presque noir, avec ici ou là de vagues ouvertures qui ne laissent entrer la lumière que vers les châlits d'en bas. Les habitants préparent la nourriture dehors, sur des feux de camp. Les latrines… ne sont qu'un espace clos. L'eau… il y a la rivière plus bas, mais elle est encore gelée. Les habitants du coin ferment le puits (« Vous allez nous infecter, vos enfants meurent ») et vendent de l'eau en bouteille.

Les « colonies spéciales » n'étaient pas, techniquement, une forme d'emprisonnement (les déportations de masse se déroulaient en accord avec des directives administratives qui n'étaient pas du ressort des cours). À compter du printemps 1931, cependant, elles furent placées sous la coupe des organes de l'OGPU, responsable de l'exploitation de leur main-d'œuvre servile. Les exilés des « colonies spéciales » devaient se présenter une fois par mois à la police. Matveï Berman, le patron du Goulag, déclara que les conditions dans les colonies étaient pires que dans les camps de travail. Les hommes y étaient affectés à des travaux exténuants, dans des camps de bûcherons ou des mines ; les femmes et les enfants, à des tâches plus légères. Ils recevaient très peu de nourriture (quelques miches de pain pour tout un mois). Quand ils succombaient à la maladie ou à une infection, on les abandonnait purement et simplement à la mort, comme ce fut le cas de centaines de milliers d'entre eux dans l'hiver 1931-1932[41].

Chaltyr consistait en cinq baraquements sur deux niveaux construits au bord d'une rivière. La population, près d'un millier de paysans, venait de toute l'Union soviétique, même si les Russes, les Ukrainiens, les Allemands de la Volga et les Sibériens formaient les contingents les plus importants. Les hommes étaient envoyés débiter du bois dans un camp de bûcherons voisin et ne rentraient que le dimanche. Le fils d'Evdokia, Alexeï Golovine, en faisait partie bien qu'il eût tout juste quinze ans. Le 1er septembre, son fils cadet, Tolia, et sa fille Antonina allèrent à l'école : une seule classe pour tous les enfants de la colonie réunis dans une des baraques. Les filles furent contraintes de se couper les tresses (coiffure traditionnelle des paysannes avant le mariage), comme pour symboliser leur renoncement à la culture paysanne dans laquelle elles étaient nées. Pour bien marquer le début de l'année scolaire, le commandant de la colonie prononça un discours dans lequel il expliqua aux enfants qu'ils devaient être reconnaissants au pouvoir soviétique, qui était « si bon et gentil qu'il nous permettait même à nous, enfants de "koulaks", d'étudier et de devenir de bons citoyens soviétiques ». La « refonte » (*perekovka*) d'êtres humains qui n'entraient pas dans le moule de la « personnalité soviétique » était un trait idéologique important du système du Goulag dans ses premières années, même dans des colonies lointaines et isolées comme Chaltyr.

Le premier hiver à Chaltyr fut très froid. Les chutes de neige furent si lourdes qu'elles détruisirent deux des baraquements, obligeant de nombreux garçons, dont Tolia, alors âgé de dix ans, à vivre dans une sorte de casemate. Comme il n'y avait pas d'hommes valides — ils passaient l'hiver au camp d'abattage du bois —, les écoliers furent mobilisés pour déblayer la neige le matin. Plusieurs semaines durant, la colonie fut paralysée par la neige. Sans livraisons de produits alimentaires, les exilés vivaient des rares provisions apportées de chez eux. Plusieurs centaines furent victimes du typhus et isolés dans l'une des baraques, livrés à eux-mêmes faute de médicaments. Evdokia fut de leur nombre. Antonina raconte dans ses Mémoires :

> Nous allions voir maman tous les jours. Nous nous postions à la fenêtre, et nous la voyions allongée sur sa planche. Elle avait la tête rasée. Elle avait les yeux grands ouverts et égarés. Elle avait perdu la mémoire et ne nous reconnaissait plus. Tolia frappait à la fenêtre. Il était en larmes. Il criait : « Maman, maman, sois pas malade, lève-toi. »

Evdokia survécut. Mais le typhus fit tant de victimes cet hiver-là que le commandant décida que le temps manquait pour les enterrer toutes. Leurs cadavres furent gelés dans la neige en attendant le printemps, que l'on pût les jeter dans la rivière au dégel.

Le deuxième hiver fut pire encore que le premier. Les exilés ne recevaient pas le moindre vivre : apparemment, il s'agissait d'une politique délibérée pour réduire la population de la colonie des trois quarts. Les exilés mangeaient des écorces et les racines pourries de plants de pommes de terre qu'ils écrasaient pour en faire des tourtes. Leurs ventres enflèrent, beaucoup moururent. Au printemps, tout le monde souffrait de dysenterie. Un coup de chance sauva les Golovine. Un jour que le commandant inspectait les baraques, il remarqua qu'Evdokia lisait les Évangiles. Il avait besoin de quelqu'un sachant lire et écrire pour s'occuper du courrier de Tsentralny Roudnik, colonie minière du Goulag située 12 kilomètres plus loin. Il la choisit. Quand elle allait chercher le courrier, Evdokia emportait un seau de baies que ses enfants avaient ramassées dans les bois voisins et les vendait sur le marché de Tsentralny Roudnik pour acheter des vivres et des vêtements. « Le commandant était au courant, naturellement, mais il fermait les yeux, se souvient Antonina, parce qu'il n'y avait personne d'autre pour ramasser le courrier. » Un jour arriva par la poste un paquet de graines de pommes de terre. Evdokia prit la tête de l'équipe de travail chargée de les semer. Antonina évoque sa joie à cette occasion :

> Un vrai jour de fête ! On était tous tellement heureux de déterrer des patates ! Adultes et enfants, on travaillait dur. Nous étions de vrais paysans, nos ancêtres travaillaient la terre depuis des siècles, et voici qu'à nouveau on nous permettait de travailler la terre. Maman était chef de brigade, et le Sibérien, Sneguirev, président de notre collectif. Nous n'avions pas le droit de former un kolkhoze, parce que nous étions des « koulaks ». Maman avait peur que les pommes de terre ne poussent pas sans engrais : aucun de nous n'avait l'expérience de la culture des patates. À l'automne, cependant, nous avons fait une énorme récolte, et personne n'est mort de faim cet hiver. Les pommes de terre nous avaient sauvés[42].

Dimitri Streletski et les siens crapahutèrent plusieurs jours dans la neige pour rejoindre leur premier lieu d'exil, une grande cave abandonnée de Kourgan, où plusieurs centaines de familles « koulaks », y compris nombre de leurs lointains parents, se retrouvèrent livrées à elles-mêmes, sans vivres ni eau. Tous seraient morts de faim sans l'aide de parents et d'autres habitants de Kourgan qui leur portèrent de la nourriture. Ils passèrent une semaine dans cette cave dormant tant bien que mal sur leurs bagages ou par terre. Puis on les fit monter dans des wagons à bestiaux pour le long voyage en train qui devait les conduire à Oussole, au nord de Perm. De là des gardes en armes les escortèrent à marche forcée jusqu'à la ville industrielle de Pojva, à 150 kilomètres, où ils furent logés dans un atelier. Tout le monde dormait à même le ciment. « Père souffrait le martyre, raconte Dimitri. Il a pris un terrible coup de vieux. Il disait que sa vie avait été détruite. [...] Tout le monde ressentait la même chose. Mais alors même qu'ils n'avaient d'autre choix que de faire ce qu'on leur disait, les gens essayaient de garder leur dignité. Ils refusaient d'être les esclaves des autorités. » Le père de Dimitri fut affecté à l'abattage du bois et à la construction d'une « colonie spéciale » près de Tchermoz. Le reste de la famille dut partager avec trois autres familles une même chambre située au-dessus d'un atelier de menuisier. Six mois plus tard, ils s'en allèrent retrouver le père de Dimitri à la « colonie spéciale ». Celle-ci comptait dix baraquements, chacun étant équipé de châlits pour cinq cents personnes. Encerclée de barbelés, la colonie se trouvait au cœur d'une grande forêt de pins, où les hommes allaient abattre les arbres pour ne rentrer qu'une fois par semaine. Avec une ration quotidienne de 200 grammes de pain seulement, le taux de mortalité dans la colonie était très élevé. Mais leur débrouillardise de paysans permit tant bien que mal aux Streletski de survivre : les enfants cueillaient des champignons et les vendaient à Tchermoz ; nuitamment, leur mère allait chiper des pommes de terre dans les champs d'un kolkhoze tandis que leur père passa un accord avec les employés d'un abattoir voisin, les aidant à construire leurs maisons de bois en échange de sang de bestiaux (qui, à la différence de la viande et des os, ne manquerait pas aux autorités). Dans l'année de famine 1933, alors que la ration quotidienne fut réduite à 50 grammes de pain, la moitié de la population de la « colonie spéciale » mourut de faim et de maladie, mais les Streletski réussirent à survivre en buvant du sang[43].

Les Streletski eurent de la chance en ce qu'ils purent rester tous ensemble, en famille. Pour beaucoup d'autres, l'expérience de l'exil fut synonyme de séparation. Claudia Roubliova perdit contact avec sept de ses frères et sœurs après l'arrestation de son père en 1930. Ils furent placés dans divers foyers pour enfants : elle ne devait plus jamais en entendre parler. Claudia et sa petite sœur Natalia furent envoyées chez leur grande sœur, Raïssa, à Kans, en Sibérie, près de Krasnoïarsk. Claudia travailla comme nourrice chez un médecin. Mais c'est alors que le système des passeports arriva dans la ville sibérienne : fille de « koulak », force lui fut de fuir. Abandonnant Natalia chez Raïssa, Claudia partit vivre chez son oncle, inspecteur général des travaux forestiers à Tcheremkhovo, près d'Irkoutsk, où le soviet l'enregistra sous le nom de son oncle. En novembre 1933, celui-ci reçut une lettre du père de Claudia, Ilia. Libéré de prison, il vivait maintenant dans une « colonie spéciale » quelque part dans la région de Tachtyp, à 2 000 kilomètres de là, non loin de la frontière avec la Chine. Claudia voyagea en train avant de faire du stop jusqu'à Tachtyp, enfouie sous la neige quand elle y arriva en janvier 1934. Longtemps, elle ne put trouver le moindre travail. Le nom de son père ne figurant pas sur ses pièces d'identité, personne ne voulait l'embaucher, mais, en tant que fille de « koulak », elle avait trop peur de révéler son identité. Elle finit par trouver une place chez le président du soviet de Tachtyp, qui l'employa comme nourrice tout en lui confiant diverses tâches dans une fabrique de vêtements. Un jour qu'elle bavardait avec la belle-sœur du président, Claudia sortit deux photographies, l'une de ses deux frères, Leonid et Alexandre, l'autre d'elle avec ses deux sœurs.

> Elle [la belle-sœur] a dit tout de suite : « Lenka [Leonid], je le connais ! » Ça m'a étonnée, qu'elle connaisse mon frère : « Où il est ? Où il est ? » ai-je demandé en essayant de me dominer. [...] À l'époque, j'avais peur de chaque mot que je prononçais, de crainte de révéler que mon père était exilé.

Les photographies que montra Claudia.
Gauche : Leonid (le frère aîné) avec Alexandre, 1930.
Droite : Claudia est debout à droite, Natalia au centre, et Raïssa à gauche avec son mari, Kansk, 1930

Claudia retrouva son frère à Tachtyp. Par lui, elle sut que leur père vivait dans une « colonie spéciale » attachée à la mine de Kirov, à Khakassine. Il avait commencé une nouvelle vie, avec une seconde femme. Claudia raconte :

> Je suis allée les voir. Le soir, quand je suis arrivée, ils arrivaient tout juste de leur travail à la mine. Ils rentraient leur vache. Ils n'ont pas eu peur ni n'ont été surpris de me voir. Mon père m'a accueillie comme s'il m'avait vue la veille. J'ai passé quelques minutes avec eux devant la baraque où ils vivaient. Puis je suis partie[44].

C'est la dernière fois que Claudia vit son père. Il fut de nouveau arrêté puis fusillé en août 1938.

Beaucoup de familles de « koulaks » fuyaient les « colonies spéciales » et essayaient de vivre en cavale. D'après des sources de l'OGPU, à l'été 1930 les évasions des « colonies spéciales » étaient devenues un phénomène de masse : les fugitifs « koulaks » se comptaient par dizaines de milliers. Les évasions ne furent jamais plus nombreuses que durant la famine. En 1932-1933, l'OGPU avança le chiffre renversant de 422 866 « koulaks » ayant fui les « colonies spéciales » ; 92 189 seulement avaient été repris par la suite[45].

Les Ozemblovski étaient une famille de la petite noblesse d'origine polonaise. Ayant perdu leurs terres en Biélorussie après 1917, ils n'en restèrent pas moins dans leur village d'Orechkovitchi dans la région de Poukhovitchi, province de Minsk, où ils continuèrent de travailler la terre sur le même pied que les paysans. Alexandre et Serafima avaient quatre enfants, deux garçons et deux filles ; l'aîné était né en 1917, le plus jeune en 1928, l'année même où fut constitué le kolkhoze d'Orechkovitchi. Alexandre donna tout son bétail et ses outils au kolkhoze, ne gardant qu'une vache pour nourrir les siens, mais refusa d'entrer au kolkhoze. Son souhait eût été d'émigrer aux États-Unis ou en France, comme beaucoup d'autres Polonais de la région l'avaient fait, mais Serafima objecta : « Qui nous touchera ? Qu'avons-nous fait de mal ? Nous avons abandonné tous nos biens ! » Alexandre fut arrêté au printemps de 1930. Quelques jours tard, on vint chercher sa famille. « Prenez vos affaires. Vous et les enfants, vous partez en exil », annonça le soldat de l'OGPU. Serafima enveloppa quelques vêtements dans des couvertures et parvint à dissimuler divers objets en or avant d'être chargée avec ses enfants dans des charrettes et conduite à une église, où plusieurs centaines de familles « koulaks » étaient déjà détenues. Quelques jours plus tard, les hommes les rejoignirent : tous embarquèrent dans des wagons pour rejoindre, à 3 000 kilomètres, une lointaine colonie de la région de Komi, dans le Nord. On leur dit de « s'installer » dans une grange vide. « Il n'y avait rien pour nous, là, pas de planches pour les lits, ni couteaux ni cuillers, se souvient Sofia. Nous avons confectionné des matelas avec des branches ramassées dans les bois. »

Peu à peu, les exilés construisirent une colonie de cabanes de bois, une par famille, comme autrefois dans leur village. Avec l'or qu'ils avaient emporté, les Ozemblovski achetèrent une vache. La vie de famille reprit. Mais ce fut ensuite la famine, et la vie fut de nouveau insupportable. Les Ozemblovski s'apprêtèrent à fuir. Leur plus jeune fils étant déjà malade, ils décidèrent que les femmes s'enfuiraient, laissant

Alexandre s'occuper des garçons et courir le risque d'être de nouveau arrêté. Serafima et les deux filles, Sofia, neuf ans, et Elena, cinq, marchaient la nuit et dormaient le jour dans la forêt. Elles se nourrissaient essentiellement de baies. Serafima avait plusieurs dents en or. Elle en arrachait une pour monter dans la charrette d'un paysan ou soudoyer un officiel. Les filles et elles finirent par rentrer en Biélorussie. Elles se cachèrent une semaine durant à Poukhovitchi dans la maison des parents de Serafima, qui avaient tellement peur de se faire arrêter pour l'avoir cachée qu'ils conseillèrent à leur fille de se livrer à la police. Serafima se rendit donc à la police de Poukhovitchi, qui écouta le récit de sa fuite et en fut si navrée qu'on lui dit de reprendre la route et lui laissa vingt-quatre heures avant de se lancer à ses trousses. Serafima déposa Elena chez ses parents et partit pour la ville voisine d'Ossipovitchi, où Sofia et elle louèrent une chambre chez un vieux couple. Elle mit Sofia à l'école, puis s'en retourna dans la région de Komi pour essayer de retrouver son mari et ses fils. « Maman est partie sans un mot, ni au revoir ni conseil pour survivre », raconte Sofia.

L'année suivante, Sofia vécut chez le vieux couple, qui se révéla terriblement cruel. « Ils m'injuriaient, me traitaient de fille d'"ennemi du peuple" et menaçaient de me mettre à la rue, si je ne faisais pas ce qu'ils disaient. Je passais mon temps à pleurer. Je n'avais pas d'argent à moi, ni nulle part où aller. » Sofia était si malheureuse qu'elle finit par retourner chez ses grands-parents, qui la prirent avec Elena, alors même qu'ils avaient été expulsés de leur maison de Poukhovitchi et logeaient maintenant dans d'anciens bains publics.

La famille Ozemblovski.
Gauche : Alexandre et Serafima le jour de leur mariage, en 1914.
Droite : Serafima avec Sacha (à gauche) et Anton (à droite) à leur retour d'exil, en 1937

Entre-temps, Serafima était arrivée à la colonie de Komi, à seule fin de découvrir qu'Alexandre n'y était plus : il avait été arrêté le lendemain de sa fuite et condamné à trois ans dans les camps de travail voisins de Kotlas. La police avait recruté leur fils aîné, Anton, pour en faire un mouchard (on lui apprit à épier les conversations des exilés et à les rapporter : chaque rapport lui était payé en pain). L'institutrice soignait le plus jeune, Sacha, toujours très malade. Dans les jours qui suivirent son arrivée, Serafima fut arrêtée et conduite à Kotlas. Une fois encore, cependant, elle réussit à s'enfuir en s'éclipsant du convoi qui la ramenait du travail pour disparaître dans les bois. Elle parcourut à nouveau les 3000 kilomètres qui la séparaient de Poukhovitchi, où elle retrouva ses deux filles. Elles s'installèrent dans une maisonnette à Ossipovitchi, que des parents avaient achetée pour elles, et vécurent de la production de leur jardinet, où elles avaient une chèvre et des cochons. Sacha et Anton (qui continua de travailler pour la police en Biélorussie) les y rejoignirent en 1937. Deux ans plus tard, Alexandre, qui venait d'être libéré des camps de Kotlas, était de retour. La famille était de nouveau au grand complet. Sofia raconte l'instant du retour :

> Maman a couru à sa rencontre et s'est jetée dans ses bras. Papa a dit : « Mère, où sont les enfants ? » Maman a répondu : « T'inquiète pas : les enfants sont en vie et se portent bien, tous les quatre. » Papa est tombé à genoux et s'est mis à lui embrasser les mains et les pieds, la remerciant de nous avoir sauvés[46].

L'histoire des Okorokov est plus remarquable encore. En mai 1931, Alexeï Okorokov fut déporté comme « koulak » de son village d'Ilinka, dans la région de Kouznetsk, dans le sud-ouest de la Sibérie. Exilé dans le Nord, il s'échappa de son convoi et marcha un mois durant pour regagner son village, à 900 kilomètres de là. Sur place, il apprit que sa femme, Evdokia, et leurs deux filles, Maria, sept ans, et Tamara, neuf ans, avaient été exilées avec ses propres parents dans une « colonie spéciale » des environs de Narim, à 800 kilomètres au nord-ouest. Muni de faux papiers, Alexeï voyagea jour et nuit pour rejoindre la colonie, d'où, quelques jours plus tard, la famille s'en alla avec toute une brigade de fugitifs « koulaks », enfants et grands-parents compris, qu'Alexeï organisa. Ils marchaient la nuit

— Maria sur le dos de sa mère et Tamara dans les bras de son père — pour ne pas se faire repérer par les patrouilles qui écumaient la taïga à la recherche de « koulaks » en fuite. Après dix nuits de marche — ils se retrouvaient parfois à leur point de départ tant il était difficile de se repérer sur ce terrain —, ils furent à court de vivres et d'eau. Les vieux tombaient d'épuisement. La onzième nuit, une patrouille les encercla et ouvrit le feu sur eux, blessant Alexeï au ventre. Puis les soldats les emmenèrent en charrette avec d'autres fugitifs jusqu'au village voisin, où on les installa dans des bains publics. Les fuyards furent renvoyés à Narim. Seuls les plus âgés restèrent sur place : ainsi des parents d'Alexeï, qui ne devaient plus revoir leur famille.

Une fois encore, les Okorokov réussirent à s'échapper. Tandis que le convoi en direction de Narim s'apprêtait à partir, Evdokia soudoya un villageois pour faire boire la patrouille, et lui permettre ainsi de s'enfuir avec Alexeï et leurs filles. Ils se dirigèrent vers Tomsk, se cachant le jour (quand ils pouvaient apercevoir les gardes et leurs chiens au loin sur la route) et voyageant de nuit (le danger principal étant alors les loups et les ours). Après plusieurs nuits de marche sans pain ni rien à manger, ils traversèrent une colonie de la tribu des Kerjaki frappée par la variole : tous les enfants étaient déjà morts. Le chef offrit du pain, un pot de miel et un bateau en échange de Tamara, qui était assez âgée pour travailler dans la tribu. Il menaça de prévenir la police si Alexeï refusait. À contrecœur, il consentit. Evdokia fit une crise d'hystérie, mais il ne devait pas céder à ses suppliques. « Nous avons passé une semaine chez les Kerjaki pour reprendre des forces », se rappelle Maria.

> Maman n'arrêtait pas de pleurer, et ma sœur a commencé à comprendre que quelque chose n'allait pas. Le jour du départ, papa l'a emmenée dans une pièce à part et l'y a enfermée à clé. Il a entraîné maman, à moitié morte de chagrin, pour l'installer avec moi et les provisions dans l'embarcation. Puis nous sommes partis à la rame.

Quelques kilomètres plus loin, Alexeï amarra la barque, cacha sa femme et sa fille dans les buissons et retourna à pied à la colonie des Kerjaki pour récupérer Tamara. Il revint quatre jours plus tard, sa fille sur le dos.

Mais leurs ennuis étaient loin d'être terminés. Une patrouille les intercepta alors qu'ils se dirigeaient vers le nord. On les conduisit dans un autre camp : une baraque entourée de barbelés, à 8 kilomètres de Tomsk, où ils passèrent les six mois suivants. Alexeï transportait des légumes à Tomsk avec un cheval et une charrette, tandis qu'Evdokia et les enfants furent mis au travail dans un kolkhoze avec les autres prisonniers. À Tomsk, Alexeï fit la connaissance d'un officiel de la ville qui eut pitié de sa famille et, par un acte de conscience, accepta de les aider à s'enfuir. Un jour, Alexeï couvrit ses filles de sacs de pommes de terre et les emmena dans sa charrette à Tomsk, où l'officiel les cacha dans sa maison. C'est là que les rejoignit Evdokia, qui avait sauté dans le train au moment où il traversait le champ où elle travaillait. Vêtus de nouveaux habits que leur avait procurés l'officiel, les Okorokov rentrèrent en train à Kouznetsk (alors rebaptisée Stalinsk). Alexeï travailla dans une mine de charbon, Evdokia dans une cantine. Ainsi la vie de famille reprit-elle : « Père entreprit aussitôt de nous construire une maison de bois avec une fenêtre et un four d'argile. Nous vivions dans notre coin, sans faire de mal à personne, ni dépendre de qui que ce soit. »

Quelques mois plus tard, le système des passeports arriva à Stalinsk. Alexeï décida de retourner à Ilinka, son village natal, dans l'espoir de se faire enregistrer. Sitôt arrivé, cependant, il fut arrêté et emprisonné dans un camp de travail. Evdokia, qui attendait à Stalinsk, finit par recevoir une lettre d'Alexeï. Comme la lettre ne manquerait pas d'indiquer à la police où elle se trouvait, Evdokia se réfugia avec ses deux filles dans la ville voisine de Tachtagol, où le système des passeports n'avait pas encore été mis en place. Ayant réussi tant bien que mal à s'échapper du camp de prisonniers, Alexeï les y rejoignit peu après et construisit une cabane pour les siens. Evdokia travailla de-ci de-là. Quand elle comprit qu'elle était enceinte, elle avorta toute seule, se frappant le ventre de ses poings avant d'en extraire le fœtus. Elle faillit mourir. Elle resta plusieurs mois au lit. Aucun médecin de la ville ne voulut même l'examiner, parce que le gouvernement avait déclaré l'avortement illégal. Evdokia se soigna en ingurgitant des herbes.

En 1934, le système des passeports rattrapa Tachtagol. Alexeï fut de nouveau arrêté et expédié dans les usines métallurgiques de Stalinsk en qualité de travailleur pénitentiaire. Evdokia et les filles furent arrêtées elles aussi. Par un pur hasard, elles se retrouvèrent dans la même usine. Ils vécurent ensemble — une famille parmi des centaines d'autres — dans une cagna creusée au bord d'une rivière, au pied de l'enceinte de l'usine. Le « toit » était fait de branchages et d'aiguilles de pin maintenues par de la boue ; les « murs » suintaient à la moindre pluie. Alexeï fabriqua des meubles rudimentaires, et tailla des coupes et des cuillers de bois. Une fois encore, les Okorokov retrouvèrent un semblant de vie domestique. Ils avaient miraculeusement survécu et réussi à rester en famille, mais les traumatismes des trois années passées avaient laissé leur marque, surtout sur les filles. Maria et Tamara souffraient toutes deux de cauchemars. Elles étaient craintives et repliées sur elles-mêmes. « Au bout de trois années de cavale, observe Maria, ma sœur et moi nous étions habituées à ne pas parler. Nous avions appris à chuchoter, plutôt que parler[47]. »

III

La promesse du plan quinquennal était de créer une société industrielle moderne. « Nous avançons à plein régime sur la route de l'industrialisation, du socialisme, tournant le dos à notre séculaire arriération russe, déclara Staline en 1929. Nous devenons un pays de métaux, de voitures et de tracteurs, et quand nous aurons placé le Soviétique dans une automobile et le paysan sur un tracteur, que les capitalistes de l'Ouest essaient donc de nous rattraper, eux qui se flattent si fièrement de leur civilisation[48]. »

Les symboles de ce progrès étaient les chantiers démesurés du premier plan quinquennal : des villes industrielles comme Magnitogorsk, immense complexe sidérurgique construit à partir de rien sur les pentes stériles de l'Oural ; voies ferrées et canaux, comme le canal Moscou-Volga et le canal de la mer Blanche, qui ouvraient de nouvelles régions à l'exploitation et approvisionnaient les villes foisonnantes en produits de base ; sans oublier les gigantesques barrages comme Dnieprostroï, la plus grande installation hydroélectrique du monde dont les turbines tournaient en 1932. Ces « succès » avaient une grande valeur de propagande pour le régime stalinien à une époque où subsistait une opposition considérable — à l'intérieur comme à l'extérieur du Parti — à la politique de la collectivisation forcée et aux objectifs industriels par trop ambitieux du plan. Ils lui permirent d'encourager la croyance au « progrès socialiste », à l'avènement imminent de l'utopie socialiste, qui devint la justification idéologique des sacrifices exigés du peuple pour la réalisation du plan. Dans ses Mémoires rédigés dans les années 1980, Anatoli Messounov, fils de paysan devenu garde de l'OGPU sur le canal de la mer Blanche, résume l'effet de cette propagande sur des millions de « staliniens ordinaires », ainsi que lui-même se décrit :

> J'avais mes doutes sur le plan quinquennal. Je ne comprenais pas pourquoi il nous fallait conduire tant de condamnés à la mort pour achever le canal. Pourquoi fallait-il aller si vite ? Parfois, cela me troublait. Mais je le justifiais par la conviction que nous construisions quelque chose de grand : pas simplement un canal, mais une société nouvelle que nous n'aurions pu construire sur la base du volontariat. Qui eût été volontaire pour travailler à ce canal ? Je vois bien aujourd'hui que c'était très rude, voire cruel, de construire de la sorte le socialisme, mais je crois encore que c'était justifié[49].

La révolution industrielle de Staline était très différente de l'industrialisation des sociétés occidentales. Comme le laisse entendre Messounov, les taux de croissance que Staline avait exigés dans le plan quinquennal n'auraient pu être atteints sans l'utilisation de forçats, notamment dans les régions froides et reculées du Grand Nord et de la Sibérie, où se trouvait le gros des minéraux et des réserves de combustible du pays. La fourniture de main-d'œuvre servile, à compter de l'arrestation et de la déportation massives des « koulaks » en 1929, fut la justification économique du Goulag. Bien qu'initialement conçu comme une prison pour les ennemis du régime, le Goulag prit bientôt la forme d'une colonisation économique : un moyen bon marché et rapide de coloniser la terre et d'exploiter les ressources industrielles des lointaines régions de l'Union soviétique, où personne ne voulait vivre, et entre eux, les responsables du Goulag admettaient ouvertement cette raison d'être[50]. Les historiens sont partagés sur les origines du Goulag : les uns y voient un sous-produit de la consolidation par Staline de son pouvoir politique ; d'autres y voient surtout un moyen d'isoler et de punir des « classes » fantômes comme la « bourgeoisie » et les « koulaks », ainsi que les groupes nationaux que l'État jugeait dangereux[51]. Tous ces facteurs jouèrent un rôle, mais le mobile économique fut crucial, et gagna en importance dès l'instant où le régime commença de chercher le moyen de rentabiliser ses prisons.

Dans les années 1920, les camps de travail étaient essentiellement des prisons dont les détenus étaient censés travailler pour assurer leur entretien. Le plus important était le camp à destination spéciale (SLON), créé en 1923 par l'OGPU dans un ancien monastère des îles Solovetski dans la mer Blanche, qui allait devenir le prototype du Goulag dans son emploi de la main-d'œuvre servile. Alors qu'à l'époque tsariste le monastère avait servi à incarcérer les dissidents politiques, les bolcheviks le transformèrent en prison générale pour tous leurs adversaires : membres de partis d'opposition proscrits, intellectuels, anciens Blancs, mais aussi « spéculateurs » et « droits communs ». L'un des prisonniers était Naftali Frenkel, homme d'affaires juif de Palestine qui était impliqué dans la contrebande en Union soviétique et que la police arrêta en 1923. Choqué par l'inefficacité de la prison, Frenkel écrivit une lettre pour exposer ses idées sur la gestion du camp et la glissa dans une « boîte de doléances » destinée aux détenus. La lettre atterrit tant bien que mal sur le bureau de Guenrikh Iagoda, l'étoile montante de l'OGPU. Frenkel fut conduit à Moscou, où il exposa ses plans d'utilisation de la main-d'œuvre carcérale à Staline, qui sauta sur l'idée d'affecter des détenus à des tâches économiques. Frenkel fut libéré en 1927 et chargé de transformer le SLON en entreprise rentable. La population de la prison s'accrut rapidement, passant de dix mille détenus en 1927 à soixante et onze mille en 1931, tandis que le SLON décrochait des contrats pour abattre du bois et construire des routes, mais aussi reprenait en main des usines en Carélie, sur la frontière finlandaise. La plupart des nouveaux venus étaient des paysans « koulaks », comme Nikolaï Golovine, qui arriva au camp des Solovetski en décembre 1930. Les prisonniers étaient organisés au gré de leurs capacités physiques et recevaient des rations proportionnelles au travail accompli. Les forts survivaient, les faibles mouraient[52].

En 1928, alors que les arrestations massives — « koulaks », prêtres et marchands, « spécialistes bourgeois » et ingénieurs, « casseurs », « saboteurs » et autres « ennemis » de l'industrialisation forcée de

Staline — menaçaient de submerger le système carcéral, le Politburo créa une commission pour étudier l'utilisation qui pouvait être faite de cette population carcérale croissante. Dirigée par le commissaire à la Justice, N. M. Ianson, la commission se composait aussi du commissaire à l'Intérieur V. N. Tolmatchev et de Iagoda, le chef de l'OGPU. Les trois hommes étaient engagés dans une bataille pour contrôler la population carcérale, mais les préférences de Staline allaient clairement à Iagoda, qui proposait de s'en servir pour coloniser et exploiter les ressources industrielles du Grand Nord et de la Sibérie à travers un réseau de camps de travail. Il existait une réserve presque inépuisable de bois dans ces régions lointaines ; et les géologues, comme Pavel Vittenbourg, repéraient de riches gisements d'or, d'étain, de nickel, de charbon, de gaz et de pétrole, exploitables à bon compte par des travailleurs condamnés. En 1929, la commission proposa de créer un nouveau système de camps « expérimentaux », comptant chacun cinquante mille détenus, sous le contrôle de l'OGPU. La commission souligna que, en concentrant de forts effectifs dans les camps, on pouvait abaisser les coûts d'entretien de cette main-d'œuvre servile de 250 à juste 100 roubles par tête et par an. Deux mois plus tard, le Politburo adopta une résolution (« Sur l'emploi de la main-d'œuvre carcérale »), donnant pour consigne à l'OGPU d'instaurer un réseau de « camps de redressement par le travail » en vue de la « colonisation de régions [lointaines] et l'exploitation de leur richesse naturelle par le travail des détenus ». Dès lors, la police politique devint l'une des principales forces motrices de l'industrialisation soviétique. Elle contrôla un empire en pleine expansion de camps de travail pénitentiaire, dont la population s'accrut de vingt mille détenus en 1928 à un million en 1934, quand l'OGPU fusionna avec le NKVD (commissariat du peuple aux Affaires intérieures). La nouvelle autorité prit alors le contrôle de la police politique et dirigea tous ces camps de travail *via* le Goulag[53].

Le plus grand des premiers camps de travail pénitentiaire, le Belbaltlag, avec plus de cent mille détenus en 1932, devait servir à construire le canal de la mer Blanche, soit 227 kilomètres de voies navigables reliant la Baltique à la mer Blanche. L'idée du canal remontait en réalité au XVIIIe siècle, mais dépassait en fait les capacités techniques de l'ancien régime, si bien que l'idée de le creuser devint un élément vital de la mission de propagande du plan quinquennal afin de démontrer la supériorité du système soviétique. C'était un projet terriblement ambitieux puisque les planificateurs entendaient le construire sans machines ni même relevés convenables du terrain. Les critiques du projet (qui envisageaient de le creuser avec une main-d'œuvre libre) avaient soutenu que les immenses frais de construction étaient injustifiables puisque le trafic maritime sur la mer Blanche était relativement modique. Mais Staline insistait : le canal pouvait être construit à bon compte et en un temps record — symbole de la volonté et du pouvoir du Parti — dès lors que l'OGPU fournissait une main-d'œuvre carcérale suffisante. Frenkel fut chargé du chantier. Il reprit sur le canal les méthodes qu'il avait employées au SLON, de même que nombre de détenus, transférés du camp des Solovetski vers le canal. Pour économiser du temps et de l'argent, la profondeur du canal fut bientôt réduite de 6,7 mètres à 3,6, le rendant quasi inutilisable si ce n'est pour les barges et les bateaux de passagers plats (dans certaines sections du Sud, creusées à la hâte à la fin du projet dans les années 1932-1933, la profondeur ne dépassait pas 1,8 mètre). Les prisonniers recevaient des outils manuels primitifs — haches, scies et masses rudimentaires — plutôt que de la dynamite et des machines. Tout devait être fait à la main : creuser, enlever les grosses pierres, charrier la terre dans des brouettes, construire des grues et des échafaudages de bois, sans parler du camp proprement dit, que les détenus devaient construire eux-mêmes le long du canal. Travaillant jusqu'à l'épuisement dans un froid glacial, un nombre inconnu de détenus, mais qui doit se situer autour de vingt-cinq mille, mourut dès le premier hiver de 1931-1932, même si le bruit courait, parmi les survivants, que le bilan était beaucoup plus lourd. Dimitri Vitkovski, un ancien détenu du camp de travail des Solovetski, qui travailla comme chef de chantier sur le canal de la mer Blanche, évoque la scène :

> Lorsque s'achève la journée de travail sur le chantier, il reste des cadavres sur place. La neige recouvre peu à peu leurs visages. Les uns recroquevillés sur leur brouette qui s'est renversée sur eux, les mains dans les manches, gelés dans cette position ; d'autres figés, la tête enfoncée entre les genoux. Deux autres ont gelé sur place, dos contre dos. Ce sont des gars de la campagne, les meilleurs ouvriers que l'on puisse imaginer. On les expédie au canal par dizaines de milliers, et on fait en sorte en outre qu'aucun d'eux ne se retrouve dans le même camp que son père, on les sépare. Et d'emblée on leur assigne une telle norme de galets et de blocs erratiques que l'on n'en viendrait pas à bout même en été. Personne n'est là pour leur faire la leçon, pour les prévenir, ils y mettent toutes leurs

forces, comme on fait à la campagne, ils s'affaiblissent rapidement, et voilà, ils gèlent maintenant, embrassés deux par deux. La nuit, on vient les ramasser en traîneau. Les conducteurs y lancent les cadavres qui résonnent comme du bois en retombant sur les traîneaux.

L'été, des cadavres qui n'ont pas été ramassés à temps il ne reste plus que les os, ils passent dans la bétonneuse, mélangés aux galets. Ainsi sont-ils passés dans le béton de la dernière écluse, près de la ville de Belomorsk, où ils demeureront pour l'éternité [54].

Hormis la destruction physique de vies humaines, le canal de la mer Blanche valut des souffrances indescriptibles à de nombreuses familles.

Maria, Nadejda et Ignati Maximov, avec le frère d'Ignati, Anton (debout), Arkhangelsk, 1934

Ignati et Maria Maximov étaient des amis d'enfance du village de Doubrovo, dans la région de Valdaï, province de Novgorod. Ils s'étaient mariés en 1924, quand Maria avait fêté ses seize ans, et travaillèrent sur la ferme de la famille d'Ignati jusqu'en 1927. Ils partirent ensuite à Leningrad, où Ignati trouva une place de charpentier. En octobre 1929, cinq mois après la naissance de leur fille Nadejda, Ignati fut arrêté (il avait pris part à un soulèvement des paysans contre les bolcheviks en 1919) et envoyé d'abord au camp des Solovetski, puis au secteur nord du canal de la mer Blanche. Pendant ce temps, Maria fut chassée de leur chambre de Leningrad. Elle retourna à Doubrovo avec Nadejda, à seule fin de découvrir que la maison de ses parents, comme celle des Maximov, avait été détruite, et les deux familles envoyées en exil. Aucun des siens ne restait à Doubrovo. Un ancien voisin conseilla à Maria de fuir le village pour éviter d'être à son tour arrêtée. Son bébé dans les bras, elle franchit la frontière pour entrer dans la province voisine de Tver (dans l'espoir d'être ainsi hors d'atteinte de la police de Novgorod) et frappa à la porte de la première maison du village qu'elle traversa. Un vieux couple lui ouvrit. Maria tomba à genoux et les supplia de prendre sa fille, qu'elle puisse s'enfuir : personne ne donnerait du travail à une femme avec une enfant. Le couple était bon. Il s'occupa de Nadejda deux années durant, tandis que Maria trouva une place de cuisinière sur la ligne de chemin de fer Leningrad-Mourmansk. La voie longeait le secteur nord du canal de la mer Blanche, où Ignati travaillait, mais Maria ne le savait pas à l'époque. Elle ne sut rien du sort de son mari avant 1932, quand elle apprit par une connaissance qu'il se trouvait dans un camp de travail quelque part dans la région de Belomorsk, où le canal débouchait dans la mer Blanche. Maria essaya de prendre contact avec son mari en écrivant des billets sur des petits bouts de papier et en les jetant depuis la fenêtre du wagon-cuisine quand le train traversait les chantiers de Belomorsk. Le miracle finit par se produire : elle reçut une lettre d'Ignati, qui se trouvait en fait dans un camp des environs de Kem, à 55 kilomètres plus au nord sur la voie de chemin de fer vers Mourmansk. À la fin de 1932, Ignati fut libéré et exilé à Arkhangelsk, où il retrouva Maria et Nadejda[55].

Plus qu'une source de main-d'œuvre pour les chantiers comme celui du canal de la mer Blanche, le Goulag était une forme d'industrialisation. Le premier complexe industriel du système du Goulag fut l'usine intégrée de pâte à papier et de papeterie du Vichlag, complexe de camps de travail de l'OGPU sur la Vichera, dans l'Oural. Le complexe vit le jour en 1926 sous la forme d'un vaste réseau de camps d'abattage du bois administré par le SLON, mais ce n'est que dans l'été 1929, quand le bolchevik letton Édouard Berzine prit la direction des chantiers, que le camp développa ses activités industrielles. La pureté des eaux de la Vichera amena le Politburo à en faire le site de production d'un papier de grande qualité. L'activité débuta au début des années 1930, quand de prestigieuses publications comme la *Grande Encyclopédie soviétique* furent imprimées sur du papier sorti de la papeterie du Vichlag. En 1930, les camps du Vichlag comptaient une population de vingt mille détenus (dont l'écrivain Varlam Chalamov) : douze mille étaient employés aux camps d'abattage ; deux mille dans de petites usines (fabriquant des briques et de la cellulose) ; tandis que les autres étaient affectés à la construction de la papeterie, ainsi qu'aux baraquements des colonies de Krasnovichersk et de Gorod Sveta (« Ville de lumière »), qui se transformèrent en villes civiles[56]. Berzine conçut ces colonies du Goulag comme une « forme expérimentale de développement industriel », dont les institutions culturelles rééduqueraient les prisonniers pour en faire des « travailleurs soviétiques ». Gorod Sveta était fière de ses clubs de cinéma et de radio, de ses bibliothèques et de ses cantines, sans compter ses dispensaires, ses jardins aménagés avec fontaines, ses réserves naturelles, ses théâtres en plein air, ses lieux de débat et le « club du camp principal » dans un bâtiment à colonnade, qui rappela à Chalamov le Parthénon, « mais en plus effrayant[57] ».

Le Vichlag était typique du système du Goulag à ses débuts, quand l'idée d'utiliser le travail des détenus pour « refondre » des êtres humains dans un moule soviétique ne relevait pas simplement de la propagande, mais était un article de foi pour de nombreux bolcheviks. Malgré tout, le camp du Vichlag, avec sa papeterie, était essentiellement une entreprise. Les principes de gestion de Berzine reposaient entièrement sur les retours espérés de ses investissements, lesquels comptaient des incitations morales et matérielles pour encourager les détenus à remplir les plans de production. En novembre 1931, Berzine devint le premier patron du Dalstroï (trust de construction du Grand Nord), vaste conglomérat de camps de travail (dont les camps de la Kolyma, de triste mémoire) au nord-est de la Sibérie — une superficie semblable à celle de l'Europe occidentale, entre le Pacifique et l'Arctique — où le sol gelé dissimulait la plus grande réserve d'or du monde.

Berzine géra les camps du Dalstroï en appliquant les mêmes principes économiques que dans sa gestion du Vichlag : son travail était d'amener les détenus à extraire autant d'or que possible (au milieu des années 1930, la production d'or des camps du Dalstroï dépassait la production totale d'or de toute l'Union soviétique en 1928[58]). Sous le règne de Berzine (1931-1937), les conditions régnant dans les camps du Dalstroï étaient bien meilleures qu'elles ne devaient le devenir plus tard, quand de nombreux détenus se souvenaient avec nostalgie de l'époque Berzine, à l'exemple de Chalamov dans ses *Récits de la Kolyma* :

> Édouard Pétrovitch Berzine s'efforça de résoudre les problèmes de la colonisation d'une région très rude en même temps que ceux de la « refonte » et de l'isolement, et il y réussit pleinement : grâce à des décomptes de journées de travail qui permettaient aux détenus de rentrer au bout de deux ou trois ans, alors qu'ils étaient condamnés à dix ans, grâce à une nourriture excellente, des vêtements, des journées de travail de quatre à six heures en hiver et de dix heures l'été, des salaires colossaux pour les détenus qui leur permettaient d'aider leur famille et de revenir sur le continent à l'issue de leur peine avec leur avenir assuré. [...] À l'époque, il y avait si peu de cimetières pour détenus que l'on eût pu croire que les habitants de la Kolyma étaient immortels[59].

Le Vichlag lui-même fut démantelé en 1934, mais la papeterie de Krasnovichersk était alors devenue un centre industriel, un grand pôle économique dans le nord de l'Oural qui attirait beaucoup de paysans dans l'industrie.

L'essor de l'industrie nécessitait des ingénieurs

La famille Ouglitskikh (Ivan est debout à l'arrière), Tcherdyne, 1938

et d'autres spécialistes techniques. Né en 1920, Ivan Ouglitskikh était issu d'une famille paysanne de Fiodortsovo, dans la région de Tcherdyne, dans l'Oural. Proscrit du kolkhoze de son village comme « koulak », le père d'Ivan se réfugia à Tcherdyne et travailla sur les barges de la rivière pour transporter du bois d'œuvre jusqu'à la papeterie de Krasnovichersk, où son frère et son oncle étaient tous deux internés dans le camp de travail. Ivan grandit avec le vif désir de faire son chemin dans la vie. Son père lui parlait toujours d'apprendre un métier. « Là où nous vivions, il n'y avait rien, pas la moindre industrie, se souvient Ivan. Mon rêve était d'aller à Perm, mais c'était très loin, et je n'avais pas les moyens de me payer le voyage [...]. L'essentiel était d'avoir un métier. Sans cela, pas d'avenir. » Le seul endroit où étudier, passé quatorze ans, était l'école d'apprentissage en usine (FZU) rattachée à la papeterie. Tous les enseignants, raconte Ivan, étaient d'anciens détenus du Vichlag :

> C'étaient des ingénieurs, des spécialistes dans leur domaine, que l'on avait fait venir du camp pour nous former à la production de papier et à l'électricité. J'ai suivi une formation d'électricien, puis j'ai travaillé à la papeterie. Je pouvais trouver du boulot dans n'importe quelle ville ou usine, parce que, en ce temps-là, la demande d'ouvriers qualifiés comme moi était énorme. Je suis même allé à Perm et j'y ai travaillé aux débarcadères fluviaux [...]. J'étais fier de ma réussite. Mes parents étaient fiers de moi, également[60].

Les fils de paysans affluaient en ville par millions et se forgeaient une nouvelle identité. Entre 1928 et 1932, la population urbaine s'accrut au rythme extraordinaire de cinquante mille personnes par semaine. La population des villes augmenta trop vite pour que l'État pût faire face à la demande croissante de biens de consommation, inscrits au dernier rang sur la liste des priorités pour le plan quinquennal : après 1928, force fut donc de rationner les denrées alimentaires, le combustible et divers produits ménagers. Avec la répression du commerce privé, la grisaille envahit les rues ; restaurants et cafés disparurent ; les vitrines se vidèrent et les Soviétiques s'habillèrent de vêtements miteux. Le diplomate Alexandre Barmine, qui retourna à Moscou en 1930 après quatre années passées à l'étranger, se souvient du choc qu'il ressentit en découvrant les difficultés économiques qui sévissaient dans la capitale :

> Après le relèvement des années 1922-1929, Moscou avait subi une transformation navrante. Une marque de misère, de surmenage et de lassitude s'imprimait sur tous les visages et sur toutes les façades. Presque plus de magasins. Les rares devantures qui subsistaient avaient un air de désolation. On n'y voyait que boîtes en carton et boîtes de conserve, au-dessus desquelles des gérants plus excédés qu'imprudents mettaient des écriteaux : « Vides ». Les vêtements étaient usés, les tissus d'une qualité lamentable. Mon complet parisien faisait sensation dans la rue. Tout manquait, jusqu'au savon, surtout le savon, les chaussures, les légumes, la viande, le beurre, les aliments à teneur en graisse[61].

La situation du logement était tragique. En 1928, un citadin disposait en moyenne de 5,8 mètres carrés pour vivre, mais nombre des travailleurs les plus pauvres n'avaient pas plus de 2 mètres carrés à eux. Un Américain décrit les conditions de vie de nombreux travailleurs moscovites :

> Kouznetsov habitait avec quelque cinq cent cinquante autres, hommes et femmes, dans une construction de bois de 240 mètres de long sur 4,6 de large. La salle comptait à peu près cinq cents lits étroits, recouverts de matelas garnis de paille ou de feuilles séchées. Il n'y avait ni oreillers ni couvertures. [...] Certains résidents n'avaient pas de lit et dormaient par terre ou dans des caisses de bois. Dans certains cas, les équipes de travail se succédaient dans les mêmes lits, le jour ou la nuit. Il n'y avait pas de paravents ni de cloisons pour assurer la moindre intimité [...]. Il n'y avait pas d'armoires ni de penderies, parce que chacun ne possédait que les habits qu'il avait sur le dos[62].

En matière d'espace privé, beaucoup d'ouvriers issus de familles paysannes n'attendaient pas grand-chose. Au village, on dormait traditionnellement ensemble autour d'une écuelle commune ; de même dormait-on ensemble, sur des bancs, à côté du poêle. Reste que, pour beaucoup, ce dut être un choc que de devoir partager leur lieu de vie avec d'autres familles quand ils s'installèrent en ville.

Née en 1912, Nadejda Poukhova était issue d'une grande famille paysanne de la province de Pskov. En 1929, elle s'enfuit du kolkhoze pour aller à Kolpino, grande banlieue industrielle de Leningrad, où elle trouva du travail à l'usine de construction mécanique d'Ijora. Nadejda loua un coin dans une chambre au rez-de-chaussée d'une maison de bois, non loin de l'usine : une grande pièce pleine de courants d'air, chauffée avec un réchaud de camping, avec des toilettes-cuisines et une entrée latérale par la cour. C'est là que Nadejda fit la connaissance de son mari, Alexandre. Fils aîné d'une famille de paysans de la région de Rybinsk, dans la province de Iaroslav, il était arrivé depuis peu à Kolpino pour y faire son apprentissage de garagiste mécanicien. Le propriétaire de la maison était un parent éloigné, qui laissa Alexandre louer un coin dans la chambre, à l'étage. Après leur mariage, Alexandre rejoignit Nadejda en bas. Le couple accrocha un rideau autour de son lit, histoire de s'isoler un peu des autres familles. Au total, seize personnes se partageaient cette pièce, dont une prostituée qui ramenait des clients la nuit et un pompier qui se levait à quatre heures du matin pour aller au travail. « Nous dormions mal, se souvient Nadejda. Le pompier, qui occupait le lit d'à côté, se levait la nuit et craquait une allumette pour voir quelle heure il était. Il y avait toujours des hommes qui allaient et venaient avec Olga [la prostituée]. Elle menaçait de nous tuer si on la dénonçait. Les gens avaient les nerfs à cran. » Durant l'hiver, les parents d'Alexandre quittaient Iaroslav pour vivre avec eux. Ils venaient en quête d'une place à l'usine, ou vendre les bottes de feutre qu'ils confectionnaient pour compléter leurs revenus du kolkhoze. « Ils sont tous venus : tantes, oncles, sœurs, frères et épouses », raconte Nadejda :

> Leur mode de vie, tellement crasseux et primitif, m'a horrifiée. Ce n'était pas comme ça à Pskov, où la maison de mes parents était toujours très propre. Les parents d'Alexandre dormaient par terre : les femmes avec des couvertures, les hommes juste avec leur tunique pour avoir chaud. La pièce empestait comme l'écurie[63].

Les Golovine suivirent eux aussi la route de la migration vers les villes. En février 1933, Nikolaï fut enfin libéré du camp de travail des Solovetski. Menacé d'être à nouveau arrêté s'il essayait de rejoindre Evdokia et ses enfants à Chaltyr, il se rendit à Pestovo, petite ville proche de Vologda, où il parvint à trouver une place de charpentier sur un chantier. Comme beaucoup de villes de province au début des années 1930, Pestovo grouillait de fugitifs « koulaks ». Parmi eux se trouvait le frère d'Evdokia, Ivan Sobolev, un ancien prêtre qui avait changé de nom pour travailler comme comptable dans l'industrie d'abattage du bois après que les bolcheviks eurent fermé l'église de son village. Nikolaï devint le chef de sa brigade sur le chantier et emménagea dans une minuscule cabane de bois abandonnée par un forestier. La famille se réunit progressivement.

Libéré du canal de la mer Blanche — un des douze mille détenus libérés à l'achèvement du chantier en août 1933 pour les remercier de leur assiduité au travail —, Nikolaï, le fils, se rendit à Pestovo et intégra la brigade de son père. L'autre fils, Ivan, qui avait fui Oboukhovo quand on était venu arrêter les Golovine, échoua à son tour à Pestovo après des années d'errance à travers la Sibérie. Il rejoignit lui aussi la brigade paternelle. Maria, la fille, qui avait fui Oboukhovo, arriva en 1934. Ses trois années de fille de « koulak » en cavale l'avaient tellement effrayée qu'elle changea de nom et épousa un ouvrier bolchevik, qui la frappa et l'abandonna quand il découvrit sa véritable identité. Enfin, en décembre 1934, après plusieurs mois de requêtes adressées au NKVD d'Oustiouj, Nikolaï retrouva sa femme, Evdokia, et leurs trois autres enfants, Antonina, Tolia et Alexeï, qui rentrèrent sans encombre de la « colonie spéciale ». La cabane de forestier, que Nikolaï avait transformée en maison, était toute petite, mais elle avait des airs de paradis pour Antonina, qui avait passé trois ans dans les baraques de Chaltyr :

> Il n'y avait qu'une toute petite pièce. À l'intérieur, un lit de fer, celui-là même que notre voisin Poujinine avait récupéré pour nous quand nous avons été déportés de notre maison : le lit dans lequel nos parents dormaient et où nous, les enfants, étions tous nés. C'était notre lit, pas de doute là-dessus, avec les mêmes boules nickelées sur les colonnes, le même matelas. La seule chose que l'on nous eût laissée de notre ancienne vie[64].

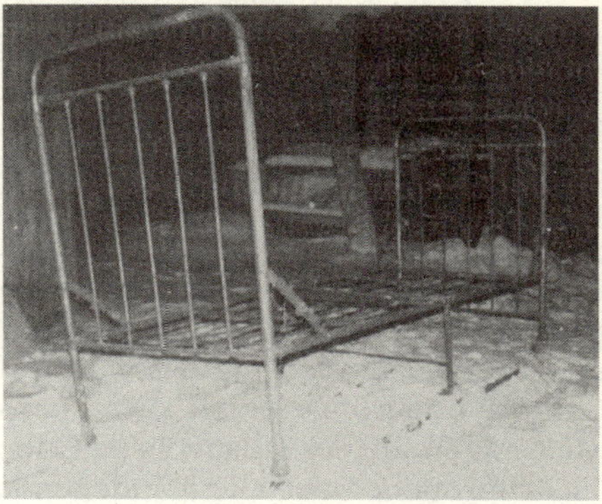

Le lit de la famille Golovine à Oboukhovo (photographié à Pestovo en 2005). Il est plus ordinaire que le lit légendaire de son enfance qu'évoque Antonina

IV

Le 3 septembre 1932, on retrouva deux garçons morts dans une forêt des environs de Guerassimovka, un village de Sibérie occidentale. Leurs parents les avaient poignardés à mort, pouvait-on lire dans la presse, parce que Pavlik, l'aîné, qui à quinze ans était un membre actif des Pionniers, avait dénoncé son père, Trofime Morozov, à la police soviétique comme « koulak ». Les autres Morozov s'étaient vengés. La réalité des faits est difficile à démêler du tissu de mensonges et d'intrigues politiques. Dès le début de l'enquête, la presse et la police présentèrent le meurtre comme un crime politique, avec Pavlik dans le rôle du pionnier modèle et ses tueurs dans ceux des « koulaks contre-révolutionnaires ».

Guerassimovka était un village isolé dans la forêt, près de Tavda, à 350 kilomètres de Sverdlovsk, dans l'Oural. Il était entouré de camps de travail et de « colonies spéciales ». La nuit, les villageois entendaient les chiens de garde aboyer. Guerassimovka était un lieu déshérité. Les paysans les plus pauvres possédaient une vache, les plus riches en avaient deux. Neuf seulement avaient un samovar. Il n'y avait qu'un instituteur dans une école rudimentaire, créée seulement en 1931 et avec en tout et pour tout treize livres. Comme une bonne partie de la paysannerie de Sibérie occidentale, les villageois de Guerassimovka tenaient farouchement à leur indépendance. Ils avaient quitté la Russie centrale pour l'Est afin de gagner leur terre et leur liberté au XIXe siècle, et il n'était pas question pour eux d'y renoncer en rejoignant les fermes collectives. En août 1931, aucun des foyers du village n'avait encore consenti à entrer au kolkhoze : comment s'étonner que la presse soviétique en ait parlé comme d'un « nid de koulaks[65] » ?

Trofime Morozov était un paysan sobre qui travaillait dur et vivait chichement. Au cours de la guerre civile, il avait été blessé à deux reprises en combattant dans les rangs de l'Armée rouge. Il forçait le respect des autres villageois et en était à son troisième mandat de président du soviet du village, à l'automne 1931, quand l'OGPU apprit qu'il vendait des faux papiers aux « koulaks » exilés dans les « colonies spéciales ». Peut-être le mouchard était-il son fils. Contrairement à ce que claironna la presse, Pavlik n'était pas un pionnier (il n'y en avait pas au village), mais il aspirait manifestement à le devenir ; et, sitôt l'école ouverte, il fit de l'agitation, ce qui le rapprocha de la police. À Guerassimovka, Pavlik avait la réputation de dénoncer ses voisins quand ils faisaient quelque chose de mal (des années plus tard, les villageois se souvenaient de lui comme d'un « sale gosse »). Il avait une dent contre son père, qui avait abandonné son foyer pour une autre femme, laissant à Pavlik, son fils aîné, le soin de s'occuper de sa mère Tatiana, paysanne illettrée qui semble avoir été mentalement perturbée par le départ de Trofime et a fort bien pu encourager Pavlik à le dénoncer dans un accès de jalousie. Le procès de Trofime se déroula en novembre 1931 à l'école du village. D'après les articles de presse, Pavlik dénonça les crimes de son père, et quand Trofime cria : « C'est moi, ton père », le garçon déclara au juge : « Oui, c'était mon père, mais je ne le considère plus comme mon père. Ce n'est pas en fils que j'agis, mais en pionnier. » Trofime fut envoyé dans un camp de travail du Grand Nord, puis exécuté[66].

Enhardi par son intervention au procès, Pavlik se mit à dénoncer les villageois qui dissimulaient des grains ou décriaient le kolkhoze. Son petit frère Fiodor, alors âgé de neuf ans, le seconda. Les agissements des garçons mettaient les villageois hors d'eux. Sergueï Morozov, le grand-père de Pavlik, leur interdit sa maison, et d'autres membres de la famille essayèrent de les empêcher de parler à la police. Mais rien ne prouve que la famille ait trempé dans le meurtre des garçons qui fut probablement le fait d'adolescents, dont un cousin de Pavlik, Danila, à la suite d'une dispute autour d'un harnais et d'un fusil[67].

À peine la presse locale se fit-elle l'écho du meurtre que l'enquête se politisa. Danila fut pressé de dénoncer son grand-père Sergueï, accusé d'être l'auteur du meurtre. La dénonciation fut étayée par deux autres membres de la famille : Tatiana, qui était prête à blâmer n'importe qui du meurtre de ses fils ; et un autre cousin de Pavlik, Ivan Potouptchik, stalinien fervent et aide de la police, qui fut récompensé de son rôle dans cette affaire d'une promotion au sein du Parti. Finalement, cinq membres du « clan koulak » Morozov allaient être jugés en novembre 1932 : l'oncle et le parrain de Pavlik, accusés d'avoir préparé le meurtre ; son grand-père et son cousin Danila, qui l'auraient exécuté ; et sa grand-mère, qui aurait dupé les enfants pour les entraîner dans les bois. Dès l'ouverture du procès, leur culpabilité était acquise : le procureur cita les discours de Staline sur l'intensification de la lutte des classes à la campagne afin de démontrer les mobiles politiques du meurtrier. Quatre des cinq accusés — tous sauf l'oncle de Pavlik, pour quelque raison incompréhensible — furent condamnés au « châtiment suprême » : la fusillade par un peloton d'exécution[68].

À ce stade, la presse nationale avait déjà tiré ses conclusions. Dans cette version, Guerassimovka était un emblème de la Russie paysanne arriérée, et les Morozov un archétype de la famille « koulak » patriarcale, que la collectivisation balaierait. Pavlik devint bientôt l'objet d'un culte, lancé par la propagande dans l'automne de 1933, quand Gorki appela à la construction d'un monument au jeune martyr, qui, assura l'écrivain, avait « compris qu'un parent de sang pouvait être aussi un ennemi de l'esprit, et qu'il ne fallait pas épargner une personne de cet acabit[69] ». Ce culte envahit tout. Récits, films, poèmes, pièces de théâtre, biographies et chansons : tous présentaient Pavlik comme le pionnier parfait, un fidèle défenseur du Parti à la maison. Son courage désintéressé, qu'il avait démontré en sacrifiant son père, fut donné en exemple à tous les écoliers. Ce culte eut un impact formidable sur les normes morales et les sensibilités de toute une génération, qui apprit de Pavlik que la loyauté envers l'État était une vertu plus haute que l'amour des siens et les autres liens personnels. À travers le culte, l'idée fut semée dans des millions de cerveaux que, loin d'être un acte honteux, moucharder ses amis et parents était une preuve de civisme. C'était bel et bien ce que l'on attendait du citoyen soviétique[70].

Qui fut le plus touché par cette leçon de l'affaire Morozov ? Peu d'enfants de familles stables dont les principes moraux étaient clairement fixés par les parents : du moins est-ce ce qui ressort des entretiens menés pour ce livre, même si, sur ce problème épineux, aujourd'hui interprété dans le contexte de la Terreur, la mémoire n'est pas fiable. En revanche il semble que Pavlik ait été un exemple positif pour quantité de ceux qui avaient grandi dans des familles instables ou oppressives, où l'influence des aînés était trop faible pour contrer les idées du régime. De ce point de vue, les propagandistes du culte étaient typiques. Pavel Solomein, par exemple, le journaliste de Sverdlovsk qui le premier, dans la presse, attira l'attention du public sur l'histoire de Pavlik, avait fui, enfant, la brutalité de son beau-père et avait grandi dans une série d'orphelinats. Gorki se retrouva livré à lui-même dès l'âge de neuf ans, quand il fut chassé de la maison de son grand-père — lieu cruel et arriéré où les hommes buvaient et les femmes ne cherchaient de consolation qu'en Dieu — pour se débrouiller dans les villes industrielles de la Volga. Pour beaucoup de personnes issues de milieux aussi sombres que celui-ci, Pavlik était un héros parce qu'il s'était libéré des « ténèbres » du mode de vie de sa famille. Cultivant sa propre conscience politique et s'engageant dans la sphère publique, il avait trouvé une forme de « famille » plus haute chez les Pionniers, qui marchaient vers un « avenir radieux » avec le Parti et les Soviétiques. L'histoire de Pavlik séduisait plus particulièrement les orphelins. Préservés de l'influence de la vie familiale, ils n'arrivaient pas à comprendre ce que le garçon avait fait de mal en dénonçant son père. Élevés par l'État, on leur apprenait à se montrer loyaux et reconnaissants envers lui pour les avoir sauvés de la misère, qui, leur assurait-on, était le lot des orphelins qui n'avaient pas eu la chance de naître en URSS, le plus grand pays du monde.

Mikhaïl Nikolaïev avait trois ans en 1932 quand ses parents furent arrêtés et qu'il fut placé dans un orphelinat et reçut un nouveau nom. Jamais il ne sut quel était son vrai nom, ni celui de ses parents, ni même qui ils étaient, pourquoi ils avaient été arrêtés et ce qu'il advint d'eux après leur arrestation. La politique des foyers pour enfants était de remodeler les enfants comme lui en « citoyens soviétiques ». Pour ce faire, on effaçait leur identité d'origine. Le petit Mikhaïl fut profondément marqué par l'histoire de Pavlik Morozov, que l'on tambourinait très tôt aux oreilles des orphelins. Tenant Pavlik pour un « véritable héros », il rêvait d'en être l'émule en « démasquant un espion ». Se retournant sur son enfance, Mikhaïl soupçonnait qu'il aurait vu autrement le héros de son enfance s'il avait grandi en famille :

> Les orphelins comme moi avaient une bien piètre intelligence de la vie en comparaison des enfants ordinaires. Nous étions privés de réunions familiales, de conversations autour de la table de cuisine — de toute cette information officieuse, et, à mon sens, la

> plus importante, qui façonne notre intelligence de la vie et notre rapport au monde. Notre « fenêtre sur le monde » était la salle de classe, les Pionniers, le poste de radio dans le coin rouge et la *Vérité du pionnier* (*Pionerskaïa pravda*). Toutes les informations venant de ces sources étaient identiques, et il n'y avait qu'une seule façon de les interpréter[71].

La popularité de l'histoire de Pavlik, surtout auprès des jeunes, ne fit que creuser un fossé culturel et générationnel déjà profond entre le vieux monde du village patriarcal et le nouveau monde urbain du régime, qui divisait maintes familles. La population rurale était de plus en plus jeune et alphabétisée. Suivant le recensement de 1926, 39 % de la population rurale avait moins de quinze ans (et plus de la moitié moins de vingt), alors que les fils de paysans de vingt et quelques années avaient deux fois plus de chances de savoir lire et écrire que leurs pères (les paysannes du même âge, cinq fois plus). Éduqués dans les écoles soviétiques, ces jeunes paysans ne partageaient plus les attitudes et les croyances de leurs parents. Par les Pionniers et le Komsomol, beaucoup trouvèrent assez d'assurance pour s'arracher à leur coupe. Ils refusaient d'aller à l'église, de porter une croix ou d'observer des rituels religieux, invoquant souvent le pouvoir soviétique comme la nouvelle autorité en la matière, provoquant parfois ainsi des disputes avec leurs parents. Ils trouvaient de plus en plus leurs informations et leurs valeurs en ville et, la culture populaire urbaine se propageant jusqu'aux villages les plus reculés dans les années 1920 et 1930, de plus en plus de jeunes ruraux en vinrent à préférer la ville à la campagne. Ce mouvement eut pour effet d'encourager les enfants des campagnes à tenir le mode de vie urbain pour meilleur et plus cultivé que celui des campagnes. Une enquête du Komsomol dans l'un des districts agricoles les plus cultivés de la province de Voronej au milieu des années 1920 établit que 85 % de ses membres venaient de familles paysannes ; or, 3 % seulement disaient vouloir travailler dans l'agriculture. La plupart des enfants souhaitaient quitter la campagne pour la ville et trouver une place dans une boutique ou un travail de bureau, étudier au collège, travailler dans l'industrie ou entrer dans l'armée[72].

Cette division entre jeunes et vieux déchira la famille Medvedev. Andreï était né en 1880 dans le village d'Oblovka, sur la ligne de chemin de fer entre Tambov et Balachov, à 570 kilomètres au sud-est de Moscou. Forgeron de son métier, il gagnait sa vie l'hiver en réparant les toitures métalliques des maisons des paysans riches, mais l'été il travaillait avec ses cinq frères à la ferme familiale de son père, Fiodor, dans la maison duquel vivaient les dix-sept Medvedev. Fiodor était un patriarche, fervent orthodoxe, avec de longs cheveux blancs qui lui tombaient sur les épaules. Il dirigeait sa maison à l'ancienne : « Nous observions les usages des anciens temps, se souvient l'une de ses petites-filles. Tout le monde mangeait à la même écuelle, et mon grand-père nous donnait le signal de départ avec un coup de cuiller frappé sur le côté. S'il ne parlait, nul ne pipait mot. »

En 1923, Andreï épousa Aliona, une jeune femme deux fois plus jeune que lui, et qui en 1917, avec ses parents, avait fui Petrograd affamée pour la campagne de Tambov. Aliona était issue d'une famille pauvre d'ouvriers agricoles. Son père, porteur de gare, s'était retrouvé seul avec sept enfants à la mort de sa femme ; à Tambov, ils avaient vivoté en offrant leurs services aux paysans. Andreï fit entrer sa jeune épouse dans la maison de Fiodor ; leur fille, Nina, vit le jour en 1924. D'emblée, Aliona eut du mal à se soumettre aux usages patriarcaux du foyer. Bien qu'elle n'eût fait que trois ans d'école, Aliona devint la secrétaire du soviet du village. Elle monta une école et apprit à lire aux enfants — et à beaucoup d'adultes. Andreï ne s'intéressait pas aux livres : il n'y en avait pas chez les Medvedev. Elle rapporta donc du bourg le plus proche des livres et des magazines que les enfants apprirent à lire. En 1928, l'école d'Aliona devint un « point de liquidation » (*likpounkt*) dans la campagne du Komsomol pour liquider l'analphabétisme (*likbez*), laquelle s'inscrivait à son tour dans le cadre de la campagne contre la religion et la culture patriarcale en pays rural. Aliona devint activiste au Jenotdel, le département des femmes du Parti, ce qui l'amenait souvent à suivre des conférences au chef-lieu. Consterné par l'indépendance d'Aliona, Fiodor menaça de la chasser de sa maison et se disputa souvent avec son fils, un des leaders du soviet du village, qui soutenait les activités de sa femme, alors même qu'il était jaloux et n'aimait pas la laisser partir seule en ville.

En septembre 1929, un kolkhoze fut formé à Oblovka. Vingt-neuf seulement des soixante-sept foyers du village avaient consenti à y entrer, mais cela parut suffisant pour l'imposer de force. Andreï fut élu président. Mais Fiodor refusa d'en être. Sa vache avait vêlé, et il ne voulait pas donner le petit veau. Le père et le fils eurent une violente dispute. « Ils se seraient entre-tués si ma mère n'était pas intervenue, raconte Nina. Ils se traitèrent de tous les noms et jurèrent de suivre chacun sa voie. » La ferme fut partagée. Andreï en prit sa part et rejoignit le kolkhoze, tandis que Fiodor, avec ses quatre-vingt-un ans, continua de travailler seul. Quatre mois plus tard, le vieillard fut arrêté comme « koulak » : l'un des douze « koulaks » arrêtés à Oblovka, tous sur la foi d'un rapport du soviet du village. La maison de Fiodor fut démolie, et lui-même exilé en Sibérie. Mais le drame familial ne s'arrêta pas là. En tant que président du kolkhoze, Andreï avait attaché son destin à la campagne, mais Aliona était attirée par la ville. Elle espérait surtout y trouver un traitement pour sa fille Nina, aveugle de naissance, qui avait besoin de soins particuliers. En avril 1930, elle quitta Andreï, prit Nina et s'en alla retrouver sa famille à Leningrad, où elle louait un minuscule coin dans une chambre qui appartenait à des amis de parents. « Nous n'avions que 4 mètres carrés, raconte Nina, juste assez pour un lit étroit avec une table de chevet et deux petites chaises, sur lesquelles je dormais, tandis que maman occupait le lit. » La famille vivait séparée depuis deux ans quand, en octobre 1932, Andreï vint à son tour à Leningrad. L'attrait de la famille s'était révélé plus fort que son attachement à la ferme collective. Les Medvedev emménagèrent dans une chambre plus spacieuse au centre-ville. Aliona enseigna à l'école de Nina et Andreï trouva une place de couvreur dans les services techniques de l'OGPU[73].

À l'instar des Medvedev, de nombreuses familles succombèrent aux pressions jumelles de la collectivisation et de l'urbanisation. La collectivisation ne fut pour la paysannerie russe que le dernier cataclysme social en date d'une longue série, entre autres la Grande Guerre, la révolution, la guerre civile et la famine, qui firent des millions de victimes. Mais, d'une certaine façon, elle fut le plus traumatique parce qu'elle divisa les familles, montant les fils contre les pères sur la question de l'adoption ou non du mode de vie soviétique. Combien de fils allèrent jusqu'à dénoncer leurs pères ? Il est difficile de le dire. Il y en eut assurément quelques-uns, sinon autant que l'on pourrait le croire en épluchant la presse soviétique, qui donna l'impression dans les années 1930 que les campagnes étaient pleines de véritables Pavlik Morozov. La presse rapporta qu'un pionnier du nom de Sorokine avait surpris son père à voler le grain du kolkhoze et l'avait fait arrêter par la police ; qu'un écolier, Serioja Fadeïev, avait rapporté à son instituteur que son père avait caché une réserve de pommes de terre ; et qu'un gamin de treize ans, un certain Pronia Kolybine, avait dénoncé sa mère pour avoir volé du grain des champs du kolkhoze (il en fut récompensé par un voyage à Artek, le fameux camp de vacances des Pionniers en Crimée, tandis que sa mère était expédiée dans un camp de travail)[74].

Les Pionniers encourageaient les enfants à prendre exemple sur Pavlik Morozov et à dénoncer leurs parents. Les brigades de pionniers étaient couramment déployées pour surveiller les champs du kolkhoze et signaler les paysans qui volaient du grain. La *Pionerskaïa pravda* imprimait le nom des jeunes informateurs avec la liste de leurs exploits. Au faîte du culte de Pavlik Morozov, dans les années 1930, on attendait presque du véritable pionnier qu'il prouvât sa valeur en dénonçant ses parents. Un journal de province y alla de sa mise en garde : les pionniers qui ne donnaient pas de renseignements sur leur famille devaient inspirer la méfiance et, s'ils manquaient notoirement de vigilance, il fallait les dénoncer. Dans ce climat, il n'est pas étonnant que les parents aient eu peur de parler en présence de leurs enfants. Un médecin se souvient :

> Je n'ai jamais rien dit contre Staline à mon garçon. Après l'histoire de Pavlik Morozov, on avait peur de lâcher le moindre mot par inadvertance, fût-ce dans l'oreille de son propre fils ; sans le faire exprès, il pouvait en parler à l'école et l'administration ne manquerait pas de le signaler, et ils demanderaient au garçon : « Où as-tu entendu ça ? » Et le gamin répondrait : « C'est papa qui le dit, et papa, il a toujours raison », et avant même de le savoir les ennuis sérieux commenceraient[75].

Un homme qui eut de graves ennuis fut le père d'Alexandre Marian. Alexandre était le chef du Komsomol dans son village natal de Malaïechty, près de Tiraspol dans le sud-ouest de l'Ukraine. Il avait dix-sept ans, en 1932, quand il dénonça son père Timofeï dans une lettre à la police. Alexandre était un fanatique de la collectivisation, se réjouissant de la guerre contre les « koulaks », qu'il décrivit dans son journal à la date du 8 juin 1931 comme la « dernière, mais plus grande classe d'exploiteurs de l'URSS ». Timofeï n'était pas d'accord. Il critiquait la collectivisation. Et il le dit à son fils, qui s'empressa de le dénoncer. Timofeï fut arrêté et expédié dans un camp de travail. Dans son journal, en octobre 1933, Alexandre rapporte un échange avec un camarade du Komsomol qui prétendait qu'il fallait lui enlever la direction en raison des vues « contre-révolutionnaires » de son père :

> J'ai dû expliquer au camarade, écrit-il, que mon père a été arrêté à ma demande. S'il a chuté dans une position antisoviétique, c'est des suites de son expérience de prisonnier de guerre en Autriche [lors de la Première Guerre mondiale]… Il en est revenu épris de

> l'ordre autrichien, convaincu que les petites exploitations bourgeoises qu'il avait vues en Autriche étaient la clé de la richesse agricole. [...] Dans les erreurs de la première période de la collectivisation, il n'a vu que chaos, non pas une complication temporaire. Si seulement il avait connu les lois de la dialectique, si seulement il avait été politiquement averti, il aurait reconnu l'erreur de ses vues et les aurait abjurées[76].

Les dénonciations témoignant d'un tel fanatisme idéologique furent probablement très rares. Le plus souvent, les jeunes étaient réactifs : ils tournaient le dos aux leurs, plutôt que de les dénoncer, et encore ne le faisaient-ils qu'après que leurs parents eurent été démasqués comme « ennemis ». Endoctrinés par leurs écoles et les Pionniers, ils ne voyaient peut-être pas à quoi bon ruiner leurs perspectives de carrière en ne se désolidarisant pas des membres de leur famille qui, en tout état de cause, étaient déjà sous les verrous. Ce comportement était souvent le fruit de pressions et de considérations complexes : menaces d'expulsion des Pionniers ou du Komsomol, exclusion des collèges et de différentes professions, s'ils ne prouvaient pas leur loyauté et leur vigilance soviétiques en renonçant à leurs parents arrêtés. Cela explique les divers avis stéréotypés publiés par milliers dans la presse :

> Moi, Nikolaï Ivanov, je renonce à mon père, un ancien prêtre, parce que de longues années durant il a trompé les gens en leur disant que Dieu existe ; et c'est pour cette raison que je coupe les ponts avec lui[77].

Une partie de ces reniements étaient sans doute encouragés par les parents eux-mêmes, qui voyaient bien la nécessité d'une rupture si les enfants voulaient faire leur chemin dans la société soviétique. En 1932, par exemple, un garçon de seize ans, issu d'un foyer juif traditionnel des environs de Krementchoug, écrivit au journal yiddish local pour dire qu'il renonçait aux usages rétrogrades de sa famille :

> Je refuse d'appartenir plus longtemps à cette famille. J'ai le sentiment que mon véritable père est le Komsomol, qui m'a appris ce qui importe dans la vie. Ma véritable mère est notre mère patrie ; l'Union des républiques socialistes soviétiques et le peuple de l'URSS sont désormais ma famille.

D'après sa petite sœur, interrogée par la suite, le garçon avait écrit ce reniement à la demande pressante de son père :

> Quand j'ai eu quatorze ans, raconte la fille, mon père nous a appelés, moi et mon frère, dans une chambre et nous a expliqué que sa façon de vivre ne convenait pas pour les temps modernes. Il ne voulait pas que nous répétions ses erreurs, par exemple que nous observions les traditions religieuses juives. Il nous a dit d'aller voir le rédacteur en chef d'un journal mural de l'école pour y annoncer que nous menions désormais une vie nouvelle et que nous ne voulions plus avoir rien de commun avec le passé religieux de notre père. Voilà ce qu'a fait notre père. Il a dit que ça ne voulait rien dire pour lui, mais que, dans son idée, cela nous ouvrirait un avenir plus brillant[78].

D'autres facteurs encore, à commencer par l'ambition, poussèrent des jeunes gens à renier leurs parents. Nombre de ces lettres publiques de reniement furent écrites à la veille de quitter la maison pour l'université ou une carrière en ville. Il s'agissait de proclamer une identité nouvelle, son attachement aux rêves et aux objectifs soviétiques. Le début des années 1930 fut une période de mobilité sociale et de chances considérables : les fils et filles d'ouvriers aspiraient à devenir des professionnels ; les enfants de paysans rêvaient de venir en ville. La propagande alimentait à dessein toutes ces ambitions en plaçant le culte de la réussite personnelle au centre du plan quinquennal. Films, livres et chansons retraçaient les exploits de « héros ordinaires » du prolétariat — ingénieurs et scientifiques, ouvriers modèles, aviateurs et explorateurs, ballerines, sportifs et sportives — dont la gloire rejaillissait sur l'Union soviétique.

Ces ambitions étaient souvent très chères aux enfants de « koulaks » et autres « ennemis » du régime : un paradoxe qui niche au cœur du conflit entre les pères « koulaks » et leurs fils. Ayant grandi avec le stigmate de leurs origines, ils voulaient être reconnus dans la société en égaux, ce qu'ils ne pouvaient obtenir qu'en rompant avec leur passé. Les uns renoncèrent à leurs parents « koulaks » ; d'autres les effacèrent de leur biographie, ou prétendirent qu'ils étaient « morts » ou qu'ils avaient « fui ». Ces reniements étaient souvent nécessaires à la survie. Mais leur souvenir peut encore inspirer des sentiments de remords ou de honte : non que ces jeunes aient dénoncé quiconque, mais parce qu'ils eurent des vies relativement « normales » et suivirent leurs carrières alors que leurs parents disparaissaient au Goulag. Ils s'étaient ralliés au système soviétique et y avaient trouvé leur place, alors même qu'ils savaient que le système avait détruit leur famille.

Nul n'a exprimé ce remords avec plus de force que le poète Alexandre Tvardovski. Il était né en 1910 à Zagore, dans la province de Smolensk, où son père,

Trifon, maréchal-ferrant, assurait une vie confortable mais modeste à sa femme et à ses sept enfants. Adolescent, Alexandre fut communiste. Il entra au Komsomol en 1924 et devint activiste au village. Il discutait souvent de politique avec son père et s'enfuit de son foyer à deux reprises, incapable qu'il était de se faire au mode de vie paysan de sa famille. En 1927, il rejoignit l'Association des écrivains prolétariens (RAPP), s'installa à Smolensk, et publia son premier poème, « À un père qui est riche » (« Ottsou-bogateïou ») dans *Jeune Camarade*, le journal du Komsomol :

Chez toi, il ne manque de rien,
Tu es riche — et j'en suis sûr,
De tous les logis à cinq murs,
Le meilleur est le tien[79].

Au printemps de 1930, les autorités frappèrent la famille de Trifon d'un lourd impôt. Craignant l'arrestation, Trifon fuit vers le Donbass à la recherche de travail. Ses fils Ivan (alors âgé de dix-sept ans) et Constantin (vingt-deux ans) le suivirent à l'automne, imaginant alléger le fardeau de leur mère en partant à la recherche de leur père. Ivan rentra à l'hiver, à seule fin de découvrir que l'école du village lui était désormais interdite en tant que fils de « koulak ». En mars 1931, la famille Tvardovski — Alexandre excepté — fut déportée de Zagore. Constantin, emprisonné à Smolensk, et Trifon, arrêté à son retour du Donbass, rejoignirent le convoi en route pour l'Oural. La famille passa les deux années suivantes entre camps de travail et « colonies spéciales », mais aussi en cavale, prenant toutes sortes de places en usine ou dans les mines chaque fois qu'ils trouvaient une brèche dans le système des passeports, se séparant pour se réunir plus tard, jusqu'à l'automne de 1932, où Trifon trouva une place de forgeron dans une usine de Nijni Taguil, dans l'Oural.

Pendant ce temps, Alexandre étudiait à l'Institut pédagogique de Smolensk, où il se faisait un nom comme jeune poète. Dans son premier long poème, « La route du socialisme » (1931), il brossa un tableau resplendissant de la vie dans les fermes collectives. Lors de réunions d'étudiants à l'Institut, il prit parti pour la campagne contre les « koulaks ». Pourtant, il était visiblement gêné par le traitement réservé à sa famille : au printemps de 1931, en effet, il alla voir le secrétaire régional du Parti, I. P. Roumiantsev, dans l'espoir qu'il pourrait alléger leur sort par ses interventions. En 1954, Tvardovski rapporta la réponse qu'il lui fit : « Dans la vie, déclara Roumiantsev, il est des moments où il faut choisir entre sa famille et la Révolution. » Après cette entrevue, Tvardovski fut classé comme « hésitant ». Les autorités soviétiques mirent sa loyauté à l'épreuve. Lors des réunions littéraires, il fut attaqué comme fils de « koulak ». Il n'évita l'expulsion que grâce au plaidoyer courageux et vigoureux d'un écrivain local, Adrian Makedonov (qui sera plus tard arrêté)[80].

Craignant pour sa carrière, Tvardovski prit ses distances vis-à-vis des siens. Au printemps de 1931, ses parents lui écrivirent de la « colonie spéciale » de Lialia dans l'Oural. Ils n'espéraient pas de lui une aide financière. Ils savaient bien qu'il n'avait pas d'argent, confia Ivan en 1988 : « Ils espéraient simplement qu'il voudrait peut-être rester en contact avec son père et sa mère, ainsi qu'avec ses frères et sœurs. » Ivan raconte la suite :

> Alexandre a répondu deux fois. Dans la première lettre, il a promis de faire quelque chose. Mais une seconde lettre est bientôt arrivée. Elle contenait ces lignes, que je ne peux pas oublier: « Mes chers! Je ne suis ni un barbare ni une bête. Je vous demande de vous fortifier, d'être patients et de travailler. La liquidation des koulaks en tant que classe ne signifie pas la liquidation des gens, encore moins la liquidation des enfants... » Plus loin, il y avait cette phrase: « Je ne peux vous écrire... ne m'écrivez pas. »

Quand on lui lut cette lettre, poursuit Ivan, sa mère

> a baissé la tête et s'est affalée sur un banc, où elle s'est perdue dans ses réflexions, qu'elle exprimait à voix haute, alors même que ce qu'elle disait ne s'adressait pas à nous, mais à elle, pour s'assurer de l'amour de son fils et son attachement.
>
> « Je sais, je sens bien, je crois... que ça a été dur pour lui. Mon fils n'avait sûrement pas le choix. La vie est un carrousel. Qu'est-ce que l'on y peut[81] ? »

Deux mois plus tard, en août 1931, Trifon prit le plus jeune de ses fils, Pavlik, et s'enfuit de Lialia, où le reste de sa famille demeura. Un mois plus tard, ils étaient à Smolensk. Ils se rendirent à la Maison des soviets, où ils savaient pouvoir trouver Alexandre qui travaillait dans les bureaux éditoriaux. Trifon demanda au garde d'appeler son fils:

> Je savais ce qu'il nous avait écrit à Lialia, mais je me disais: c'est mon fils! Au moins pouvait-il s'occuper de Pavlouchka [Pavlik]. Quel mal le garçon lui avait-il fait, son propre frère? Alexandre est sorti. Qu'à Dieu ne plaise, comment une entrevue avec un fils peut-elle être si effrayante! Je l'ai regardé dans un état de quasi-panique, lui qui était grand, beau et mince! Le

fils de son père ! Il nous a considérés en silence. Puis il a dit, non pas : « Bonjour, père », mais : « Comment es-tu venu ici ?

— Choura [Alexandre] ! Mon fils ! ai-je dit. Nous mourons là-bas ! De faim, de maladie, de châtiments arbitraires !

— Et donc tu t'es enfui ? » a-t-il demandé brutalement, d'une voix qui ne ressemblait pas à la sienne.

Et il a eu un regard différent, aussi, un regard qui me clouait au sol.

« Je ne peux t'aider qu'en te renvoyant d'où tu viens, sans te dénoncer ! »

Tels ont été très exactement les mots d'Alexandre.

J'ai compris que ça ne rimait à rien de continuer à supplier, à implorer. Je lui ai simplement demandé d'attendre que j'aille voir un ami à Stolpovo, qui me devait de l'argent, et qu'ensuite, à mon retour, il pourrait faire de moi ce qu'il lui plairait. Il était visiblement ébranlé.

« Très bien, va », a-t-il dit.

À Stolpovo, Trifon alla voir son ami. Ils burent ensemble pendant que Pavlik dormait. Puis, à minuit, la police vint arrêter Trifon. Alexandre l'avait trahi[82].

Quatre années passèrent avant qu'Alexandre ne revît les siens ou n'en entendît à nouveau parler. Durant cette période, soupçonne Ivan, Alexandre épancha ses sentiments de culpabilité dans sa poésie inédite :

Qu'es-tu, frère ?
Comment vas-tu, frère ?
Où es-tu, frère ?
Sur quel Belomorkanal ?

(« Frères », 1933)

En 1935, Ivan alla voir Alexandre à Smolensk. Ayant fui la « colonie spéciale », Ivan avait passé les trois dernières années en cavale, travaillant de-ci de-là à Moscou et dans d'autres villes industrielles, mais il brûlait de revoir sa ville natale et il avait le sentiment que l'heure était venue de faire savoir à son frère ce qu'il était advenu de sa famille. Les frères eurent deux brefs tête-à-tête, où Alexandre avertit son frère qu'il devait quitter Smolensk. « Il n'y a rien pour toi ici, expliqua-t-il à Ivan. Tu ne trouveras rien, que des désagréments. Pour moi, en revanche, il est important de vivre ici, où on me connaît bien[83] ! »

Alexandre Tvardovski, 1940

À l'époque, Ivan déborda d'amertume envers son frère. Plus tard, cependant, il finit par comprendre les pressions qui s'exerçaient sur lui, son besoin de rester dans une ville où il était connu et respecté, et où sa réussite assurait quelque protection. Réfléchissant aux choix de son frère, Ivan a écrit avec compassion :

> J'ose dire que ma visite a réveillé en lui des sentiments de culpabilité et le remords. Il n'aurait pu oublier les lettres qu'il nous a écrites en exil, ni son entrevue avec père à la Maison des soviets. J'étais navré pour mon frère. Que cela me plût ou non, force m'était bien de reconnaître qu'il était un membre sincère du Komsomol et qu'il l'était depuis les années 1920. Je crois aujourd'hui que la violence révolutionnaire qui a emporté nos parents et nos frères et sœurs pouvait bien paraître injuste et fourvoyée, mais qu'Alexandre y voyait une espèce d'épreuve, un test pour voir s'il pouvait être un vrai militant du Komsomol. Peut-être n'y avait-il personne à qui il dût le prouver… peut-être devait-il juste se le prouver à lui-même. Sans doute raisonnait-il ainsi : « Tout "koulak" est le père de quelqu'un, et ses enfants, les frères et sœurs de quelqu'un. En quoi ma famille est-elle différente ? Sois brave et fort, ne te laisse pas aller à l'humanitarisme abstrait et autres sentiments en dehors des intérêts de classe. » Telle était sa logique : si tu soutiens la collectivisation, cela veut dire que tu soutiens la liquidation des « koulaks » en tant que classe ; et, moralement, tu n'as pas le droit de demander une exception pour ton père. Il est possible que dans son cœur Alexandre ait pleuré sa famille, mais ce n'était qu'une famille de « koulaks » parmi tant d'autres[84].

V

La « grande rupture » de 1928-1932 détruisit les liens et loyautés qui unissaient autrefois familles et communautés. Elle accoucha d'une nouvelle espèce de société, où les individus se définissaient par leur relation à l'État. Dans ce système, la classe sociale était tout : l'État promouvait les « prolétaires » et réprimait la « bourgeoisie ». Or, la classe n'était pas une catégorie fixe ni rigide. Alors que des millions de personnes quittaient leurs foyers, changeaient de travail ou circulaient à travers le pays, il était relativement facile de changer de classe sociale ou de la réinventer. Les Soviétiques apprirent à se confectionner une identité de classe qui les aiderait à aller de l'avant. Ils devinrent habiles à dissimuler ou à déguiser des origines sociales impures, à habiller leur biographie pour lui donner des airs plus « prolétariens ».

L'idée de « travailler sur soi » était un lieu commun chez les bolcheviks. Elle était au cœur de leur projet de créer une personnalité humaine d'un type supérieur (l'Homme nouveau soviétique) en se purgeant des pulsions « petites-bourgeoises » et individualistes héritées de la vieille société. Comme l'écrivait un dirigeant du Parti en 1929 : « Nous sommes tous des hommes du passé, avec tous les travers du passé, et il y a beaucoup de travail à faire sur nous tous. Nous devons tous travailler sur nous[85]. » En même temps, l'aptitude des gens à changer d'identité de classe ou à la manipuler était une grande source d'inquiétude pour la direction du Parti[86]. La crainte était largement partagée que le « prolétariat » — base sociale imaginaire de la dictature — ne se « diluât » du fait de l'afflux massif en ville d'une paysannerie ruinée et d'autres « types petits-bourgeois » (« koulaks », marchands, prêtres, etc.) ; que le Parti fût noyé sous le flot des « égoïstes » et aventuriers qui avaient réussi à dissimuler leurs origines sociales impures.

La presse soviétique n'était jamais à court d'histoires d'imposteurs de cette espèce. Le plus célèbre fut Vladimir Gromov, condamné en 1935 à dix années de travaux forcés sur le canal de la mer Blanche, pour s'être fait passer pour un ingénieur qualifié doublé d'un architecte primé. Gromov avait utilisé des faux papiers pour obtenir des postes bien payés et un appartement de prestige à Moscou. Il réussit même à persuader le commissaire du peuple au Ravitaillement, Anastase Mikoïan, de lui avancer un million de roubles[87]. Ce souci des imposteurs trahissait une angoisse profonde parmi les dirigeants du Parti. Il influença la culture de la purge, dont la rhétorique violente de dénonciation se justifiait par la nécessité de démasquer la véritable identité des « ennemis cachés ». Tout au long des années 1930, la direction du Parti entretint l'idée populaire que les collègues et les voisins, voire les amis ou les parents, n'étaient pas forcément ce qu'ils semblaient être : une croyance qui devait largement empoisonner les relations personnelles et nourrir la terreur de masse de 1937-1938. « C'est fou, ça ! lâcha le petit frère d'Elena Bonner à l'arrestation de leur père. Ces "ennemis du peuple", ils arrivent même à se glisser dans les papas[88] ! »

De même que la collectivisation, le lancement du plan quinquennal s'accompagna d'une purge sociale massive des « ennemis de classe » et autres « éléments étrangers » afin d'éliminer toute opposition et dissension potentielles. Avec l'introduction du système des passeports, la police reçut pour consigne d'amplifier la campagne en vue de chasser des villes tous les éléments « socialement impurs » : « koulaks », prêtres, marchands, criminels, « parasites » et prostituées, Tziganes et autres groupes ethniques (Finlandais, Coréens, Allemands de la Volga, etc.)[89].

La peur de l'exclusion sociale poussa des millions de personnes à dissimuler leurs origines. Car, alors que l'idéologie admettait théoriquement que l'on pût changer, le processus pouvait être long et incertain. La dissimulation pouvait apparaître comme le chemin le plus fiable, certainement le plus court, pour se rendre socialement acceptable. Dans le chaos du début des années 1930, il était relativement facile de changer d'identité en allant simplement dans une autre ville, ou en se procurant de nouveaux papiers. Il était aisé d'en obtenir de faux en versant des pots-de-vin ou en s'adressant à des faussaires, que l'on trouvait dans tous les bourgs. Mais il n'était même pas nécessaire de payer pour avoir une biographie sans tache. Beaucoup se contentèrent de jeter leurs anciens papiers avant d'en réclamer de nouveaux à un autre soviet, donnant d'autres renseignements sur leur origine, voire changeant de nom et de lieu de naissance[90]. En province, les fonctionnaires du soviet et de la police étaient notoirement inefficaces et corrompus.

Pour les femmes, le mariage était une autre manière de maquiller leurs origines sociales. Anna Doubova, née en 1916, appartenait à une famille nombreuse paysanne de la province de Smolensk. Son père fut arrêté comme « koulak » en 1929, puis envoyé travailler sur un chantier à Podolsk, juste au sud de Moscou, où sa femme et ses enfants le suivirent. La mère d'Anna trouva une place dans un élevage de lapins, tandis qu'elle-même entra dans une école d'apprentissage en usine (FZU) rattachée à une boulangerie. Alors même qu'ils se croyaient en passe de devenir à nouveau des gens « normaux », un ami de la sœur d'Anna, au Komsomol, dénonça la famille, l'accusant de dissimuler ses origines

« koulaks ». Les Doubov furent déportés. Ils perdirent tout ce qu'ils possédaient ainsi que leur droit de résidence. Les parents d'Anna et leurs plus jeunes enfants partirent pour Rjev, à 200 kilomètres à l'est de Moscou, où ils logèrent dans une « sorte d'appentis » qui appartenait à des parents de son père. Anna fuit à Moscou, où une autre sœur, mariée avec un Moscovite, lui donna un coin où dormir par terre dans sa minuscule chambre. Sans permis de séjour, vivant illégalement, Anna n'en poursuivit pas moins ses ambitions. Diplômée de la FZU, elle devint pâtissière à l'usine bolchevik de gâteaux, où elle se spécialisa dans la décoration. Son avenir commençait de paraître brillant. Mais le danger persistait : elle perdrait tout si ses origines « koulaks » et l'illégalité de sa situation étaient découvertes. Elle s'est confiée lors d'entretiens dans les années 1990 :

> Toute cette époque, j'ai eu peur chaque fois que j'apercevais un policier, parce qu'il me semblait qu'il pouvait me dire que quelque chose en moi n'allait pas. Et je me suis mariée à seule fin de pouvoir cacher mes origines [...]. Mon mari était de la *bednota* [la paysannerie pauvre]. Il était membre du Komsomol et secrétaire d'un soviet de village non loin de Moscou. En tant que membre du Komsomol, il avait pour tâche d'identifier et d'exproprier les « koulaks ». [...] Mon mariage était une sorte de camouflage. Je n'avais nulle part où vivre, mais du jour où je me suis mariée, nous avons eu une chambrette à nous. Et quand j'allais au lit, je me disais, Seigneur, je suis dans mon lit à moi !

Le mari d'Anna était un brave homme, mais il était porté sur la bouteille. « Je ne cessais de rêver : "Seigneur, si seulement je pouvais épouser un compagnon qui sache se tenir." Je vivais avec lui, mais je rêvais d'un mari digne, alors même que j'avais donné naissance à notre fille[91]. »

La menace d'être démasqués hantait les gens contraints de mener cette double vie. « Je vivais constamment dans la peur », raconte un ancien colonel de la police secrète, communiste exemplaire, qui dissimula tout au long de sa vie ses origines nobles. « Je ne cessais de me dire : "Imagine un peu que l'on découvre soudain qui tu es vraiment." Tout ce pour quoi j'ai travaillé, tout ce que j'ai construit pour moi et ma famille, ma vie, ma carrière, tout s'effondrera. » Mais la peur n'était qu'un élément parmi les nombreux élans et émotions contradictoires — passivité, désir de retrait, honte, infériorité — qui pouvaient nourrir chez la même personne une haine secrète du régime en même temps que la volonté de dépasser ses stigmates en se montrant toute dévouée à la cause soviétique. Certains se sont perdus dans ce dédoublement. Le moi profond était englouti par le personnage public. « J'ai commencé à me dire que j'étais l'homme que je prétendais être[92]. »

Le jeune Simonov connut quelque chose de comparable. Dissimulant ses origines nobles, il s'inscrivit comme « prolétaire » à la FZU de Saratov, où il suivit une formation de tourneur. Simonov était entré dans cette école contre le vœu de son beau-père, qui aurait voulu le voir étudier dans un institut supérieur ou à l'université : le cursus typique de la classe de serviteurs de l'État de l'ancien monde d'où venaient ses parents. Mais la vision de la nouvelle société industrielle excitait l'adolescent Simonov. Il voyait dans le prolétariat la nouvelle classe dirigeante et voulait le rejoindre. « C'était le début du plan quinquennal, raconte Simonov, et j'étais emporté par son esprit romantique. J'ai adhéré à un club pour discuter du plan et de ses variantes, qui m'intéressaient bien plus que mes études secondaires. Mon beau-père en était tellement contrarié que c'est à peine s'il m'a adressé la parole au cours de ma première année d'école professionnelle[93]. »

Simonov, « le prolétaire », 1933

À l'école professionnelle, l'atmosphère était au militantisme prolétarien. La moitié des étudiants étaient issus de familles ouvrières, et l'autre moitié de foyers pour enfants. Fils d'une princesse, Simonov était dangereusement déplacé, mais il fit de son mieux pour jouer son rôle, délaissant les shorts et les sandales de ses primes années d'adolescence pour passer une tunique d'ouvrier et une casquette à visière afin d'être dans le coup. Au cœur de l'attirance que le prolétariat exerçait sur Simonov, il y avait l'idée d'indépendance du travailleur : « La vie d'un homme pleinement adulte, telle que je la concevais, ne démarrait que le jour où il commençait à travailler et rapportait de l'argent à la maison. Je voulais être indépendant et gagner ma vie dès que possible[94]. » Naturellement, en rejoignant l'armée des ouvriers, Simonov deviendrait aussi indépendant de sa famille, dont les origines nobles ne pouvaient que le retenir.

Pour financer ses études à l'école technique de Saratov, Simonov travaillait, le soir, comme apprenti à l'Usine universelle. Il assemblait des cartouches pour les fusils d'assaut que produisait l'immense usine de munitions. Au printemps de 1931, il gagnait 15 roubles : un salaire mensuel modeste, mais une contribution importante au budget familial, surtout après avril, quand son beau-père Alexandre fut arrêté et que Simonov devint, à quinze ans, le seul soutien de la famille.

L'arrestation se déroula en bonne et due forme. On frappa à la porte à 10 heures du soir. La famille était déjà au lit, parce que Alexandra s'était sentie mal. Alexandre prit le temps de s'habiller avant de laisser la police pénétrer dans leur appartement. À son réveil, Constantin vit son beau-père en train de lire le mandat de perquisition avec une loupe :

> La perquisition a duré un bon moment ; ils l'ont menée correctement, passant méthodiquement au crible tout ce qui se trouvait dans les deux chambres, épluchant même mes cahiers sur la technologie des métaux, mes cahiers depuis la septième, et feuilletant l'énorme liasse de lettres de ma mère : elle adorait écrire et aimait que parents et amis en fissent tous autant. […] Quand les hommes eurent achevé la perquisition, remis de l'ordre dans les papiers et les lettres et, me semble-t-il, mais je peux me tromper, dressé une sorte de liste des pièces confisquées, je me

> suis dit que c'était terminé. Mais c'est alors que l'un d'eux a sorti un papier de sa poche et l'a tendu à père. Un mandat d'arrestation. Sur le coup, je n'ai pas cru, même si je l'ai compris plus tard, que l'arrestation était prévue dès le tout début, indépendamment des résultats de la perquisition. Il était difficile de regarder mère. Elle avait certes du caractère, mais elle était visiblement mal : elle avait passé toute la nuit assise avec une forte fièvre et tremblait de tous ses membres. Père était calme. Il a lu le document — l'examinant de nouveau à la loupe, qu'il a sortie de la poche de son gilet — et s'est assuré qu'il s'agissait bel et bien d'un ordre d'arrestation, puis il a vite donné un baiser à mère en lui disant qu'il serait de retour sitôt le malentendu dissipé. Sans piper mot, il m'a donné une énergique poignée de main puis est sorti avec les hommes qui l'avaient arrêté[95].

Comme Alexandre, Simonov crut à un malentendu. Il devait savoir que beaucoup de spécialistes avaient été arrêtés à Saratov, y compris divers officiers de l'école militaire où son beau-père enseignait. Mais comme la plupart de ceux qui avaient eu un parent arrêté, Simonov supposa que l'arrestation de son beau-père était une erreur. « Je me disais que les autres devaient être coupables de quelque chose, que c'étaient des ennemis, mais je ne les rattachais pas à mon beau-père[96]. » Cette distinction l'aida à garder confiance dans le système judiciaire soviétique, encore renforcée par la conduite régulière des officiers de l'OGPU, au cours de l'arrestation d'Alexandre, mais aussi au cours de celle d'un parent de son beau-père, Evgueni Lebedev, à Krementchoug, dont Simonov avait été témoin quatre ans plus tôt.

À la demande d'Alexandra, Simonov informa ses

professeurs de l'école technique de l'arrestation. Ne pas la déclarer serait lâche, trancha-t-elle. Simonov ne fut pas chassé de l'école, mais on lui conseilla de différer sa candidature au Komsomol en attendant la libération de son beau-père. Alexandra et son fils furent chassés de leur petit appartement à la caserne. Tous leurs biens furent jetés à la rue : une table et des tabourets, deux bibliothèques, une penderie, un lit et une malle pour officiers de la Première Guerre mondiale avec un hamac dans lequel Simonov avait dormi. Il pleuvait. Des voisins accueillirent Alexandra, qui avait de la fièvre, tandis que son fils errait dans les faubourgs de Saratov, à la recherche d'un toit pour eux deux. Ayant trouvé une chambre à louer, il demanda à un chauffeur de camion de l'aider à transporter leurs affaires. Toute sa vie, il devait se rappeler ce jour — où il prit les rênes de la famille — comme de celui où il devint adulte :

> Je m'en souviens sans ressentiment, et même avec une certaine satisfaction, parce que j'avais prouvé que je savais faire face. Je me sentais blessé, mais c'était surtout pour ma mère. [...] Elle ne pouvait pardonner aux responsables de notre expulsion. Sans doute est-ce parce que je ressentais sa blessure, et que je n'étais encore qu'un garçon, que je me souviens encore de leurs noms [...][97].

Simonov ne réagit pas à l'arrestation de son beau-père en blâmant le régime ni en le remettant en cause, mais en travaillant plus dur encore pour entretenir sa famille. Peut-être l'arrestation de son beau-père le renforça-t-il aussi dans la conviction qu'il avait besoin de se protéger en cultivant son identité révolutionnaire. Tout au long de l'été, Simonov continua d'étudier le jour et de travailler la nuit à l'usine. Promu au second degré des apprentis, il doubla son salaire, ce qui était suffisant pour faire vivre sa mère et envoyer deux colis par semaine à son beau-père incarcéré. Alexandra gagna quelque argent en donnant des cours de français et d'allemand dans une école secondaire. Alexandre fut libéré à l'automne. « Il serra ma mère dans ses bras et l'embrassa. Il m'embrassa moi aussi, ce qui n'était pas courant, se souvient Simonov. Quelque chose en lui avait changé. Au départ, je ne l'ai pas remarqué. Puis j'ai compris : son visage était froid et blanc, il avait perdu son hâle habituel[98]. »

Alexandre ne dit mot des tortures qu'il avait subies en prison. Il ne devait lâcher qu'une chose : toutes les accusations portées contre lui avaient été retirées, parce qu'il avait refusé de se confesser, fût-ce sous de « sévères pressions ». Comme le rappelle Simonov, la leçon qu'il tira de cette affaire portait exclusivement sur la nécessité de rester ferme :

> Aujourd'hui [en 1978], je m'interroge : les événements de cet été-là, à Saratov, ont-ils laissé quelque trace sur mon approche générale de la vie, sur ma psychologie de garçon de quinze-seize ans ? Oui et non ! Pour mon beau-père, les choses ont tourné comme elles le devaient. Il est demeuré ce qu'il avait toujours été — un modèle de clarté et de conscience —, et ceux qui le connaissaient étaient tous convaincus de son innocence. Et dans ces horribles mois tous ceux, ou presque, à qui nous eûmes affaire ont été bons avec nous. Là encore, c'était dans l'ordre des choses, exactement ce que nous attendions. Toujours est-il que l'histoire de l'interrogatoire de mon beau-père, qui s'était terminé comme il le devait, parce qu'il était un homme très fort et solide, m'a laissé un sentiment de malaise, le sentiment que quelqu'un de plus faible se serait sorti différemment de cette situation, parce qu'il

n'aurait pas été capable de supporter ce qu'il a subi. Cette réflexion alarmante ne m'a plus quitté. [...] Mais surtout, j'avais le sentiment, peut-être inconsciemment, d'avoir grandi, parce que moi aussi je m'étais montré capable de faire face à une crise[99].

Les enfants de « koulaks », non moins que ceux de familles bourgeoises ou nobles, ressentaient la nécessité de dissimuler leurs origines sociales. Ils étaient largement proscrits des écoles et universités soviétiques, des Pionniers et du Komsomol, de l'Armée rouge et de quantité de métiers. Leur peur de l'exclusion s'exprimait souvent dans le besoin désespéré de s'affirmer « citoyens soviétiques » en prenant leurs distances vis-à-vis de leurs familles. Wolfgang Leonhard, alors âgé de vingt ans, était le fils d'un communiste allemand arrivé à Moscou en 1935 et déporté en 1942 dans la région de Karaganda, au Kazakhstan. Il étudia dans un collège de formation de maîtres, où la plupart de ses condisciples étaient des enfants de « koulaks » exilés dans cette région semi-désertique au début des années 1930. Ils avaient terriblement souffert dans leur petite enfance, mais on les avait autorisés depuis à aller à l'école. Ils étaient maintenant sur le point de devenir enseignants. Comme le note Leonhard, cela leur valut un changement complet d'identité politique :

En fin de semaine, la plupart de mes camarades rentraient « à la maison », c'est-à-dire dans une des colonies [spéciales] des environs proches ou lointains de Karaganda. À leur retour, ils pestaient souvent après leurs parents. « Ils ne comprennent toujours rien à rien ! » les entendais-je souvent dire. « Je me tue à leur expliquer pourquoi la collectivisation est justifiée, mais les vieux ne comprendront jamais ça ! »

> Ces fils et filles de « koulaks », exilés ici dans leur petite enfance, étaient devenus des staliniens au fil du temps[100].

Beaucoup d'enfants de « koulaks » finirent en staliniens fervents (et firent même carrière en rejoignant les organes répressifs de l'État). Pour certains, la transformation impliqua un long processus délibéré de « travail sur soi » qui ne fut pas sans coûts psychiques. Stepan Podloubni en est un exemple. Né en 1914 dans une famille paysanne de la région de Vinnitsa, en Ukraine occidentale, Stepan s'enfuit avec sa mère à Moscou en 1929, après que son père eut été exilé comme « koulak » à Arkhangelsk. Stepan trouva une place d'apprenti à l'école professionnelle des presses de la *Pravda*. Il entra au Komsomol, dirigea une brigade de travailleurs de choc, fut rédacteur en chef d'un journal mural (forme d'agit-prop), devint membre du conseil de l'usine et, à un moment ou à un autre, semble même avoir été recruté comme informateur par la police. Pendant tout ce temps, il prit grand soin de dissimuler ses origines « koulaks ». Il tint un journal, y retraçant sa propre lutte pour se purger de la « psychologie malade » de ses ancêtres paysans et se reconstruire en citoyen soviétique. Il essaya de lire les bons livres, d'adopter les bonnes attitudes, de se soigner en s'habillant bien et en apprenant à danser, et de cultiver en lui les vertus soviétiques d'activité et de vigilance. Il dressa un « bilan » de sa « progression culturelle » à la fin de chaque année (tout comme les agences de planification de l'État dressaient des bilans annuels des progrès économiques du plan quinquennal). Ses origines « koulaks » étaient une source constante de détestation de soi et de doute. Il y voyait une explication de ses propres insuffisances et se demandait s'il était capable de jamais devenir un membre de la société réellement égal :

> 13/09/1932. Plusieurs fois, déjà, j'ai réfléchi à mon travail de production. Pourquoi ne puis-je l'assumer sans peine ? Et d'une manière générale, pourquoi est-ce si dur pour moi ? [...] Une pensée dont je ne puis apparemment jamais me débarrasser, qui me vide de mon sang comme la sève d'un bouleau... c'est la question de ma psychologie. Se peut-il vraiment que je sois différent des autres ? Cette question me fait dresser les cheveux sur la tête et j'en suis secoué de frissons. À l'heure qu'il est, je suis au milieu du gué, n'appartenant ni à un côté ni à l'autre, mais je pourrais aisément glisser vers l'un ou l'autre.

Podloubni vivait dans la peur constante que l'on découvrît ses origines et qu'il fût dénoncé au travail (un « nid de serpents » truffé d'« ennemis »), ce qui mènerait à son limogeage, voire à son arrestation. L'OGPU finit bel et bien par découvrir ses origines « koulaks », mais lui déclara qu'elle n'engagerait aucune action sous réserve qu'il « continuât de bien travailler pour eux ». Il est probable que Podloubni ait alors commencé à donner des renseignements sur ses collègues de travail. Dans son journal, il avoue s'être senti piégé. Son personnage public lui faisait horreur. Il brûlait d'« être lui-même ».

> 08/12/1932. Ma dissimulation quotidienne, le secret de mon intimité : ils ne me permettent pas de devenir une personne indépendante de caractère. Je ne saurai m'affirmer ni dire le fond de ma pensée, penser librement. Il me faut plutôt dire uniquement ce que tout le monde dit. Je dois marcher sur une surface accidentée, suivre la trajectoire de la moindre résistance. C'est

> très dommage. À mon corps défendant, je deviens un lèche-bottes, un fourbe : mou, lâche, cédant toujours.

Apprenant qu'un condisciple démasqué comme fils de « koulak » n'avait pas été puni, Podloubni parla d'un « moment historique », suggérant au fond qu'il n'avait plus à se sentir stigmatisé par ses origines sociales. Il accueillit cette libération personnelle avec joie et gratitude envers le gouvernement.

> 02/03/1935. La pensée que je suis moi aussi citoyen de la grande famille de l'URSS m'oblige à répondre avec amour à ceux qui ont fait ça. Je ne suis plus au milieu d'ennemis, que je crains tout le temps, où que je sois. Je n'ai plus peur de ce qui m'entoure. Je suis pareil à tous les autres, libre de m'intéresser à diverses choses, un maître qui s'intéresse à ses terres, non pas un larbin qui courbe l'échine devant son maître.

Six mois plus tard, Podloubni était accepté comme étudiant au second institut médical de Moscou. Il avait toujours rêvé d'étudier dans un institut supérieur, mais il savait que ses origines « koulaks » seraient une pierre d'achoppement. Le fait que le Komsomol, aux presses de la *Pravda*, eût appuyé sa candidature fut pour lui l'affirmation finale de sa nouvelle identité soviétique[101].

Pour beaucoup d'enfants de « koulaks », le besoin pressant d'être reconnu comme Soviétique, de devenir un membre apprécié de la société, était moins une affaire de politique ou d'identité personnelle que de dynamisme et d'assiduité au travail.

Brillante, pleine d'énergie et d'initiative, Antonina Golovina avait un sens prononcé de son individualité qu'elle tenait de son père, Nikolaï. À Chaltyr, elle se retrouva à la tête de la brigade de l'école. Elle apprit à lire aux autres enfants. Sur la route du retour à Pestovo, où elle s'en allait retrouver son père en 1934, la fillette de onze ans prit la ferme résolution d'« étudier sérieusement et de faire ses preuves[102] ». Dans sa nouvelle école, elle se fit houspiller par les garçons plus âgés, qui la traitaient de « fille de koulak » (il y avait beaucoup d'enfants de « koulaks » à Pestovo), et harceler par les enseignants. Un jour que les enfants se firent gronder pour indiscipline, Antonina fut priée de sortir du rang et réprimandée devant toute la classe par une des enseignantes les plus anciennes, laquelle cria qu'elle et « son engeance » étaient des « ennemis du peuple, d'affreux "koulaks" ! Vous avez certainement mérité d'être déportés, j'espère que vous serez tous exterminés ici ! ». Dans ses Mémoires (2001), Antonina parle de cet incident comme du moment déterminant de sa vie. Elle en éprouva un vif sentiment d'injustice et une colère profonde qui lui donna envie de riposter vertement au professeur. Mais la peur plus forte encore de ses origines « koulaks » la réduisit au silence.

> Soudain, j'eus la sensation viscérale que nous [« koulaks »] étions différents des autres, que nous étions des criminels, que quantité de choses ne nous étaient pas permises. Au fond, tel que je vois les choses aujourd'hui, je souffrais d'un complexe d'infériorité qui me possédait comme une espèce de peur que le régime pût faire de nous tout et n'importe quoi parce que nous étions des « koulaks », que nous n'avions aucun droit, que nous devions souffrir en silence.

Après l'incident avec l'enseignante, une condisciple du nom de Maria, dont le père avait été arrêté comme « koulak », chuchota à Antonina : « Écoute, écrivons une lettre pour nous plaindre que la vieille sorcière nous traite de tous les noms ! » Antonina prit peur, et Maria écrivit la lettre en leur nom. Elle écrivit que, en tant qu'enfants, on n'avait pas à leur reprocher que leurs parents aient été des « koulaks » et implora qu'on leur donnât la chance de faire leurs preuves en travaillant dur. Les deux filles ornèrent la lettre d'un arbre du Nouvel An[a]. Antonina cacha la lettre dans un paquet de linge (sa mère faisait le ménage et la lessive pour l'école) et la déposa à la porte du directeur de l'école. Les deux filles lui inspirèrent de la compassion. Il les fit venir dans son bureau et leur expliqua qu'« en secret il était d'accord avec [elles], mais que nous ne devions rien dire à personne ». De toute évidence, il en toucha un mot à l'enseignante qui avait été si rude avec elles, parce qu'elle se radoucit par la suite. Elle donna même aux filles des rôles dans la pièce montée par l'école, sur le thème des souffrances d'une nourrice paysanne (jouée par Antonina) dans la maison d'une « koulak » (Maria). Antonina raconte dans ses souvenirs :

> À la fin de mon monologue final, je devais dire ces mots : « Vous m'avez sucé le sang, je le vois bien aujourd'hui, et je ne veux pas rester chez vous. Je vous quitte pour aller à l'école ! » Et sur ces mots, je sortis de scène sous un tonnerre d'applaudissements. Je m'étais si bien glissée dans le rôle que mon indignation paraissait sincère[103].

a. Interdit en Union soviétique en 1929, l'arbre de Noël réapparut en 1935 sous le nom d'arbre du Nouvel An. Cette fête présentait maints attributs de la Noël traditionnelle (réunion de famille, échange de cadeaux, résurrection du Père Noël en Oncle Gel — *Ded Moroz*, etc.).

Antonina se plongea dans ses études. Adorant l'école, elle réussit fort bien, se retrouvant plusieurs fois sur la liste des étudiants hors pair (*otlitchniki*) affichée dans le hall de l'école. Ce qui voulait dire qu'elle était sélectionnée pour les défilés de l'école les jours de fête soviétique. Antonina adorait ces manifestations : non qu'elle eût la fibre politique (elle jugeait dégradant de porter une bannière), mais parce qu'elle était fière de représenter son école. Elle brûlait de rejoindre les Pionniers et fut tellement meurtrie d'en être exclue en raison de ses origines « koulaks » qu'elle portait une version maison de leur écharpe et, quand ils se rassemblaient, se rendait au club dans le vain espoir qu'ils pourraient l'associer à leurs jeux[104]. Peu à peu, elle se fit une place. En 1939, elle fut admise au Komsomol, malgré son passé « koulak » (peut-être le comité du Komsomol avait-il fermé les yeux sur son passé parce qu'il appréciait son esprit d'initiative et son énergie). Enhardie par ce succès, Antonina s'arma de courage pour se rendre incognito dans son village natal — désormais connu sous le nom de kolkhoze « Vie nouvelle » — au cours de l'été 1939. C'est alors qu'elle découvrit que son ancienne maison avait été transformée en bureaux du kolkhoze[105].

Gagnant en assurance et devenant plus ambitieuse, Antonina décida d'arrêter de chercher à se faire accepter telle qu'elle était et de se forger tout simplement une nouvelle identité. Elle se mit à mentir sur ses origines chaque fois qu'elle avait à remplir des questionnaires : « Je savais ce que je faisais, raconte-t-elle. J'avais décidé de m'écrire une nouvelle biographie. » Dès la fin de son adolescence, Antonina mena une vie secrète. Elle ne parla de sa famille à aucun de ses amis. Craignant qu'il ne la quittât s'il avait vent de son passé, elle ne dit rien à son premier petit ami sérieux, qu'elle connut en 1940. Au cours des cinq décennies suivantes, elle cacha son identité à sa famille, parce qu'elle avait peur pour eux comme pour elle. Se retournant sur le passé, elle explique :

> Je devais être sur mes gardes en permanence, ne pas me laisser aller ni me trahir. Quand je prenais la parole, je devais m'interroger : ai-je oublié quelque chose ? Ai-je dit quelque chose qui pourrait éveiller la méfiance ? C'était comme ça tout le temps. Cette peur m'est restée toute ma vie. Elle n'a jamais disparu. […] Maman disait toujours : « Si vous vivez avec les loups, apprenez à vivre comme des loups[106] ! »

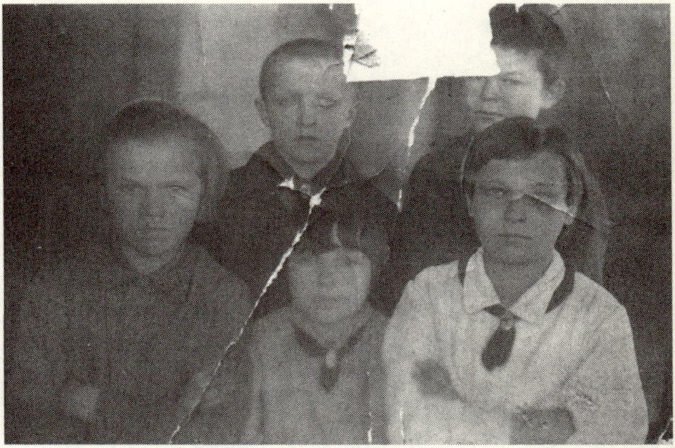

Les otlitchniki *(élèves remarquables) de la classe B, école de Pestovo, 1936. Antonina, 13 ans, la seule enfant qui ne porte pas l'uniforme des Pionniers, est debout à gauche*

Chapitre III

LA POURSUITE DU BONHEUR

(1932-1936)

I

En 1932, Fania Laskina épousa Mikhaïl Vochtchinski, membre du Parti et administrateur en chef des chantiers au cabinet d'architectes des frères Vesnine, l'une des principales sociétés de construction de Moscou. Fania quitta l'habitation des Laskine, place Zoubov, et, après quelques mois dans des chambres de location, emménagea avec son mari dans un trois pièces d'un quartier chic, l'Arbat. C'était un petit appartement de 58 mètres carrés mais, en comparaison des conditions de vie de l'immense majorité des Moscovites, il était moderne et luxueux, avec sa cuisine, sa salle de bains et ses toilettes, et même son téléphone privé[1].

Fania Laskina et Mikhaïl Vochtchinski (photographie de mariage), Moscou, 1932

Moscou connut une croissance frénétique au début des années 1930. Entre 1928 et 1933, la population totale crût de 2 à 3,4 millions d'habitants, essentiellement du fait de l'afflux massif de paysans venus travailler dans l'industrie. Leur arrivée créa des tensions considérables sur le parc de logements. Après 1933, la mise en place du système des passeports et les expulsions massives d'« éléments étrangers » permirent de contenir l'expansion de la ville[2]. Habiter Moscou était le rêve de millions de provinciaux. En Union soviétique, la ville était le centre du pouvoir, de la richesse et du progrès. La propagande y voyait la preuve vivante de la vie meilleure qui s'annonçait sous le socialisme.

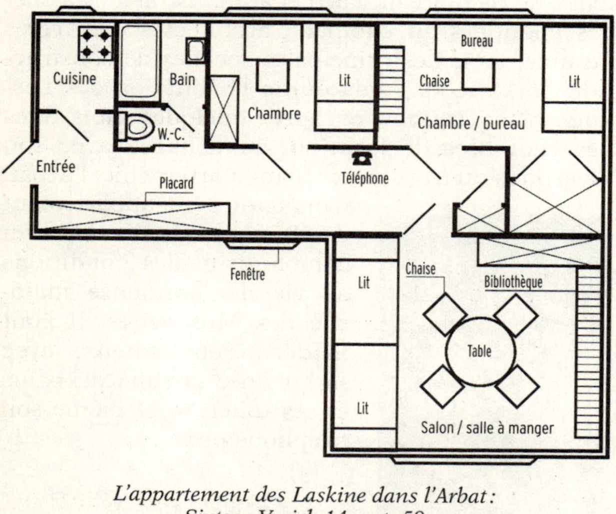

L'appartement des Laskine dans l'Arbat :
Sivtsev Vrajek 14, apt. 59

Staline s'intéressait personnellement à la « construction socialiste » de sa capitale. En 1935, il signa un ambitieux Plan directeur pour la reconstruction de Moscou. Les frères Vesnine — Leonid, Viktor et Alexandre — comptèrent au nombre des architectes chargés d'en dresser les plans sous la direction du soviet de Moscou. Le plan envisageait une ville de 5 millions d'habitants, avec d'immenses nouvelles banlieues résidentielles reliées entre elles par des grandes routes, des périphériques, des parcs, des systèmes de tout-à-l'égout, des réseaux de communication et un métropolitain qui serait le plus avancé du monde industriel. Tout fut planifié sur une échelle monumentale. Le centre-ville médiéval, avec ses ruelles et ses églises, fut largement dégagé pour faire place à des rues plus larges et à des places. Un nouvel axe immense réservé aux défilés fut aménagé au centre de la capitale. La rue Tverskaïa (rebaptisée Gorki) fut élargie à 40 mètres en démolissant de vieux édifices (de nombreux monuments anciens, dont les chambres du soviet de Moscou, datant du XVIIIe siècle, furent reconstruits à l'écart de l'artère). La place Rouge fut débarrassée de ses étals de marchands pour permettre les défilés en rangs serrés devant le mausolée de Lénine, autel sacré de la révolution, le 1er Mai et le jour de la fête de la Révolution. On projeta même de faire sauter la cathédrale Saint-Basile en sorte que les processions pussent défiler devant le mausolée en une seule ligne ininterrompue. La Moscou de Staline fut réaménagée en capitale impériale, une sorte de Saint-Pétersbourg soviétique. Plus grande, plus haute, plus avancée que toute autre ville de l'Union soviétique, elle devint un symbole de la future société socialiste (Boukharine observa que le plan directeur était « presque magique » parce qu'il allait faire de Moscou une « nouvelle Mecque, vers laquelle les combattants pour le bonheur de l'humanité afflueraient de tous les coins de la terre[3] »).

Les frères Vesnine jouèrent un rôle essentiel dans cette transfiguration de la capitale. À cette fin, il leur fallut réviser de fond en comble leur philosophie de l'architecture. Dans les années 1920, les Vesnine avaient été à l'avant-garde du mouvement constructiviste, qui entendait incorporer à l'architecture soviétique les idéaux modernistes de Le Corbusier. Leur ralliement au style monumental et néoclassique, dans lequel devait être reconstruite la Moscou stalinienne, représentait un compromis artistique et moral. En tant qu'architectes, cependant, ils dépendaient de leurs commanditaires ; or il n'y en avait qu'un : l'État. Les frères avaient siégé au comité de préparation du grandiose palais des Soviets, qui devait remplacer la cathédrale du Christ-Sauveur démolie en 1932. Le palais devait être le bâtiment le plus haut du monde (avec 416 mètres, il dépassait de 8 mètres l'Empire State Building, inauguré à New York en 1931) avec une statue colossale de Lénine (trois fois la taille de la statue de la Liberté) à son sommet[4]. Le palais ne fut jamais construit[a], mais

a. Même après qu'on les eut bloquées avec des pierres tombales prélevées dans les cimetières de la ville, les fondations continuèrent de suinter. Les enfants sautaient par-dessus les palissades pour aller nager ou pêcher la carpe. Le début de la guerre, en 1941, arrêta le chantier. Il ne devait jamais reprendre. Mais des images du palais continuèrent de figurer sur des boîtes d'allumettes, et la station de métro locale, aujourd'hui baptisée station Kropotkine, resta connue sous le nom de Palais-des-Soviets. Le site fut plus tard transformé en piscine.

des années durant le site fit figure de monument aux promesses de Moscou.

Les Vesnine collaborèrent également à la construction d'une autre icône du progrès communiste : le métro de Moscou. Le perçage du tunnel débuta en 1932. Au printemps de 1934, l'entreprise employait soixante-quinze mille ouvriers et ingénieurs, dont quantité de paysans immigrés et de détenus du Goulag. L'excavation était une opération terriblement dangereuse. Nombreux furent les incendies et les affaissements de terrain, tant le sol était meuble, et plus d'une centaine de personnes trouvèrent la mort au cours de la construction de la première ligne, 12 kilomètres de voie entre Sokolniki et le parc Gorki. La main-d'œuvre du Goulag fut employée dans tous les grands chantiers de la ville au cours des années 1930 (il y avait plusieurs camps de travail au voisinage de la capitale). Deux cent cinquante mille détenus participèrent à la construction du canal Moscou-Volga, approvisionnant en eau la population croissante de la capitale. Beaucoup moururent d'épuisement, et leurs corps furent ensevelis dans les fondations du canal. Comme la capitale de Pierre, Saint-Pétersbourg, dont elle s'inspira à plus d'un titre, la Moscou de Staline fut une cité utopique bâtie sur les ossements d'esclaves.

En 1935, à l'inauguration de la première ligne du métro, Lazare Kaganovitch, le patron du Parti, y salua un palais du prolétariat : « Quand notre travailleur prend le métro, il faut qu'il soit enjoué et joyeux. Il faut qu'il s'imagine dans un palais resplendissant de la lumière d'un socialisme en marche, victorieux dans tous les domaines[5]. » Les stations de métro furent conçues comme des palais, avec des lustres, des vitraux, des installations de laiton et de chrome,

Station Maïakovski, 1940

Station Avtozavod, années 1940

des murs de marbre (de vingt sortes), de porphyre, d'onyx et de malachite. La station Maïakovski (1938) avait la beauté d'une église, avec ses coupoles ovales, ses mosaïques, ses motifs de marbre au sol et ses arches en acier inoxydable, qui créaient dans le hall central une atmosphère éclatante et aérienne. Dessinant les plans de la station de métro Usine-Staline (Avtozavod) à la fin des années 1930, les frères Vesnine comparèrent l'effet recherché à l'atmosphère que l'on trouve à l'intérieur d'une cathédrale. La station achevée (1943) fut à la hauteur de cet idéal avec ses grandes colonnes de marbre, presque gothiques, son usage simple de l'espace et de la lumière, et ses bas-reliefs de marbre illustrant les « réalisations » des plans quinquennaux (Magnitogorsk, l'usine Staline, le palais des Soviets, le canal Moscou-Volga)[6]. La splendeur de ces palais prolétariens, qui contrastaient vivement avec les espaces privés surencombrés et crasseux où logeaient la majorité des habitants, joua un rôle moral important (comparable au rôle jadis joué par l'Église). En inspirant fierté civique et respect, la beauté du métro contribua à étayer la croyance populaire aux objectifs et valeurs publics de l'ordre soviétique.

Les frères Vesnine travaillèrent aussi à la construction de logements privés. Ils furent chargés de dessiner des appartements de deux et trois pièces, comme celui que Mikhaïl Vochtchinski et Fania Laskina occupèrent après leur mariage. « Nous étions très heureux là-bas, se souvient Fania. C'était la première fois que nous habitions un appartement équipé d'une salle de bains et d'une cuisine. Micha [Mikhaïl] avait son bureau. Et il y a toujours eu une chambre d'amis pour les visiteurs[7]. »

Cette nouvelle importance donnée à la construction d'appartements privés représentait un changement fondamental de la politique soviétique en matière de logement. Dans les années 1920, quand le rêve utopique de construire de nouvelles formes collectives prévalait, les bolcheviks avaient donné la priorité aux « maisons communes » (*doma-kommouny*) : immenses blocs communautaires composés de rangées de chambres pour plusieurs milliers d'ouvriers et leur famille, de cuisines, de toilettes et de buanderies partagées, qui libéraient les femmes des corvées domestiques et apprenaient aux habitants à organiser leur vie collectivement. Les constructivistes de l'Union des architectes contemporains avaient été à l'avant-garde de cette campagne pour effacer la sphère privée en obligeant les Soviétiques à une vie communautaire. Mais les priorités de Moscou en matière de logement furent révisées en 1931 : malgré la pénurie chronique de logements dans la capitale — exacerbée par l'arrivée de plus d'un million de nouveaux habitants —, la priorité fut désormais donnée à la construction d'immeubles de luxe avec des appartements familiaux.

Le changement de politique est à l'évidence lié à l'essor d'une nouvelle élite politique et industrielle, dont les gratifications matérielles assuraient la loyauté envers le régime stalinien. Le plan quinquennal avait suscité une très forte demande de nouveaux techniciens, cadres et gestionnaires dans toutes les branches de l'économie. D'après le président du Gosplan, organe central de la planification, le pays avait besoin de quatre cent trente-cinq mille ingénieurs et spécialistes pour répondre aux nouvelles demandes de l'industrie en 1930. La direction stalinienne se méfiait des vieilles élites industrielles (bourgeoises) : en 1928, 2 % seulement des ingénieurs soviétiques étaient membres du Parti. Nombre de ces spécialistes s'étaient opposés aux objectifs démesurément optimistes du plan quinquennal dans l'industrie. Ils furent massivement purgés, comme « saboteurs » et « démolisseurs », au cours de la terreur industrielle des années 1928-1932. Le chaos provoqué par le plan et les ruptures incessantes de l'approvisionnement en combustible et matières premières amenaient quantité d'ouvriers à dénoncer leurs patrons quand l'usine devait cesser le travail et qu'ils perdaient leur paye. La traque aux « spécialistes bourgeois » occupant des postes de responsabilité dans l'industrie, les commissariats économiques, les organes de planification, les académies et instituts de formation multiplia les chances de promotion de l'« intelligentsia prolétarienne ». Le premier plan quinquennal fut l'âge d'or des écoles d'apprentissage en usine (FZU), qui formaient des ouvriers, pour beaucoup des paysans à peine débarqués de leur campagne, afin de nourrir les rangs toujours plus nombreux des professions industrielles et des postes administratifs dans l'économie. De 1928 à 1932, le nombre d'élèves des FZU passa de 1,8 à 3,3 millions (près de la moitié étaient d'origine paysanne); 140 000 ouvriers furent promus de l'atelier à l'administration (beaucoup se formèrent sur le tas); et 1,5 million d'ouvriers quittèrent l'usine pour des postes administratifs ou des écoles supérieures. Dans le même temps, le Parti recruta un million d'ouvriers. Les contrôles furent abandonnés pour encourager le recrutement (dans beaucoup d'usines, tout le personnel fut massivement enrôlé) tandis que le Parti tentait de créer une base sociale prolétarienne pour étayer et appliquer ses politiques[8].

Staline avait besoin de soutiens fiables. La « grande rupture » avait engendré un chaos social et un mécontentement généralisé, qui déstabilisèrent son autorité. Les archives du Parti et des soviets sont pleines de lettres et de requêtes d'ouvriers et de paysans en colère qui se plaignent des épreuves dues au plan quinquennal. Ils écrivaient à Mikhaïl Kalinine, le président du Soviet suprême, ou directement à Staline pour se plaindre des injustices de la collectivisation et des réquisitions excessives de grain, des problèmes qu'ils rencontraient dans leur usine, de la corruption des dirigeants et officiels soviétiques, du manque de logement et de denrées alimentaires dans le commerce[9]. Ce n'était pas un peuple résigné à son destin. Il y eut des soulèvements et des grèves à travers le pays[10]. Dans bien des rues, les graffitis antisoviétiques étaient presque aussi visibles que la propagande[11]. Dans les régions rurales, l'opposition généralisée au régime s'exprimait à travers des couplets populaires (*tchastouchki*) :

Le plan, le plan, le plan quinquennal
Cinq ans en dix pour les annales.
Le kolkhoze, c'est pas pour demain
Au kolkhoze y a pas de pain[12] *!*

Au sein du Parti, la ligne de Staline ne rencontrait pas d'opposition formelle, même si la dissension et le malaise dissimulés étaient largement partagés face à l'énormité du coût humain des années 1928-1932. En 1932, cet état d'esprit commença de se préciser autour de deux groupes informels. L'un se composait des anciens partisans de Trotski issus de l'Opposition de gauche des années 1920 (I. N. Smirnov, V. N. Tolmatchev, N. B. Eismont) et tint diverses réunions où il fut question d'écarter Staline de la direction. L'autre regroupait les reliquats de l'Opposition de droite plus modérée, conduite par des partisans de la NEP comme Rykov et Boukharine, et plus particulièrement N. N. Rioutine, ancien secrétaire de district de l'organisation du Parti à Moscou. En mars 1932, Rioutine organisa une petite réunion secrète de vieux cadres, dont sortit un tapuscrit de cent quatre-vingt-quatorze pages intitulé « Staline et la crise de la dictature du prolétariat ». Il s'agissait d'une critique circonstanciée de la politique de Staline, de ses méthodes de gouvernement et de sa personnalité, qui circula dans les rangs du Parti avant que l'OGPU ne l'interceptât. Tous les dirigeants de la « Plate-forme Rioutine » furent arrêtés, exclus du Parti et emprisonnés dans le courant de 1932. La plupart devaient être exécutés au cours de la Grande Purge de 1937, quand beaucoup d'autres vieux-bolcheviks, vétérans de 1917, furent accusés d'accointances avec eux[13].

La découverte du groupe Rioutine exacerba la

peur paranoïaque qu'avait Staline d'une opposition interne au sein du Parti. Elle coïncida avec le suicide de sa femme, Nadejda Alliloujeva, en novembre 1932, qui déstabilisa sérieusement le leader soviétique, le poussant à se méfier de tout son entourage. En janvier 1933, le Politburo annonça une purge systématique des rangs du Parti. Dans les instructions à ce propos, il n'était pas question de membres soupçonnés d'appartenir à des groupes d'opposition, mais l'appel à l'expulsion des « éléments duplices qui vivent en trompant le Parti, qui lui cachent leurs véritables aspirations et qui, sous couvert d'un faux serment de "loyauté" envers le Parti, cherchent en fait à miner sa politique » indiquait clairement que l'expulsion des dissidents était une tâche urgente pour le Parti qui avait besoin de resserrer les rangs derrière la direction[14].

À travers la purge des anciens éléments et les nouveaux recrutements, le Parti changea progressivement de nature au fil des années 1930. Tandis que les vieux-bolcheviks perdaient du terrain émergeait de la piétaille industrielle une nouvelle classe de bureaucrates du Parti largement composée d'ouvriers promus à des postes administratifs (*vydvijentsy*). Les *vydvijentsy* étaient les fils (très rarement les filles) de la paysannerie et du prolétariat formés dans les FZU et autres instituts techniques au cours du premier plan quinquennal. Cette cohorte de fonctionnaires devint le pilier du régime stalinien. À la fin du règne de Staline, ils composaient une forte proportion de la direction suprême du Parti (cinquante-sept des cent quinze principaux ministres du gouvernement en 1952, dont Leonid Brejnev, Andreï Gromyko et Alexeï Kossyguine, étaient des *vydvijentsy* du premier plan quinquennal)[15]. L'élite émergente du début des années 1930 était généralement conformiste et docile envers la direction qui l'avait créée. Avec sept ans d'éducation seulement, en moyenne, rares étaient les nouveaux fonctionnaires capables d'une pensée politique indépendante. Ils tiraient leurs idées des déclarations des dirigeants du Parti rapportées dans la presse et, tels des perroquets, répétaient les slogans et le jargon politique de la propagande[a]. Leur connaissance effective de l'idéologie marxiste-léniniste était maigre et n'allait guère au-delà de *L'Abrégé* (1938), l'histoire du Parti de Staline qu'ils connaissaient tous par cœur. Ils s'identifiaient complètement au régime stalinien; ils rattachaient leurs valeurs personnelles à ses intérêts, et tous avaient hâte de grimper les échelons en exécutant les ordres d'en haut.

Comptable à l'usine Triangle rouge de Leningrad, Arkadi Mankov a évoqué d'un ton caustique cette nouvelle élite. Fils d'avocat, Mankov travaillait à l'usine pour acquérir la qualité de « prolétaire » et pouvoir ainsi entrer à l'Institut des bibliothécaires.

a. Pavel Galitski, né en 1911, se souvient d'avoir été interrogé par ses chefs du Parti de l'usine Arsenal rouge de Leningrad au cours des purges de 1932. Fils de pope, Galitski était le rédacteur en chef d'un journal mural de l'usine. Il avait adhéré depuis peu au Parti, mais ses origines familiales le rendaient vulnérable. Le chef du comité de purge, qui était aussi le président du comité régional du Parti et le directeur de l'usine, le mit en difficulté en lui demandant de résumer « *L'Anti-Dühring* de Lénine » (ce livre qui n'était pas de Lénine, mais de Friedrich Engels, exposait minutieusement la conception marxiste de la philosophie, des sciences naturelles et de l'économie politique). Galitski n'en avait pas la moindre idée, mais, se souvient-il, « je savais qu'anti voulait dire contre, alors j'ai dit que Lénine avait écrit contre ce Dühring, et ils ont répondu : Juste ! Parfait, bien vu ! » (MSP, f. 3, op. 53, d. 2, l. 6).

En 1933, dans son journal intime, il croque son patron, un jeune homme de vingt-cinq ans qui commença sa carrière comme des dizaines de milliers de ses pairs :

> Il a débarqué à Leningrad d'on ne sait où et, à travers la bourse du travail, a obtenu une place à l'usine. Au bout de deux mois dans la place, il est entré au Komsomol, est devenu un activiste — autrement dit, il a fait tout ce qu'on lui demandait de faire — et a pris la parole dans les meetings, étalant sa connaissance des articles de Staline et de Molotov, au point d'être subitement promu dans l'administration en qualité d'économiste du travail. [...] Toute sa prouesse consiste à avoir un titre ronflant et à toucher une somme coquette (300 roubles par mois). Il donne l'impression de quelqu'un qui a réussi, satisfait de lui et de sa position. Il arbore un gentil sourire et porte une chemise blanche anglaise immaculée, une cravate et une veste noire neuve. Il respire l'assurance, voire l'arrogance. S'il a un poste élevé, il n'a pas de fonction précise. Il assume toutes les petites tâches : tient les ouvriers à l'œil, vérifie les comptes, fixe les normes de travail. Il estime que sa mission est de fourrer son nez partout — d'exprimer « le point de vue de l'usine ». Insister, crier, menacer. Il recueille soigneusement les informations et remplit des formulaires et des fiches absurdes que jamais personne ne consulte. Rien ne l'intéresse plus que d'examiner la légalité de la moindre innovation à l'atelier et il passe son temps à éplucher le règlement[16].

Toujours à l'affût des gratifications matérielles et politiques, ce type de fonctionnaire se retournait facilement contre ses rivaux dans la hiérarchie soviétique. En 1932 un cadre du Transmachtekh, conglomérat industriel géant, écrivit au président du Soviet suprême Mikhaïl Kalinine :

> Le problème du pouvoir soviétique, c'est qu'il donne naissance au type de fonctionnaire le plus vil, celui qui exécute scrupuleusement les grands desseins de l'autorité suprême. [...] Ce fonctionnaire ne dit jamais la vérité parce qu'il ne veut pas chagriner la direction. Il jubile à la vue de la famine ou de l'épidémie dans le district ou le secteur de son rival. Il ne lèvera pas le petit doigt pour aider son voisin. [...] Tout ce que je vois autour de moi n'est que détestable politisation, sales tours et gens détruits pour des lapsus. Les dénonciations n'en finissent pas. On ne peut pas cracher sans toucher un abominable mouchard ou menteur. Où en sommes-nous arrivés ? L'air est irrespirable. Moins une ordure est douée, plus ses calomnies sont viles. Naturellement, la purge de votre Parti ne me regarde pas, mais je crois que, de ce fait, les éléments dignes qui y demeurent vont en être chassés[17].

Dans *La Révolution trahie* (1936), où il esquisse sa théorie du « Thermidor soviétique », Trotski insistait sur l'immense « pyramide administrative » des bureaucrates, qu'il estimait à cinq ou six millions, dont dépendait le pouvoir de Staline[18]. Cette nouvelle caste dirigeante ne partageait pas les instincts démocratiques ni le culte spartiate des vieux-bolcheviks, craignant que la piétaille du Parti ne se laissât corrompre par les influences bourgeoises de la NEP. Bien au contraire, elle espérait devenir une bourgeoisie soviétique. Ils étaient avant tout soucieux de leurs aises et de l'acquisition de biens matériels tout en voulant paraître « cultivés » dans leurs activités et leurs manières. Socialement réactionnaires, ils s'accrochaient aux usages de la famille patriarcale et demeuraient conservateurs dans leurs goûts culturels même si, politiquement, ils croyaient à l'idéal communiste. Leur objectif essentiel était de défendre le système soviétique, dont ils tiraient leur aisance matérielle et leur position sociale.

Le système, à son tour, veillait à les contenter. Au cours du deuxième plan quinquennal (1933-1937), l'État investit davantage dans le secteur des biens de consommation, qui avait manqué de capitaux dans la course à la construction d'usines et de villes nouvelles. Au milieu des années 1930, l'offre de denrées alimentaires, de vêtements et d'articles ménagers progressa sensiblement (des millions d'enfants qui grandirent dans ces années-là devaient se souvenir du milieu de la décennie comme du moment où ils reçurent leur première paire de chaussures). À compter de l'automne 1935, le rationnement fut progressivement levé au point de susciter, à en croire la propagande, une vague d'optimisme chez les consommateurs voyant les vitrines se remplir de produits. Appareils photographiques, gramophones et postes de radio furent produits en masse pour la bourgeoisie urbaine en herbe. De même vit-on une hausse régulière de la production d'articles de luxe (parfum, chocolat, cognac et champagne), essentiellement destinés à la nouvelle élite, même si les prix étaient baissés à l'approche des fêtes soviétiques. Pour le mythe soviétique de la « bonne vie », il était important de donner l'impression que les produits de luxe jadis à la portée des seuls riches étaient désormais accessibles aux masses qui pouvaient se les offrir elles aussi en travaillant dur. De nouveaux magazines informaient le consommateur soviétique de la diversité croissante des modes vestimentaires et des modèles de meubles. Un grand battage publicitaire était fait autour de l'ouverture de grands magasins et d'épiceries de luxe, comme l'ancienne boutique Elisseïev, rebaptisée Épicerie n° 1, qui rouvrit rue Gorki, à Moscou, en octobre 1934. « Le nouveau magasin vendra plus de mille deux cents articles », annonça *Moscou-Soir* :

> À l'épicerie, on trouve trente-huit espèces de saucisses, dont vingt nouvelles sortes qui n'ont jamais été vendues nulle part auparavant. On pourra s'y procurer aussi trois catégories de fromages — camembert, brie et limbourg — spécialement faits pour l'épicerie. À la pâtisserie, on a le choix entre deux cents espèces de douceurs et gâteaux. La boulangerie propose jusqu'à cinquante espèces de pain [...].

Le lendemain, le magasin recevait la visite de soixante-quinze mille personnes (la plupart, on imagine, juste pour voir)[19].

La promotion d'une culture soviétique de la consommation marqua un recul spectaculaire sur l'ascétisme révolutionnaire des bolcheviks de la première décennie de la révolution, et même du temps du premier plan, quand les communistes étaient appelés à sacrifier leur bonheur à la cause du Parti. La direction soviétique faisait maintenant passer le message contraire, à savoir que consumérisme et communisme étaient compatibles. Le socialisme, affirma Staline en 1934, « signifie non pas misère et privation, mais élimination de la misère et de la privation, organisation d'une vie riche et cultivée pour tous les membres de la société ». Staline développa cette idée lors d'une conférence de kolkhoziens en 1935. Reprochant aux fermes collectives d'essayer d'éliminer toute propriété domestique, Staline demanda que les kolkhoziens fussent autorisés à garder leurs poules et leurs vaches, et reçussent des lopins plus grands afin de stimuler leur intérêt pour les fermes collectives. « Un homme est un homme. Il veut posséder quelque chose à lui », expliqua Staline aux délégués. Il n'y avait « rien de criminel à cela » : le désir de propriété privée était un instinct naturel, et il « faudrait encore longtemps pour refondre la psychologie de l'être humain, rééduquer les individus à la vie collective[20] ».

Un autre signe de cette retraite par rapport à la culture ascétique de la révolution est l'importance nouvelle que le Parti accorda alors à l'apparence personnelle et à l'étiquette. Les premiers bolcheviks estimaient antisocialiste de se soucier de ces futilités. À compter des années 1930, cependant, le Parti déclara que les bonnes manières et une tenue soignée étaient indispensables de la part du jeune communiste. « Nous apprécions la beauté, l'élégance vestimentaire, les coiffures chic, les ongles faits, annonça la *Pravda* en 1934. Les filles doivent être séduisantes. Le parfum et le maquillage font partie du *must* d'une bonne komsomol. Un garçon du Komsomol doit de même être rasé de près. » Les parfums et produits de beauté se vendaient en quantités et en variétés croissantes dans les années 1930. Des conférences furent organisées pour débattre de mode et d'hygiène personnelle[21].

De même attachait-on une importance nouvelle au divertissement. « La vie est devenue meilleure, camarades. La vie est devenue plus joyeuse, annonça Staline en 1935. Et quand la vie est joyeuse, le travail se passe bien. » Le régime stalinien encouragea officiellement la danse, que les premiers bolcheviks avaient réprouvée en tant qu'activité frivole. Elle fit bientôt fureur au point que des écoles ouvrirent un peu partout. Les fêtes soviétiques donnaient lieu à des carnavals dans les parcs de Moscou et à d'immenses parades. Le cinéma soviétique produisit en série des comédies musicales et des films romantiques. Faute de pain, on ne manquait pas de cirque.

La consolidation du régime stalinien fut étroitement liée à la création d'une hiérarchie sociale structurée par l'octroi de gratifications matérielles. Pour ceux qui se trouvaient au sommet de la pyramide, la récompense de l'assiduité et de la loyauté était immédiate ; pour la base, ce n'était qu'une promesse, pour le jour où le communisme serait réalisé. Le régime se trouva ainsi associé à l'instauration d'une société fondée sur l'espérance d'une meilleure situation et au cœur de laquelle se trouvait une nouvelle classe moyenne composée des élites du Parti et de l'industrie, de l'intelligentsia technique et des spécialistes, des officiers de l'armée et de la police, et des ouvriers loyaux qui montraient leur valeur en travaillant dur (les stakhanovistes[a]). Le principe directeur de cette nouvelle hiérarchie sociale était le service de l'État.

a. En août 1935, un mineur du Donbass, Alexeï Stakhanov, réussit à extraire une quantité record de charbon. Largement applaudie dans la presse nationale, sa prouesse amorça un mouvement de récompense des travailleurs qualifiés et dévoués, l'efficacité étant un des objectifs déclarés du second plan quinquennal. Le stakhanovisme ne tarda pas à se transformer en une autre forme de « travail de choc » dans laquelle les ouvriers qui avaient dépassé les quotas de production étaient récompensés par des primes, des biens de consommation, un meilleur logement, voire une promotion à un poste administratif (notamment dans la police). Pour le régime stalinien, le mouvement était un moyen de relever les normes de production et d'abaisser la rémunération de base en faisant une plus large place au salaire aux pièces. Il fit peser une pression considérable sur les directeurs et les cadres, qui étaient blâmés (et souvent dénoncés comme « saboteurs » et « casseurs ») quand les pénuries de combustible ou de matières premières empêchaient les stakhanovistes d'atteindre leurs objectifs.

Dans chaque institution, le slogan du second plan quinquennal (« Les cadres décident de tout ! ») servit à conforter les loyaux serviteurs de l'État : et leur loyauté était amplement récompensée de rémunérations plus élevées, d'un accès spécial aux biens de consommation, de titres et d'honneurs soviétiques.

L'émergence d'une classe moyenne soviétique profita également de la promotion par le régime des valeurs familiales traditionnelles (« bourgeoises ») à compter du milieu des années 1930 au prix d'un renversement spectaculaire de la politique antifamiliale menée par le Parti depuis 1917. Il s'agissait en partie d'une réaction à l'impact démographique de la « grande rupture » : le taux de natalité s'était désastreusement effondré au point de menacer sérieusement l'offre de main-d'œuvre du pays et sa puissance militaire ; le nombre de divorces avait augmenté ; et, avec la dislocation des familles, l'abandon d'enfants était devenu un phénomène de masse dont le régime devait supporter les conséquences. Mais le retour aux valeurs familiales traditionnelles était aussi un reflet du conservatisme des nouvelles élites industrielles et politiques, qui pour la plupart n'étaient sorties que tout récemment des rangs de la paysannerie et de la classe ouvrière. Ainsi que l'écrivit Trotski en 1936, ce changement de cap était, de la part du régime, une manière d'avouer franchement l'échec de son effort pour « prendre d'assaut l'ancienne famille », c'est-à-dire extirper les habitudes et usages de la vie privée et enraciner des instincts collectifs[22].

À partir du milieu des années 1930, le Parti se montra plus libéral envers la famille et l'espace privé. L'idée de vie privée (*tchastnaïa jizn'*) — sphère distincte et fermée, soustraite au contrôle et à la surveillance de l'État — restait idéologiquement réprouvée.

En revanche, l'État encourageait vivement l'idée de « vie personnelle » (*litchnaïa jizn'*) — d'un domaine individuel ou familial demeurant ouvert à l'examen public. Suivant cette division privé/public, le privé et le personnel étaient définis en termes d'individualité ; mais la domination de la sphère publique exigeait la visibilité de la vie individuelle dans tous ses aspects. L'effet pratique était de libérer entre les quatre murs du foyer un espace pour la libre expression de la vie domestique (goûts en matière de consommation, modes de vie, habitudes domestiques, etc.), tout en conservant les contrôles politiques sur la conduite privée de l'individu, en particulier du communiste. « Le Parti ne se mêle pas des bagatelles de la vie quotidienne du communiste, annonça *Rabotnitsa*, le grand journal féminin du Parti, en 1936 ; il n'impose pas à chaque membre du Parti des règles de conduite dans tous les aspects de sa vie. Mais le Parti exige de chaque membre qu'il se conduise en privé de manière à servir les intérêts du Parti et de la classe ouvrière[23]. »

La nouvelle insistance sur la construction d'appartements privés fut un signe de ce changement de cap. À Moscou, tous les grands ministères disposaient d'un parc immobilier destiné à leurs principaux cadres. Les familles bolcheviks qui avaient vécu dans une relative austérité dans les années 1920 jouissaient désormais d'un luxe relatif et bénéficiaient de logements de fonction, d'un accès privilégié aux épiceries, de voitures avec chauffeur, de datchas, de vacances dans les stations de villégiature et les sanatoriums réservés aux autorités. C'est dans les années 1930 que nombre de ces familles acquirent pour la première fois leur autonomie et leur espace domestique propre. La distribution de datchas à l'élite soviétique — organisée à grande échelle à compter des années 1930 — fut d'une importance particulière pour encourager la vie de famille. Dans la datcha, loin des oreilles et des regards indiscrets, les parents pouvaient s'asseoir et bavarder, ce qui était inconcevable dans les espaces publics ; de surcroît, les routines quotidiennes de la vie de campagne — baignades, randonnées, cueillette de champignons, lecture, farniente — permettaient aux familles d'échapper temporairement aux contraintes de la société soviétique.

Au sein du ménage, le régime stalinien encouragea un retour aux relations familiales traditionnelles. Le mariage devint une affaire de prestige. Les bureaux d'état civil furent embellis. Les certificats de mariage furent désormais délivrés sur du papier de haute qualité (du Vichlag), et non plus comme avant sur du papier d'emballage. Interdites en 1928 comme des reliques chrétiennes, les alliances resurgirent dans les boutiques soviétiques après 1936. Une série de décrets visèrent à consolider la famille : la législation sur le divorce devint plus contraignante ; les droits à acquitter en cas de divorce furent sensiblement relevés, au point de provoquer une chute soudaine de leur nombre, et les pensions alimentaires, rehaussées ; l'homosexualité et l'avortement mis hors la loi. Au sein de l'élite soviétique, des pratiques sexuelles conventionnelles, voire passablement prudes, firent leur retour. Le bon stalinien devait être monogame et dévoué à sa famille, comme Staline lui-même suivant la propagande orchestrée autour de lui[a]. La vie

a. En octobre 1935, la visite de Staline à sa mère, à Tbilissi, fut entourée d'un grand battage médiatique. Elle marqua le début d'une campagne de presse visant à présenter le chef du

privée du bolchevik était passée au crible. Il n'était pas rare qu'un bolchevik fût chassé du Parti parce que l'on estimait qu'il était un mauvais père ou un mauvais mari. Les épouses des membres du Parti étaient censées en revenir à leur rôle traditionnel de mère au foyer.

Cette restauration idéologique de la famille est étroitement liée à sa promotion comme unité de base de l'État. « La famille est la cellule élémentaire de notre société, écrivit en 1935 un spécialiste de l'éducation, et ses devoirs en matière d'éducation des enfants dérivent de son obligation de cultiver de bons citoyens. » À partir du milieu des années 1930, le régime stalinien se présenta toujours plus à travers les métaphores et les symboles de la famille : un système de valeurs familier à la population en un temps où des millions de personnes se trouvaient dans un nouvel environnement étranger. Le culte de Staline, qui décolla dans ces années-là, le présentait en « père du peuple soviétique », tout comme Nicolas II avait été le « père-tsar » (*tsar-batiouchka*) du peuple russe avant 1917. Des institutions comme l'Armée rouge, le Parti et le Komsomol, et même le « Prolétariat », furent repensées comme de « grandes familles » qui offraient une forme d'appartenance supérieure par la camaraderie. Dans cet État-Parti patriarcal, le rôle du parent se trouva alors conforté comme figure d'autorité qui renforçait les principes moraux du régime au foyer. « Les jeunes doivent respecter leurs aînés, surtout leurs parents », déclara

---

Parti en chef de famille. Staline fut photographié dans les jardins du Kremlin en compagnie de ses enfants — chose qu'il n'avait jamais autorisée avant (la plupart des Soviétiques ne savaient même pas qu'il avait des enfants).

Komsomolskaïa pravda en 1935. « Il faut respecter et aimer ses parents, même s'ils sont vieux jeu et n'aiment pas le Komsomol. » Le changement était spectaculaire par rapport à la morale serinée autour du culte de Pavlik Morozov, qui avait encouragé les petits Soviétiques à dénoncer leurs parents s'ils s'opposaient aux politiques du gouvernement. À compter de 1935, le régime réinterpréta le culte de Morozov, minimisant l'histoire de la dénonciation de Pavlik pour privilégier de nouveaux motifs tels que son assiduité au travail et sa docilité à l'école[24].

Les enfants de l'élite soviétique qui grandirent dans ces années-là s'en souviennent avec nostalgie, en particulier de l'expérience de la « vie de famille normale ». Née en 1928, Marina Ivanova appartenait à une famille de hauts responsables du Parti. Son père était secrétaire du Parti dans la ville de Mga, à 50 kilomètres au sud-est de Leningrad, où la famille disposait d'une datcha spacieuse, même s'ils vécurent le plus souvent à Leningrad, dans l'appartement du grand-père de Marina, un ancien noble. Marina raconte :

> L'appartement était luxueux, avec dix grandes pièces où je pouvais courir, enfant. Les chambres étaient hautes de plafond avec d'immenses fenêtres qui donnaient sur les jardins. [...] Des huiles [des copies] de Repine et Levitan étaient accrochées aux murs. Un piano à queue et une table de billard trônaient dans les deux salles de réception. [...] Cet appartement est le lieu de mes souvenirs d'enfance les plus heureux. Je me souviens de soirées où il y avait foule, avec les amis de la famille et des parents, ainsi que tous leurs enfants, réunis à la maison pour le Nouvel An. Les enfants portaient des déguisements, et papa s'habillait en Oncle Gel et apportait à tout le

monde des chocolats et des cadeaux qu'il disposait autour de l'arbre du Nouvel An[25].

La famille d'Inna Gaister emménagea dans un immeuble de prestige réservé aux hauts dignitaires soviétiques (la « Maison du quai »), juste en face du Kremlin, à Moscou, après que son père prit la direction de la section agricole du Gosplan en 1932. Ils disposaient d'un grand appartement avec les tout derniers meubles soviétiques fournis par l'État et une bibliothèque de plusieurs milliers de livres. La famille avait le style de vie de Russes cultivés, associant leurs idéaux communistes aux privilèges de l'élite. Ils disposaient d'un laissez-passer pour la loge impériale du Bolchoï. Ils prenaient souvent des vacances dans les stations de villégiature du Parti en Crimée ou à Astafevo, près de Moscou. Mais les souvenirs les plus chers d'Inna sont ceux des étés passés dans leur datcha familiale de Nikolina Gora :

> Les datchas se trouvaient au cœur d'une pinède, sur une grande colline qui dominait un coude de la Moskova. C'était un coin magnifique, l'un des plus beaux de la région de Moscou. [...] La nôtre était juste au-dessus de la rivière, sur une rive haute. La datcha était une grande maison sur deux niveaux : le frère de ma mère, Veniamine, avec une envie à peine dissimulée, l'appelait sa « villa ». Il y avait trois grandes chambres en bas et trois à l'étage. Et une immense véranda. Les chambres étaient généralement bien occupées. Il y venait toujours quelques-uns des nombreux parents de parents — le plus souvent, des cousins. Le week-end, les amis de mon père et de ma mère débarquaient de Moscou [...], et moi, j'avais mes amies des datchas voisines. Nous passions le plus clair du temps sur la rivière. Papa avait construit un escalier qui menait de notre datcha à la rivière, afin que grand-mère puisse

> entrer dans l'eau sans difficulté. C'était un escalier tournant — la pente était très raide — avec au moins une centaine de marches. Longtemps après notre départ, on continuait de l'appeler l'escalier de Gaister. En bas, il y avait une petite jetée de bois pour se baigner. Comme l'eau était très profonde autour de notre jetée, je n'étais autorisée à y nager qu'avec mon père. Mes amies et moi préférions la jetée sous la datcha des Kerjentsev, où l'eau était peu profonde et propice à la baignade[26].

Mais les souvenirs heureux de ce genre ne sont pas le lot de tous. Pour de nombreuses familles, les années 1930 furent un temps d'épreuves croissantes. La restauration des relations traditionnelles créa souvent des tensions entre époux. Selon Trotski, qui écrivit longuement sur la famille soviétique, le régime stalinien avait trahi l'engagement des bolcheviks de libérer les femmes des servitudes domestiques. Les statistiques corroborent cette affirmation en montrant comment les tâches domestiques étaient partagées au sein des familles ouvrières. En 1923-1934, les travailleuses consacraient trois fois plus de temps que leurs maris aux corvées ménagères, mais cinq fois plus en 1936. Pour les femmes rien ne changea dans les années 1930 : elles avaient des horaires lourds à l'usine, puis commençait une seconde journée à la maison : cuisine, ménage, enfants leur prenaient en moyenne cinq heures chaque soir, tandis que les hommes se trouvaient libérés de la plupart de leurs tâches domestiques traditionnelles (débiter du bois, porter de l'eau, préparer le four) par la modernisation des logements ouvriers, avec l'eau courante, le gaz et l'électricité, ce qui leur laissait davantage de temps pour les activités culturelles et la politique[27].

Mais Trotski pensait aussi à la politique sexuelle au sein des familles :

> La désunion et la destruction de familles soviétiques où le mari, membre du Parti, membre actif du syndicat, officier ou administrateur, a évolué, a acquis de nouveaux goûts, tandis que la femme, opprimée par la famille, est demeurée à son ancien niveau, forment un chapitre très dramatique du Livre de la société soviétique. Le chemin de deux générations de la bureaucratie soviétique est jalonné par les tragédies des femmes arriérées et délaissées. Le même fait peut être observé aujourd'hui dans la jeune génération. C'est sans doute dans les sphères supérieures de la bureaucratie, où les parvenus peu cultivés, qui considèrent que tout leur est permis, forment un pourcentage élevé, que l'on trouvera le plus de grossièreté et de cruauté. Les archives et les Mémoires révéleront un jour les vrais crimes commis contre les anciennes épouses et les femmes en général par les prédicateurs de la morale familiale et de ces « joies » obligatoires « de la maternité » inviolables au regard de la justice[28].

Né en 1903, Vladimir Makhnatch était issu d'une famille de paysans pauvres d'Ouzda, à 60 kilomètres au sud de Minsk, en Biélorussie. Sa mère trouva la mort en le mettant au monde, et son père émigra aux États-Unis en 1906, confiant l'enfant aux soins de sa tante. À quatorze ans, il quitta la maison pour rejoindre les gardes rouges et participa à la prise du pouvoir à Minsk en octobre 1917. Il passa les quatre années suivantes dans l'Armée rouge et se battit contre les Polonais, qui envahirent la Russie soviétique au cours de la guerre civile. En 1921, Vladimir rejoignit les bolcheviks et commença des études à l'Académie agricole de Moguilev où il fit la connaissance de Maria Tchaoussova, dont il tomba amoureux. Née en 1904, Maria était la fille d'un marchand paysan de la petite ville de Kritchev, à 100 kilomètres à l'est de Moguilev. La plus jeune de six sœurs, et la première à pousser ses études au-delà du secondaire, Maria sortit diplômée de l'Académie agricole en 1925, avec mention très bien en agronomie et en économie. Le couple vécut ensemble en mari et femme *de facto* (comme beaucoup de jeunes Soviétiques des années 1920, ils ne voulaient pas officialiser leur mariage en signe de protestation contre les conventions bourgeoises). Après l'Académie agricole, Vladimir commença une carrière dans la recherche. En 1928, il partit pour Moscou, où il entra à l'Institut de la tourbe (que les bolcheviks tenaient alors pour une source d'énergie importante) et se lança dans une thèse sous la direction d'Ivan Radtchenko, vétéran bolchevik et ami de Lénine, qui dirigeait l'établissement. Les impeccables lettres de créance de Vladimir, ses origines prolétariennes et son enthousiasme pour les plans d'industrialisation de Staline ne tardèrent pas à attirer l'attention du Parti moscovite, qui l'appela à travailler avec Radtchenko au développement de nouvelles sources d'énergie pour Moscou en 1932. Vladimir devint le premier directeur du Mosgaz Trust, nouveau complexe industriel qui avait pour tâche de ravitailler en gaz une capitale en pleine expansion[29].

Maria suivit Vladimir à Moscou, où elle travailla au commissariat à l'Agriculture comme économiste jusqu'en 1933, date à laquelle elle donna naissance à leur fils Leonid. À la faveur de la promotion de Vladimir au Mosgaz, ils quittèrent leur petite chambre d'un appartement communautaire pour un grand appartement privé des Collines aux moineaux (rebaptisées Collines Lénine en 1935). Ils jouirent de tous les privilèges de la nouvelle élite de Staline : une limousine officielle avec chauffeur ; une datcha privée dans le village fermé de Serebriany Bor ; mais aussi accès aux magasins secrets réservés aux cadres du Parti et où l'on trouvait sans mal des biens de consommation autrement difficiles à se procurer. De sa petite enfance, Leonid

> [n'a] que des bribes de souvenirs avec un sentiment d'abondance et une atmosphère de féerie : juché sur les robustes épaules de mon père, je contemple un océan de lumières et un marbre resplendissant [ce devait être le métro de Moscou, inauguré depuis peu]. [...] Ou encore, le 1er Mai, place Rouge, à côté du mausolée de Lénine[30].

Vladimir Makhnatch, 1934

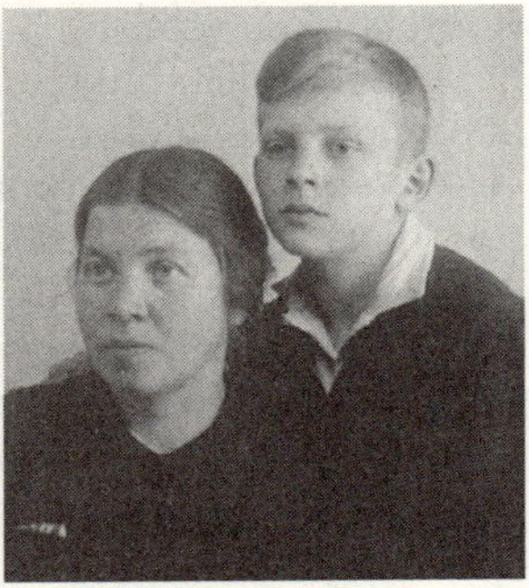

Maria et Leonid, années 1940

Maria employait une nourrice, qui logeait à l'office, dans l'appartement des Makhnatch. Elle comptait bien reprendre son travail au commissariat. Mais Vladimir s'opposa violemment à cette idée (il dit à Maria que « la femme d'un haut responsable du

Parti devait rester à la maison ») et se mit en colère quand elle essaya de le faire changer d'avis. Comme beaucoup de cadres du Parti, Vladimir croyait que sa vie de famille devait être subordonnée à ses obligations du Parti : son travail étant plus important pour le Parti que celui de sa femme, elle avait le devoir de l'épauler en tenant une « maison communiste bien ordonnée ». En novembre 1935, au cours d'un déplacement de travail à Leningrad, il écrivit à Maria :

> Ma chérie ! Je vais être absent quelques semaines. Je t'écrirai pour te donner des nouvelles et mes instructions. Pour l'heure, tout ce dont j'ai besoin, c'est de quelques livres [une liste suit]. [...] Ce serait une bonne idée de décorer l'entrée, elle est un peu sombre. C'est tout. Veille à ce que notre petit se porte bien. Et prends soin de toi. Couvre-toi bien quand tu sors. [...] Oublie tes illusions de reprendre le travail. Ta place est maintenant à la maison[31].

Le retour aux valeurs matérielles « bourgeoises » était parfois une autre source de tension au sein des familles. Anatoli Golovnia était un personnage important dans le cinéma soviétique, cameraman et proche collaborateur de Vsevolod Poudovkine, qui dirigea plusieurs classiques du cinéma soviétique, *La Mère* (1926), *Tempête sur l'Asie* (1930) et *Le Déserteur* (1933), et reçut le prix Staline pour pas moins de cinq films. Golovnia était né en 1900 à Simferopol, en Crimée. Il n'avait que deux ans quand il perdit son père, membre de la petite noblesse, et que sa mère se retrouva avec une modique pension pour élever Anatoli et son frère Piotr. La famille s'installa à Kherson, où les garçons reçurent de l'Assemblée de la noblesse une bourse pour étudier au Premier Gymnase, une sorte d'école primaire. Après la révolution d'Octobre,

Anatoli entra dans la Tcheka, tandis que Piotr rallia les Blancs. En 1920, Anatoli fut chargé d'une petite unité de la Tcheka dont la mission était de tendre une embuscade à une brigade de Blancs qui campait dans le voisinage. La brigade était conduite par l'un de ses plus proches camarades d'école, le fils du président de l'Assemblée de la noblesse de Kherson. Ne pouvant se résoudre à exécuter l'ordre, Anatoli distribua de la vodka à ses hommes et rejoignit les Blancs pour les prévenir de s'enfuir. Cet épisode de la vie d'Anatoli — bien attesté dans ses journaux intimes — fut totalement effacé de sa biographie. Au cours des trois années suivantes, Anatoli vécut en cavale, fuyant les Rouges. Il commença par se fixer à Tachkent, où il essaya de devenir agronome ; après avoir été rejeté de l'école agricole, cependant, il s'enfuit à Moscou, où il s'inscrivit en septembre 1923 à l'Institut technique public de cinématographie (GTK), une école de cinéma qui venait d'ouvrir dans la capitale, pour étudier le maniement de la caméra. C'est là qu'il connut et s'éprit de Liouba Ivanova, une jeune actrice d'une extraordinaire beauté, fraîchement débarquée de Tcheliabinsk, dans l'Oural. Née en 1905, elle était la dernière d'une fratrie de quatorze enfants d'une famille paysanne. Le couple ne tarda pas à se marier, mais les tournages les contraignaient à vivre fréquemment séparés. Ils mettaient souvent leur fille Oxana dans le train pour l'envoyer chez des tantes à Kherson ou à Tcheliabinsk, où elle retrouvait sa grand-mère.

En 1933, Anatoli et Liouba reçurent leur premier appartement — deux petites pièces dans un appartement communautaire situé dans l'annexe sur cour d'un grand immeuble d'habitation du centre de Moscou. Leur fille Oxana, alors âgée de sept ans, évoque l'appartement dans ses souvenirs (1981):

> Le parquet était peint en rouge [parce qu'il n'y avait pas de tapis]. [...] De nos jours, les jeunes, qui vivent pour les possessions matérielles, croiraient visiter un débarras, voire une décharge publique. Notre bien le plus précieux était notre commode « slavonne ». Tous les produits de cuisine étaient stockés dans une armoire maison peinte en blanc. Il y avait deux matelas à ressort, le bureau de papa, et les trois bibliothèques finlandaises vitrées: mon meuble préféré, à cause des livres. [...] Je dormais sur un lit de camp pliable derrière le dressoir, dans un coin du séjour. Le lit de camp était la seule chose qui m'« appartînt ». Je lui parlais la nuit. J'imaginais qu'il me racontait des rêves[32].

Pour deux personnages influents du cinéma soviétique, c'était un logement modeste. À cette époque, Liouba était une actrice importante des studios Mejrabpomfilm et avait tourné dans plusieurs films muets. Anatoli attachait peu d'importance à la propriété personnelle. Il y était « par principe hostile », aimait-il à répéter, et désapprouvait vivement le luxe et l'abondance. « Chemises et cravates blanches étaient les seules choses qu'il possédât en quantités excessives », se souvient Oxana. L'austérité d'Anatoli s'enracinait dans les valeurs de sa classe (la noblesse appauvrie d'où venaient nombre des écrivains, artistes, penseurs et révolutionnaires les plus en vue de la Russie) et les valeurs frugales de sa mère, qui avait élevé ses fils avec sa petite pension de veuve et s'était sacrifiée pour qu'ils pussent aller à l'école. C'était précisément cet ethos du travail assidu et de la discipline qui avait conduit Anatoli vers les bolcheviks en 1917. D'après sa petite-fille, il « conserva toujours quelque chose de tchékiste en lui. C'était un grand-père sévère et strict ; jamais il ne me passait un caprice, quand j'étais petite[33] ».

Liouba était différente. Chaleureuse et tendre, excessive dans ses passions, elle était habituée à être gâtée, comme elle l'avait toujours été en tant que petite dernière et la plus jolie de la famille. Et elle avait hâte de connaître la grande vie de Moscou. Elle s'habillait cher et possédait quantité de bijoux. En 1934, Liouba s'éprit du bel et prestigieux patron de Mejrabpomfilm, Boris Babitski. Elle quitta Anatoli pour partager la vie de Babitski dans sa datcha de Kratovo, à la périphérie de la capitale, où il habitait avec son fils (Volik) né d'un premier mariage. À l'automne, Liouba et Boris regagnèrent Moscou. Ils s'installèrent dans un appartement spacieux (juste sous les locaux de Mejrabpomfilm) dans l'hôtel du Komintern (l'hôtel Lux), en plein centre. L'appartement était luxueux, quatre grandes pièces sur couloir, avec parquet, et une grande cuisine où dormaient la gouvernante et la nourrice. « Un palais, un musée, un conte de fées », se souvient Oxana, qui partit y vivre en 1935. L'intérieur avait été dessiné et construit par un ouvrier français du Komintern. Le mobilier — des antiquités, des vases de bronze, des sièges de cuir et des tapis persans — avait été acheté à prix sacrifiés dans les dépôts du NKVD à Leningrad. Toutes ces pièces avaient été confisquées aux familles de la noblesse et de la bourgeoisie arrêtées et expulsées de chez elles, sur ordre de Staline, après le meurtre de Sergueï Kirov, le chef du Parti de Leningrad, en décembre 1934. « Maman était très fière de ses acquisitions, confie Oxana, et aimait nous raconter des histoires sur chaque pièce[34]. »

Anatoli Golovnia en tchékiste, 1919

Liouba Golovnia, 1925

Boris Babitski, 1932

La mère d'Anatoli, l'impérieuse Lydia Ivanovna, qui tenait ses valeurs de l'ancienne noblesse, trouvait à Liouba des « prétentions bourgeoises ». Elle ridiculisait ses « goûts vulgaires » en matière de vêtements et de meubles parce qu'ils reflétaient l'« instinct de possession de la nouvelle élite soviétique ». Elle trouvait que son fils s'était marié en dessous de sa condition et lâcha même, au cours d'une dispute enflammée, qu'Oxana était « la plus grosse erreur de la révolution », parce qu'elle était l'enfant de leur mésalliance. Convaincue que Liouba avait quitté son fils pour Babitski parce qu'il ne pouvait satisfaire ses goûts de luxe, Lydia essaya de persuader Anatoli, affligé par le départ de sa douce, qu'il pourrait la faire revenir avec un appartement plus spacieux. Mais, pour Anatoli, il n'était pas question de transiger sur ses principes. Se retournant sur ses souvenirs, Oxana s'arrête sur les trois approches contradictoires de la propriété qui agitèrent sa famille : les vues de la noblesse ; les attitudes spartiates des bolcheviks révolutionnaires ; et les attitudes matérialistes de la nouvelle élite soviétique. Oxana sympathisait avec la position de sa mère. Elle avait le sentiment que son attachement à son foyer n'était pas tant un désir de posséder que l'aspiration fervente au genre de vie familiale qu'elle avait connue enfant :

> Maman disait toujours que nous allions dans « *notre* datcha », comme si elle nous appartenait. Je m'en souviens parce que papa disait souvent qu'il était hostile à l'idée que les choses appartinssent à quiconque. À cet âge, je n'avais aucune idée de la propriété et ne m'interrogeais pas sur les aspirations de ma mère à posséder quelque chose à elle. Aujourd'hui, essayant de la comprendre mieux, je me dis que ce n'était pas une simple affaire de propriété. Maman ne construisait pas simplement une datcha : elle construisait une famille. Elle construisait sa famille à partir de choses bien réelles, comme ses ancêtres paysans l'avaient fait des siècles durant. Elle aimait Boris, elle m'aimait et aimait Volik, et cet amour était le cœur de son foyer[35].

Volik Babitski, Liouba et Oxana à la datcha de Kratovo, 1935

II

Peu de Soviétiques avaient le train de vie de Liouba Golovnia. Pour la majeure partie de la population, les années 1930 furent des années de pénurie matérielle, et même pour la nouvelle bureaucratie, qui avait accès aux boutiques spéciales, il n'y avait guère embarras de richesses. Suivant une estimation, dans la première moitié des années 1930, le nombre de familles bénéficiant de fournitures spéciales (bon indicateur de la nomenklatura) était de cinquante-cinq mille, dont quarante-cinq mille à Moscou. Les produits reçus permettaient à ces familles de jouir de plus de confort que l'immense majorité, même si leur train de vie restait très modeste en comparaison de l'Occident. Voici une liste des produits reçus par les familles de fonctionnaires au centre de Moscou pour un mois en 1932 :

4 kg de viande
4 kg de saucisse
1,5 kg de beurre
2 l d'huile
6 kg de poisson frais
2 kg de hareng
3 kg de sucre
3 kg de farine
3 kg de grain
8 conserves alimentaires
20 œufs
2 kg de fromage
1 kg de caviar noir
50 g de thé
1 200 cigarettes
2 pains de savon

Ces familles pouvaient aussi acheter des vêtements et des chaussures dans des boutiques spéciales grâce aux coupons que leur distribuait le gouvernement, et elles bénéficiaient d'un accès prioritaire à tous les produits de luxe ou biens de consommation dès qu'ils étaient disponibles. Mais leur position privilégiée était relativement marginale, et la majorité des fonctionnaires ordinaires de Staline vivaient modestement, avec juste quelques vêtements supplémentaires ou un espace de vie un peu plus grand que le citoyen moyen. Mankov l'observe sarcastiquement dans son journal : « Le plus que l'on puisse espérer posséder : deux ou trois vêtements, dont un importé, une bicyclette d'importation (ou une motocyclette) ou la possibilité illimitée d'acheter du raisin à 11 r[oubles] le kilo (quand on en trouve)[36]. »

Il existait une corrélation directe entre l'allocation de biens matériels et le pouvoir ou la position au sein de la hiérarchie sociopolitique. Hors de l'élite, nul ne possédait grand-chose — la plupart des gens n'avaient qu'une seule tenue — et il n'y avait guère assez de vivres pour tout le monde. Mais la distribution de ces maigres biens obéissait à une hiérarchie stricte avec des gradations à n'en plus finir entre les diverses catégories d'employés en fonction du statut au sein de l'atelier, du niveau de compétences et de l'expérience, et jusqu'à un certain point de la situation géographique, car les rémunérations à Moscou et dans les autres grandes villes étaient meilleures que dans les villes de province et dans les zones rurales. Malgré son image et ses idéaux égalitaires, la société soviétique était en fait éminemment stratifiée, où régnait une hiérarchie rigide de la pauvreté.

Le commerce privé compensait partiellement les fréquentes pénuries de l'économie planifiée. Les gens vendaient ou échangeaient leurs articles ménagers sur les marchés aux puces. S'ils en avaient les moyens, ils pouvaient acheter les produits que les kolkhoziens cultivaient sur leurs lopins et vendaient sur les rares marchés urbains que tolérait le régime. Les particuliers pouvaient vendre leur mobilier et autres objets de prix dans un dépôt-vente, ou échanger leurs bijoux et leurs devises contre des denrées alimentaires et des produits de consommation de luxe dans les boutiques Tsorguine. Ces commerces avaient été créés par le régime au début des années 1930 afin d'attirer l'épargne et de fournir des capitaux pour le plan quinquennal. Le marché noir prospérait en marge de l'économie planifiée. Les produits introuvables dans les magasins d'État se vendaient sous le comptoir au prix fort, quand ils n'étaient pas détournés au profit de marchands privés (qui soudoyaient les amis du gérant) pour être revendus au noir. En vue de résoudre les problèmes de l'offre se mit en place une « économie de faveurs » à travers de petits réseaux informels de patrons et de clients (système connu sous le nom de *blat*). Dans bien des cas, l'économie soviétique n'aurait pu fonctionner sans ces relations privées. Obtenir quelque chose (une chambre à louer, des articles ménagers, un billet de chemin de fer, un passeport ou des documents officiels) nécessitait des contacts personnels : famille et parents ; collègues, amis, ou amis d'amis. Les mêmes principes du marché noir opéraient notoirement dans les usines et institutions soviétiques, où de nombreux biens et services étaient fournis et échangés sur la base de contacts et de faveurs personnels. La propagande présentait le *blat* comme une forme de corruption (l'extirpation de ces réseaux privés de relations protecteurs-clients est un objectif qui devait jouer un rôle important dans les purges), et nombreux sont les ouvriers, notamment, qui partageaient ce point de vue. Mais en réalité, la plupart des Soviétiques étaient ambivalents envers le *blat* : ils reconnaissaient que ce n'était pas bien moralement, voire illégal, mais ils comptaient dessus, comme tout le monde, pour satisfaire leurs besoins et contourner un système qu'ils savaient inique. Sans *blat*, il était impossible de vivre avec le moindre confort. Comme disait le proverbe, « mieux vaut cent amis que cent roubles[37] ».

La pénurie de logements était si aiguë dans les villes surpeuplées que les citadins étaient prêts à tout, ou presque, pour accroître leur espace de vie. L'afflux massif de paysans dans l'industrie avait soumis le parc de logements urbains à de très fortes tensions. À Moscou, en 1930, chaque personne disposait en moyenne de 5,5 mètres carrés, mais d'à peine plus de 4 mètres carrés en 1940. Dans les nouvelles villes industrielles, où la construction de logements accusait un gros retard sur la croissance démographique, la situation était pire encore[38]. À Magnitogorsk, par exemple, les familles de la classe ouvrière disposaient en moyenne de juste 3,2 mètres carrés par tête en 1935. La plupart des ouvriers logeaient dans les baraquements de l'usine, où les familles étaient éclatées, voire dans des dortoirs où seul un rideau tendu autour du châlit leur assurait quelque intimité. Une ouvrière de Magnitogorsk a brossé un tableau saisissant de la vie dans son baraquement :

> Des dortoirs sans chambres à soi, divisés en quatre sections, de minuscules coins cuisine où il était impossible de se retourner, des poêles submergés d'ustensiles de cuisine, des ouvriers en bleu de travail

graisseux (il n'y avait pas de douches dans l'aciérie), des enfants dans le couloir, qui faisaient la queue pour l'eau, des « meubles » : lits de métal, tables de chevet, bureaux et étagères de fortune.

Maintes baraques avaient été sciemment construites sans cuisines ni salles d'eau pour forcer leurs locataires à utiliser les réfectoires et les bains publics ainsi que les laveries. Mais la plupart des ouvriers de Magnitogorsk se révélèrent résistants à cette collectivisation de leur vie privée et préféraient vivre dans des gourbis à moitié enfoncés dans le sol (*zemlianki*) où, malgré des conditions de vie rudimentaires, ils avaient un minimum d'intimité. En 1935, près d'un quart de la population de Magnitogorsk vivait dans ces cabanes. De véritables taudis de *zemlianki* surgirent sur des terrains vagues à proximité des usines et des mines. Les ouvriers firent montre d'une résistance farouche aux efforts du régime pour balayer ce dernier espace de propriété privée[39].

Dans la Russie de Staline, les relations humaines tournaient autour de la lutte pour l'espace. Tel est le constat de Nadejda Mandelstam :

> Les générations futures ne comprendront pas ce que la « surface habitable » représentait dans notre vie. Bien des crimes ont été commis à cause d'elle et pour elle. Les gens sont attachés à leur logement, et il ne leur semble pas concevable de le quitter. Qui aurait le courage d'abandonner une chambre magnifique et rare d'un peu plus de 12 mètres carrés ? Les fous de ce genre n'existent pas chez nous, et la « surface habitable » se transmet de père en fils comme les châteaux, les pavillons, les domaines. Les couples qui se haïssent, les belles-mères et les gendres, les

> fils et les filles adultes, les anciennes domestiques qui s'accrochent à leur réduit attenant à la cuisine, tous sont liés pour toujours à leur « surface habitable » et ne peuvent la quitter. En cas de divorce ou de mariage, la première question qui se pose est celle du logement. J'ai entendu parler de nobles chevaliers qui, en partant, laissaient à leur femme la chambre conjugale[40].

On ne compte pas les histoires de mariages factices destinés à trouver un endroit où vivre, de couples divorcés partageant leur chambre plutôt que d'abandonner leur logement, de voisins se dénonçant mutuellement dans l'espoir d'obtenir un espace supplémentaire[41].

En 1932, Nadejda Skantchenko, dix-neuf ans, fille d'une paysanne veuve de la province de Tver, étudiait à l'Institut ferroviaire de Leningrad. Elle logeait dans une pension pour étudiantes, partageant sa chambrette avec d'autres filles. Comme beaucoup d'autres fraîchement débarqués de la campagne, Nadejda n'était pas officiellement domiciliée à Leningrad. Avec l'introduction du système des passeports, elle ne manquerait pas d'être chassée de sa chambre. Par des connaissances, elle entra en contact avec un jeune soldat ukrainien qui disposait d'une chambre de 8 mètres carrés dans un appartement communautaire. Le soldat était sur le point de rejoindre son unité dans le Donbass. Nadejda lui donna 500 roubles pour l'épouser : une somme que sa mère réunit en vendant sa dernière vache et ses ultimes biens, puis emménagea dans la chambre où sa mère la rejoignit. Nadejda ne rencontra son mari qu'une fois :

> Nous sommes allées le voir la veille de son départ pour l'armée. Nous avons réglé la somme. Puis nous

> sommes allés à l'état civil pour nous marier avant de passer à l'administration du logement pour nous faire domicilier [Nadejda et sa mère]. Et voilà. Les gens de l'administration ont souri, bien sûr : ils savaient que nous contournions les règles. Ils s'assurèrent que tous les détails étaient bons. Mon mari est parti le lendemain matin. Et maman et moi avons eu 8 mètres carrés pour nous. [...] Bien entendu, il ne m'est jamais venu à l'idée de partager sa vie. C'était un gars de la campagne simple, sachant à peine lire et écrire. Il nous a envoyé une ou deux lettres : « Comment vas-tu ? », ce genre de choses. Il n'écrivait pas « Donbass » mais « Dobas ». Mon Dieu ! Même ça, il ne savait pas l'écrire[42].

Le type d'habitation le plus courant, dans les villes, était l'appartement communautaire (*kommounalka*), où plusieurs familles cohabitaient dans un même appartement, se partageant cuisine, toilettes et salles de bains — si elles avaient un peu de chance : de nombreux citadins devaient recourir aux bains publics et aux laveries[43]. À Moscou et Leningrad, les trois quarts des habitants partageaient des appartements communautaires au milieu des années 1930, et ce mode de vie demeura la norme pour la plupart des citadins tout au long de la période stalinienne[44]. Comme tout le reste, la *kommounalka* changea de nature dans les années 1930. Alors que, dans les années 1920, son but était de résorber la crise du logement et, par la même occasion, porter un coup à la vie privée, elle devint désormais essentiellement un moyen d'étendre la surveillance de l'espace familial privé par l'État. Après 1928, les soviets renforcèrent toujours plus leur contrôle de la politique de « condensation », installant délibérément des activistes du Parti et des ouvriers loyaux dans les demeures d'anciens bourgeois afin qu'ils pussent les tenir à l'œil[45].

Les Khaneïevski vécurent un temps en *kommounalka*. Alexeï Khaneïevski était issu d'un riche clan de marchands de Voronej. Il arriva à Moscou en 1901 pour entreprendre des études de médecine. Médecin militaire, il se distingua au cours de la Première Guerre mondiale et fut promu lieutenant-colonel, grade qui lui donnait le statut d'un noble. En 1915, il loua un appartement spacieux et confortable, rue Pretchistenka, près du centre de Moscou. Il y vécut avec sa femme, Nadejda, leurs deux petites filles, Irina (née en 1917) et Elena (1921), ainsi qu'une nourrice, jusqu'en 1926, quand le soviet de Moscou imposa à la famille sa politique de « condensation ». Une ouvrière, Marfa Filina, s'installa dans une chambre de l'appartement, suivie par la famille d'un tailleur, Vassili Kariakine, puis celle de Nikolaï Sazonov, vétéran de l'Armée rouge d'origine prolétarienne promu au rang de professeur à l'Académie communiste. Cet appartement, qui avait abrité dans les années 1920 une famille de trois adultes et deux enfants, hébergeait quatorze personnes entassées les unes sur les autres en 1936, quand la seconde épouse de Nikolaï Sazonov s'y installa avec sa mère. Ils se partageaient le vestibule, la cuisine (où dormaient deux femmes de ménage), les toilettes et la salle de bains, sans eau (elle servait de réserve), si bien que le seul moyen de se laver était le robinet d'eau froide de l'évier, dans la cuisine. Les Khaneïevski essayèrent de s'isoler de leurs nouveaux voisins en plaçant une porte pour fermer la partie arrière de l'appartement où ils vivaient. Leurs voisins apprécièrent la porte parce qu'elle leur donnait aussi un peu plus d'intimité. En 1931, le soviet du district ordonna l'installa-

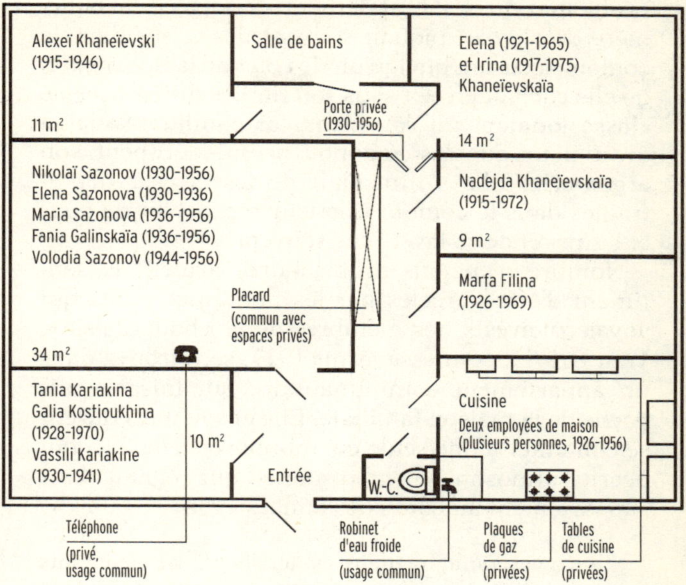

Chez les Khaneïevski (appartement communautaire), rue Pretchistenka (Kropotkine), 33/19, apt. 25

tion d'une salle de bains — dans le cadre de la campagne soviétique d'hygiène personnelle menée à cette époque — et il fallut abattre la porte. La vie sans porte se révéla très pénible, avec des disputes incessantes entre les Khaneïevski et les Sazonov, au point qu'Alexeï finit par soudoyer le soviet pour obtenir l'autorisation de revenir à la situation antérieure. La salle de bains fut de nouveau transformée en réserve et la porte remise en place. Les relations entre les deux familles n'en restèrent pas moins problématiques. Mentalement dérangée, la belle-mère de Nikolaï piquait souvent des crises dans le couloir, accusant quelqu'un de voler de la nourriture, qu'elle cachait en fait sous son lit. Les différences de classe jouaient un rôle dans ces conflits. Nadejda avait peur que les Sazonov ne lui dérobent son argenterie. Elle s'offusquait de les croiser dépoitraillés dans le couloir. Elle leur reprochait de puer et les priait de se laver plus souvent[46].

Nombre d'anciens propriétaires avaient le sentiment d'être harcelés par les nouveaux venus qui voyaient en eux des membres de la « bourgeoisie ». Vera Orlova, comtesse avant 1917, se retrouva dans un appartement communautaire qui faisait jadis partie de la maison familiale. Elle et son mari durent se contenter d'une seule chambre avec leur fille, qui décrit l'atmosphère empoisonnée qui régnait dans l'appartement au cours des années 1930 :

> La vie communautaire est terrifiante. Les habitants se sont mis à mesurer chaque centimètre carré du couloir et des pièces à usage collectif, et à protester parce que ma mère y avait laissé quelques meubles, de valeur par ailleurs. Ils prétendaient qu'ils prenaient trop de place, qu'il fallait les mettre dans la chambre et que le couloir n'était pas à nous.
>
> Les « voisins » chronométraient le temps que nous passions dans la salle de bains. Dans certains appartements communautaires, les habitants avaient installé des compteurs et des interrupteurs différents aux toilettes, pour que chacun y consomme sa propre électricité[47].

La maison Khaneïevski n'était pas surpeuplée en comparaison de la majorité des appartements communautaires de Moscou et de Leningrad. Evgueni

Mamline grandit dans une *kommounalka* avec seize familles (cinquante-quatre personnes), qui avaient chacune leur chambre, et une seule cuisine pour tous. Il y avait deux toilettes et deux cuvettes d'eau froide, mais pas de salle de bains[48]. Minora Novikova grandit dans un appartement communautaire de Moscou où chacune des trente-six chambres était habitée par au moins une famille et donnait sur un couloir qui courait sur trois côtés de la maison. Dans sa chambre, dix personnes se partageaient 12,5 mètres carrés seulement. « Il est difficile de dire comment nous dormions », observe Minora.

> Il y avait une table, où dormait ma grand-mère. Mon frère, six ans, dormait dans un lit d'enfant sous la table. Mes parents occupaient le lit près de la porte. Mon autre grand-mère couchait sur le divan. Ma tante dormait par terre, sur un grand matelas de plume, avec sa cousine d'un côté, tandis que ma sœur (alors âgée de seize ans), ma cousine (dix) et moi (onze) dormions esquichées entre elles : je ne sais plus comment. Les enfants que nous étions adoraient dormir par terre : on se glissait sous le lit de nos parents et on s'amusait bien. J'imagine que ce n'était pas très drôle pour les adultes[49].

Nina Paramonova connut elle aussi le « système du couloir » à Leningrad. L'appartement occupait toute la surface d'une maison réquisitionnée à un baron allemand par l'Institut du commerce en 1925. Nina s'y installa en 1931 avec son mari, architecte naval, quand elle trouva une place de comptable dans l'administration ferroviaire de Leningrad. L'appartement comptait dix-sept pièces, avec au moins une famille dans chacune d'elles. Il abritait au total plus de soixante personnes, qui devaient se partager une cuisine, des toilettes et une douche (à l'eau froide)[50].

À l'autre extrémité du spectre social, la Troisième Maison des soviets, appartement communautaire destiné aux fonctionnaires au centre de Moscou, appliquait aussi le « système du couloir ». Le beau-frère de Staline, Fiodor Alliloulïev, y logea avec sa mère à l'étage. Ninel Reifchneider, fille d'un vétéran bolchevik et auteur de textes politiques, vécut avec ses parents, ses grands-parents, son frère et sa sœur dans une des neuf pièces du rez-de-chaussée, soit une surface habitable de 38 mètres carrés pour six personnes, sans compter son père, qui dormait habituellement à l'hôtel Métropole, où il disposait aussi d'une chambre. Les neuf pièces du couloir hébergeaient un total de trente-sept personnes, qui se partageaient une grande cuisine, où se trouvaient une douche et une baignoire derrière un paravent, d'un côté, et un cabinet de toilettes de l'autre. Il y avait deux autres cabinets de ce genre à l'extrémité du couloir. Dans la cour se trouvait un hangar communautaire, avec le bois destiné aux fours et aux poêles. Conçue comme une expérience de vie collective, la maison n'en offrait pas moins les services qu'en attendait l'élite soviétique. Il y avait un terrain de jeux pour les enfants, un club et un cinéma au sous-sol. Chaque couloir avait sa femme de ménage, sa gouvernante et sa nourrice rémunérées collectivement par les résidents[51].

L'appartement communautaire était un microcosme de la société communiste. En obligeant les gens à partager leur surface habitable, les bolcheviks croyaient pouvoir les rendre plus communistes dans leur façon élémentaire de penser et de se conduire.

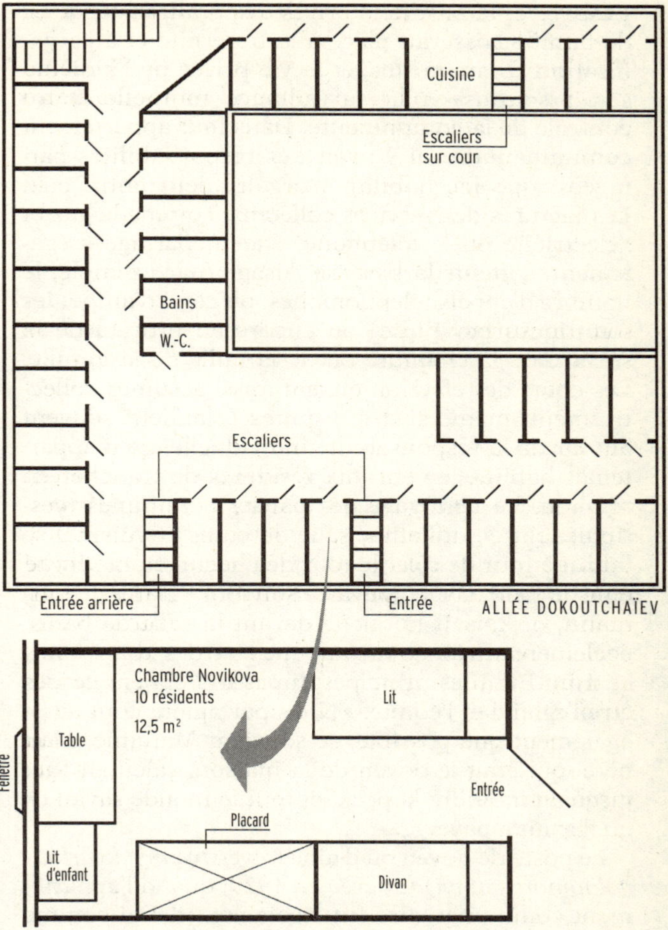

Appartement communautaire (« système du couloir »), allée Dokoutchaïev, Moscou, 1930-1964

L'espace et la propriété privés disparaîtraient, la vie de famille laisserait place à la fraternité et à l'organisation communistes, et la vie privée de l'individu serait soumise à la surveillance mutuelle et au contrôle de la communauté. Dans tout appartement communautaire, il y avait des responsabilités partagées, que les habitants organisaient entre eux. Les factures des services collectifs, comme le gaz et l'électricité ou le téléphone, étaient partagées également, soit sur la base de l'usage (par exemple, le nombre d'appels téléphoniques, ou celui d'ampoules électriques par pièce) ou encore au prorata de la surface de la chambre ou de la taille de la famille. Les coûts de réfection étaient aussi assumés collectivement, même si des disputes éclataient souvent autour de la responsabilité individuelle, qu'il appartenait habituellement aux résidents de trancher en réunion. Le nettoyage des parties communes (vestibule, entrée, toilettes, salle de bains et cuisine) se faisait à tour de rôle (le tour de chacun étant affiché dans le hall). Chacun avait « son jour » de lessive. Le matin, on faisait la queue devant la salle de bains, également attribuée suivant une liste des noms. Dans ce mini-État, les principes directeurs étaient censés être l'égalité et l'équité. « Nous partagions tout aussi également que possible, se souvient Mamline. Mon père, qui était le doyen de la maison, calculait tout jusqu'au moindre kopeck, et tout le monde savait ce qu'il avait à payer[52]. »

Le poste de doyen ou d'aîné (*otvetstvennyi kvartoupolnomotchennyi*) fut créé en 1929, quand l'appartement communautaire fut légalement défini comme une institution sociale avec des règles spécifiques et des responsabilités envers l'État : respect des règlements sanitaires, collecte des impôts, application de la loi et information de la police sur la vie privée des habitants[53]. Les doyens étaient censés être élus par les résidents ; en réalité, cependant, ils étaient le plus souvent autodésignés avant d'être acceptés par les résidents, soit du fait de leur personnalité, soit en raison de leur place dans la société. Nina Paramonova se souvient que leur doyenne « dirigeait la maison en dictateur. Nous la respections tous tant elle était stricte. Elle nous faisait peur. Elle seule avait assez d'autorité pour obliger les locataires à faire le ménage quand c'était leur tour[54] ». Une nouvelle loi de 1933 fit des doyens les seuls responsables de l'appartement communautaire, renforça leurs liens avec la police et leur donna autorité sur les concierges (*dvorniki*), informateurs notoires, qui nettoyaient les escaliers et la cour, patrouillaient le territoire de la maison, fermaient les portes de la cour la nuit et suivaient les allées et venues de chacun. À travers les doyens et les gardiens, la direction de la maison devint l'unité opératoire de base du système policier de surveillance et de contrôle.

Au milieu des années 1930, le NKVD avait monté un immense réseau de mouchards. Dans chaque usine, bureau ou école, la police avait des informateurs[55]. L'idée de surveillance mutuelle était fondamentale pour le système soviétique. Dans un pays trop grand pour la police, le régime bolchevik (un peu comme le régime tsariste avant lui) demandait à la population d'assurer sa propre police. Historiquement, la Russie avait de solides normes et institutions collectives qui se prêtaient à une politique de ce genre. Tandis que les régimes totalitaires du XXe siècle s'efforcèrent de mobiliser la population pour qu'elle accomplît le travail de la police, et que certains, comme l'État-Stasi en RDA, réussirent un temps à infiltrer presque tous les niveaux de la société, aucun ne réussit, comme le régime soviétique le fit pendant soixante ans, à contrôler une population par la surveillance collective.

Dans ce système collectif de contrôle, la *kommounalka* jouait un rôle vital. Ses habitants savaient presque tout de leurs voisins : leurs horaires habituels, leurs habitudes personnelles, leurs visiteurs et amis ; ce qu'ils achetaient, ce qu'ils mangeaient, ce qu'ils racontaient au téléphone (normalement placé dans le couloir) ; et même ce qu'ils disaient dans leur chambre tant les cloisons étaient minces (dans bien des chambres, les murs n'allaient même pas jusqu'au plafond). Dans l'appartement communautaire des années 1930, où l'on encourageait la vigilance de tous, chacun écoutait aux portes, épiait et mouchardait. Les voisins ouvraient la porte pour apercevoir les visiteurs dans le couloir ou écouter les conversations téléphoniques. Ils entraient dans les pièces pour « servir de témoins » en cas de dispute entre mari et femme, ou intervenir en cas de tapage, violences ou frasques d'ivrogne. L'idée était que rien ne pouvait être « privé » dans un appartement communautaire, où l'on répétait souvent que « ce qu'une personne fait peut attirer le malheur sur nous tous ». Mikhaïl Baïtalski se rappelle l'appartement communautaire d'un parent à Astrakhan, où une voisine particulièrement vigilante occupait la chambre à côté : « Au moindre bruit de porte déverrouillée, elle glissait son petit nez pointu dans le couloir et vous photographiait de son regard perçant. Notre parent assurait qu'elle avait une fiche sur chaque visiteur[56]. »

Dans la promiscuité de l'appartement communautaire, de fréquentes chicanes éclataient à propos de la propriété personnelle : denrées alimentaires qui disparaissaient de la cuisine commune, vols dans les chambres, bruit ou musique la nuit. « L'atmosphère était délétère, se souvient une habitante. Tout le monde soupçonnait quelqu'un de vol, mais il n'y avait jamais la moindre preuve, juste toutes sortes d'accusations chuchotées dans le dos des intéressés[57]. » Étant donné l'état de tension nerveuse général, il ne fallait pas grand-chose pour que les bagarres tournent en dénonciations au NKVD. Nombre de ces chamailleries étaient le fruit de jalousies mesquines. L'appartement communautaire était le centre domestique de la culture soviétique de l'envie, qui naissait tout naturellement dans un contexte de pénuries matérielles. Dans un système social fondé sur le principe de l'égalité dans la pauvreté, dès qu'une personne possédait quelque chose de plus que les autres, on supposait que c'était aux dépens de tous. Tout signe d'avantage matériel — habit neuf, meilleur ustensile de cuisine, aliments spéciaux — pouvait susciter l'agressivité des autres résidents, qui soupçonnaient naturellement que ces produits avaient été obtenus par le *blat*. Les voisins formaient des alliances et engageaient des hostilités sur la base de ces inégalités apparentes. Une femme, qui vit encore dans l'appartement communautaire moscovite où elle a grandi dans les années 1930[a], se souvient d'une interminable querelle entre sa mère, qui travaillait dans une boulangerie, et la femme du concierge, bien connue pour moucharder. Chaque fois que des gâteaux ou des petits pains apparaissaient dans la cuisine, la gardienne accusait la mère de cette femme de vol ou de sabotage et menaçait de la dénoncer aux autorités[58]. Mitrofan Moïsseïenko,

a. D'où son désir de conserver l'anonymat.

ouvrier, arrondissait ses fins de mois en réparant meubles et fenêtres et en effectuant toutes sortes de travaux pour les résidents de son immeuble communautaire de Leningrad. Au printemps 1935, une dispute l'opposa à ses voisins, qui l'accusèrent de leur faire payer trop cher ses réparations. Ils le dénoncèrent à la police, prétendant absurdement qu'il avait planqué Trotski dans son atelier au sous-sol de l'immeuble. Mitrofan fut arrêté et condamné à trois ans de camp de travail, près de Magadan[59].

La cuisine était le théâtre de nombreuses disputes. Le soir, quand elle grouillait de monde, il y avait toujours un risque de surchauffe. La cuisine était un espace commun mais, dans la plupart des appartements communautaires, chaque famille y avait sa plaque de cuisson sur le poêle, sa table de cuisine privée où elle s'installait normalement pour manger, et son coin où stocker ses vivres dans les placards, sur des étagères ouvertes ou entre les fenêtres intérieure et extérieure, où l'hiver les températures étaient aussi fraîches que dans un réfrigérateur. La confusion entre espace privé et espace commun était une source constante de fâcheries ; se servir de la plaque de cuisson d'un autre, de ses ustensiles ou de ses provisions suffisait à provoquer le scandale. « Ce n'était pas de la méchanceté, raconte Minora Novikova. Nous étions tous pauvres, et personne n'avait rien de valeur à voler. Mais il n'y avait jamais assez de place, tout le monde était tendu à la cuisine, et les chamailleries étaient inévitables. Imaginez un peu : trente femmes aux fourneaux en même temps[60] ! »

L'absence d'intimité était la plus grande source de tension. Jusque dans la pièce familiale, il n'y avait pas de place à soi. La pièce avait de multiples fonctions : chambre à coucher, salle à manger, salon pour accueillir ses invités, bureau où les enfants faisaient leurs devoirs, voire cuisine. Ninel Reifchneider raconte :

> Dans notre chambre, il n'y avait ni objets privés ni meubles, pas d'étagère, de siège ou de table qui appartînt en propre à quelqu'un. Même mes grands-parents, dont les lits étaient entourés d'un rideau qui leur assurait quelque intimité, ne possédaient rien qui fût véritablement à eux. Ma grand-mère avait quelques affaires dans une malle sous son lit, mais la table placée à côté de son lit, par exemple, servait à tout le monde.

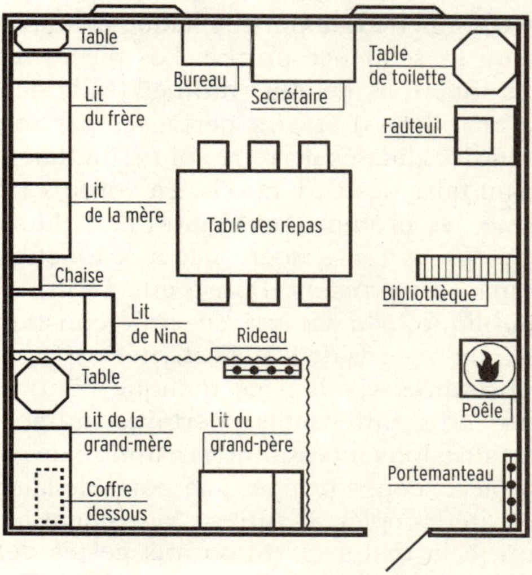

La chambre des Reifchneider (38 m²) dans la Troisième Maison des soviets, Sadovaïa Karetnaïa, Moscou

Dans bien des familles, les plus petits dormaient derrière un paravent de fortune, une bibliothèque ou une armoire, afin de les préserver un peu des adultes et de leurs visiteurs du soir (et les empêcher de voir les adultes quand ils se déshabillaient pour se mettre au lit). Les parents devaient faire l'amour discrètement au milieu de la nuit[61].

L'exiguïté des lieux ne laissait guère de place à l'imagination. Les voisins s'habituaient à se croiser à demi nus dans le couloir. Ils se voyaient sous leur pire aspect — dans les moments d'ébriété ou de laisser-aller — sans le masque qu'ils portaient pour se protéger dans l'espace public. Ils savaient quand leurs voisins avaient de la visite au nombre de coups de sonnette à la porte : chaque chambre avait le sien ou sa séquence propre. Les pièces utilisées pour les fonctions les plus intimes (salle de bains, cuisine et toilettes) étaient partagées par tous ; les menus indices laissés derrière soi permettaient aisément d'en faire des déductions. La corde à linge de la cuisine, les produits personnels dans la salle de bains, les petits tours nocturnes aux toilettes : rien n'échappait aux voisins. Dans cette forme d'« intimité publique », la vie privée était constamment exposée aux regards de la collectivité[62].

Les locataires vivaient ce manque d'intimité de manières très différentes. Certains supportaient mal les intrusions incessantes : irruption des voisins dans la pièce, coups frappés à la porte de la salle de bains, visiteurs épiés. D'autres réagissaient au bruit constant, à la malpropreté ou aux gestes déplacés des vieillards libidineux envers les filles. Toilettes et salle de bains étaient une source de frictions et d'angoisses permanentes. Dans l'appartement communautaire où vécut Elena Baïgoulova à Leningrad dans les années 1930, il n'y avait qu'un W-C pour quarante-huit locataires. Chacun s'y rendait avec son savon et son papier toilette, gardés dans sa chambre. En 1936, l'une des résidentes épousa un Noir: « Sa première apparition fit scandale, raconte Elena. Pas question de partager les toilettes ou la salle de bains avec cet homme. Les gens le croyaient sale parce qu'il était noir[63]. »

Les conversations privées étaient un problème particulier. Les discussions étaient clairement audibles d'une pièce à l'autre, si bien que les familles chuchotaient. Les locataires veillaient à ne pas parler de politique aux voisins (dans certains appartements communautaires, les hommes ne parlaient pas du tout)[64]. Les familles issues d'un milieu bourgeois ou noble veillaient à dissimuler leurs origines. Alina Dobriakova, petite-fille d'un officier tsariste, grandit dans une *kommounalka* de Moscou, où les autres résidents étaient tous des ouvriers avec leurs familles: « Un conglomérat de gens hostiles », se souvient-elle. Interdiction avait été faite à Alina de dire le moindre mot à quiconque des photographies de son grand-père bien cachées dans la chambre. Sa mère entra au Parti et prit un poste de cadre pour dissimuler leur passé. « Si nos voisins avaient su qui était le père de ma mère, se souvient Alina, nous aurions eu bien des désagréments [...]; aussi étions-nous muets comme une tombe[65]. » Il pouvait être terriblement dangereux de se parler dans un appartement communautaire. Dans la maison des Khaneïevski, Nadejda était pratiquement sourde, mais exprimait sans détour ses points de vue antisoviétiques. Elle expliquait à ses filles combien la vie était meilleure sous le tsar et se mettait à crier. Son mari Alexeï, terrorisé par les Sazonov de la pièce à côté, lui rappelait de ne pas crier: « Chuchote, ou on va se faire arrêter[66]. »

Les résidents se battaient pour une once d'intimité. Ils gardaient dans leur chambre leurs serviettes et leurs affaires de toilette, leur batterie de cuisine, leurs plats, leurs couverts et même le sel et le poivre. Ils faisaient la vaisselle et la cuisine dans l'intimité de leur chambre où ils dînaient également et étendaient leur linge. Les zones d'espace commun étaient en partie privatisées: des familles pouvaient revendiquer une place sur l'étagère, un coin de couloir, une section de la table de cuisine, une patère ou une place pour les chaussures à côté de la porte d'entrée. Tous ces arrangements étaient bien connus des locataires, mais un étranger pénétrant dans l'appartement n'aurait rien remarqué. Les gens rêvaient d'un espace privé où ils pussent s'isoler de leurs voisins. Evgueni Mamline « mourait d'envie d'une cuisine avec un passe-plat donnant sur sa chambre, ce qui lui aurait permis de cuisiner et de prendre ses repas sans utiliser la cuisine communautaire, mais ce n'était qu'un rêve », raconte sa fille. Pour ceux qui avaient les moyens d'avoir une maison de campagne, les mois d'été à la datcha permettaient de se soustraire aux pressions de l'appartement communautaire[67].

Dans le meilleur des cas, l'appartement communautaire encourageait parmi ses locataires un esprit de camaraderie et un sens de la collectivité. Beaucoup se retournent avec nostalgie sur leurs années de vie en appartement communautaire, en un temps où ils partageaient tout avec leurs voisins. « Avant guerre, nous vivions en harmonie », se souvient un locataire:

> Tout le monde s'entraidait, et il n'y avait pas de disputes. Personne ne lésinait sur l'argent : on dépensait son salaire sitôt qu'on le touchait. La vie était drôle en ce temps-là. C'était pas comme après la guerre, où les gens gardaient leur argent pour eux et fermaient leurs portes.

Cette nostalgie est en partie liée aux souvenirs d'une enfance heureuse, d'un temps où, malgré les privations matérielles, la cour était propre et sans risque pour les jeux d'enfants, et où régnait encore dans l'appartement communautaire une atmosphère de « famille » élargie. Dans la *kommounalka*, les enfants se mêlaient aux autres familles bien plus que ne le faisaient leurs parents : ils jouaient ensemble et ils étaient toujours fourrés dans les chambres des autres, en sorte qu'ils vivaient plus que quiconque cette camaraderie. « Nous vivions comme une grande famille », se souvient Galina Markelova, qui grandit dans un appartement communautaire à Leningrad dans les années 1930 :

> En ce temps-là, tout le monde vivait les portes ouvertes et nous autres, enfants, avions toute la maison à notre disposition. Nous jouions dans le couloir et courions d'une pièce à l'autre pendant que les adultes jouaient aux cartes ou aux dominos. Et ça riait toujours. Il y avait trop d'adultes pour qu'ils jouent tous, si bien qu'ils prenaient leur tour : les uns jouaient sous le regard des autres. Nous célébrions les fêtes soviétiques ensemble, comme en famille, et tout le monde apportait quelque chose de bon à manger ou à boire. On s'amusait terriblement aux anniversaires, avec des tas de jeux ou de chansons[68].

Mais la promiscuité pouvait être étouffante. Le réalisateur Rolan Bykov, qui grandit en appartement communautaire dans les années 1930, en a gardé le souvenir d'un mode de vie répressif, d'un effort pour effacer tout soupçon d'individualité. La « loi du collectif » prévalait dans la maison, se souvient Bykov, et il ne rimait à rien d'essayer de se rebeller : le non-conformiste faisait l'unanimité contre lui. Elizaveta Tchetchik a gardé des impressions semblables de l'appartement communautaire de son enfance :

> Jusqu'à un certain point, nous avons été élevés ensemble par tous les adultes du couloir. Certains des enfants avec qui je jouais avaient des parents très stricts, des bolcheviks. Ils me faisaient peur, j'étais mal à l'aise en leur présence. Quand j'y songe aujourd'hui, je me rends compte que j'ai grandi avec le sentiment que je n'étais pas libre, que je ne pouvais pas être moi-même : quelqu'un pouvait toujours me voir et me blâmer. C'est seulement quand j'étais seule dans l'appartement, sans personne d'autre, que je me sentais libérée de cette peur[69].

L'appartement communautaire a eu un impact psychologique profond sur ceux qui y ont vécu de longues années. Au cours des entretiens, beaucoup de ces anciens habitants ont avoué leur profonde crainte de se retrouver seuls[a]. L'appartement communautaire a pour ainsi dire donné naissance à un nouveau type de personnalité soviétique. Les enfants, notamment, étaient influencés par les valeurs et habitudes collectives. Dans ces appartements, les familles perdaient le contrôle de l'éducation de leurs enfants : les principes communs de la

a. Les psychiatres ont aussi observé une forte proportion de cas de paranoïa ou d'hallucinations schizophréniques dans cette population.

maison avaient tendance à asphyxier leurs traditions culturelles et leurs habitudes. Se retournant sur son enfance, Minora Novikova estime que la *kommounalka* l'a rendue plus encline à penser en termes de « nous » plutôt que de « je » :

> Tout était mis en commun. Il n'y avait pas de secrets. Nous étions tous égaux, tous pareils. Voici à quoi j'ai été habituée et plus tard j'ai toujours eu un sentiment d'étrangeté quand j'ai eu affaire à d'autres usages. Je me souviens de mon premier voyage [comme géologue]: j'ai acheté des bonbons et j'en ai distribué à tout le monde. Le chef de groupe m'a dit : « Tu devrais marquer ce que tu as dépensé, que tu puisses te faire rembourser. » L'idée m'a paru monstrueuse, parce que depuis mon enfance j'étais habituée à partager tout ce que j'avais.

D'autres qui ont grandi dans une *kommounalka* font crédit à la vie communautaire de leur avoir enseigné les valeurs publiques du régime soviétique : amour du travail, modestie, obéissance et conformisme. Mais le sentiment de lassitude, voire la timidité, n'était jamais bien loin. « Il fallait un effort de chaque instant pour se dominer et se couler dans le moule », se souvient une locataire :

> C'était un sentiment de répression différent de l'arrestation, la prison et l'exil, que j'ai aussi connus, mais par certains côtés c'était pire. En exil on préservait son identité ; en revanche la répression éprouvée dans l'appartement communautaire touchait ma liberté intérieure et mon individualité. Je ressentais cette répression, ce besoin de me dominer, chaque fois que je mettais les pieds à la cuisine, où j'étais immanquablement dévisagée par la petite foule qui s'y trouvait. Impossible d'être soi[70].

III

Les citoyens soviétiques étaient prompts à protester contre les pénuries matérielles. Ils écrivaient par milliers au gouvernement pour se plaindre de la corruption et de l'inefficacité, qu'ils liaient aux privilèges de la nouvelle bureaucratie. Dans le même temps, cependant, beaucoup de citoyens persévéraient dans l'espérance qu'ils verraient un jour l'utopie communiste. C'est cette idée qui porta le régime communiste dans les années 1930. Des millions de personnes se laissèrent persuader que les épreuves de leur vie quotidienne étaient un sacrifice nécessaire à la construction de la société communiste. Le travail acharné d'aujourd'hui serait récompensé demain quand tout le monde jouirait de la « bonne vie » soviétique.

Dans *Idéologie et Utopie* (1929), le sociologue allemand Karl Mannheim évoque la tendance des révolutionnaires marxistes à vivre le temps comme une « série de points stratégiques » sur le chemin du paradis à venir, qu'ils estiment réel et tangible. Parce que ce futur est un facteur du présent et définit le cours de l'histoire, il donne sens aux réalités quotidiennes. En URSS, cette conception du temps trouvait ses origines dans les projections utopiques de la révolution de 1917. Pour les bolcheviks, octobre 1917 était l'an 1 d'une nouvelle histoire de l'humanité (tout comme 1789 marqua le début du nouveau monde créé par les Jacobins). Projetant le présent dans l'avenir, la propagande représentait la révolution s'acheminant (la « marche de l'histoire ») vers l'utopie communiste et saluait les réalisations des plans quinquennaux comme une preuve que cette utopie se profilait à l'horizon[71].

Les plans quinquennaux jouèrent un rôle crucial dans cette projection utopique. La conception du Plan devait accélérer l'avènement du socialisme en accélérant le *tempo* de toute l'économie (d'où le slogan : « Le plan de cinq ans en quatre ! »). En fait, le Plan devait vaincre le temps lui-même en le subordonnant à la volonté prolétarienne. Dans les économies capitalistes de l'Ouest, le travail était organisé suivant une division strictement rationnelle du temps. En Union soviétique, en revanche, il était structuré conformément aux objectifs fixés par les plans quinquennaux. La réalisation de cet objectif étant toujours imminente, il était sensé de « prendre d'assaut » la production, de travailler brièvement mais frénétiquement pour atteindre ce but, puisqu'il serait alors possible de se reposer. L'économie stalinienne reposait sur cette « prise d'assaut » de la production pour réaliser les objectifs des plans quinquennaux, tout comme le système dans son ensemble reposait sur l'idée que les épreuves présentes seraient récompensées dans l'utopie communiste. Nikolaï Patolitchev, un *vydvijenets* du premier plan quinquennal qui devait plus tard s'élever jusqu'aux hautes sphères du Parti, se souvient :

> Nous, les Soviétiques, nous nous refusions délibérément beaucoup de choses. Nous nous disions : « Aujourd'hui nous n'avons pas les choses dont nous avons réellement besoin. Et après ? Nous les aurons demain. » Telle était la force de notre croyance dans la cause du Parti ! Les jeunes de ma génération étaient heureux dans cette croyance[72].

Se retournant sur les années 1930, beaucoup se souviennent du sentiment de vivre pour l'avenir plutôt que pour le présent. Le sentiment était particulièrement vif chez les jeunes gens comme Patolitchev, qui étaient totalement immergés dans les valeurs et les idéaux du régime. Pour cette génération, l'utopie communiste n'était pas un rêve lointain, mais une réalité tangible, juste au coin de la rue, sur le point d'advenir. Les écoliers soviétiques des années 1920 et 1930 imaginaient le communisme comme une transformation de leur réalité immédiate (des vaches pleines de lait, des usines affairées) plutôt qu'un avenir digne de la science-fiction[73]. C'est ainsi qu'ils avaient été formés à considérer l'avenir soviétique par la propagande, la littérature et l'art réalistes-socialistes. Le réalisme socialiste, tel qu'il avait été officiellement défini en 1934 au Ier congrès de l'Union des écrivains, exigeait la « représentation véridique, historiquement concrète de la réalité dans son développement révolutionnaire ». Le rôle de l'artiste était de décrire le monde non pas tel qu'il était à présent, mais tel qu'il deviendrait — et devenait — dans l'avenir communiste.

Selon Lioudmila Eliachova (née en 1921) et sa sœur Marxena (1923), cette conception de l'utopie communiste était largement partagée par leurs camarades d'école de Leningrad :

> Nous étions tous éduqués dans l'espérance d'un avenir radieux. Je me souviens du jour où ma sœur a cassé notre poupée de porcelaine préférée. Nous n'avions pas d'argent pour en acheter une autre, mais nous sommes allées au grand magasin, où il y avait des poupées en rayon, et Marxena a dit : « Quand il y aura le communisme, nous aurons cette poupée-là. »

> Nous imaginions le communisme comme un temps que nous verrions de notre vivant, où tout serait gratuit, et où tout le monde aurait la vie la plus heureuse qui se puisse imaginer. Nous étions ravies d'attendre ce bel avenir[74].

Raïssa Orlova, qui grandit à Moscou dans les années 1930, se souvient du sentiment d'« avancer à toute allure vers l'avenir » au point que le présent en paraissait irréel :

> J'avais la conviction inébranlable que mon existence entre ces vieux murs [l'appartement de la rue Tverskaïa, à Moscou, où elle grandit] n'était qu'une préparation à la vraie vie à venir. Cette vie commencerait dans une maison neuve éblouissante de blancheur ; j'y ferais mes exercices le matin, l'ordre idéal y régnerait, et commenceraient toutes mes héroïques réalisations. La majorité de mes contemporains — qu'ils vécussent sous la tente, dans des gourbis, des appartements communautaires ou des appartements privés alors considérés comme un luxe — partageaient le même genre d'approche de la vie, provisoire, sommaire et toute faite. Tout pouvait et devait changer : les rues, les maisons, les villes, l'ordre social, les âmes. Et ça ne paraissait pas si difficile. Les enthousiastes commençaient par esquisser le plan sur le papier. Puis ils démolissaient l'ancien (« On ne fait pas d'omelette sans casser des œufs »). Puis on déblayait les gravats et dans l'espace ainsi dégagé s'élevait l'édifice du rêve socialiste. Voilà comment la Russie était reconstruite. Nous croyions possible d'en faire autant avec les gens[75].

Le chantier de cette utopie était Moscou. Dans l'imagination des communistes, où la confusion était totale entre « bientôt » et « maintenant », Moscou avait une place et une signification légendaires comme symbole de l'utopie socialiste en construction. Dans cette ville de rêves fantastiques et d'illusions, un trou de fondations était un futur immeuble, la démolition d'une église annonçait l'apparition d'un palais de la Culture. Le communiste allemand Wolfgang Leonhard, qui arriva en 1935 à Moscou avec ses parents, évoque leur confusion quand ils voulurent remplacer leur vieux plan périmé de 1924 : le nouveau indiquait toutes les améliorations qui, suivant le Schéma directeur, devaient être achevées en 1945 : « Dans nos promenades, nous emportions avec nous les deux cartes, écrit Leonhard : l'une indiquant à quoi ressemblait Moscou dix ans plus tôt, l'autre montrant de quoi la ville aurait l'air dans dix ans[76]. »

La rapidité du changement en Union soviétique au début des années 1930 était grisante. L'illusion qu'un nouveau monde voyait le jour en conduisit beaucoup — dont bon nombre d'intellectuels socialistes en Occident — à se leurrer sur le régime stalinien. Dina Kaminskaïa, jeune étudiante en droit, continua de croire au nouveau monde même après que son père eut été limogé de son poste dans une banque soviétique et que les preuves s'accumulaient d'une réalité plus sombre. Dans ses Mémoires, elle évoque une chanson qu'elle et ses amis chantaient, une chanson de joie à la perspective de la vie heureuse à venir, et qui symbolisait l'optimisme de leur génération ainsi que leur aveuglement devant la tragédie que vivaient déjà leurs parents :

Croire en notre pays, c'est évident,
On y respire si librement :
Notre terre soviétique bien-aimée et glorieuse. […]
Notre vie soviétique est si bonne, si lumineuse,

Que les enfants des âges à venir
La nuit dans leur berceau vont vagir
De n'être pas nés à notre époque[77].

Des membres de l'intelligentsia se laissèrent emporter par cette vague d'optimisme au point de fermer les yeux sur les horreurs perpétrées par le régime stalinien au nom du progrès. En avril 1935, Boris Pasternak écrivit à Olga Freidenberg :

> Mais tu sais, plus le temps passe et plus, malgré tout, je suis rempli de foi en tout ce qui se fait chez nous. Il y a beaucoup de choses qui frappent par leur absurdité, mais on [...] n'a jamais regardé si loin et avec tant de dignité, et à partir de fondements aussi vivants et peu routiniers.

Nadejda Mandelstam raconte qu'elle et son mari, le poète Ossip Mandelstam, furent parfois tentés de penser ainsi, redoutant momentanément d'être des laissés-pour-compte de la révolution, s'ils ne reconnaissaient pas tout ce qui se faisait de grand sous leurs yeux. Ossip fut arrêté en 1934, après avoir lu à des amis son poème séditieux sur Staline, « Le montagnard du Kremlin ». Ainsi que l'observe Nadejda Mandelstam, il était plus facile de croire à ce qui était fait pour l'utopie communiste que d'inviter, à l'instar de son mari, à regarder la vérité en face : « L'homme qui savait que l'on ne bâtirait pas le présent avec les briques de l'avenir se résignait d'avance à une fin inéluctable et à l'extermination[78]. »

Accepter cette vision de l'avenir impliquait d'adopter certaines attitudes qui aplanissaient la voie de la collusion avec le régime. C'était accepter que le Parti était la source de la Vérité. Pour beaucoup, cette croyance impliquait un combat de chaque instant entre la vérité observée de la réalité existante et la Vérité révolutionnaire supérieure du Parti. Force leur était de vivre dans la marge entre ces deux vérités : de reconnaître les échecs du système soviétique tout en continuant de croire à la promesse d'une vie meilleure, ce qu'ils ne pouvaient faire qu'au prix d'un acte de foi politique conscient. Jeune communiste qui prit part à quelques-uns des pires excès contre les « koulaks » en 1932-1933, Lev Kopelev évoque ses efforts pour subordonner son jugement moral (ce qu'il appelait la « vérité subjective ») aux objectifs moraux supérieurs (« vérité objective ») du Parti. Ce qu'ils faisaient à la paysannerie horrifiait Kopelev et ses camarades, mais ils s'inclinaient devant le Parti : la perspective de prendre des distances par rapport à cette position sur la base de ce qu'ils avaient appris à rejeter sous le nom des idéaux « bourgeois » de « la conscience, l'honneur et l'humanitarisme » les épouvantait. « Ce que nous redoutions le plus, se souvient Kopelev, c'était de perdre la tête, de sombrer dans le doute et l'hérésie et de perdre notre foi sans bornes[79]. »

Wolfgang Leonhard avait pareillement conscience d'une double réalité. Lorsqu'il entra au Komsomol, il avait compris « depuis longtemps que la réalité soviétique était tout autre que ce que la *Pravda* décrivait parfois ». Sa mère avait été arrêtée en 1937 ; ses amis et professeurs : tous avaient été emmenés ; et lui-même vivait dans un orphelinat. Mais ainsi qu'il l'explique à ses lecteurs occidentaux, qui pourraient trouver « singulier » d'apprendre sa joie d'être admis au Komsomol,

> en quelque sorte, je dissociais cela, comme aussi mes impressions et mes expériences, de mes convictions

> politiques fondamentales. C'était presque comme s'il y avait eu deux domaines: l'un des événements quotidiens, de mes expériences personnelles (objets de pensées critiques qui n'étaient pas rares); l'autre, celui de la «ligne». Toujours «considérée fondamentalement», je la tenais toujours comme juste malgré maintes hésitations[80].

Même au faîte de la Grande Terreur des années 1937-1938, de nombreux croyants parvenaient à garder la foi. Ils s'expliquaient les arrestations massives par des formules abstraites du style *les roubiat — chtchepki letiat*: «On n'abat pas des arbres sans faire des copeaux» ou «pas d'omelette sans casser des œufs».

Croire à la «marche vers le communisme» exigeait d'en accepter les coûts humains. Le Parti expliquait à ses fidèles qu'ils étaient engagés au pays comme à l'étranger dans une lutte à mort contre les «éléments capitalistes» qui se terminerait par la victoire finale de l'utopie communiste. L'accession d'Hitler au pouvoir, en 1933, fut un tournant crucial dans cette lutte. On y perçut une justification de la théorie de Staline suivant laquelle plus l'Union soviétique avançait vers le communisme, plus acharnée serait la résistance de ses ennemis. Le Parti durcit sa position, forçant les sceptiques à laisser de côté leurs doutes pour se joindre au combat antifasciste — ou courir le risque de se faire dénoncer comme «laquais du fascisme». À compter de 1933, l'épuration du Parti s'intensifia, avec un examen plus serré des faits et gestes de chacun pour débusquer les membres passifs et les «ennemis cachés». Des sections entières de la société furent ciblées comme «ennemis» et «éléments étrangers», à commencer par les reliquats de l'ancienne noblesse et de la bourgeoisie de Leningrad, qui furent arrêtés et exilés par milliers à la suite de l'assassinat du chef du Parti de la ville, Sergueï Kirov, en décembre 1934. Tout groupe qui passait pour une « relique du passé capitaliste » (ex-« koulaks », petits commerçants, Gitans, prostituées, criminels, vagabonds, mendiants, etc.) avait toute chance d'être purgé comme obstacle à la construction d'une société communiste. Entre 1932 et 1936, des dizaines de milliers de ces « éléments socialement nuisibles » furent raflés par la police et chassés des villes[81]. La plupart, pour le Goulag.

IV

En août 1933, une « brigade » de cent vingt écrivains en vue participa à une croisière le long du canal de la mer Blanche organisée par Semion Firine, commandant des camps de travail de l'OGPU sur le canal. L'idée de cette expédition était née d'une réunion tenue au domicile moscovite de Maxime Gorki, en octobre 1932 : un certain nombre d'éminents écrivains y avaient discuté des tâches de la littérature avec plusieurs membres du Politburo, dont Staline, et d'autres cadres du Parti. Dans l'un des tout premiers exposés de la doctrine du réalisme socialiste, Gorki en appela à une littérature héroïque célébrant les « grandes réalisations » des plans quinquennaux, et Staline, qui compara les écrivains soviétiques aux « ingénieurs de l'âme humaine », proposa un tour sur le canal pour les inspirer. « Dès l'instant où nous sommes devenus les hôtes des tchékistes, le communisme intégral a commencé pour nous », observa ironiquement l'écrivain Alexandre Avdeïenko plus tard: « On nous servait à manger et à boire à la demande. Sans rien payer. Saucisses fumées, fromage, caviar, fruits, chocolat, vins et cognac: il y avait de tout en abondance. Et c'était une année de famine[82]. »

Descendus à l'Astoria, un hôtel de luxe de Leningrad, les écrivains se rendirent en train au canal de la mer Blanche, où ils inspectèrent barrages et écluses, puis visitèrent le centre culturel où ils assistèrent à une pièce de théâtre montée par les prisonniers. En sécurité sur leur embarcation, ils virent des forçats travailler sans être autorisés à leur parler. Pour nombre des écrivains, il était évident qu'on leur avait présenté une vision aseptisée de la vie du camp. « Il était clair à mes yeux qu'ils nous montraient des "villages Potemkine" », confia Tamara Ivanova en 1989. Mais s'ils avaient des doutes, peu d'écrivains furent assez courageux pour les exprimer à l'époque. Lors de cette excursion, les écrivains eurent l'occasion de questionner Firine, qui leur servit de guide. Selon Avdeïenko, le seul écrivain qui posa une question sur le recours au travail forcé fut Dimitri Mirski — un ancien prince (le prince Dimitri Sviatopolk-Mirski) qui avait combattu dans les rangs de l'Armée blanche au cours de la guerre civile, émigré en Grande-Bretagne puis rejoint les communistes pour regagner l'Union soviétique en 1932: il s'était convaincu que la Russie de Staline « allait jouer un rôle considérable dans l'histoire universelle » et il voulait en être. Les questions de Mirski mirent les écrivains mal à l'aise. À l'évidence, il avait sa petite idée sur les raisons du secret entourant la construction du canal. « À chaque pas, ici, se cachent des secrets. Sous chaque barrage. Sous chaque écluse », déclara Mirski à Avdeïenko, faisant apparemment allusion aux cadavres qui y étaient enfouis. Mais Mirski lui-même ne laissa pas ces doutes entacher sa participation à la publication d'un livre commandé par l'OGPU pour célébrer l'achèvement du canal. Dirigé par Firine et Gorki, *Le Canal de la mer Blanche* fut compilé à une vitesse digne d'un travailleur de choc par trente-six écrivains de renom, dont Mikhaïl Zochtchenko, Viktor Chklovski, Alexeï Tolstoï et Valentin Kataïev, auquel s'adjoignit l'artiste Alexandre Rodtchenko, auteur des photographies. Au XVIIe Congrès du Parti, en janvier 1934, l'ouvrage fut présenté « comme un signe de l'empressement des écrivains soviétiques à servir la cause du bolchevisme ». Alors même qu'il prétendait retracer l'histoire du canal, son thème principal et le message de la propagande étaient l'influence rédemptrice et libératrice du travail physique. En prenant part au grand chantier collectif du canal, les criminels et « koulaks », claironnait-on, « commençaient de se sentir utiles à la société. Le travail pénitentiaire refaisait d'eux des socialistes[83] ».

Les écrivains avaient des raisons différentes de s'associer à cette légitimation du Goulag. Sans doute d'aucuns croyaient-ils à l'idéal stalinien de la *perekovka*, la refonte de l'âme humaine par le travail pénitentiaire. Zochtchenko, de son côté, écrivit pour *Le Canal de la mer Blanche* l'histoire d'un petit voleur, un certain Rottenberg, qui, après s'être égaré, retrouve le droit chemin grâce au travail pénitentiaire sur le canal. Ainsi qu'il l'expliqua dans un article de *Leningrad littéraire*, Zochtchenko croyait à la base factuelle de son récit :

> Je m'intéressais aux gens qui avaient construit leur vie sur l'oisiveté, la tromperie, le vol et le meurtre, et

> je prodiguais toute mon attention au thème de leur rééducation. À vrai dire, au départ j'étais très sceptique, imaginant que cette fameuse refonte n'était que l'expression cynique du désir des prisonniers de retrouver la liberté ou de toucher des primes. Mais je dois avouer que je me trompais sur ce chapitre. [Lors de cette excursion sur le canal de la mer Blanche], j'ai été témoin d'une refonte authentique. J'ai observé la vraie fierté des ouvriers du chantier et noté un réel changement de la psychologie de nombre de ces camarades (comme on peut les appeler désormais)[84].

Gorki y crut, lui aussi. Jamais il ne visita le canal de la mer Blanche. Mais cela ne l'empêcha aucunement de le louer dans l'ouvrage commandé par l'OGPU (tout comme l'ignorance ne devait pas gêner les socialistes étrangers, à l'image de Sidney et Beatrice Webb, qui louèrent eux aussi dans le canal une « prouesse technique [...], un triomphe de la régénérescence humaine » en 1935). Ayant passé les années 1920 en Occident, Gorki était retourné en Union soviétique en 1928, pour le premier de ses divers séjours estivaux, et s'y était fixé pour de bon en 1931. Le « grand écrivain soviétique » fut couvert d'honneurs et logé dans le célèbre hôtel particulier Riabouchinski de Moscou alors qu'étaient mis à sa disposition deux grandes datchas et des domestiques (en fait des espions de l'OGPU). Pour ce qui est de la nourriture, il avait droit à des produits spéciaux fournis par le même département de la police qui approvisionnait Staline. Aussi n'est-il peut-être pas très surprenant que Gorki n'ait pas vu l'immense souffrance humaine qui se cachait derrière les « grandes réalisations » du plan quinquennal. Au cours de l'été 1929, Gorki avait visité le camp des Solovetski. Ce que ses guides de l'OGPU lui avaient montré l'avait tellement impressionné qu'il écrivit un article pour prétendre que beaucoup d'ouvriers avaient été réformés par leur travail au camp et qu'ils aimaient tant leur travail qu'ils souhaitaient rester sur l'île à l'expiration de leur peine. « Pour moi, écrivit-il, la conclusion va de soi : nous avons besoin d'autres camps comme Solovetski[85]. »

D'autres écrivains s'y rendirent par curiosité, ce fut sans doute le cas de Mirski. Ou par peur des conséquences si, à l'exemple de l'écrivain Mikhaïl Boulgakov, ils refusaient d'avoir le moindre rapport avec le projet. Viktor Chklovski, théoricien de la littérature et romancier dont le frère était emprisonné dans un camp de travail, ne se joignit pas à la brigade des écrivains, mais se rendit séparément sur le canal de la mer Blanche et célébra l'idée de *perekovka* dans le volume de l'OGPU ainsi que dans divers autres ouvrages. Il écrivit même le scénario d'un film de propagande sur le canal de la mer Blanche. Qu'il ait écrit par conviction est peu probable (au cours de sa visite du canal, il répondit à la question d'un officier de l'OGPU curieux de savoir comment il se sentait : « Tel un renard argenté dans un magasin de fourrure »). D'après sa fille, ce n'était que « le prix à payer pour sauver la vie de son frère », lequel fut relâché en 1933. Mais, de nouveau arrêté en 1937, il disparut à jamais au Goulag[86].

Le carriérisme joua aussi son rôle. Ce fut certainement un paramètre pour Avdeïenko, écrivain d'origine prolétarienne encore inconnu quand il fit le voyage du canal de la mer Blanche, tandis que deux ans plus tard seulement, en 1935, la critique célébra son premier roman. « C'est par ce voyage que je me suis élevé et que ma vie a décollé, reconnut-il plus tard. Un travailleur de choc appelé à la littérature ! Une action, et j'ai rejoint les rangs des écrivains dignes des plus grands honneurs dans le panthéon soviétique. » Avdeïenko devint un collaborateur régulier de *Perekovka*, revue de l'OGPU (NKVD) consacrée aux camps de travail du canal de la mer Blanche, et y fit l'éloge du travail pénitentiaire comme moyen de refondre l'homme[87].

Constantin Simonov fut lui aussi de ces « écrivains prolétariens » qui se firent un nom à travers le canal de la mer Blanche. En 1933, il était mécanicien — parmi des centaines d'autres placés sous la coupe de Babitski — aux studios de Mejrabpomfilm. Simonov et les autres profitaient des pauses-repas pour regarder Poudovkine et Golovnia travailler sur le plateau du *Déserteur* (l'expérience, affirma-t-il, éveilla son intérêt pour les arts). « En ce temps-là, rappelle Simonov, je n'avais pas de véritable éducation, mais je lisais beaucoup de livres, des livres d'histoire en particulier, et pour la première fois de ma vie j'essayais d'écrire. » Inspiré par la propagande du canal de la mer Blanche, Simonov « emplit tout un carnet de méchants poèmes » sur la réforme de travailleurs pénitentiaires qui, d'une manière ou d'une autre, retinrent l'attention du Goslitizdat (Éditions d'État) et de l'OGPU. Des extraits de l'un de ses poèmes, « Le canal de la mer Banche », furent publiés dans un recueil de jeunes auteurs soviétiques en 1933. Porté par ce succès, en avril 1934 Simonov demanda au Goslitizdat la permission de visiter le canal et de recueillir des matériaux sur la refonte des forçats en vue d'un recueil de poésies à la louange des camps de travail. Le Goslitizdat approuva le voyage et offrit à Simonov de quoi passer un mois au camp de travail de Medvejegorsk, sur le canal de la mer Blanche, où *Perekovka* l'employa comme journaliste. Il vécut dans les baraquements avec une équipe de prisonniers, qui ne prenaient pas très au sérieux le poète de dix-neuf ans (« Ils se moquèrent de moi quand je leur dis que j'écrivais un poème sur le canal de la mer Blanche »). De ce fait, parut-il à Simonov, les détenus « étaient relativement naturels avec moi[88] ».

Au début de l'été 1934, la construction du canal était largement terminée. Les travailleurs qu'observa Simonov étaient affectés à la construction de routes et d'installations : tâches relativement faciles en comparaison des travaux manuels d'excavation du canal principal dans les années 1931-1933, où les morts se comptèrent par dizaines de milliers. Le projet touchant à sa fin, l'administration du camp distribua primes, honneurs et médailles. Elle accorda aussi une libération anticipée à quelques-uns des petits délinquants qui composaient la main-d'œuvre de la section du canal visitée par Simonov. L'objectif essentiel de ces gratifications était de conforter le mythe de la *perekovka*. Elles incitaient les prisonniers à travailler dur et à s'amender (ou à en donner l'impression) afin de gagner la liberté ou des avantages matériels. Jeune et innocent, Simonov mordit à l'hameçon. Ainsi qu'il le raconte dans ses Mémoires, il s'en revint du canal de la mer Blanche « prêt à écrire de la nouvelle poésie sur la refonte des hommes par le travail » :

> Je n'y étais pas resté très longtemps, mais j'étais convaincu d'avoir vu de mes yeux comment s'opérait effectivement cette refonte — comme elle le devait, à mon sens —, car dans une société comme la nôtre, qu'est-ce qui, hors du travail, peut bien racheter les péchés de quelqu'un ?

L'histoire, qu'on lui avait racontée, de cet ingénieur, proche collaborateur du gouvernement provisoire (« pour ainsi dire le dernier commandant du palais d'Hiver »), avait particulièrement impressionné Simonov :

> Condamné à huit ans, sinon dix, en vertu de l'article 58, il travailla si bien en sa qualité d'ingénieur de la mer Blanche qu'il fut libéré au bout de trois années seulement ; dès lors, il travailla volontairement comme ingénieur en chef sur un chantier lié au canal Moscou-Volga. Les impressions que je retirai de mon voyage donnèrent plus de force à cette histoire[a].

En réalité, l'empressement de certains spécialistes à continuer de travailler pour le Goulag après leur libération était rarement le fruit d'une refonte. Mais Simonov crut que ce qu'il vit sur le canal de la mer Blanche cadrait avec les histoires qu'il avait entendues ou lues dans la presse soviétique. « Pour moi, raconte Simonov dans ses Mémoires, le canal de la mer Blanche n'était pas simplement une affaire de construction d'un canal : c'était une école humanitaire de reconstruction de sales types en braves gens, de criminels ordinaires en bâtisseurs du plan quinquennal[89]. »

a. Il est possible que Simonov ait ici pensé à Piotr Paltchinski (1875-1929), ingénieur des Mines dont Kerenski fit le commandant du palais d'Hiver en octobre 1917. Emprisonné par les bolcheviks, Paltchinski fut libéré puis autorisé à reprendre son travail à l'Institut technique russe au cours des années 1920. De nouveau arrêté en 1928, il fut exécuté l'année suivante. Dans les camps, les légendes allaient bon train sur des prisonniers célèbres comme Paltchinski, et il semble que Simonov ait mordu à l'une d'elles.

Pour Simonov — noble qui s'appliquait à se forger une identité d'« écrivain prolétarien » —, l'idée de *perekovka* avait une résonance particulière. Dans ses Mémoires, il explique que la refonte des « koulaks » et des « saboteurs bourgeois » lui sembla « très prometteuse pour la société » et qu'il y trouva une source d'inspiration personnelle, parce qu'elle démontrait la « possibilité d'enterrer le passé et de s'engager sur une voie nouvelle ». La refonte des anciens opposants au XVIIe Congrès du Parti (le « congrès des vainqueurs ») de 1934 fut une autre source d'inspiration pour le jeune écrivain qui s'efforçait de se faire un nom dans un domaine artistique placé sous la surveillance très étroite du Parti. Lors de ce congrès, divers dirigeants du Parti qui s'étaient opposés aux politiques extrêmes de Staline (Boukharine, Kamenev, Zinoviev, Rykov, Tomski, Piatakov et d'autres) furent autorisés à prendre la parole. Ils revinrent sur leurs anciennes positions et couvrirent Staline de louanges au nom de l'unité du Parti : l'accueil qui leur fut réservé donnait à penser que la direction du Parti les avait réhabilités. Leur exemple réconforta Simonov. Dans son idée, l'accueil fait aux opposants repentis prouvait que le Parti était un endroit où ses pareils pouvaient être absous de leur passé. Simonov comprit que sa refonte dépendait de la reconstruction de sa personnalité politique. Comme les anciens opposants, il devait montrer qu'il était un communiste de valeur en abjurant son propre passé. Ses écrits sur le canal de la mer Blanche étaient un moyen au service de cette fin. De retour du canal, il demanda une seconde fois à intégrer le Komsomol. La première fois, à la suite de l'arrestation de son beau-père en 1931, on lui avait conseillé de retirer sa candidature. Cette fois, il fut admis, et en conçut un « immense soulagement ». Dans ses Mémoires, il évoque 1934 comme le tournant de ses espoirs en l'avenir :

> Je ne saurais parler pour d'autres de mon âge, mais pour moi 1934 fut de toute ma jeunesse l'année de l'espoir le plus lumineux. Le sentiment prévalait que le pays avait traversé une période difficile et que, même s'il subsistait des problèmes, la vie devenait plus facile sur un plan tant spirituel que matériel. J'étais heureux de prendre part à la construction de cette vie nouvelle [...]. Que Staline, qui conduisait l'industrialisation du pays et obtenait une grande réussite, eût raison me semblait incontestable. Dans mon idée, il avait raison de discuter avec ses adversaires et de montrer qu'ils avaient tort[90].

Dans l'été 1934, peu après son retour, Simonov écrivit « Horizon », un poème sur la réforme d'un criminel dans les camps de travail. Son texte fut amplement retravaillé et, à certains endroits, censuré par les soins du département culturel et éducatif de l'OGPU, qui conclut que le poème était mal écrit (« prétentieux », « gauche », « cacophonique », « mécanique » et « sentimental »), mais néanmoins digne d'être publié pour sa valeur en termes de propagande[91]. Simonov retravailla « Horizon » pour le publier finalement en 1938 sous le titre « Pavel Tchiorny ». Plus tard, Simonov devait repenser à ce poème « avec des frissons d'horreur » et tint à l'exclure de tous les recueils de ses œuvres[92]. C'est pourtant ce poème qui fit sa carrière en prouvant qu'il était capable de produire de la poésie utilisable par le régime stalinien. Il fut alors encouragé à postuler pour une place à l'Institut littéraire Gorki. Ses patrons politiques du Goslitizdat et du département culturel et éducatif de l'OGPU lui rédigèrent même une recommandation[93].

Simonov en 1936

Installé dans l'ancien palais Herzen, boulevard de Tver, l'Institut littéraire avait été créé en 1933 pour encourager les écrivains issus de la classe ouvrière (jusqu'en 1936, il porta le nom d'Université littéraire du soir pour les ouvriers). Les cours avaient lieu le soir, ce qui permettait à Simonov de garder son travail à Mejrabpomfilm et d'arrondir sa bourse de 200 roubles. La plupart des étudiants de l'Institut littéraire étaient issus non pas de la classe ouvrière, mais de familles nobles et bourgeoises et, comme Simonov, s'étaient qualifiés pour entrer à l'Institut en travaillant en usine ou en fréquentant une école d'apprentissage. La moitié des étudiants étaient membres du Komsomol ou du Parti. L'Institut était cosmopolite avec des écrivains de vingt-sept nationalités différentes[94]. Parmi les nombreux étudiants juifs figuraient deux jeunes femmes qui allaient devenir les premières épouses de Simonov : Natalia Tipot, fille d'un homme de théâtre de variétés bien connu, qui épousa Simonov en 1935 ; et Jenia Laskina, benjamine d'un *Nepman* ruiné, Samouïl Laskine, qui entra à l'Institut en 1936 et épousa Simonov en 1939.

De son propre aveu, Simonov n'avait pas d'affinité particulière avec la littérature. S'il se lança dans cette carrière, c'est en raison des taches dans sa biographie. « N'étaient mes origines nobles, avait-il confié à Natalia, je ne me serais jamais intéressé à la littérature, uniquement à la politique et à l'histoire[95]. » Simonov ne compta pas non plus parmi les étudiants les plus doués de l'Institut (en 1936, il occupait le septième rang sur une liste d'excellence où la première place revenait à la poétesse Margarita Aliguer). Mais il avait la réputation d'un étudiant consciencieux et bien organisé (il planifiait avec soin le temps passé à travailler, à lire et même à se faire des relations), qui achevait toujours ses travaux en temps voulu. Ses condisciples l'avaient surnommé « cul-de-fer » tant il mettait d'acharnement au travail. « Il s'asseyait et écrivait, écrivait... », se souvient le poète Evgueni Dolmatovski (deuxième sur la liste d'excellence). Aliguer se souvient que Simonov s'imposa d'emblée comme leader. Généralement en blouson de cuir, comme les bolcheviks dans la guerre civile, ou en costume-cravate, il prenait ses distances vis-à-vis de la culture bohème des autres étudiants, consacrant son temps libre aux activités du Komsomol ou à écrire des recensions de livres plutôt que de jouer au billard. Assez naturellement, l'administration de l'Institut le tenait en haute estime : voyant en lui un fidèle du Parti, elle lui confiait de nombreuses tâches (en 1937, il allait jouer un rôle majeur dans la dénonciation des « éléments antisoviétiques » au sein de l'Institut). Sévère, jouant volontiers les censeurs, il ressemblait davantage à un bureaucrate des lettres qu'à un jeune poète. En 1945, il observait :

> N'ayant pas écrit de livre à moi, j'ai écrit de nombreuses recensions de livres commis par d'autres. Je me suis montré très strict et impatient, ce qui prouve simplement que les comptes rendus négatifs les plus implacables d'un livre sont toujours l'œuvre de critiques qui n'ont pas réussi ou ne réussiraient pas eux-mêmes à écrire un tel livre[96].

Poète, Simonov apprenait au sein de l'Institut à écrire pour ses supérieurs politiques. Le thème de la *perekovka*, qui devint un lieu commun de la tradition du réalisme socialiste dans les années 1930, se retrouve dans plusieurs de ses poèmes de jeunesse qui reviennent sur le thème du canal de la mer Blanche. De plus en plus, cependant, sa poésie porte la marque des espoirs des plans quinquennaux et du thème héroïque du combat symbolisé par la guerre d'Espagne. En l'occurrence, Simonov est profondément influencé par son professeur de poésie, Vladimir Lougovskoï (1901-1957), figure charismatique aux yeux des jeunes poètes de l'Institut, dont la chambre était pleine d'épées et de fusils, de *memorabilia* de ses combats dans la guerre civile russe et de la dernière campagne de 1931 contre les rebelles musulmans basmatchis en Asie centrale. Simonov explora le thème de la virilité et du courage héroïque dans des poèmes comme « Le général », inspiré par la mort du communiste hongrois Mate Zalka (également connu sous le nom de général Lukacs) dans la guerre civile espagnole. Pour Simonov, dont les valeurs de base venaient de l'ethos militaire de son beau-père, la bravoure et l'abnégation de combattants comme Zalka n'étaient pas simplement de « merveilleuses qualités humaines », mais des « vertus de première nécessité » dans un monde emporté par l'affrontement du socialisme et du fascisme. Ainsi qu'il l'expliqua en 1960 à un journaliste étranger, « les jeunes communistes que nous étions haïssaient passionnément quiconque montrait des signes de complaisance en imaginant que notre future victoire serait facile et sans effusion de sang ». C'était une génération qui baignait dans la notion de lutte : une génération toujours prête à la guerre. Évoquant ses années d'étudiant, Simonov parlait pour toute une époque quand il écrivait en 1973 :

> L'Institut littéraire a ouvert l'année même de l'accession des nazis au pouvoir. Toutes nos années d'études furent assombries par le sentiment d'une guerre imminente avec le fascisme. Ce furent des années où il était impossible de penser à la littérature et au chemin que l'on tracerait en elle sans se dire que, tôt ou tard, nous serions nous aussi forcés de jouer un rôle — que ce fût par la plume ou un fusil à la main n'était pas encore bien clair — dans ce combat contre le fascisme qui se profilait.

Le 1er janvier 1936, Simonov publia son premier poème dans les *Izvestia*, « Toast pour le Nouvel An ». C'était un premier signe du regard bienveillant que la direction du Parti portait sur le jeune poète, alors âgé de tout juste vingt ans. Simonov y évoque l'idée d'une lutte finale entre lumière et ténèbre :

Amis, nous voici sur le qui-vive !
Les loups encerclent notre République !

Aussi levons-nous nos verres
Et buvons-nous en silence
À ceux qui sont postés derrière la mitrailleuse,
Ceux dont le seul ami est le fusil
À quiconque connaît le verbe « combattre »,
Triste verbe qui gagne à être connu.
À ceux qui peuvent quitter une pièce silencieuse
Et entrer dans le feu de l'inconnu[97]*...*

Pendant que Simonov faisait carrière, ses trois tantes Obolenski se languissaient en exil dans la ville d'Orenbourg, dans les steppes orientales de la Volga, à 1 500 kilomètres au sud-est de Moscou, après avoir été expulsées de Leningrad dans la vague de répression qui suivit le meurtre de Kirov. Simonov aimait beaucoup ses tantes. Il leur avait écrit régulièrement depuis son enfance. Lioudmila, l'aînée des trois sœurs de sa mère, avait épousé un capitaine d'artillerie d'une famille d'Allemands russifiés, Maximilian Tideman. Sa mort au cours de la Première Guerre mondiale avait laissé Lioudmila et ses trois enfants sans ressources à Riazan, où était basé son régiment. De retour à Petrograd en 1922, Lioudmila avait enseigné dans une école pour enfants handicapés. Au moment de son arrestation, en 1935, ses trois enfants étaient grands. Deux l'accompagnèrent à Orenbourg, mais son fils aîné resta à Leningrad, où il était un cadre très apprécié de l'usine Triangle rouge, ce qui contribua à le protéger d'une arrestation. Daria, ou « Dolly », la cadette, était lourdement handicapée, avec la moitié gauche de son corps déformée et paralysée au point qu'elle avait le plus grand mal à se déplacer. Ses malheurs personnels avaient fait d'elle une vieille fille acariâtre. Religieuse jusqu'au dogmatisme, elle ne faisait pas mystère de sa haine du régime soviétique et s'accrochait aux traditions de l'aristocratie. En 1927, Dolly rendit visite à Alexandra à Riazan. Elles eurent des disputes incessantes à propos de la religion qui, assure Simonov, le poussèrent à devenir athée (même si, dans ses lettres ultérieures à ses tantes, il continua d'exprimer des sentiments religieux). Simonov alla voir Dolly à Leningrad à plusieurs reprises, mais il le vivait comme une corvée. Il préférait de beaucoup Sonia, la troisième et la plus jeune de ses tantes, chez qui il séjourna souvent à Leningrad. Sonia était une femme replète avec un « visage rond et un gentil sourire » qui reflétait, se souvient Simonov, « son naturel simple et son ouverture ». À la différence de Dolly, Sonia s'adapta au système soviétique, même si ses manières, ses valeurs et ses croyances conservaient des traces de la culture aristocratique du XIXe siècle. Ayant suivi une formation d'enseignante, elle travaillait comme bibliothécaire et vivait seule dans une grande pièce d'un appartement communautaire. Mais elle n'était ni aigrie ni malheureuse de son sort. Simonov se souvient au contraire d'elle comme de la plus vivante et la plus drôle de ses tantes. N'ayant pas d'enfants à elle, elle adorait recevoir ses neveux et nièces. Elle avait un faible pour Constantin, le plus jeune de ses neveux, dont elle contribua à stimuler l'intérêt pour les livres. « Mon cher Kiriouchontchik chéri, écrivit-elle à Simonov, j'espère qu'en grandissant tu vas te rendre utile et être un réconfort pour nous tous, qui t'aimons si tendrement. J'espère que tu auras toujours assez à manger, comme nous dans l'ancien temps[98]. »

C'est dans l'automne 1933, quand il descendit chez elle à Leningrad, que Simonov vit Sonia pour la dernière fois. Il écrivit ses premiers poèmes dans sa chambre. En 1935, Sonia fut exilée avec Lioudmila et Dolly à Orenbourg. Simonov évoque la réaction de sa mère quand elle apprit, à Moscou, que ses « trois sœurs avaient été exilées, avec quantité d'autres personnes qu'elle connaissait depuis son enfance pétersbourgeoise » :

> Elle était assise en larmes, les lettres [qu'elle venait de recevoir d'Orenbourg] à la main, et soudain elle dit : « Si j'étais rentrée alors avec Lioula [Lioudmila] de Riazan à Petrograd, je serais avec elle à l'heure qu'il est, bien entendu. » Je me souviens d'avoir eu un choc en l'entendant prononcer ces mots. Elle se sentait coupable de ne pas être avec elles, d'avoir tant bien que mal réussi à échapper à l'épreuve qui affligeait ses sœurs. Puis elle demanda à mon beau-père : « Peut-être allons-nous être exilés d'ici ? » Quand elle dit « nous », ce n'était pas de la famille qu'elle parlait ; elle voulait dire elle, ses origines, le clan Obolenski[99].

Simonov ne précise pas les raisons d'un tel choc. Peut-être est-ce l'expression de culpabilité de sa mère qui le surprit. Mais il y avait autre chose. En grandissant, Simonov avait appris à se considérer comme un « Soviétique ». Même l'arrestation de son beau-père n'avait pas réussi à l'ébranler. Bien au contraire, il avait redoublé d'ardeur pour se façonner une identité prolétarienne. Tous ses efforts pour se remodeler, d'abord comme ingénieur puis comme « écrivain prolétarien », avaient accru son identification au système soviétique. Or la réponse de sa mère à l'arrestation de ses tantes — pour la première fois, apparemment, il l'entendit se présenter comme un « élément socialement étranger » en termes soviétiques — l'obligea à regarder la réalité en face.

Sa mère et son beau-père envoyaient chaque mois

des colis de vivres et de vêtements à Orenbourg, et lui-même mit de côté une partie de ses revenus pour contribuer à ces envois. En 1936, Alexandra alla voir ses trois sœurs. Simonov se souvient qu'elle avait peur de ne pouvoir rentrer : beaucoup redoutaient de se faire arrêter s'ils rendaient visite à leurs parents en exil. Possédant un grand sens pratique, le beau-père de Simonov pensait qu'il valait mieux qu'elle s'abstînt parce que, si elle était arrêtée, il serait encore plus dur d'aider ses trois sœurs. Mais Alexandra y tenait : « Si elle n'y allait pas, elle ne serait plus elle-même. » À son retour d'Orenbourg, Alexandra était « épuisée, triste, usée par la longueur du voyage et les conditions terribles de la vie là-bas, se souvient Simonov, mais elle n'était pas sans espoir pour l'avenir [...] parce qu'elle pensait qu'il ne pouvait rien leur arriver de pire maintenant[100] ».

Or le pire était encore à venir. En 1937, Sonia et Dolly furent arrêtées et emprisonnées à Orenbourg. Sonia fut exécutée ; Dolly mourut par la suite dans un camp de travail. Seule Lioudmila survécut. Se retournant sur ces événements dans la dernière année de sa vie, Simonov rappelle ce que fut sa réaction à la mort de sa tante préférée :

> Quand j'ai su qu'elle avait été emprisonnée, puis que nous avons cessé d'avoir de ses nouvelles, puis qu'ils nous ont dit qu'elle était morte — mais pas où ni comment —, je me souviens d'avoir éprouvé ce vif et douloureux sentiment d'injustice qui se rapportait exclusivement à elle [Sonia] ou par-dessus tout à elle. Ce sentiment ne devait pas quitter mon âme — je ne crains pas de le dire — et resta à jamais dans ma mémoire la grande injustice commise par l'État, par le pouvoir soviétique, contre moi, personnellement. J'en conçois une amertume particulière parce que je

> sais que, eût-elle survécu, Sonia aurait été la première personne que j'aurais aidée dès que j'ai été en position de le faire.

Le regret de Simonov reposait sur la conscience acquise plus tard — la conscience d'avoir été complice du système répressif qui détruisit ses tantes. Pourtant, ainsi qu'il l'admet dans ses Mémoires, sa réaction avait été différente à l'époque de leur arrestation. Cela lui faisait de la peine pour elles, mais il trouva un moyen de rationaliser leur destin, voire de le justifier :

> Je n'arrive pas à me souvenir comment j'ai pris la chose alors [en 1937], comment j'ai jugé et me suis expliqué ce qui était arrivé [...]. Je ne pouvais pas ne pas en être affecté, je le sais, ne serait-ce que parce que j'adorais l'une de mes tantes [Sonia]. Mais peut-être me suis-je dit : « On ne fait pas d'omelette sans casser des œufs. » Cet acquiescement me paraît bien plus cynique aujourd'hui qu'il ne le semblait à l'époque, quand la révolution, la dislocation de l'ancienne société n'était pas encore si lointaine dans la mémoire du peuple, et quand il était rare d'avoir une conversation sans recourir à cette formule[101].

Si l'épisode du canal de la mer Blanche rapprocha Simonov du régime, pour d'autres il eut l'effet opposé. En 1929, Ilia Slavine, ancien sioniste et éminent juriste à l'Institut de droit soviétique de Moscou, fut affecté à Leningrad pour renforcer le département juridique de l'Académie communiste. Lors des purges de cette année-là, le département de droit de l'université de Leningrad avait été fermé, et ses universitaires « bourgeois » chassés. Le département juridique de l'Académie communiste, qui le remplaça, avait besoin de bolcheviks fiables comme Slavine pour renforcer sa détermination contre les « droitistes bourgeois » du monde juridique soviétique dont la présence se faisait encore sentir à Leningrad[102]. Slavine avait été un personnage important dans le domaine du droit soviétique. Conseiller du commissariat à la Justice, il était aussi membre de la commission qui avait rédigé le Code pénal soviétique de 1926, le premier grand remaniement du droit pénal depuis 1917. À Leningrad, les Slavine disposaient de deux pièces dans un grand appartement qu'ils partageaient avec une autre famille (à Moscou, ils avaient logé dans un appartement communautaire que se partageaient quinze familles). Ils finirent par emménager dans un trois-pièces de la maison du soviet de Leningrad, où vivaient beaucoup de fonctionnaires, hommes de science et artistes. « Nous étions relativement privilégiés », se souvient la fille d'Ilia, Ida Slavina.

> Mon frère et sa femme avaient leur chambre, mes parents la leur, où mon père travaillait, et moi je dormais dans la salle à manger. Quand il y avait des invités, j'allais dormir dans la chambre de mes parents, puis, quand mes parents se mettaient au lit, ils m'installaient sur le divan de la salle à manger. [...] Mais il n'y avait pas le moindre luxe : c'était un mode de vie spartiate, presque puritain, entièrement voué aux idéaux socialistes de mon père. [...] Nous partagions nos rations supplémentaires — dont père avait honte — avec nos amis et parents plus pauvres. [...] Notre seul luxe, c'étaient les livres[103].

Slavine servit ses patrons politiques par une virulente attaque contre les « tendances bourgeoises » d'un certain nombre de juristes soviétiques de premier plan en rédigeant un livre commandé par l'Académie communiste dans le cadre de la purge de l'establishment juridique universitaire entreprise en 1931 par le régime. Dans ce texte court mais pernicieux, *Sabotage sur le front du droit pénal soviétique*, Slavine comparait les écrits de plusieurs éminents juristes universitaires des années 1920 à leurs écrits d'avant 1917 afin de démasquer leurs vues « bourgeoises » cachées mais bien réelles. Politiquement convaincu, estimant qu'il fallait extirper l'ancienne pensée juridique, Slavine dénonça ces juristes, leur reprochant de tenter de subvertir les dogmes idéologiques de base du système juridique soviétique. Il visa tout particulièrement l'ancien département de droit de l'université de Leningrad qui, à l'en croire, avait formé les prêtres et la Garde blanche « d'hier » à prendre la pose des « marxistes d'aujourd'hui et des communistes de demain ». Divers juristes attaqués par Slavine devaient perdre leur poste à Leningrad et Moscou et se voir contraints de chercher du travail en province[104].

Dans les archives familiales des Slavine se trouve une photographie d'Ilia Slavine avec ses collègues et quelques étudiants de l'Académie communiste en 1931. Au dos figure cette inscription : « Au camarade Slavine ! En souvenir reconnaissant du ferme communiste de la garde bolchevik, de notre professeur, du combattant inébranlable sur le front idéologique, balai de fer purgeant la vermine des hautes sphères universitaires. » Pour Ida Slavina, il est difficile de concilier cette description avec le souvenir qu'elle a gardé de son père, celui d'un homme tendre et doux. Peut-être Slavine fut-il aspiré par le système répressif parce qu'il était trop faible pour résister aux exigences du Parti. Peut-être se sentait-il vulnérable en raison de ses engagements antérieurs dans le mouvement sioniste et écrivit-il le livre pour prouver qu'il était un bon membre de la « garde bolchevik ». Ou peut-être, comme le pense Ida, « s'égara-t-il », fourvoyé par ses convictions.

Enseignants et étudiants du département de droit de l'Académie communiste de Leningrad, 1931 (Slavine, aux cheveux blancs, est assis au deuxième rang, à l'extrême gauche)

Slavine croyait à la *perekovka*. Avant 1917, il avait participé à la refonte en créant un atelier et un centre culturel pour les détenus d'une prison de Moguilev, où il travaillait en qualité d'assistant juridique tout en étant lié au gouverneur de l'établissement. L'idée de refonte se retrouve dans nombre de ses écrits juridiques des années 1920 et 1930, en particulier dans ses articles sur l'idée de cours de camarades (*tovarichtcheskie soudy*), de tribunaux sur les lieux de travail, dans lesquels il prônait le recours au travail pénitentiaire comme forme de service communautaire pour réformer le prisonnier[105].

En 1933, la direction de l'Académie communiste lui confia une nouvelle tâche: écrire un livre provisoirement intitulé *La Refonte des travailleurs pénitentiaires: l'exemple du canal de la mer Blanche*[106]. Au fond, on lui demandait de produire une justification juridique et philosophique des camps de travail du Goulag. Peut-être ses précédents écrits sur la refonte contribuèrent-ils à lui valoir cette redoutable commande. Mais il fut d'abord et avant tout choisi parce qu'il avait déjà montré dans *Sabotage sur le front du droit pénal soviétique* qu'il était disposé à échafauder des arguments juridiques pour défendre le système de répression.

Croire à la *perekovka* était une chose, la voir en action en était une autre. En 1932-1933, Slavine se rendit à plusieurs reprises sur le canal de la mer Blanche et dans les camps de travail de la Kolyma, dans le nord-est de la Sibérie. Ce qu'il y vit ruina sa croyance dans l'idéal soviétique de refonte. Ida se souvient que son père était revenu « épuisé et abattu » de ces visites: « Des jours durant, il ne disait mot à personne, comme en état de choc. » Slavine revint particulièrement ébranlé par sa visite à une colonie de travail pour enfants, où il fut alarmé par la discipline brutale à laquelle recouraient les gardes pour « refondre les enfants dans l'esprit soviétique ». Slavine ne put se résoudre à écrire le livre sur le canal de la mer Blanche. Il en différa l'achèvement plusieurs années durant. Il déchira le brouillon d'un certain nombre de chapitres (dont un intitulé « Déformations fascistes de la politique de refonte »), quand il comprit qu'il n'y avait pas de *perekovka* dans les camps.

Slavine se savait piégé. Après l'assassinat de Kirov, quand la moitié du personnel enseignant de l'Académie communiste fut purgé, Slavine craignait d'être à son tour arrêté. Ida se souvient que ses parents s'enfermaient dans leur chambre : « Ils s'installaient pour parler, passaient la nuit à chuchoter. » Les archives du Parti confirment qu'en décembre 1934 le nom de Slavine fut ajouté à une liste de suspects politiques (« à arrêter à une date future ») qui avaient quitté d'autres partis pour rejoindre les bolcheviks[107].

Sous la pression croissante des dirigeants de l'Académie communiste, Slavine soumit quelques brouillons de chapitres de son livre sur le canal de la mer Blanche. Il y formulait un certain nombre de critiques sur le fonctionnement quotidien du système du Goulag, mais n'y faisait aucune allusion à la politique de refonte, dont il n'avait vu aucune preuve. Le chapitre autrefois intitulé « Déformations fascistes » apparaissait désormais sous le titre « Distorsions dans la politique de refonte ». C'était un acte courageux, qui valut à Slavine d'être vivement critiqué par la commission éditoriale de l'Académie communiste en mai 1935. L'épisode marqua un tournant moral. Pressentant qu'il ne pourrait plus adhérer à ses convictions bolcheviks, il renoua le contact avec les sionistes : une tentative désespérée, suivant les mots d'Ida, « pour retarder l'horloge et rattraper ses erreurs politiques ». Mais Slavine devait bien savoir qu'il était trop tard. Sa situation était désespérée. L'achèvement du livre sur la *perekovka* aurait pu le sauver, mais il en était incapable moralement, si bien qu'il continua de le repousser tout en sachant assurément que, plus il tardait, plus l'heure de son arrestation se rapprochait. « Je suis fini, déclara

Slavine lors d'une réunion de ses camarades du Parti de l'Académie communiste, en mars 1937. Politiquement, j'ai fait faillite[108]. »

V

Au milieu des années 1930, la population du Goulag prit des proportions considérables, alors que le régime raflait les victimes de la collectivisation et de la famine pour les envoyer dans des camps de travail, désormais considérés comme partie intégrante de l'industrie soviétique. Entre 1932 et 1936, la population des camps de travail, des colonies de travail et des « colonies spéciales » atteignit les 2,4 millions de personnes (auxquelles il faut encore ajouter un demi-million pour avoir la population carcérale totale)[109]. Cette force de travail servile joua un rôle particulièrement vital dans l'exploitation du bois d'œuvre, la construction et les industries minières des lointaines régions du Nord arctique, où la main-d'œuvre libre n'allait pas. De ce fait, jusqu'au sein du Goulag, il était possible de faire carrière. Des occasions s'ouvraient, pas seulement aux gardes et aux administrateurs, auxquels leurs années de service au Goulag valaient souvent des promotions au NKVD, mais aussi à un certain nombre de détenus triés sur le volet, sous réserve qu'ils eussent les compétences requises par le système du Goulag et fussent attachés à la ligne du Parti ou disposés à s'y adapter.

Pavel Vittenbourg, le géologue qui avait joué un rôle si éminent dans l'exploration des régions minières de l'Arctique, fut arrêté en avril 1930. Il compta parmi les centaines de scientifiques victimes de l'épuration de l'Académie des sciences. Emprisonné à Leningrad, Vittenbourg fut peu à peu brisé par les interrogatoires et les menaces contre sa famille, jusqu'à confesser finalement son appartenance à une organisation monarchiste qui avait aidé à organiser la rébellion de Iakoutsk en 1927 (alors qu'il était engagé dans l'exploration des gisements d'or du nord-est de la Sibérie). Il avait craqué quand son interrogateur s'était levé et avait passé un coup de fil pour ordonner l'arrestation de sa femme, Zina (Zinaïda). Tandis que Pavel croupissait en prison, Zina vivait dans la peur constante de son arrestation. La famille fut contrainte de s'installer dans une seule pièce de leur spacieuse maison de campagne d'Olguino, tandis qu'un mouchard de l'OGPU occupait les autres pièces et organisait la confiscation de leurs biens. La fille de Pavel, Evguenia, se souvient d'avoir accompagné sa mère lors de ses voyages hebdomadaires à Leningrad pour s'enquérir du sort de Pavel dans les locaux de l'OGPU, rue Gorokhovaïa :

> J'avais huit ans. Elle me laissait dans les jardins de l'Amirauté, près des fontaines, qui ne marchaient pas, et me disait d'attendre son retour. Si elle ne revenait pas, c'était qu'elle avait été arrêtée, et je devais alors me rendre à une adresse qu'elle avait écrite sur un bout de papier, que je gardais dans ma poche. C'était là qu'habitait Tatiana Lvovna, qui m'accueillerait.

En février 1931, Pavel fut condamné à mort. Il fut gracié au dernier moment, et sa peine commuée en dix ans de camp de travail. Sa maison d'Olguino fut confisquée (et devint la datcha d'un responsable de l'OGPU). Pavel fut envoyé au camp de Mai-Gouba chargé d'abattre du bois pour le canal de la mer Blanche, puis transféré comme ingénieur spécialiste de l'épandage dans un camp de travail près de Kem, dans le secteur nord au débouché du canal sur la mer. Pendant ce temps, Zina emménagea avec deux de ses filles, Evguenia et Valentina, dans une pièce d'un appartement communautaire de Leningrad (l'aînée, Veronika, s'était installée au Daghestan). L'appartement en question hébergeait seize personnes, dont ses anciens propriétaires : un couple de personnes âgées qui occupait la pièce de devant et leur ancienne domestique, une femme débordant de « haine de classe », qui vivait derrière un rideau dans le couloir. Durant l'été, Zina envoya ses deux filles chez des parents à Kiev pour aller travailler comme médecin volontaire au camp de travail de Kem et se rapprocher ainsi de son mari[110].

Zina et Pavel Vittenbourg au camp de travail de Kem (canal de la mer Blanche), 1931

Peu après le retour de Zina à Leningrad, en août 1931, Pavel fut envoyé comme géologue sur l'île de Vaïgatch dans le cadre d'une expédition spéciale de l'OGPU afin d'étudier la possibilité d'y extraire des minerais précieux. Pavel eut de la chance. Ses compétences de géologue le sauvèrent. S'il resta prisonnier, il fut autorisé à travailler dans son domaine et fit la démonstration de ses talents au service du Goulag. L'expédition de Vaïgatch avait à sa tête Fiodor Eikhmans, grand patron du Goulag à l'OGPU, qui quitta son poste à Moscou pour aménager le premier camp sur la lointaine île arctique de la mer de Kara en juin 1930. Près de la moitié des mille cinq cents détenus étaient des géologues, des topographes et des ingénieurs, qui relevèrent les riches filons de zinc et de plomb de l'île et recherchèrent vainement de l'or et du platine — véritables raisons de l'implication d'Eikhmans dans le projet. Les Nenets (Samoyèdes), qui vivaient sur l'île et assurèrent le transport de l'expédition, racontaient d'anciennes légendes sur la « femme d'or », une poupée totémique faite d'or. Les conditions de vie dans le camp étaient très difficiles, surtout dans les premiers mois où tout le monde dut vivre sous la tente avant la construction des baraquements. Les mines de zinc et de plomb étaient toutes exploitées à la main ; la discipline était draconienne — la moindre infraction était punie de la mort — et beaucoup mouraient du froid extrême qui atteignait régulièrement des températures de – 40 °C en hiver[111].

Lorsque Vittenbourg arriva, la chasse à l'or était devenue désespérée, ce qui explique probablement qu'il ait été appelé à renforcer les effectifs des géologues déjà sur le terrain. Pavel en devint rapidement le chef. Il acheva le relevé de Vaïgatch, qui conduisit à l'ouverture du complexe minier du Goulag, les premières mines au-delà du cercle arctique, en 1934. Il publia divers articles sur l'expédition dans les périodiques de l'OGPU et constitua même un album de coupures de presse sur l'histoire naturelle de l'île. Pour un détenu, Pavel jouissait d'une existence privilégiée. Il recevait des rations spéciales, logeait dans une maison séparée pour spécialistes et avait même son propre bureau. En mars 1932, il fut autorisé à recevoir une visite des siens, qui revinrent l'été pour l'accompagner dans une grande expédition autour de Vaïgatch. Confiant Valentina à une amie à Leningrad, Zina vint avec Evguenia partager la vie de Pavel à l'été 1933, quand le nouveau commandant du camp, Alexeï Ditsklan, qui remplaça Eikhmans en octobre 1932, autorisa les familles de spécialistes à rejoindre les leurs. Ses lettres évoquent les conditions de vie sur place.

> [Île de] Vaïgatch
> 26 août 1933
>
> Mes petites filles chéries Veronitchka et Lioussenka [Valentina]. Nous sommes arrivées chez papa le 24 en fin de soirée. Il a fallu six jours, dont trois par un vent glacial force cinq, pour y arriver. Goulenka [Evguenia] a été très brave, vu que la plupart des passagers autour de nous ont souffert tout le temps du mal de mer. [...] Papotchka nous a rejointes sur le bateau, a tout chargé sur son canot à moteur, et à 11 heures nous étions à la maison. Papotchka a l'air en pleine forme, il a pris du poids, son visage a de très belles couleurs et pas la moindre ride. Il a bon moral, déborde d'énergie et, comme toujours, il est heureux dans son travail. [...] Nous vivons très bien dans une maison pour spécialistes, en fait remarquablement bien, pour peu que l'on cesse de penser que c'est le

70e parallèle. Nous avons deux pièces délicieuses, chacune avec trois fenêtres, si bien qu'elles sont très lumineuses, alors même qu'elles sont d'orientation nord-est, nord-ouest. Il y a un énorme poêle avec un four, aussi vais-je devoir améliorer mes talents de maîtresse de maison, que j'ai totalement perdus. Je vous enverrai une photographie de papa par le prochain bateau, et vous verrez par vous-mêmes comme c'est bien ici et que papa s'est bien remplumé. [...] Hier soir, nous sommes allés à une réception pour faire nos adieux à ceux [des détenus] qui regagnent le continent, et accueillir les nouveaux arrivants. Nous avons beaucoup apprécié les discours, et les Héros du travail ont été très bien reçus. L'expédition de Vaïgatch, semble-t-il, est arrivée en tête de la Compétition socialiste de toute l'Union. La refonte (*perekovka*) de ceux qui arrivent ici est merveilleuse : quand ils retrouvent la terre ferme, tous les détenus sont des ouvriers qualifiés et consciencieux qui ont appris à lire et écrire. Si seulement nous pouvions en refondre davantage ainsi. [...] La soirée s'est terminée par un « journal vivant » [une forme d'agit-prop] et un excellent concert. Voici toutes les nouvelles pour la première journée et demie[112] [...].

Peu à peu, dans les confins du camp de travail, les Vittenbourg renouèrent avec les routines de la vie de famille. Zina travailla comme médecin au dispensaire du camp. Evguenia fréquenta l'école pour les enfants des spécialistes et des administrateurs. « Notre vie tournait autour du travail de maman et de papa », se souvient Evguenia :

Chaque matin, quelle que fût la température, papa remplissait une cuvette d'eau froide et se lavait dans notre chambre, prenait son petit déjeuner, puis allait travailler dans la section géologique. À son retour, nous prenions notre repas, puis il s'installait à son bureau. Maman était toujours fatiguée par son travail. Le soir, elle avait à peine la force de lire. Je m'occupais de la maison après l'école, parce que c'est moi qui avais le plus de temps. J'allais chercher nos dîners (deux pour travailleurs volontaires et un pour détenus) à la cantine. Les cuisiniers étaient tous chinois. Ils étaient excellents ; ils m'ont appris à cuire le pain. Dans l'ensemble, la nourriture nous semblait royale en comparaison de ce que nous avions à Leningrad[113].

Pavel Vittenbourg dans son bureau, camp de travail de Vaïgatch, 1934

Que cache cette vision rose du Goulag ? Selon Evguenia, l'optimisme de Zina, et même sa croyance en la *perekovka*, était sincère : elle ne l'exprimait pas simplement dans ses lettres au bénéfice de la censure[114]. Nul doute que le bonheur de se retrouver en famille y fut pour quelque chose. Mais tout aussi importantes étaient les conditions de vie relativement privilégiées des spécialistes comme les Vittenbourg qui les préservaient des pires aspects de la vie au sein du camp. Peut-être, aussi, étaient-ils tellement absorbés par leur travail qu'ils acceptaient volontiers toute vue qui leur permettait de continuer ainsi et de dormir en paix la nuit.

En 1934, une révolte secoua l'île de Vaïgatch. Une bande de détenus qui travaillaient de l'autre côté de l'île se rebellèrent et tuèrent leurs gardes. Les rebelles n'avaient nulle part où fuir et finirent par être abattus ou capturés et ramenés au camp. Étant l'un des médecins du camp, Zina dut examiner leurs blessures et décider quels prisonniers étaient aptes à reprendre le travail. Elle vit les traces de terribles raclées, mais rien qui pût ébranler sa foi en la *perekovka*, ni son empressement, auquel elle avait consenti dans son contrat d'embauche, à appliquer la discipline de travail du camp en réduisant le temps de convalescence des détenus. Zina fut récompensée de son travail à la suite de la révolte du titre honorifique de « travailleuse de choc » (*oudarnitsa*) et inscrite dans le « Livre rouge » du camp. Elle participa à l'alphabétisation des prisonniers mais aida aussi à leur apprendre un métier dans l'idée que cela contribuerait à refondre leur personnalité et faciliterait leur réhabilitation dans la société. Elle entra même à l'école du Parti et écrivit à ses filles qu'elle adorait ses études[115].

Si l'on en croit Evguenia, Pavel n'était pas moins prêt à faire sien le point de vue officiel sur le Goulag. Dans son idée, il « vivait exclusivement pour la science » et ne « s'intéressait guère à la politique ». Il était « reconnaissant au régime soviétique de lui offrir l'occasion de continuer de travailler dans son domaine, et reconnaissant encore que sa famille eût été autorisée à le rejoindre à Vaïgatch ». S'il croyait à la propagande sur la *perekovka*, c'est que, suivant sa fille, « il était sincère, naïf peut-être, et de nature romantique ». Sans doute est-ce exact. Mais c'est le point de vue d'une fille aimante, qui chérit la mémoire de son père. Dans une autre perspective, on pourrait parler d'un compromis moral en profondeur pour décrire les actions de Pavel. Son travail avançait visiblement dans le cadre du camp, où on lui fournissait tout ce dont il avait besoin. « Comme il est agréable d'être commandant à Vaïgatch, nota Pavel dans son journal. Chez les ouvriers règne ici une discipline semi-militaire et une obéissance totale. » En 1935, Pavel bénéficia d'une libération anticipée, six ans avant l'expiration de sa peine, en reconnaissance de son travail précieux. Mais, désireux d'achever ses recherches géologiques à Vaïgatch, il signa un contrat avec l'administration afin d'y poursuivre ses travaux de son plein gré. Ce fut, semble-t-il, un tournant crucial, le moment où, cessant d'être un détenu travaillant contraint et forcé pour le Goulag, il devint collaborateur du système pour avancer dans ses recherches.

Ses travaux à Vaïgatch terminés, Pavel rejoignit le camp de travail de Dmitrov, où il fut employé comme géologue à la construction du canal Moscou-Volga. Dans le même temps, Zina et Evguenia, de retour à Leningrad, s'aperçurent que la « vie devenait plus confortable ». Elles réintégrèrent l'appartement communautaire où elles avaient vécu auparavant, Valentina et Veronika les rejoignirent. Elles bénéficièrent bientôt d'une pièce supplémentaire, après l'arrestation des anciens propriétaires lors de la vague de terreur qui balaya Leningrad à la suite du meurtre de Kirov. N'ayant pu récupérer l'ancien mobilier d'Olguino, dont le NKVD se servait encore comme datcha, les Vittenbourg furent invités à se rendre dans les entrepôts du NKVD pour y faire leur choix parmi les meubles confisqués aux victimes des arrestations de Leningrad. Valentina et Veronika choisirent deux fauteuils anciens, un divan, un miroir, une bibliothèque et un piano à queue[116].

Pavel retrouva Leningrad en 1936. Les deux années suivantes, il travailla dans l'administration du Goulag en charge de l'océan Arctique, conduisant diverses expéditions à Severnaïa Zemlia. « Comment obtenir une surface habitable plus grande, afin que nous puissions vivre ensemble confortablement, comme une famille unie et soudée, voilà une tâche que je ne saurais apparemment résoudre », écrivit Pavel à Evguenia en 1936. Alors qu'il avait su obtenir une position privilégiée par son travail au Goulag, sa situation politique était encore incertaine et il s'inquiétait pour sa famille :

> Il est difficile d'accepter que je sois à ce point incapable de vous arranger la vie confortable que vous méritez après avoir partagé mes souffrances. La seule chose que je pourrais faire, c'est construire une petite maison, mais maman ne voudra pas en entendre parler. Les gens puissants, qui pourraient m'aider, m'ont tourné le dos. Quand retrouverai-je ne serait-ce qu'un dixième de l'influence qui était la mienne avant 1930 ?

Pavel essaya délibérément de se soviétiser. Il suivit des cours d'histoire du Parti et embrassa la Vérité qu'on lui enseignait. À la fin de 1936, il était prêt à accepter ses enseignements sur les « trotskistes » et autres « ennemis » du régime. « Quel dommage que je n'en ai jamais rien su, écrivit-il dans son journal. Si seulement j'avais su combien lire l'histoire ouvre des horizons et permet une bonne intelligence de la ligne générale du Parti. Peut-être aurais-je échappé au chemin caillouteux de l'exil et de l'emprisonnement. Car qu'est-ce qui a détruit ma vie ? Ce salaud de Trotski a des milliers de vies perdues sur la conscience[117] ! »

L'histoire de Pavel nous rappelle que le Goulag était bien plus qu'un camp de prisonniers. Force motrice, parmi d'autres, de l'industrie soviétique, il employait une immense armée de spécialistes et de techniciens — ingénieurs, géologues, architectes, chercheurs et même concepteurs d'avions — et leur donnait des occasions uniques de faire carrière.

Né en 1906, Pavel Drozdov était issu d'une famille paysanne de Tchernigov. Son père avait été activement engagé dans le mouvement marxiste avant 1917. Ses deux parents ayant été tués dans la guerre civile, Pavel se rendit à Moscou, s'inscrivit à la faculté d'économie puis suivit une formation d'électricien. (Il travailla plus tard pour Moscou Énergie, la centrale responsable de l'alimentation en électricité d'une bonne partie de la capitale.) En 1925, Pavel fut arrêté pour avoir participé à une organisation estudiantine de l'université de Moscou et exilé pour trois ans dans la région de Krasnovichersk, où il travailla dans un camp d'abattage du bois attaché au Vichlag, encore à ses débuts. Libéré en 1927, un an avant l'expiration de sa peine, Pavel choisit de rester dans le camp, qui l'employa comme comptable. Il épousa Alexandra, jeune paysanne d'un village voisin, dont il eut deux enfants, qui vécurent avec lui dans le foyer des administrateurs du complexe du camp. En 1929, quand Édouard Berzine, le chef « éclairé » du Goulag, arriva au Vichlag, sa situation changea du tout au tout. Berzine, qui s'était fait le champion de la refonte des prisonniers, crut avoir trouvé en Drozdov un exemple vivant de son idéal. Il reconnut ses talents, en particulier sa mémoire photographique (Berzine aimait à dire que Pavel avait une « calculatrice dans la tête »). S'empressant de le promouvoir dans l'administration du camp, il ne manqua jamais de donner l'ancien prisonnier en exemple de refonte dans ses discours aux hauts responsables du Vichlag. En 1929, Pavel fut nommé chef comptable du camp d'abattage puis, en 1930, de tout le complexe du Vichlag. Proche collaborateur de Berzine, il le suivit quand il quitta le Vichlag pour organiser le réseau de camps de travail du Dalstroï dans le nord-est de la Sibérie. À Magadan, la capitale de cet empire du Goulag, Pavel devint chef comptable de la section de planification du trust du Dalstroï et inspecteur des camps de travail du réseau. Promu au rang de lieutenant général du NKVD, Pavel en fut récompensé d'un quatre-pièces, assez grand pour héberger sa famille, mais aussi celle de sa sœur. Il reçut aussi un appartement à Moscou, où Alexandra et les enfants passaient les mois d'hiver. La famille menait une existence privilégiée, ayant accès aux magasins spéciaux et aux sanatoriums exclusivement réservés à l'élite stalinienne, mais aussi aux cadeaux manufacturés sortis des usines du Dalstroï les jours de fête soviétique[118]. Pas mal pour un homme qui, à peine quelques années plus tôt, n'était qu'un prisonnier ordinaire au Goulag.

Né en 1901, Mikhaïl Stroïkov était d'une famille de vieux-croyants près d'Ivanovo, à 300 kilomètres au nord-est de Moscou. En 1925, il commença ses études à l'Institut d'architecture de Moscou et épousa Elena, une jeune artiste de la faculté ouvrière, *rabfak* (qui préparait les étudiants issus de la classe ouvrière à poursuivre des études en institut). Leur fille Ioulia vit le jour en 1927. Mikhaïl fut arrêté juste avant sa naissance et exilé en Sibérie : il avait appartenu à un groupe d'étudiants opposé aux politiques agraires des bolcheviks. Chassée de la faculté ouvrière, Elena travailla dans une usine textile. Mikhaïl rentra à Moscou en 1930 et réintégra l'Institut d'architecture ; deux ans plus tard, cependant, il fut de nouveau arrêté et incarcéré deux années durant dans la prison des Boutyrki. Mikhaïl passait pour un étudiant brillant. Il n'avait pu achever sa thèse avant son arrestation mais, l'intervention de son professeur aidant, il fut autorisé à la terminer aux Boutyrki, et même à la soutenir à l'Institut. Il est inimaginable qu'il ait pu le faire sans le soutien de la police politique. Il avait deux oncles à l'OGPU, et l'un de ses plus vieux amis était Filipp Bazanov, le premier mari d'Elena, qui était lui aussi un cadre de l'OGPU. Bazanov aida Elena (et essaya de la persuader de revenir vivre avec lui) pendant que son mari était en prison. En 1934 Mikhaïl fut exilé à Arkhangelsk. Alors même qu'il avait là des parents, dont la famille de l'ancien vice-gouverneur de Mourmansk, Mikhaïl ne leur rendit pas visite, parce qu'il ne voulait pas les mettre en danger.

Ce sont ses compétences architecturales qui sauvèrent Mikhaïl. Le NKVD l'employa comme architecte-planificateur sur plusieurs grands chantiers d'usines et de ponts recourant à la main-d'œuvre du Goulag venue des camps voisins. Il devint bientôt l'un des principaux architectes d'Arkhangelsk. Même détenu en exil, Mikhaïl jouissait de meilleures conditions de vie qu'Elena et Ioulia à Moscou. Mikhaïl gagnait bien sa vie. Il mangeait à la cafétéria du NKVD pour les ingénieurs et les techniciens, où il y avait chaque jour de la viande au menu, tandis qu'à Moscou Ioulia et Elena devaient se contenter de bouillie et de pain. Souvent malade, Ioulia avait terriblement besoin d'une meilleure alimentation. À la fin de 1934, Elena l'envoya donc chez son père, à Arkhangelsk, dans l'espoir que la situation relativement confortable de Mikhaïl lui profiterait. Ioulia n'avait pas revu son père depuis deux ans, quand elle était allée le voir aux Boutyrki (le seul souvenir qu'elle eût de lui) : cette visite l'avait mise dans un tel état que la fillette de six ans avait alors tenté de se suicider. Mikhaïl loua le coin d'une chambre à une vieille femme, Elena Petrovna, qui leur préparait leurs repas. Ioulia s'en souvient avec nostalgie : côtelettes de porc avec macaronis, galette avec viande hachée, cuisses de poulet, crème glacée.

> Le soir, quand il rentrait du travail, papa me demandait : « Qu'allons-nous commander à Elena Petrovna ? Qu'as-tu envie de manger ? » Je n'étais jamais rassasiée de ses plats délicieux et je répondais toujours [le premier plat qu'elle nous eût préparé] : « Macaronis et côtelettes ! Macaronis et côtelettes ! » Un jour, papa en a eu assez et m'a implorée : « Lioussenka, trouve autre chose, je n'en peux plus. » Mais je ne trouvais rien d'autre.

Pour Ioulia, les années passées à Arkhangelsk, de 1934 à 1937, furent les plus heureuses de sa vie. Elle excellait à l'école. Elle adorait le ballet. Son père l'emmenait au théâtre et lui acheta un gramophone, pour qu'elle pût danser sur de la musique de ballet dans leur minuscule logis, tout juste 7 mètres carrés. Une cloison de contreplaqué et une porte installées par Mikhaïl séparaient leur coin du reste de la pièce, où vivait Elena Petrovna. Mikhaïl était très fier de son travail, qui donnait l'illusion d'une chambre séparée. Le « coin de papa » était juste assez grand pour un seul lit, une table, une chaise et une étagère-bibliothèque accrochée au mur. Mais c'était un genre de foyer, que Ioulia était heureuse de partager avec son père.

« Coin de papa », dessin de Mikhaïl Stroïkov, 1935

Elena se rendit à Arkhangelsk en janvier 1937. La fin de la peine de Mikhaïl approchait, et elle souhaitait que la famille se retrouvât à Moscou. Mais les autorités ne voulaient pas la laisser séjourner à Arkhangelsk avant la fin de l'exil de son mari. Elena retourna donc à Moscou avec Ioulia. Quelques semaines plus tard, en mars, Mikhaïl fut arrêté et condamné à cinq ans de camp de travail pour « agitation contre-révolutionnaire » (il fut exécuté en 1938). Elena ne sut rien de son arrestation. Elle cessa de recevoir des lettres de son mari. Elle n'apprit ce qui s'était passé qu'à l'été, quand elle se rendit à Arkhangelsk et put s'entretenir avec Elena Petrovna[119].

Les Vittenbourg, les Drozdov et les Stroïkov sont des exceptions, cela va de soi. L'immense majorité de la population du Goulag ne fut qu'une main-d'œuvre servile, quand elle ne languissait pas dans des camps de prisonniers ou de lointaines colonies, privée de l'essentiel des conforts de la vie normale et de la moindre perspective de grâce. Le coût en vies humaines fut considérable. Les statistiques du NKVD montrent que plus de cent cinquante mille personnes trouvèrent la mort dans les camps de travail entre 1932 et 1936[120]. Ces chiffres éclairent d'un autre jour le milieu des années 1930, une période que l'on a souvent présentée comme le calme avant la tempête de 1937-1938 (les « années végétariennes », devait dire la poétesse Anna Akhmatova à propos du milieu de la décennie). Pour ceux dont la vie fut dévastée par la Grande Terreur, peut-être cette vision est-elle juste. Mais pour les millions de Soviétiques dont les familles furent dispersées dans les camps de travail et les colonies du Goulag, ces années furent aussi noires que toute autre.

À lire les lettres de ces prisonniers à leurs parents (lettres écrites sans perdre de vue la censure), on est frappé de voir comment le Goulag changea les valeurs et les priorités de si nombreux détenus : notamment les « politiques », qui avaient tant sacrifié à leurs idéaux. Alors qu'ils auraient pu rechercher le bonheur dans leur carrière, ou dans la promesse d'une utopie communiste, les années de vie dans un camp de prisonniers ou en exil les obligèrent à se raviser et à attacher davantage de valeur à la famille.

Tatiana Poloz (née Miagkova en 1898) était fille d'un avocat de la région de Borissoglebsk, dans la province de Tambov. Sa mère, Feoktista, fille de pope, faisait partie des membres du Parti social-démocrate qui avaient suivi les bolcheviks lors de la scission avec les mencheviks en 1903 ; elle encouragea Tatiana à faire de la politique. En 1919, celle-ci adhéra donc au Parti bolchevik et, au cours de la guerre civile, prit part au travail de propagande derrière les lignes de l'Armée blanche de Denikine, sur le front sud. C'est là qu'elle rencontra son mari, Mikhaïl Poloz : membre éminent des « borotbistes » (sociaux-révolutionnaires), le seul parti ukrainien qui recrutât massivement chez les paysans, il siégeait alors au conseil militaire du gouvernement indépendant ukrainien. À la fin de la guerre civile, les borotbistes fusionnèrent avec les bolcheviks, l'Ukraine fut placée sous le régime soviétique et Poloz devint le représentant politique (*polpred*) de l'Ukraine à Moscou. Tatiana entra à l'École supérieure du Parti, où elle suivit des cours de Trotski. En 1923, Mikhaïl fut nommé commissaire aux Finances du gouvernement soviétique ukrainien. Tatiana et lui s'installèrent à Kharkov (capitale de l'Ukraine soviétique jusqu'en 1934), où leur fille Rada vit le jour en 1924.

Trois années plus tard, Tatiana fut exilée à Astrakhan, puis, en 1929, à Tchelkar, au Kazakhstan : on l'accusait d'être une opposante active, de mèche avec le groupe de Smirnov, une faction importante de l'Opposition de gauche dirigée par Trotski jusqu'à l'expulsion de ses dirigeants du Parti, en 1927. Dans l'automne de 1929, Mikhaïl alla la voir au Kazakhstan. Il l'implora de renoncer à l'opposition au nom de leur fille, qui vivait alors avec sa grand-mère. À un moment, si l'on en croit un autre opposant également exilé à Tchelkar, Mikhaïl lui chuchota quelque chose à l'oreille : « Une sorte d'information secrète qui la laissa complètement abattue et défaite. » Peut-être Mikhaïl lui apprit-il que Smirnov et son groupe avaient négocié une capitulation avec les autorités staliniennes dans l'espoir de réintégrer le Parti. Le 3 novembre 1939, la *Pravda* publiait un article de Smirnov, où ce dernier approuvait sans réserve le plan quinquennal et la « ligne générale du Parti », renonçait à sa position trotskiste et appelait ses partisans à « dépasser leurs hésitations et à retourner dans le Parti ». Quatre cents membres du groupe Smirnov signèrent par la suite une déclaration de soumission à la ligne générale du Parti : ainsi de Tatiana, dont l'exil fut levé et qui fut autorisée à retrouver sa famille[121].

En 1930, la famille quitta Kharkov pour Moscou, où Poloz devint président adjoint de la Commission budgétaire du soviet de l'Union, tandis que Tatiana travailla comme économiste dans l'industrie automobile. Ils habitèrent avec la mère de Tatiana, Feoktista, et une gouvernante dans un grand appartement de la Maison du quai, le prestigieux immeuble d'habitation réservé aux fonctionnaires en face du Kremlin, même si, en tant que romantiques révolutionnaires qui avaient toujours vécu pour leurs idées, la famille n'attachait pas grande importance à ce train de vie privilégié. Tatiana s'en tint à ses positions trotskistes, nonobstant les vœux de son mari, qui soulignait que l'opposition à Staline était vaine, et de sa mère, stalinienne convaincue. En 1933, Tatiana fut de nouveau arrêtée avec le reste du groupe Smirnov et condamnée à trois ans d'isolement dans un camp spécial de Verkhneouralsk, dans l'Oural. Mikhaïl fut arrêté quelques mois plus tard, en 1934 : reconnu coupable d'avoir voulu instaurer un gouvernement bourgeois ukrainien, il fut condamné à dix ans de réclusion dans le camp de travail des Solovetski. Chassées de leur maison, Rada et Feoktista s'installèrent dans un meublé de la périphérie de Moscou, où vinrent les rejoindre la tante de Rada, Olga, dont le mari avait été arrêté trois ans plus tôt, et leur fils Volodia. Sa grand-mère « essaya de m'apprendre à respecter et aimer mes parents », se souvient Rada :

> En même temps, cependant, elle attendait de moi que j'aime et respecte le pouvoir soviétique. Ce n'était pas une tâche facile, mais je me débrouillai tant bien que mal. Grand-mère croyait sincèrement que Staline ignorait l'ampleur des arrestations. [...] Elle pensait que le pouvoir soviétique avait tant d'ennemis qu'il était difficile aux autorités d'identifier les vrais coupables. Dans notre maison, on entendait souvent l'expression : « On ne fait pas d'omelettes sans casser des œufs[122]. »

Famille Poloz, 1934 : Rada est debout entre sa tante Olga et sa grand-mère, Feoktista. Le garçon est Volodia, le fils d'Olga

Entre 1933 et juin 1936, Tatiana écrivit cent trente-six lettres à Feoktista et Rada, en moyenne une par semaine. C'est l'une des plus grandes collections de lettres privées écrites au Goulag qui nous soit parvenue[123]. Les premières font écho aux préoccupations politiques de Tatiana. Elle demande qu'on lui envoie des écrits de Marx. Elle commente en détail les tout derniers événements politiques. En juin 1934, par exemple, ses lettres ne tarissent pas d'éloges sur l'équipage du *Tcheliouskine*, qui venait d'achever une expédition pionnière à travers l'Arctique, de Leningrad au détroit de Béring. La traversée avait tourné à la catastrophe, quand le vapeur avait été pris par les glaces et avait sombré dans la mer des Tchouktches, en février 1934. Mais l'équipage, campant sur un iceberg, avait pu être sauvé grâce à un pont aérien et rapatrié à Moscou, où la propagande transforma leur histoire en une héroïque odyssée de survie. L'équipage du *Tcheliouskine* avait « montré au monde ce que sont les bolcheviks ! » écrivit Tatiana le 24 juin. Quatre jours plus tard, elle ajoutait, sur le même sujet :

> L'orgueil d'être citoyen soviétique n'a probablement jamais été aussi répandu et intense qu'aujourd'hui. La fierté des « bonnes qualités » du peuple soviétique, des beaux avions soviétiques, des bons savants et marins soviétiques et de tous les autres, la fierté du bolchevisme, qui a montré la force suprême de ses idées et de son organisation sur ces icebergs. Et quel pouvoir tout cela doit avoir sur l'éducation des enfants !

Ces lettres trahissent aussi un souci constant de l'éducation politique de Rada. « Maman écrivait toujours sur la façon de construire le communisme », se souvient sa fille :

> Elle voulait que je devienne ingénieur et écrivain. [...] Et ses lettres n'ont pas manqué de m'influencer. J'ai certes été élevée par ma grand-mère, mais j'aimais à penser que, à travers ces lettres, j'étais aussi élevée par ma mère[124].

Tatiana voulait que Rada grandît en communiste. Elle répandit des flots d'encre en commentaires sur sa conduite à la maison (elle prétendait être au courant « par les journaux », pour éviter d'avouer qu'elle tenait ses renseignements de Feoktista).

> 12 juin 1935
>
> Et comment se passent les choses à la maison, mon petit singe ? Dans les journaux, on dit que tu t'acquittes des travaux ménagers sans grand plaisir et que tu oublies souvent ce qu'il faut faire. Mais ils écrivent aussi d'autres choses. J'ai lu ce télégramme dans les *Izvestia* : « Moscou (TASS) : la travailleuse de choc et élève modèle Rada, 11 ans, a été priée de faire la vaisselle et de ranger la cuisine. Elle s'est fort bien acquittée de cette tâche. La vaisselle a été faite et tout bien rangé. Rada a passé en revue les fruits de sa peine avec une grande satisfaction et a déclaré à notre correspondant qu'à compter de ce jour elle s'acquitterait de toutes ses corvées avec le même souci d'excellence. » Le correspondant a approuvé, bien entendu, et moi aussi. Étudie, petit singe, cuisine, lessive, nettoie, comme on te le demande : l'essentiel est de faire ce que l'on te demande.

Plus Tatiana resta en prison, plus la famille prit de l'importance dans ses lettres. Si Mikhaïl n'avait pas le droit d'écrire à Moscou, il était autorisé à correspondre avec Tatiana, dont les lettres devinrent ainsi le seul moyen d'information de Rada sur son père, et de Mikhaïl sur sa fille. Réfléchissant aux lettres de sa mère, Rada pense qu'elles permirent à Tatiana d'entretenir les relations familiales dont elle avait besoin pour survivre. Elles étaient « pleines d'optimisme », écrit-elle dans ses Mémoires : « Elle ne manquait jamais de nous rappeler que le temps passait et attendait toujours avec impatience le jour heureux où la famille serait de nouveau réunie. » Maintes lettres de prison de Tatiana s'accompagnaient de petits cadeaux — poupées de chiffon, figurines d'animaux et même vêtements — qu'elle avait confectionnés dans la prison du camp pour Rada[125].

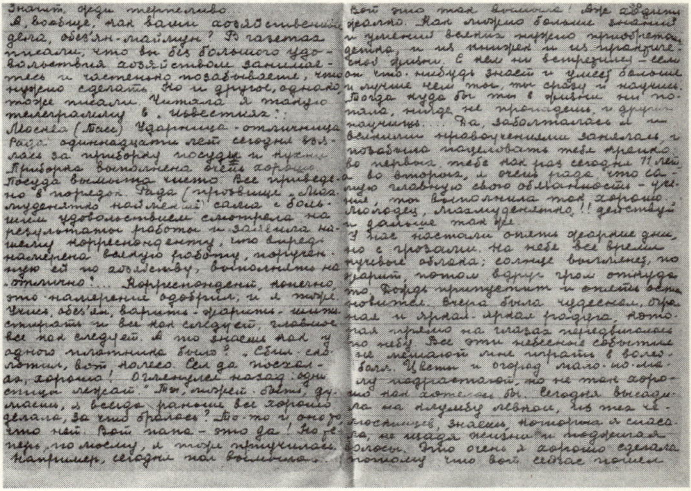

Значит, жди терпеливо.
А, вообще, как ваши хозяйственные дела, обезьян-маймун? В газетах писали, что вы без большого удовольствия хозяйством занимаетесь и частенько позабываете, что нужно сделать. Но и другое, однако, тоже писали. Читала я такую телеграмму в «Известиях»: Москва (Тасс). Ударница-отличница Рада одиннадцати лет сегодня взялась за приборку посуды и кухни. Приборка выполнена очень хорошо. Посуда вымыта чисто. Все приведено в порядок. Рада (прозвище «Мамудёнятко наймёнший») сама с большим удовольствием смотрела на результаты работы и заявила нашему корреспонденту, что впредь намерена всякую работу, порученную ей по хозяйству, выполнять на «отлично»!... Корреспондент, конечно, это намерение одобрил, и я тоже. Учись, обезьян, варить-жарить-шить-стирать и все как следует, главное все как следует. А то знаешь как у одного плотника было? «Сбил-сколотил, вот колесо. Сел да поехал — ах, хорошо! Оглянулся назад: одни спицы лежат.» Ты, может быть, думаешь, я всегда раньше все хорошо делала, за что бралась? То-то и оно, что нет. Вот папа — это да! Но теперь, по-моему, я тоже приучилась. Например, сегодня пол вымыла.

Вот это так вымыла! Все ахают прямо. Как можно больше знаний и умений всяких нужно приобретать, детка, и из книжек и из практической жизни. С кем ни встретишься — если он что-нибудь знает и умеет больше и лучше чем ты, ты сразу и научись. Тогда куда бы ты в жизни ни попала, нигде не пропадешь, и других научишь... Да, заболталась я и всякими нравоучениями занялась, а позабыла поцеловать тебя крепко во-первых, тебе как раз сегодня 11 лет, а во-вторых, я очень рада, что самую главную свою обязанность — ученье, ты выполнила так хорошо. Молодец, Мамудёнятко!! Действуй и дальше так же.
У нас настали опять жаркие дни, но с грозами. На небе все время кучевые облака; солнце выглянет, но жарит, потом вдруг гром откуда-то, дождь припустит и опять все успокоится. Вчера была чудесная, огромная и яркая-яркая радуга, которая прямо на глазах передвигалась по небу. Все эти небесные события не мешают мне играть в волейбол. Цветы и огород мало-помалу подрастают, но не так хорошо, как хотелось бы. Сегодня высадила на клумбу левкои, из тех [illegible], знаешь, которые я спасала, не щадя жизни и [illegible]. Это очень я хорошо сделала потому что вот сейчас пошел

Lettre (extrait) de Tatiana à Rada, 12 juin 1935

Libérée en 1936 de la prison de Verkhneouralsk, Tatiana fut exilée à Ouralsk, puis à Alma-Ata. Feoktista passa quinze jours avec elle à Ouralsk en mars 1936. Ce furent des semaines précieuses pour Tatiana, qui évoqua plus tard la nouvelle intimité qu'elle avait connue avec sa mère, assises ensemble, « ma tête reposant sur ton épaule », pour parler du passé[126]. Peu après le retour de Feoktista à Moscou, Tatiana écrivit : « Mamoussenka ! Je suis rentrée à la maison, mais ce n'est pas une maison. Tu n'es pas ici, il n'y a pas de *home* [en anglais dans le texte], pas de chaleur douillette. » En avril, quand Tatiana se rendit à Alma-Ata, elle se mit à placer tous ses espoirs dans la possibilité que Rada l'y rejoignît. Ses lettres de l'époque débordent d'espoir et d'excitation, note Rada : « Son obstination et sa persévérance étaient entièrement focalisées sur la nécessité de trouver du travail et une petite chambre où elle pût vivre avec sa fille. » Le voyage ne se concrétisa pas. En juin 1936, Rada était sur le point de quitter Moscou pour rejoindre sa mère à Alma-Ata quand Tatiana fut de nouveau arrêtée et expédiée dans un camp de travail inconnu. Rada raconte :

> Nous avions acheté des billets de train pour Alma-Ata, trouvé des gens pour s'occuper de moi au cours du voyage, préparé toutes mes affaires et adressé un télégramme avec les détails de mon arrivée. La réponse arriva : « La destinataire n'habite pas ici. » Nous avons rendu le billet. Je suis restée à Moscou et je n'ai plus jamais revu ma mère.

Tatiana fut envoyée dans la Kolyma, l'une des pires colonies du Goulag de Staline, puis exécutée en novembre 1937 ; le même mois, Mikhaïl fut passé par les armes en Carélie. D'après son dossier du NKVD, sa correspondance avec sa femme (une « trotskiste ») était une preuve de culpabilité suffisante pour le condamner à mort[127].

Rada ne sut rien de la mort de ses parents. Elle essaya de ne pas penser à eux, parce qu'elle ne savait pas s'ils étaient vivants ou morts. Mais un jour elle vit sa mère dans un rêve :

> Pour commencer, je me trouvais sur le pont d'un navire en pleine mer. J'avais dans les mains deux livres de classe recouverts d'un papier marron collé. J'ai ouvert l'un d'eux et reconnu l'écriture de ma mère. La première phrase était très étrange : « Quand tu liras ces lignes, je serai déjà au fond de la mer. » J'ai lu encore quelques lignes, dont je ne me souviens pas. Puis la peur m'a étreinte. Il y avait d'énormes canalisations qui crachaient de l'eau. Ma peur a crû, s'emparant de moi, jusqu'à mon réveil[128].

Rada crut le « message » de son rêve — sa mère avait été noyée — et se mit à penser tout le temps à elle. Plus tard, quand elle entendit des survivants de la Kolyma parler d'un navire qui avait sombré, elle se convainquit plus encore du destin de sa mère. Elle continua de croire à son rêve de longues années et, même après avoir reçu un certificat de décès des autorités, déclarant que sa mère avait été exécutée, Rada pensait toujours qu'elle s'était noyée.

Tatiana Poloz n'est pas la seule socialiste fervente qui ait senti la force des liens familiaux après son incarcération. Né en 1892, Nikolaï Kondratiev appartenait à une famille paysanne de la province de Kostroma, à 400 kilomètres au nord-est de Moscou. Il fit des études d'économie à l'université de Saint-Pétersbourg, adhéra au Parti social-révolutionnaire et joua un rôle éminent dans la rédaction des réformes agraires de 1917. Dans les années 1920, Kondratiev s'imposa comme un éminent conseiller économique du gouvernement soviétique et un farouche défenseur de la NEP, partisan de donner la primauté à l'agriculture et à la production de biens de consommation plutôt qu'au développement de l'industrie lourde. C'est à cette époque qu'il avança sa théorie des cycles longs de l'économie capitaliste (les « cycles de Kondratiev ») qui le rendirent célèbre dans le monde entier. Avec la fin de la NEP, cependant, Kondratiev fut écarté de tous ses postes. En juillet 1930, il fut arrêté pour appartenance à un « Parti du travail paysan » illégal (et probablement inexistant). « Kondratiev et quelques autres canailles sont à fusiller absolument », écrivit Staline à Molotov[129]. Mais Kondratiev fut en fait condamné à huit ans d'isolement dans un camp spécial logé dans le monastère Spasso-Efimeïev, un bâtiment datant du XIVe siècle, à Souzdal, où il fut incarcéré à compter de février 1932.

Nikolaï et Elena (« Aliona ») Kondratiev, 1926

Son état de santé se dégrada rapidement au point qu'il multiplia les séjours au dispensaire de la prison, se plaignant de maux de tête sévères, de vertiges et de surdité intermittente, de rhumatismes chroniques aux jambes, de diarrhée, de vomissement, d'insomnie et de dépression. En 1936, il était quasi aveugle. Kondratiev n'en poursuivit pas moins ses recherches et prépara cinq nouveaux livres. Il écrivit plus de cent lettres à sa femme, Evguenia[130], presque toutes accompagnées de petits billets pour sa fille Elena (« Aliona »), née en 1925. La douleur de la séparation qu'éprouva Kondratiev est presque tangible dans ces lettres. C'est sa fille qui lui manque le plus. La situation était d'autant plus poignante que Kondratiev était de toute évidence un père affectueux. Il brûlait de jouer un rôle actif dans l'éducation de sa fille, et sa plus grande souffrance en prison fut de n'en pouvoir rien faire. « C'est terrible qu'elle grandisse en mon absence, écrivit-il à Evguenia en mars 1932. Cela me tourmente plus que tout[131]. » En tant que père, Nikolaï épanchait tout son amour dans ses lettres à Elena. Quand elle ne lui écrivait pas, il lui reprochait de ne pas l'aimer assez. Nikolaï ne cessait de lui remémorer de menus incidents de leur vie commune avant son arrestation. Il agrémentait ses lettres de dessins et lui racontait des histoires sur la vie sauvage autour du monastère — oiseaux venus le voir ou renards qu'il avait aperçus. Dans nombre de ses lettres, Nikolaï glissait des fleurs pressées, ou des herbes des prairies voisines du monastère. Pardessus tout, il focalisait son attention sur le développement intellectuel de sa fille. Il lui soumettait des énigmes et des devinettes, lui recommandait des livres en lui demandant de lui faire part ensuite de ses impressions. Il l'encouragea à tenir un journal.

Corrigeant les erreurs de ses lettres, il la pressait d'« écrire bien et de toujours essayer de faire les choses au mieux[132] ». Au bas de nombre de ses lettres, un enfant a écrit le mot « Papa ». C'est la seule chose qu'Elena eut de lui. Elle devint botaniste et enseigna à l'université de Moscou. Peut-être les lettres de son père l'ont-elles poussée vers la botanique.

Les Aventures extraordinaires de Chammi *(détail)*

En 1935, Nikolaï lui envoya un conte de fées qu'il avait écrit et illustré pour marquer sa fête[133] : *Les Aventures extraordinaires de Chammi*. C'est l'histoire d'un chaton parti à la recherche du pays idéal, où

« hommes, animaux et plantes vivent dans le bonheur et l'harmonie ». Chammi s'en va avec son ami, le matou Vassia, qui est poltron et rechigne à voyager. En route, ils rencontrent quantité d'animaux qui essaient de les dissuader, leur promettant le bonheur s'ils renoncent à leur quête, mais Chammi s'obstine, attirant à lui divers animaux — une bique, un baudet, un cheval et une poule — qui « tous travaillent dur et aspirent à une vie meilleure ». Mais les voyageurs ne tardent pas à s'égarer et commencent à se disputer. Les uns sont dévorés par un crocodile, les autres abattus dans les bois par des chasseurs.

Le 31 août 1938, Kondratiev écrivit à sa fille :

> Alionouchka, mon petit chou,
>
> Probablement tes vacances sont-elles terminées et as-tu repris l'école. Comment l'été s'est-il passé ? As-tu pris des forces, du poids et des couleurs ? Je meurs d'envie de savoir. Et j'aimerais terriblement te voir et te couvrir de baisers tant et plus. Je ne suis toujours pas très bien, je suis encore malade. Alionouchka, mon chou, surtout ne tombe pas malade cet hiver. Je veux aussi que tu étudies sérieusement, comme avant. Lis de bons livres. Sois une petite fille intelligente et bonne. Écoute ta mère et ne la déçois jamais. Je serais aussi heureux si tu te débrouillais pour ne pas m'oublier complètement, moi, ton papa. Bon, portetoi bien ! Sois heureuse ! Je t'embrasse sans fin. Ton papa[134].

Ce fut sa dernière lettre. Peu après, le 17 septembre, Nikolaï tomba sous les balles d'un peloton d'exécution.

Chapitre IV

LA GRANDE PEUR

(1937-1938)

I

Quand son mari fut arrêté, dans la nuit du 7 juillet 1937, Ioulia Piatnitskaïa ne sut que penser. Ossip Piatnitski était un vétéran bolchevik, membre du Parti depuis sa fondation et un des plus fidèles camarades de Lénine. Dans un article de la *Pravda* pour marquer le cinquantième anniversaire de Piatnitski, en janvier 1932, la veuve de Lénine, Kroupskaïa, l'avait présenté comme un « professionnel type de la révolution qui s'était entièrement donné au Parti et ne vivait que pour les intérêts de celui-ci ». Ioulia avait peine à comprendre comment Ossip avait pu devenir un « ennemi du peuple ». Bolchevik engagée, elle ne savait pourtant s'il fallait croire la presse soviétique, qui avait qualifié Piatnitski de « traître » et d'« espion », ou bien l'homme qu'elle aimait depuis près de vingt ans. Ossip était le père de ses deux enfants, mais, après son arrestation, elle n'était plus trop certaine de vraiment connaître son mari. « Qui est Piatnitski ? écrivit Ioulia dans son journal. Un authentique révolutionnaire ou une canaille ? [...]

Les deux sont possibles. Je ne sais. C'est terriblement angoissant[1]. »

Ioulia avait connu Ossip en 1920 : elle avait vingt et un ans, il en avait trente-neuf. Ioulia venait d'une famille russo-polonaise de Vladimir. Sa mère était une aristocrate polonaise qui avait enfreint tous les usages de sa caste et de sa religion en épousant un pope russe sans l'autorisation de ses parents. Ioulia, qui avait six ans à la mort de sa mère, hérita de son tempérament rebelle et romantique. Belle et passionnée, Ioulia venait d'avoir seize ans quand elle s'enfuit de la maison de son père pour devenir infirmière dans l'armée russe au cours de la Première Guerre mondiale. Elle épousa un jeune général, qui disparut au combat en 1917. Au cours de la guerre civile, elle rallia les bolcheviks et travailla pour l'Armée rouge comme espionne, infiltrant le QG de l'amiral Koltchak, le chef de l'Armée blanche sur le front est. Elle finit par être démasquée et sauva sa peau de justesse en fuyant vers Moscou. Elle fit alors une dépression nerveuse et se remettait à l'hôpital quand elle connut Ossip, venu rendre visite à un ami. Elle était animée d'un robuste sens de la justice, enraciné dans la rigueur de son éducation religieuse, qui influença profondément son engagement politique. Douce et chaleureuse, elle suscitait l'adoration de tous ceux qui la croisaient, si l'on en croit la fille d'un camarade d'Ossip. « Nous autres, enfants, étions toujours calmes en sa présence. Quand elle était là, nous oubliions nos tracas. [...] Elle était toujours exubérante[2]. »

Ossip, en revanche, était austère et taciturne. Râblé, mais doux et avenant, il était le modèle même du révolutionnaire professionnel. Pudique jusqu'au désintéressement, il parlait rarement de sa vie privée (nombre de ses plus vieux camarades du Parti ignoraient même qu'il eût une famille). Ossip était devenu l'un des activistes les plus importants de la clandestinité marxiste avant 1917. Il était chargé d'introduire des livres interdits en Russie. Il passa beaucoup de temps à l'étranger, notamment en Allemagne, où il était connu sous le pseudonyme de « Freitag » (Vendredi), ou « Piatnitsa » en russe, d'où venait son nom de Piatnitski (son véritable patronyme juif était Tarchis). Quand il épousa Ioulia, Ossip était secrétaire du Comité central du Parti à Moscou. Mais il fut bientôt transféré au Komintern, l'organisation internationale du Parti communiste, où il dirigea le département crucial de l'Organisation et devint de fait le chef de tout le Komintern. Piatnitski supervisa l'expansion considérable de ses activités alors que le Komintern essayait de propager la révolution aux quatre coins de la planète. Ses *Souvenirs d'un bolchevik* (1926), manuel des principes organisationnels et éthiques du Parti, furent traduits en plus de vingt langues. Son travail épuisait Piatnitski : « J'étais au Komintern du matin jusqu'à la nuit », confia-t-il[3]. Au milieu des années 1920 — il n'avait encore qu'une petite quarantaine —, ses cheveux commencèrent à blanchir puis tombèrent.

Le travail d'Ossip pesait aussi lourdement sur sa vie de famille. L'appartement des Piatnitski, dans la Maison du quai, était toujours plein de visiteurs étrangers. Ossip passa à côté de l'enfance de ses deux fils : Igor, né en 1921, et Vladimir, en 1925. Son absence était une source de nombreuses disputes avec Ioulia, qui eut également tôt fait de perdre ses illusions devant l'embourgeoisement du Parti et la dictature de Staline dans les années 1930. Igor se souvient d'une dispute entre ses parents — ce devait être en 1934 — quand Ioulia se mit à réciter d'une voix forte et courroucée les vers séditieux d'un poète du début du XIXe siècle, Dimitri Venivitinov :

Crasse, puanteur, puces et blattes
Et partout, la présence de sa main impériale
Et tous ces Russes qui blablatent
On appelle ça notre sainte patrie, j'en chiale.

Ossip et Ioulia (assise à droite, sur la première marche) avec leurs fils Igor (à côté d'Ossip) et Vladimir Piatnitski (sur les genoux de Ioulia) et les enfants de voisins, dans leur datcha des environs de Moscou, fin des années 1920

Terrorisé à l'idée que les voisins pussent l'entendre, Ossip implora sa femme : « Plus bas, Ioulia[4] ! »

En 1935, la position de Piatnitski au sein du Komintern l'avait fait connaître des communistes du monde entier (Harry Pollitt, le communiste britannique, disait que Piatnitski *était* le Komintern). À cette époque, la politique étrangère de Staline avait pour but de contenir l'Allemagne nazie en renforçant les relations avec les États démocratiques occidentaux (« sécurité collective »). En 1934, l'Union soviétique avait même rejoint la Société des Nations, qu'à peine deux ans plus tôt encore elle dénonçait comme une « conspiration impérialiste ». Le Komintern fut subordonné à cette politique étrangère. Sous la houlette de son nouveau secrétaire général, le communiste bulgare Gueorgui Dimitrov, la tâche du Komintern était désormais de nouer des alliances avec les socialistes européens et de les amener à former des gouvernements de coalition (« Fronts populaires ») avec les partis du centre pour contrer la menace fasciste. Cette politique eut quelque succès en France et en Espagne, où des gouvernements de Front populaire accédèrent au pouvoir en 1936. Mais elle suscita des critiques au sein du Komintern, notamment de la part de Piatnitski. De nombreux communistes, y compris d'anciens membres de l'Opposition de gauche dirigée par Trotski dans les années 1920, y virent une trahison de la cause révolutionnaire internationale, qui, de leur point de vue, ne pouvait avancer qu'à travers des « Fronts unis » de communistes et de socialistes, en excluant les partis centristes bourgeois. Ils firent cause commune avec d'anciens membres de l'Opposition de droite plus modérée, conduite par Rykov et Boukharine, de plus en plus hostiles aux abus de pouvoir de Staline. Ces deux groupes tenaient Staline pour un « contre-révolutionnaire ». En 1936, le Komintern bruissait de chuchotis d'insatisfaction à l'égard de la politique étrangère. Les gauchistes associaient le rapprochement avec les puissances occidentales à l'embourgeoisement de l'élite soviétique. Profondément attachés à l'idéal de la révolution mondiale, ils craignaient que l'URSS, sous la direction de Staline, ne cessât d'être une source d'inspiration pour les prolétaires de l'Ouest et ne devînt une gardienne de l'ordre et de la sécurité. Ils furent particulièrement navrés de voir que Staline était incapable d'apporter une aide appropriée aux républicains de gauche dans la guerre civile espagnole quand, à l'automne de 1936, les nationalistes du général Franco — avec une aide massive de l'Italie fasciste et de l'Allemagne nazie — approchèrent des faubourgs de Madrid. Même certains fidèles de Staline eurent du mal à accepter ce qui leur apparaissait comme une trahison de l'internationalisme révolutionnaire. Ainsi qu'un « vieux bolchevik » l'expliqua à William Bullitt, l'ambassadeur des États-Unis en Union soviétique, en 1935 : « Vous devez bien comprendre que la révolution mondiale est notre religion et qu'il n'est pas un seul d'entre nous qui, en dernière analyse, ne s'opposerait à Staline lui-même si nous avions le sentiment qu'il abandonnait la cause de la révolution mondiale[5]. »

Staline se méfiait de plus en plus du Komintern, qu'il craignait de voir lui échapper. Lors de son VIIe Congrès, en août 1935, il remania de fond en comble sa direction. Piatnitski fut écarté de l'exécutif et placé à la tête d'un nouveau département du Comité central chargé de superviser le travail de la bureaucratie du Parti. Avec le grand procès d'anciens opposants, Zinoviev et Kamenev, en août 1936, Staline envoya un avertissement clair à ses détracteurs : tous les choix politiques se trancheraient au sommet. Nulle part ce ne fut davantage le cas qu'au Komintern, où Staline identifiait l'opposition au travail d'« espions étrangers ». « Vous tous au Komintern travaillez pour aider l'ennemi... », déclara Staline à Dimitrov en février 1937. Plusieurs milliers de cadres du Komintern et de communistes étrangers furent arrêtés en 1937-1938. Les partis communistes allemand, polonais, yougoslave et balte furent pratiquement éliminés. Au siège du Komintern et à l'hôtel Lux de Moscou où habitaient de nombreux cadres du Komintern, la panique fut telle que, pour citer un officiel, « beaucoup sont à moitié fous et incapables de travailler du fait d'une peur constante[6] ».

Quant à Piatnitski, Staline le dénonça comme trotskiste. Il se trouva plus tard impliqué dans une « organisation d'espionnage fasciste de trotskistes et de droitistes au sein du Komintern ». D'après la version des événements donnée par ses fils, cependant, la véritable cause de son arrestation fut un discours courageux qu'il prononça en juin 1937 au plénum du Comité central[a]. Apparemment, Piatnitski avait été

a. Il n'existe pas de traces du discours de Piatnitski, ni de compte rendu sténographique du plénum de juin 1937, même si des éléments donnent à penser que les propos tenus par Piatnitski furent effacés du sténogramme corrigé (pratique courante dans les archives du Comité central) de crainte qu'il ne pût encourager d'autres dissidents. Avant de clore la dernière session du plénum, le 29 juin, Staline annonça : « En ce qui concerne Piatnitski, l'enquête suit son cours. Elle devrait être achevée dans les prochains jours. » Au bas de la page se trouve une note manuscrite de l'un des secrétaires de Staline : « Cette communication a été biffée par le camarade Staline parce qu'elle ne doit pas figurer au sténogramme » (RGASPI, f. 17, op. 2, d. 622, l. 220). Peut-être existe-t-il d'autres traces de cet incident dans des fonds fermés (comme les archives présidentielles du Kremlin). En attendant que de tels éléments soient mis au jour, la seule mention de la position de Piatnitski contre les arrestations massives de vieux-bolcheviks nous vient de son fils Vladimir, qui assure avoir reconstitué les événements du plénum de juin à partir du dossier personnel de son père dans les archives du FSB [Service fédéral de sécurité

choqué par ce qu'il avait découvert au Comité central. Il fut particulièrement troublé par l'immense pouvoir personnel de Staline et son utilisation effrénée du NKVD pour éliminer ses ennemis. Au plénum de juin, pense-t-on, il accusa le NKVD de forger des preuves contre les « ennemis du peuple » et demanda la mise en place d'une commission spéciale du Parti pour superviser le travail de cette organisation. C'était un discours suicidaire : Piatnitski devait en avoir conscience. Quand il eut fini de parler, le silence se fit dans la salle. La tension était tangible. La session fut suspendue. Sur instructions de Staline, plusieurs dirigeants du Parti, dont Kaganovitch, Molotov et Vorochilov, essayèrent de persuader Piatnitski de retirer sa déclaration et de sauver ainsi sa peau. Molotov l'implora de réfléchir aux conséquences pour sa femme et ses enfants. Mais Piatnitski ne voulait rien entendre. Il assura savoir quel destin l'attendait, mais que sa « conscience de communiste » ne lui permettait pas de se rétracter. Selon Kaganovitch, Piatnitski lui confia que sa protestation avait été un acte conscient et prémédité. « Il ajouta que pour l'unité et la pureté morale du Parti il était prêt à sacrifier sa vie et, si nécessaire, marcher sur les cadavres de ses enfants et de sa femme. » Quand on rapporta ces propos à Staline, la direction décida de suspendre le plénum pour la journée.

---

de la Fédération de Russie, *N.d.T.*], des éléments fragmentaires trouvés dans d'autres archives et des prétendus souvenirs de Kaganovitch, tels que les lui a transmis Samouïl Gouberman, le chef du secrétariat de celui-ci (*Zagovor*, p. 59-70 ; entretiens avec Vladimir Piatnitski, Saint-Pétersbourg, septembre 2005). Voir aussi, à l'appui de la version Piatnitski des événements, B. Starkov, « Ar'ergardnye boi staroi partiinoi gvardii », *in Oni ne moltchali*, Moscou, 1991, p. 215-225.

Le lendemain matin, le plénum commença par un discours de Nikolaï Ejov, le chef du NKVD, dénonçant en Piatnitski un espion tsariste envoyé par les puissances capitalistes pour infiltrer le Komintern. Ejov demanda un vote de censure contre Piatnitski : la motion fut adoptée avec trois abstentions, dont celle de Kroupskaïa, qui refusa de croire aux accusations portées par le NKVD contre lui (« C'est le plus honnête des hommes. Lénine l'aimait beaucoup et le respectait ») jusqu'à son arrestation[7]. Piatnitski revint du plénum « épuisé et profondément malheureux », nota Ioulia dans son journal. Quand elle lui demanda ce qui n'allait pas, il parla « des enfants, de tous ces petits citoyens d'Union soviétique innocents, condamnés à vivre dans des conditions psychologiques anormales et dans le besoin[8]... ».

Ossip Piatnitski au VIIe congrès du Komintern, Moscou, 1935

Piatnitski resta chez lui les quinze jours suivants, enfermé dans son bureau. Il mangeait très peu, passant ses journées au téléphone pour essayer de joindre Ejov. Ne pouvant supporter la tension, Ioulia partit quelques jours dans leur datcha : une décision qu'elle devait regretter par la suite. « J'aurais dû être à ses côtés, écrivit-elle dans son journal en mars 1938. Je n'ai pas compris ce par quoi il passait. [...] Mais j'ai manqué d'intelligence et surtout de fermeté. Quand on est l'épouse d'un homme comme lui, il faut être à son service, être constamment présente[9]. » Durant cette quinzaine, Ossip se prépara à son arrestation. Il transféra son compte d'épargne et ses objets de valeur à Ioulia et détruisit ses carnets et sa correspondance privés. Révolutionnaire aguerri, qui avait déjà été arrêté maintes fois auparavant, il savait comment s'y préparer. Le 5 juillet, il fut exclu du Parti. Il était si abattu, nota Ioulia à son retour de leur datcha, qu'il pensait au suicide. Il ne pouvait imaginer vivre sans le Parti. Le lendemain, cependant, quand ils rendirent visite à de vieux amis, Ossip leur dit qu'il s'était ravisé. Il annonça qu'il se soumettrait au châtiment au nom de l'unité du Parti : « S'il faut faire un sacrifice pour le Parti, j'y consentirai avec joie, si lourd qu'il puisse être. » Ossip avertit ses fils qu'ils devaient s'attendre à son arrestation. Il leur expliqua qu'il avait discuté avec ses camarades de la direction du Parti et qu'ils l'avaient dénoncé. Niant sa culpabilité, il promit de se battre pour prouver son innocence aussi longtemps que possible mais, s'il était arrêté, ils ne devaient pas s'attendre à revoir leur père. « Il m'avertit de ne pas combattre Staline. C'est la principale chose qu'il m'ait dite », raconta Igor[10].

Le NKVD vint chercher Ossip le 7 juillet peu après 23 heures. Ejov se chargea personnellement de l'arrestation. Faisant irruption dans l'appartement, les hommes du NKVD lancèrent une robe de chambre à Ioulia et lui dirent de la passer. Elle se mit à crier et à les injurier ; sur ce, Ejov lui dit que les « citoyens soviétiques ne parlent pas ainsi aux représentants des autorités ». Ossip s'excusa du comportement de sa femme. Il sortit avec les hommes du NKVD, emportant une petite valise qui contenait sa robe de chambre et une brosse à dents. Au moment où ils partaient, Ioulia s'évanouit. Quand elle reprit connaissance, ils avaient disparu. « Je n'ai eu qu'une pensée, écrivit-elle dans son journal, la pensée accablante que je ne le reverrais jamais, cette pensée-là et un terrible sentiment d'impuissance. » Le lendemain, Ioulia était au travail quand le NKVD fit irruption dans l'appartement. Ils fouillèrent dans les papiers d'Ossip et emportèrent les objets de valeur : disparurent ainsi espèces et comptes d'épargne, poste de radio, bicyclette, manteaux, chemises, draps et même des babioles comme des tasses à thé. Un cachet de cire fut apposé sur la porte du bureau d'Ossip. Nul n'osa briser les scellés. S'ils l'avaient fait, les Piatnitski auraient trouvé une bibliothèque qu'ils auraient pu vendre pour tenir les prochains mois, quand, comme toutes les familles d'« ennemis du peuple », ils furent soudain réduits à la misère[11].

Le destin d'Ossip fut probablement décidé bien avant sa protestation au plénum de juin. Pendant la Grande Terreur de 1937-1938 — quand au moins 1,3 million de personnes furent arrêtées pour crimes contre l'État —, le Komintern demeura une des principales cibles de Staline. Il vaut la peine d'en examiner les raisons, parce qu'elles sont une clé de l'énigme des origines de la Terreur.

Extraordinaire même à l'aune du régime stalinien, la Grande Terreur n'est pas une vague d'arrestations en masse relevant de la routine, comme celles qui balayèrent le pays tout au long du règne de Staline, mais une politique calculée de meurtre collectif. Ne se satisfaisant plus d'emprisonner ses « ennemis politiques » réels ou imaginaires, Staline ordonna à la police de faire sortir des hommes des prisons ou des camps de travail pour les exécuter. En l'espace de deux ans, en 1937-1938, suivant des statistiques incomplètes, un total stupéfiant d'au moins 681 692 personnes, et probablement beaucoup plus, furent exécutées pour « crimes contre l'État » (91 % des condamnations à mort pour crimes politiques prononcées entre 1921 et 1940, si l'on en croit les chiffres du NKVD). Dans les mêmes années, la population des camps de travail et des colonies du Goulag s'accrut de 1 196 369 à 1 881 570 personnes (sans tenir compte des 140 000 morts au moins dans les camps eux-mêmes et du nombre inconnu des morts au cours des transports vers les camps). D'autres périodes de l'histoire soviétique ont aussi connu des arrestations massives d'« ennemis », sans que jamais autant de victimes n'aient été tuées. Plus de la moitié des gens arrêtés au cours de la Grande Terreur furent ensuite exécutés, contre moins de 10 % des personnes arrêtées en 1930, le second apogée des persécutions de la période stalinienne, quand 20 201 condamnations à mort furent exécutées. Au cours de l'« opération antikoulak » de 1929-1932, le nombre d'arrestations fut aussi très élevé (586 904), mais 6 % seulement de ces victimes (35 689) furent par la suite éliminées[12].

Les origines de la Grande Terreur ne sont pas faciles à expliquer. De prime abord, on saisit mal les raisons d'une telle concentration sur ces deux années. Pour commencer de le comprendre, il faut examiner la Grande Terreur non pas comme un événement incontrôlé ou accidentel, un produit du chaos du régime stalinien qui aurait pu survenir à tout moment — point de vue à l'occasion avancé[13] —, mais comme une opération orchestrée et contrôlée par Staline en réponse à des circonstances spécifiques telles qu'il les perçut en 1937.

Certains historiens ont fait remonter les origines de la Grande Terreur à l'assassinat du chef du Parti de Leningrad, Sergueï Kirov, en décembre 1934 : un acte qui, dit-on, aurait engagé le régime dans sa traque meurtrière des ennemis cachés. Mais cette théorie n'explique pas pourquoi les arrestations et meurtres de masse auraient été différés. Pourquoi deux années de calme avant la tempête de 1937-1938 ? S'il y eut des arrestations massives à Leningrad à la suite du meurtre de Kirov, les cercles politiques du reste de l'Union soviétique furent relativement épargnés par la terreur dans les années 1935-1936. En fait, sous la direction d'Andreï Vychinski, le procureur de l'URSS, le régime s'efforça sciemment de revenir à un ordre juridique plus stable et traditionnel à la suite du chaos de 1928-1934[14]. D'autres historiens ont rattaché la Grande Terreur aux peurs que nourrissait Staline d'une menace intérieure, notamment dans les campagnes, où, assurent-ils, le mécontentement de masse aurait pu prendre un tour politique, s'il y avait bien eu des élections aux soviets comme l'avait promis la « Constitution de Staline » de 1936[15]. Mais les rapports du NKVD sur le mécontentement intérieur ne sont pas fiables (le NKVD invoquait souvent un « sentiment antisoviétique » et des « menaces de troubles » imaginaires pour justifier une augmentation de son budget et de ses effectifs), et il est loin d'être évident que Staline, ou quelque autre membre du cercle dirigeant, les prît le moins du monde au sérieux. Quoi qu'il en soit, ces rapports ne suggèrent nulle part que la menace intérieure fût un tant soit peu plus grande en 1937 qu'à tout autre moment. Il n'y eut pas moins de rapports faisant état du mécontentement et d'opposition en 1928-1932, mais rien dans ces années-là qui approchât l'intensité de la tuerie d'État des années 1937-1938.

D'autres historiens ont pourtant suggéré que l'on comprend mieux la Grande Terreur en y reconnaissant « un certain nombre de phénomènes liés, mais discrets », chacun pouvant s'expliquer en lui-même plutôt qu'en tant qu'élément d'un seul et même événement[16]. De fait, la Grande Terreur fut un amalgame complexe de différents éléments : les grands « procès-spectacles » contre les vieux-bolcheviks ; l'épuration des élites politiques ; les arrestations massives en ville ; l'« opération antikoulak » ; et les « opérations nationales » contre les minorités. Mais, s'il est sans doute utile d'analyser séparément les diverses composantes de la Terreur, il n'en demeure pas moins vrai qu'elles ont toutes commencé et fini simultanément, ce qui suggère qu'elles ont fait partie d'une campagne unifiée qui nécessite une explication.

La clé de la compréhension de la Grande Terreur dans son ensemble réside peut-être dans la peur que nourrissait Staline d'une guerre imminente et sa perception d'une menace internationale pesant sur l'Union soviétique[17]. L'agressivité militaire de l'Allemagne hitlérienne, signalée par l'occupation de la Rhénanie en 1936, ainsi que l'occupation de la Mandchourie par les Japonais convainquirent Staline que les puissances de l'Axe risquaient de mettre l'URSS en danger sur deux fronts. Novembre 1936 amplifia les peurs de Staline, quand Berlin et Tokyo s'unirent dans un pacte (plus tard rejoints par l'Italie fasciste) contre le Komintern. Malgré son soutien continu à la « sécurité collective », Staline ne plaçait pas grand espoir dans l'alliance avec les puissances occidentales pour contenir la menace que représentait l'Axe : les États occidentaux n'étaient pas intervenus directement en Espagne ; ils semblaient rechercher l'apaisement avec l'Allemagne nazie ; et peut-être donnaient-ils l'impression à Staline que leur objectif caché était de détourner les forces d'Hitler vers l'Est pour les engager dans une guerre avec l'URSS plutôt que les affronter à l'Ouest. En 1937, Staline était convaincu que l'Union soviétique était au bord de la guerre avec les États fascistes d'Europe et avec le Japon. Dans le tableau que brossait typiquement la presse soviétique, le pays était menacé de tous côtés et miné par des infiltrations fascistes — « espions » et « ennemis cachés » — dans tous les secteurs de la société.

« Nos ennemis des cercles capitalistes sont inlassables. Ils s'infiltrent partout », expliqua Staline à Romain Rolland en 1935. Staline, comme de nombreux bolcheviks, défendait une conception de la politique marquée en profondeur par les leçons de la Première Guerre mondiale, quand la révolution sociale, à l'arrière, avait fait tomber le régime tsariste. Il redoutait une semblable réaction contre le régime en cas de guerre contre l'Allemagne nazie. La guerre civile espagnole renforça ses craintes à ce sujet. Staline s'intéressa de près au conflit espagnol, y voyant, comme la plupart de ses conseillers, un « scénario valide pour une future guerre européenne » entre communisme et fascisme[18]. Il imputa les défaites militaires des républicains en 1936 aux querelles internes entre communistes espagnols, trotskistes, anarchistes et autres groupes de gauche.

Ce qui l'amena à conclure qu'en Union soviétique la répression politique s'imposait de toute urgence pour écraser non seulement une « cinquième colonne » d'« espions et ennemis fascistes », mais aussi toute opposition potentielle avant que n'éclate une guerre contre les fascistes.

La peur paranoïaque des « ennemis » était, semble-t-il, dans le tempérament de Staline. Le suicide de sa femme, Nadejda, en 1932, et le meurtre de Kirov, un homme qu'il prétendait aimer comme un frère, n'avaient fait que la renforcer. « Sans doute Staline n'a-t-il jamais eu grande confiance en qui que ce soit, mais après [ces] morts il cessa de se fier à quiconque », écrivit sa fille Svetlana[a]. Staline imputa l'assassinat de Kirov aux « zinoviévistes » (l'« opposition de Leningrad ») et donna des ordres pour que les partisans de Zinoviev, l'ancien patron de Leningrad, fussent arrêtés alors même que rien ne permettait de les impliquer dans le meurtre. Nombre d'entre eux furent en fin de compte convaincus de « complicité morale » dans la mort de Kirov sous prétexte qu'ils avaient créé un climat d'opposition qui encourageait l'assassinat des dirigeants soviétiques. Dans les deux mois et demi qui suivirent le meurtre, quand Staline prit en main l'enquête à Leningrad, près d'un millier de « zinoviévistes » furent arrêtés. La plupart furent exilés dans de lointaines colonies. Zinoviev et Kamenev, alliés de Trotski dans l'Opposition unie

a. Il est possible que Staline ait trempé dans le meurtre de Kirov. Le chef du Parti de Leningrad était un leader très populaire et plus modéré que Staline, qui avait de bonnes raisons de craindre qu'il ne s'affirmât comme un rival sérieux. Aucune preuve solide n'est jamais venue éclairer le rôle de Staline dans ce meurtre. Mais il l'exploita pour donner corps à son obsession d'une menace interne et persécuter ses « ennemis ».

contre Staline dans les années 1920, furent également arrêtés : Zinoviev écopa de dix ans de prison ; Kamenev, de cinq. Les officiels du NKVD répugnant à arrêter tant de fidèles du Parti, Staline convoqua Iagoda, le chef du NKVD, et le somma de se montrer plus vigilant, sans quoi « nous allons t'en flanquer une ». La position de Iagoda se trouva minée encore un peu plus en 1935, quand Ejov, chargé de purger le Parti, prétendit avoir démasqué un vaste réseau d'« espions étrangers » et de « terroristes » organisés par Trotski et Zinoviev et que le NKVD n'avait su détecter au cœur même du Kremlin. Staline finit par s'impatienter de Iagoda et le remplaça par Ejov, bourreau brutal dénué de toute conscience morale et prêt à céder aux fantasmes paranoïaques de Staline en fabriquant des preuves de « conspirations contre-révolutionnaires » et de « cercles d'espions » un peu partout. Depuis des années, Ejov soutenait que Kamenev et Zinoviev avaient comploté de tuer Kirov, Staline et d'autres membres de la direction du Parti, sur ordre de Trotski depuis l'étranger. Sur cette base, Staline rouvrit alors l'enquête sur la mort de Kirov. En août 1936, Zinoviev, Kamenev et quatorze autres dirigeants du Parti furent jugés pour trahison. Tous furent condamnés à mort, avec cent soixante autres personnes arrêtées en relation avec le procès[19].

Ce fut le premier de toute une série de « grands procès » à Moscou. Leur objectif était de démasquer et d'extirper un cercle d'« espions » et de « terroristes » organisé par d'anciens opposants. Un deuxième, en janvier 1937, vit la condamnation de Gueorgui Piatakov, commissaire adjoint à l'Industrie lourde, Karl Radek et quinze autres anciens partisans de Trotski pour sabotage industriel et espionnage. En avril-mai 1937, huit des plus hauts responsables militaires du pays, dont le maréchal Toukhatchevski (commissaire adjoint à la Défense), le général Ouborevitch (commandant du district militaire de Biélorussie) et le général Iakir (commandant du district militaire de Kiev), furent arrêtés, sauvagement torturés et jugés à huis clos pour trahison et espionnage. On les accusait d'avoir été financés par les Allemands et les Japonais. Tous furent exécutés le jour même. Dans le dernier et plus grand des procès-spectacles, en mars 1938, Boukharine, Iagoda et Rykov, ainsi que treize autres hauts dignitaires, furent condamnés à mort pour avoir conspiré avec les zinoviévistes et les trotskistes en vue d'assassiner les dirigeants soviétiques, saboter l'économie et espionner pour le compte des puissances fascistes. L'implication de Iagoda dans le complot était censée expliquer qu'il ait fallu tant de temps pour le démasquer.

Quand un dirigeant du Parti était arrêté, tous ceux qui se trouvaient dans son orbite étaient soupçonnés. La ville provinciale typique avait à sa tête une clique de hauts responsables — le chef du Parti du district, le chef de la police, les directeurs des usines locales, des fermes collectives et des prisons, le chef du soviet local — qui avaient tous leur clientèle dans les institutions de la ville. Ces officiels étaient protégés aussi longtemps que leur cercle de pouvoir se maintenait. Mais l'arrestation de l'un débouchait inévitablement sur l'arrestation de tous les membres de son cercle, aussi bien que de leurs parasites, du jour où le NKVD entreprenait de mettre en évidence les relations qu'ils entretenaient. En 1937, par exemple, le NKVD arrêta le secrétaire du Parti de Nikopol, en Ukraine orientale. Il arrêta aussi

> tous ses collaborateurs et [...] tous ses amis, [...] tous ceux, hommes ou femmes, qui entretenaient des relations d'amitié avec lui et à qui il avait confié des emplois et des postes variés. Bientôt, ce fut le tour du commandant de la garnison de Nikopol, suivi de près par le procureur avec tout son personnel ; finalement, on arrêta même le président du soviet de Nikopol. La banque de la ville, son journal et toutes les autres entreprises commerciales furent également « épurées » [...], le directeur de l'Administration communale, le commandant des pompiers, le directeur de la Caisse d'épargne [...][20].

La terreur affectant la direction se propageait ainsi à travers les rangs du Parti, les institutions soviétiques et la société. Selon une estimation, 116 885 membres du Parti furent exécutés ou emprisonnés en 1937-1938. Plus on était haut placé, plus le risque était grand d'être arrêté, car les subalternes étaient toujours prêts à dénoncer leurs supérieurs afin de les remplacer. Sur les 139 membres du Comité central élus au VIIe Congrès du Parti en 1934, 102 furent arrêtés et fusillés, et 5 autres se donnèrent la mort en 1937-1938 ; de plus, 56 % des délégués du congrès furent emprisonnés dans ces mêmes années. La décimation de l'Armée rouge fut encore plus complète : sur les 767 membres du haut commandement (commandants de brigade et au-dessus), 412 furent exécutés, 29 moururent en prison, 3 se suicidèrent et 59 croupirent dans les geôles[21].

Staline devait savoir que l'immense majorité de ces victimes étaient totalement innocentes. Mais puisqu'il ne fallait qu'une petite poignée d'« ennemis cachés » pour faire une révolution tandis que le pays était en guerre, il était pleinement justifié, dans son idée, d'arrêter des millions d'hommes pour les extirper. Ainsi que Staline le déclara en juin 1937, si juste 5 % des personnes arrêtées étaient bel et bien de véritables ennemis, « ce serait un bon résultat ». Les preuves étaient secondaires. Selon Nikita Khrouchtchev, alors chef du comité du Parti de Moscou, Staline « aimait à dire que si un rapport [une dénonciation] était vrai à 10 %, il fallait le considérer comme un fait avéré dans sa totalité ». Au NKVD, tout le monde savait que Staline était prêt à des milliers d'arrestations pour attraper un seul espion. De même ses agents savaient-ils que ne pas remplir les quotas d'arrestations les exposait à des ennuis pour manque de vigilance. « Mieux vaut trop que pas assez », expliqua Ejov à ses troupes. Si « un millier de gens supplémentaires sont exécutés » dans une opération, « ce n'est pas si grave[22] ».

Pour Staline et les siens, la Grande Terreur était une préparation de la guerre à venir. Molotov et Kaganovitch continuèrent de défendre cette justification jusqu'à leur mort. « Staline la joua prudent » (*perestrakhoval*), expliqua Molotov en 1986. La « grande purge » était une « politique d'assurance » : un moyen nécessaire à la direction pour débusquer les « hésitants », les « carriéristes » et les « ennemis cachés » au sein du Parti qui auraient pu faire des ennuis en temps de guerre. Il y eut des erreurs, reconnut Molotov, beaucoup furent arrêtés injustement, mais « nous aurions essuyé de plus lourdes pertes encore dans la guerre — voire la défaite — si la direction avait bronché et autorisé la lutte interne ».

> Nous devions veiller à ce qu'il n'y eût pas de cinquième colonne en temps de guerre. Il est douteux que tous aient été des espions, mais… l'essentiel était

> qu'au moment décisif il fût impossible de s'appuyer sur eux. [...] Si Toukhatchevski et Iakir, Rykov et Zinoviev rejoignaient l'opposition au cours de la guerre, il y aurait eu une lutte cruelle et des pertes colossales... Tout le monde aurait été détruit !

Dans les années 1980, Kaganovitch justifia pareillement la Grande Terreur : la direction avait compris qu'une guerre approchait, et que le pays avait besoin de se protéger en « asséchant le marais » (*boloto*), c'est-à-dire en « détruisant les éléments peu fiables et les hésitants ». De sa part, ce n'était pas simplement une rationalisation *post facto*. En juin 1938, il avait déclaré au Parti du Donbass que la menace de guerre rendait nécessaire les répressions de masse et que le pays « serait déjà en guerre » si la « grande purge » n'avait détruit ses « ennemis de l'intérieur et ses espions[23] ».

Coordonnée par le Kremlin et localement mise en œuvre par le NKVD, la Grande Terreur se propagea dans la société sous la forme d'une série de campagnes de masse afin de purger le pays de ses éléments « antisociaux » et potentiellement « antisoviétiques » dans l'éventualité d'une guerre. La plus grande de ces campagnes de masse fut de loin l'« opération antikoulak » instituée par la sinistre directive 00447 : on lui doit la moitié des arrestations (669 929) et plus de la moitié des exécutions (376 202) en 1937-1938. La quasi-totalité des victimes furent d'anciens « koulaks » et leur famille, depuis peu revenus des « colonies spéciales » et des camps de travail du Goulag une fois purgée leur peine standard de huit ans pour « agitation et propagande contre-révolutionnaires » infligée au cours de la campagne de collectivisation de 1929-1930.

Staline avait peur que le pays fût submergé par des « koulaks » mécontents et amers, susceptibles de représenter une menace en temps de guerre. Il s'inquiétait tout particulièrement des rapports du NKVD faisant état d'une organisation monarchiste blanche, l'Union militaire générale centrale (ROVS), censée préparer un « soulèvement koulak » qui devait coïncider avec une invasion japonaise de la Sibérie. Des dizaines de milliers de prétendus membres de la ROVS furent exécutés au cours de l'« opération anti-koulak », même s'ils figuraient rarement dans les statistiques officielles (le NKVD de l'Altaï, par exemple, fit un rapport séparé sur les 22108 membres du ROVS exécutés en 1937). L'« opération antikoulak » alla de pair avec une purge générale des soviets locaux. Elle fut particulièrement brutale dans les régions frontalières, les provinces occidentales par exemple, et dans les régions, comme le Donbass et la Sibérie occidentale, où le régime craignait le plus la population[24].

Il y eut également des « opérations nationales » de grande ampleur, des déportations et exécutions systématiques de minorités soviétiques susceptibles de se transformer en « espions » en cas de guerre : Allemands, Polonais, Finlandais et Lettons, Arméniens et Grecs, Coréens, Chinois et même Russes de Harbin, rentrés de Mandchourie en URSS après la vente en 1935 de la voie ferrée de Chine orientale au Mandchoukouo, l'État fantoche créé par les Japonais en 1932. La méfiance de Staline envers les Polonais, dans les régions occidentales de l'Union soviétique, était particulièrement vive. Elle remontait à la guerre civile, quand la Pologne avait envahi l'Ukraine, puis vaincu l'Armée rouge lors de sa contre-attaque sur Varsovie : une défaite militaire dont Staline était sorti personnellement humilié du fait de ses erreurs tactiques en sa qualité de commissaire au front. Staline voyait dans les Polonais soviétiques (et beaucoup de Biélorusses et d'Ukrainiens, qu'il tenait en fait pour des « Polonais ») une cinquième colonne de l'État polonais « semi-fasciste » du maréchal Jozef Pilsudski, dont le dirigeant soviétique redoutait qu'il ne s'unît avec l'Allemagne nazie pour attaquer de nouveau son pays. Du fait de l'« opération nationale » contre les Polonais, lancée par la directive 00485 en août 1937, près de 140 000 personnes avaient été exécutées ou envoyées dans des camps de travail en novembre 1938[25].

Tant de personnes disparurent en 1937-1938, notamment dans les cercles du Parti et de l'intelligentsia des grandes capitales, que les arrestations semblèrent aléatoires, comme si n'importe qui pouvait être intercepté par les fourgonnettes de la police qui écumaient les rues de nuit. La population carcérale formait un large échantillon de la population. La plupart des détenus n'avaient aucune idée du crime pour lequel ils étaient en prison. À l'automne de 1938, la plupart des familles avaient perdu un parent, ou connaissaient quelqu'un dont les parents étaient emprisonnés. Les gens vivaient dans l'attente tourmentée du coup frappé à la porte en pleine nuit. Ils dormaient mal et se réveillaient à la moindre voiture qui s'arrêtait dans la rue. Ils restaient figés, attendant que les bruits de pas se fussent éloignés dans les escaliers ou le couloir avant de retourner dormir, soulagés que les visiteurs ne fussent pas venus pour eux. Lioubov Chaporina, fondatrice du théâtre de marionnettes de Leningrad, écrivit dans son journal à la date du 22 novembre 1937 :

Les joies de la vie quotidienne. Je me réveille le matin et je me dis automatiquement, grâce à Dieu, je n'ai pas été arrêtée la nuit dernière, ils n'arrêtent pas dans la journée, mais ce qui arrivera cette nuit, nul ne le sait. C'est comme l'agneau de La Fontaine : chacun a suffisamment de charges contre lui pour justifier son arrestation et son exil dans des coins inconnus. J'ai de la chance, je suis tout à fait calme ; je m'en fiche purement et simplement. Or, la majorité vit dans la terreur la plus totale[26].

Vladimir Piatnitski, le fils d'Ossip, évoque l'atmosphère qui régnait à la Maison du quai avant l'arrestation de son père :

Il y avait plus de cinq cents appartements pour les travailleurs d'élite du Parti dans ce lugubre bâtiment, et les arrestations se succédaient régulièrement. Comme je passais mon temps à jouer dans la cour ou les couloirs, j'ai vu plusieurs arrestations. Le soir, quand la nuit tombait, l'immeuble devenait désert et silencieux. Comme si les habitants étaient allés se planquer dans l'attente d'une catastrophe. Soudain, plusieurs voitures entraient dans la cour, des hommes en uniforme ou en civil sautaient à terre et se dirigeaient vers l'entrée des escaliers : chacun savait comment se rendre à « son » adresse. Puis on voyait la lumière s'allumer dans divers appartements. Comme je savais où tout le monde habitait, je pouvais dire qui était arrêté. Si toutes les lumières de l'appartement s'allumaient, c'était qu'il y avait une perquisition. En ce temps-là, beaucoup s'attendaient à être arrêtés, mais ils ne savaient quand viendrait leur tour[27].

Chacun attendait en effet son tour. Beaucoup préparaient un sac qu'ils gardaient à côté de leur lit, histoire d'être parés quand le NKVD frapperait à la porte. Cette passivité est un des traits les plus saisissants de la Grande Terreur. Il y avait de multiples façons d'éviter l'arrestation : la plus simple et la plus efficace était de quitter la ville et de prendre une nouvelle identité en achetant des papiers au marché noir car le NKVD n'excellait guère à traquer les gens qui déménageaient[28]. Des vieux-croyants à ceux qui voulaient échapper au servage, les Russes étaient de longue date habitués à fuir les persécutions de l'État, et les paysans eurent recours à cette tactique par millions en fuyant les fermes collectives et les « colonies spéciales ». Or, la population urbaine demeura largement sur place, sans le moindre signe de résistance, et attendit que la Terreur les emportât.

Se retournant sur le passé, le scénariste Valeri Frid (1922-1998), arrêté en 1943, estimait que la plupart des Soviétiques étaient paralysés par la peur. La puissance du NKVD les hypnotisait au point qu'ils le croyaient omniprésent, excluant toute forme de résistance ou de fuite.

> Je ne trouve pas d'analogie dans l'histoire humaine. Il me faut donc prendre un exemple dans la zoologie : le lapin hypnotisé par le boa constricteur. [...] Nous étions tous semblables à des lapins qui reconnaissaient le droit du boa constricteur à les avaler ; quiconque tombait sous l'empire de son regard avançait très calmement, avec un sentiment de perte dans la bouche[29].

Viatcheslav Kolobkov se souvient de la peur panique de son père, ouvrier de Leningrad, quand une voiture s'arrêtait devant chez eux la nuit :

> Chaque nuit, il demeurait éveillé, guettant un bruit de moteur. Quand une voiture arrivait, il se dressait, raide, dans son lit. Terrifié. Il sentait la peur à plein

> nez, avec sa transpiration nerveuse, et je devinais qu'il tremblait de tout son corps même si je ne pouvais le voir dans l'obscurité. « Ils sont venus pour moi ! » disait-il immanquablement quand il entendait une voiture. Il était convaincu d'être arrêté pour une chose qu'il avait dite : parfois, à la maison, il maudissait les bolcheviks. Quand il entendait une automobile s'arrêter et la porte claquer, il se levait et, paniqué, se mettait à chercher à tâtons les choses dont il pensait avoir le plus besoin. Il gardait toujours ses affaires à proximité de son lit pour être prêt quand « ils » viendraient le chercher. Je me souviens des miches de pain qui s'y trouvaient : sa plus grande peur était de partir sans pain. Bien souvent, mon père fermait à peine l'œil de la nuit : attendant une voiture qui ne venait jamais[30].

Confrontée à l'arrestation, l'élite des bolcheviks se montra singulièrement passive. La plupart étaient à ce point pénétrés de l'idéologie de leur Parti que toute velléité de résistance était aussitôt étouffée par le besoin plus profond de démontrer leur innocence devant leurs pareils. Evguenia Guinzbourg était la femme d'un haut responsable du Parti de Kazan, et elle-même était une activiste. Son mari arrêté, elle perdit son emploi et craignit que son arrestation ne fût imminente. Sa belle-mère était « une bonne femme de Riazan, simple, analphabète ; mais elle possédait une philosophie bien à elle et une incroyable capacité d'exprimer son opinion sur les problèmes de la vie les plus disparates ». Cette vieille paysanne lui conseilla de fuir :

> « Fuis avant qu'ils ne te chopent. Le proverbe dit : Loin des yeux, loin du cœur. Au point où tu en es, tu dois partir loin d'ici. Laisse-nous t'envoyer chez nous, au village de Pokrovskoïe…

— [...] Mais que dis-tu, Avdotia Vassilievna ? Comment pourrais-je tout abandonner : mes enfants ? mon travail ?

— Du travail, on t'a déjà chassée. Quant aux enfants, nous en prendrons soin.

— Mais je dois prouver mon innocence au Parti ! Moi, une communiste, je me cacherais du Parti[31] ? »

La croyance en leur innocence handicapa plus d'un bolchevik. Ils réussirent tant bien que mal à se convaincre que seuls les coupables étaient arrêtés, que leur innocence les protégerait. Elena Bonner raconte avoir surpris une conversation nocturne entre ses parents, fidèles de toujours du Parti, à la suite de l'arrestation d'un proche. Elena s'était réveillée en pleine nuit, angoissée parce que cette arrestation lui avait fait comprendre que, « bientôt, notre tour allait inéluctablement venir ».

La salle à manger était plongée dans l'obscurité, mais des voix venaient de la chambre de mes parents. Je me suis levée et me suis approchée de la porte. J'ai entendu maman se moucher. Puis elle a dit quelque chose. À sa voix, j'ai compris qu'elle pleurait. Jamais je n'avais vu maman pleurer. Elle n'arrêtait pas de répéter en sanglotant : « Depuis toujours ! » Papa parlait à voix basse, mais je n'arrivais pas à distinguer ses paroles. Et soudain maman a crié : « Mais je connais Stepa depuis toujours ! Tu comprends ce que cela veut dire ? Je le connais depuis trois fois plus longtemps que je ne te connais toi ! Tu comprends ? Tu comprends ? »

Et je n'ai plus entendu que des sanglots. Puis un craquement et des bruits de pas. J'ai compris que papa s'était levé du lit et je me suis écartée de la porte, j'avais peur qu'il ne sorte. Mais il s'est mis à arpenter leur chambre, cinq pas jusqu'à la fenêtre, cinq pas jusqu'au lit. Comme un balancier. Le bruit d'une allumette que l'on frotte. Maman s'est remise à parler.

« Dis-moi, tu y crois, toi ? Tu crois à ce délire ? »

Elle ne pleurait plus.

« Tu crois qu'Agassi… Tu crois que Pavel, que Choura… Tu crois qu'ils… »

Elle laissait toujours sa phrase en suspens, mais c'était on ne peut plus clair. Puis, tranquillement, d'une voix douce, elle a repris : « Je sais que tu ne peux pas le croire ! »

Et soudain, papa a répondu d'une voix étrangement suppliante : « Enfin, Ruth-*djian* [c'est ainsi qu'il appelait la mère d'Elena], comment ne pas y croire… »

Il s'est tu un instant et a poursuivi : « On ne nous arrête pas toi et moi[32]. »

D'autres bolcheviks, dont Piatnitski, étaient si attachés à leurs convictions communistes qu'ils étaient prêts à souscrire aux accusations portées contre eux, même s'ils se savaient innocents, dès lors que le Parti l'exigeait[a]. Suivant la morale communiste, un bolchevik accusé de crimes contre le Parti devait se repentir, s'agenouiller devant le Parti et accepter son verdict. Sans doute est-ce à cela que pensait Piatnitski quand, à la veille de son arrestation, il déclara que si le Parti avait besoin d'un sacrifice, il l'endurerait avec joie.

Maints bolcheviks tentèrent de préparer leur famille à leur probable arrestation et de la protéger de leur mieux. Piotr Potapov, responsable des transports sur la Kama, envoya sa famille chez des

a. L'exemple type en est Roubachov, le vieux révolutionnaire du roman d'Arthur Koestler, *Le Zéro et l'Infini* (trad. J. Jenatton, Paris, Calmann-Lévy, 1945). Parce qu'il veut servir l'État, il se reconnaît coupable de trahison lors de son procès, alors même qu'il se sait innocent.

parents à Nijni Novgorod quelques jours avant son arrestation, en août 1937. « Nous n'avions pas pris de vacances depuis plus de cinq ans, se souvient sa fille. Il a senti ce qui se préparait et a eu peur pour nous. Il voulait que nous soyons loin le jour où le NKVD viendrait pour lui. » Lev Iline, haut fonctionnaire des chemins de fer de Mourmansk, déménagea sa famille de leur appartement spacieux de Leningrad pour la loger dans un petit appartement coopératif, afin que les siens ne fussent pas forcés de partager leur habitation avec une autre famille s'il était arrêté. Il veilla à ce que sa femme, qui n'avait jamais travaillé, trouvât une place dans le textile, afin qu'un membre de la famille pût subvenir aux besoins de leur fille. Il implora sa femme de demander le divorce, dans l'idée que cela la protégerait d'une arrestation, mais elle refusa, protestant que ce serait une « honteuse trahison ». Le couple se disputa âprement à ce sujet, jusqu'au jour où Lev fut arrêté[33].

Stanislav et Varvara Boudkevitch, qui furent tous deux arrêtés en 1937, essayèrent de préparer leur fille de quatorze ans, Maria, à se débrouiller seule. Ils lui apprirent à faire les courses, lui firent bien comprendre qu'elle ne devait jamais dire un mot de ses parents s'ils étaient arrêtés et l'obligèrent à lire les comptes rendus des grands procès dans la presse, afin qu'elle comprît la nature de la menace qui pouvait les emporter tous les deux. « J'ai tout compris, raconte Maria. Mon père était proche de Toukhatchevski, il travaillait avec lui à l'état-major général, et notre maison était pleine de personnel militaire, si bien que j'ai compris ce qui se passait quand ils ont été arrêtés, l'un après l'autre. » Le père de Maria fut arrêté le 8 juillet ; sa mère, le 14.

> Maman devina qu'ils allaient venir la chercher dans la nuit. Nous avons passé un bon moment assises ensemble toutes les deux, sans Andreï [le petit frère de Maria], alors même que maman savait bien que j'avais des examens le lendemain matin. Il était minuit quand elle a fini par me dire : « Il se fait tard, au lit. »

Le lendemain, à son réveil, sa mère avait disparu. Elle avait été arrêtée dans la nuit. Des hommes du NKVD fouillaient sa chambre. À son chevet, sa mère lui avait laissé un billet d'adieu avec un peu d'argent[34].

Le juriste Ilia Slavine fut arrêté dans la nuit du 5 novembre 1937. Il n'avait pas écrit le livre commandé par le NKVD sur la refonte des travailleurs du Goulag affectés au canal de la mer Blanche. Le jour de son arrestation, Ilia fut convoqué au siège du Parti, à Leningrad, et se vit offrir le poste de directeur de l'Institut de droit ; le précédent directeur venait d'être arrêté. Slavine en fut soulagé. Il s'attendait au pire et voici que, apparemment, il était tiré d'affaire. Il rentra chez lui d'humeur enjouée. Ce soir-là, les Slavine fêtaient en famille le seizième anniversaire d'Ida. Elle se souvient :

> Maman prépara un délicieux festin. Mon frère réalisa une « édition spéciale » de notre journal mural « Alléluia » [panneau « d'agitation » de la famille Slavine] et se fit pianiste pour la soirée. J'enfilai une jolie robe neuve pour accueillir mes camarades. […] Papa était au mieux de sa forme : il joua avec nous, batifola comme un enfant, dansa avec toutes les filles, but beaucoup et même chanta sa chanson préférée : *Le Rossignol*.

Quand les invités se furent retirés, Ilia se mit à parler de ses projets de vacances pour l'été prochain.

« Il voulait qu'on les passe en famille et parla d'aller au Caucase et sur la mer Noire. »

Le NKVD se présenta à une heure du matin. Ida raconte :

> Une lumière vive et une voix inconnue, me priant de m'habiller en quatrième vitesse, m'ont brusquement réveillée. Un officier du NKVD se tenait à la porte. Il a vaguement fait un effort pour regarder ailleurs tandis que je me démenais pour m'habiller puis il m'a conduite dans le bureau de papa. Papa était assis sur un tabouret, au milieu de la pièce. Il paraissait subitement beaucoup plus vieux. Maman, mon frère et sa femme enceinte ont pris place avec moi sur le divan. Le gardien se tenait sur le pas de la porte, tandis que l'officier du NKVD faisait comme chez lui…
>
> Je me souviens juste de certains moments de cette nuit-là.
>
> Inspectant le bureau de mon père, l'officier du NKVD (je n'oublierai jamais son nom : Beiguel) soupirait de temps à autre : « Quelle quantité de livres vous possédez. Je suis étudiant, et je suis loin d'avoir autant de livres. » Il les feuilletait et, chaque fois qu'il en trouvait un avec une dédicace à mon père, il s'arrêtait et tapait du poing sur la table en demandant d'une voix forte : « C'est qui, cet auteur ? »
>
> Puis, dans une scène presque tragi-comique, Beiguel m'a demandé d'apporter mon manuel d'allemand. D'un geste théâtral (il avait manifestement joué cette scène dans de nombreuses maisons avec des enfants de mon âge), il a cherché un article de Karl Radek à la fin du livre. À cette date, Karl Radek avait été arrêté, mais il n'avait pas encore été condamné et la presse ne le présentait pas comme un « ennemi du peuple ». Dans un grand geste, Beiguel a déchiré les pages du manuel, craqué une allumette et déclaré, posant au noble héros : « Tu peux me dire merci que cette chose ait été détruite et que je n'aie pas à t'emmener avec

ton papa. » J'étais trop effrayée pour dire le moindre mot. Mais c'est alors que mon père a rompu le silence pour dire « merci ». [...]

Hormis ce Beiguel empressé, ce qui s'est gravé dans ma mémoire, c'est avant tout le visage impassible de mon père. Je ne l'avais encore jamais vu comme ça : abattu à ce point, la tête ailleurs, presque indifférent à l'humiliation qu'il subissait. Il n'était plus lui-même. [...] Quand je l'ai regardé, il n'y avait pas la moindre expression sur son visage, il ne voyait ni ne sentait mon regard. Il était simplement assis là, au milieu de la pièce : figé et silencieux. C'était lui et ce n'était pas lui.

La perquisition a duré toute la nuit. Du bureau, ils sont passés dans la salle à manger, puis dans la chambre de mon frère. Le parquet était jonché de pages arrachées à des livres et de manuscrits sortis des armoires et des bibliothèques vitrées, de photographies de nos albums de famille, qui avaient été soigneusement rangés dans une malle spéciale. Ils en ont emporté beaucoup. Ils ont aussi pris un appareil photo, des jumelles (preuve d'« espionnage ») et une machine à écrire : notre vieille Underwood sur laquelle mon père avait tapé tous ses articles...

À quoi pensait-il au cours de cette longue nuit, alors qu'ils feuilletaient les pages de sa vie ? Sa foi en a-t-elle été détruite ? Quelle terreur a-t-il éprouvé quand Beiguel (cet insignifiant vermisseau !) a rappelé les détails de son adhésion au Parti comme une preuve de ses crimes ?

Quand la perquisition s'est achevée, c'était le matin ; tout a été noté pour confiscation. Ils ont conduit père dans le couloir ; nous l'avons suivi. Les scellés ont été mis sur la porte de la chambre de mes parents. Ils ont dit à papa de s'habiller. Maman avait préparé ses affaires dans une petite valise [une paire de lunettes, ses affaires de toilette, un mouchoir et 100 roubles].

Puis mon père est sorti de son silence pour dire « au revoir ». Maman s'est accrochée à lui et a pleuré, tandis qu'il lui passait la main sur la tête sans cesser de répéter : « Ne t'inquiète pas, ça va s'arranger. »

Cette nuit-là a détruit quelque chose en moi. Elle a ébranlé ma croyance en l'harmonie et au sens du monde. Dans notre famille, nous vouions un culte à notre père. Nous l'avions mis sur un tel piédestal que, quand il en est tombé, on a eu un sentiment de fin du monde. J'avais la frousse de le regarder dans les yeux, au cas où il verrait ma peur. Les hommes du NKVD ont conduit papa vers la porte. Je l'ai suivi. Subitement, il s'est retourné pour me regarder une fois encore. Il a pu voir le chaos des émotions en moi. M'étranglant de larmes, je me suis jetée dans ses bras. Il m'a chuchoté à l'oreille : « Ma petiote, ma fille adorée, il y a des erreurs dans l'histoire, mais souviens-toi : nous avons entrepris quelque chose de grand. Sois une bonne jeune communiste. »

« Du calme ! » a braillé Beiguel. Puis quelqu'un m'a arrachée des bras de papa.

« Adieu, mes chéris. Croyez à la justice... » Il voulait dire autre chose, mais ils l'ont entraîné dans l'escalier[35].

Ida Slavina (à gauche) et ses parents, 1937

Qu'Ida risquât l'arrestation n'était pas une menace en l'air de l'officier du NKVD. À seize ans, elle pouvait être arrêtée, emprisonnée, voire exécutée, pour les mêmes crimes que n'importe quel adulte. En 1935, le gouvernement soviétique avait abaissé l'âge de la responsabilité pénale à douze ans, en partie afin de menacer les personnes incarcérées d'arrêter leurs enfants si elles refusaient de confesser leurs crimes (cette même année, un deuxième décret autorisa l'arrestation et l'emprisonnement des parents de quiconque était interné pour crimes contre l'État). De fait, fut mis en place un système d'otages. De nombreux bolcheviks furent menacés de voir arrêter leurs parents au cours des interrogatoires précédant les grands procès. S'agissant de Kamenev, par exemple, on le menaça d'exécuter son fils : il consentit à signer sa confession après que Staline l'eut personnellement assuré que l'on ne toucherait pas à sa famille. Zinoviev fit de même. Ivan Smirnov craqua au cours de son interrogatoire quand il vit des gardes rudoyer sa fille. Stanislav Kossior résista à la torture mais s'effondra quand on fit venir sa fille de seize ans pour la violer sous ses yeux[36].

Quoi que Staline ait pu promettre aux bolcheviks avant leur procès, il ordonna l'arrestation de nombre de leurs parents sitôt après leur exécution. Le fils de Kamenev fut fusillé en 1939 (un fils plus jeune fut envoyé dans un orphelinat et son nom changé en Glebov). Sa femme, envoyée en exil pénitentiaire en 1935, fut rejugée en 1938 et exécutée en 1941. Le fils de Zinoviev fut passé par les armes en 1937. Sa sœur fut expédiée dans les camps de Vorkouta, puis exécutée. Trois autres sœurs, deux neveux, une nièce, un cousin et un beau-frère prirent le chemin des camps. Trois frères de Zinoviev et un neveu furent également exécutés. La fille de Smirnov fut jetée en prison. Sa femme fut exécutée en 1938 dans un camp de travail de Kotlas. Le NKVD élimina la quasi-totalité du clan Trotski entre 1936 et 1938 : le frère de Trotski, Alexandre ; sa sœur Olga ; sa première épouse Alexandra Sokolovskaïa ; ses fils Lev et Sergueï ; et les deux maris de sa fille Zinaïda, qui s'était suicidée en 1933[37].

L'obsession qu'avait Staline de châtier les parents de ses ennemis lui venait peut-être de la Géorgie : les vendettas entre clans faisaient partie de la vie politique dans le Caucase. Dans l'élite bolchevik, famille et clans, d'un côté, allégeances politiques, de l'autre, se recoupaient ; des alliances se nouèrent par le mariage ; des carrières se brisèrent en raison de liens de sang avec des opposants et des ennemis. Telles que Staline voyait les choses, la famille était collectivement responsable du comportement de ses différents membres. Si un homme avait été arrêté comme « ennemi du peuple », sa femme était automatiquement coupable, car, à moins qu'elle ne l'eût dénoncé, on supposait qu'elle avait partagé les vues de son mari ou qu'elle avait essayé de le protéger. À tout le moins, elle était coupable d'un manque de vigilance. Pour Staline, la répression des parents était une mesure nécessaire pour écarter les mécontents de la société. Alors qu'on lui demandait pourquoi les familles des « ennemis » de Staline avaient été réprimées, Molotov expliquait en 1986 : « Il fallait les isoler. Sans quoi elles eussent répandu toutes sortes de plaintes, et la société eût été infectée par une certaine dose de démoralisation[38]. »

Ioulia Piatnitskaïa vivait dans l'attente de sa propre arrestation. Elle confia ses inquiétudes au journal qu'elle commença de tenir dans les jours précédant l'arrestation d'Ossip, le 7 juillet. Ses peurs flottaient sur un océan de problèmes quotidiens et d'angoisses. Vladimir, son fils cadet, devait rentrer du camp de Pionniers d'Artek en Crimée où il était parti au début de juin. Ioulia avait peur que le NKVD ne le plaçât dans un orphelinat si elle était arrêtée avant d'avoir pu le confier à des amis ou parents. Son fils aîné, Igor, venait d'avoir seize ans. Avant l'arrestation de son père, il avait été impatient de se faire un nom au Komsomol, mais tout était différent désormais ; lui aussi était en danger. Ioulia essaya de faire face aux émotions mélangées d'Igor — la colère contre son père, le chagrin de l'avoir perdu, l'abattement et la honte — tout en s'efforçant de dominer ses sentiments, également confus. « Igor passe son temps couché à lire », nota Ioulia dans son journal le 11 juillet.

> Il ne dit pas un mot à propos de son père, il ne parle pas non plus de ce que font ses anciens « camarades ». Parfois, je lui dis des choses méchantes, venimeuses, et lui, en véritable komsomol, m'interdit de continuer. Il dit parfois : « Maman, tu me dégoûtes quand tu dis ça, je pourrais te tuer[39]. »

Dans l'immédiat, le souci de Ioulia était de joindre les deux bouts. Comme de nombreuses femmes privées de leur mari pendant la Grande Terreur, elle était si accaparée par la lutte quotidienne pour survivre, si traumatisée par sa perte soudaine de statut qu'elle avait à peine le temps de réfléchir au danger qu'elle courait[40]. Lors de la perquisition de son domicile, Ioulia perdit son carnet d'épargne et tous les objets de valeur qu'elle aurait pu vendre. Il ne lui restait que son infime salaire d'employée de bureau, qui ne lui suffisait guère pour nourrir cinq bouches (ses fils, son vieux père et sa belle-mère, ainsi que leur fille Lioudmila, qui n'avait pas de travail). Ils avaient aussi un boxer. La famille se nourrissait de soupe et de kacha. Habituée à la vie privilégiée d'épouse d'un bolchevik éminent, Ioulia eut du mal à s'adapter à la pauvreté. Amère, elle était encline à s'apitoyer sur son propre sort. Elle se rendit même au siège du Parti pour se plaindre à un officiel, qui l'invita à s'aguerrir et à s'habituer au style de vie du prolétariat. Elle passa une bonne partie de son temps libre à faire le tour de la ville en quête d'un meilleur travail. Le trust de Construction d'acier (TsKMash) n'avait pas de place pour les « spécialistes » (« Nous ne sommes pas l'Allemagne fasciste », déclara le responsable à Ioulia). Même l'usine de la prison des Boutyrki n'avait pas besoin d'ouvriers de « son espèce » (c'est-à-dire de femmes d'ennemis). Le responsable du personnel n'a même « pas regardé mes papiers, écrivit-elle dans son journal, il ne m'a pas interrogée : il m'a regardée et a refusé ». Ses collègues refusèrent de l'aider. « Au travail, on me tient à l'écart, nota Ioulia, alors que j'ai tellement besoin d'être soutenue, ne serait-ce que par un geste d'attention, un conseil. » À la maison, pendant ce temps, la situation empirait régulièrement et exacerbait les tensions. La demi-sœur de Ioulia et sa belle-mère se plaignaient souvent du manque de nourriture et imputaient leurs ennuis à Ossip. Elles essayèrent même de faire chasser Ioulia de l'appartement. Au bout de quelques semaines, Lioudmila trouva une place et emménagea avec ses parents dans un autre appartement plutôt que d'être « entraînée » dans la chute des Piatnitski. « Si nous ne pouvons tous être sauvés, dit-elle, qu'au moins ceux qui le peuvent se sauvent. » Ioulia se demandait si Lioudmila et ses parents avaient honte de leur comportement. Elle en doutait :

> On peut s'offenser seulement de ce que Piatnitski les ait nourris pendant sept ans — Liouba [Lioudmila] a étudié dans de bonnes conditions, ils ont vécu dans un bel appartement —, et qu'à partir du moment où l'on nous fait subir des vexations ils ne pensent qu'à filer le plus loin possible de ceux que le malheur a frappés, c'est-à-dire les enfants et moi[41].

Peu de temps après leur départ, Ioulia et ses fils furent expulsés de leur domicile et installés dans un appartement plus petit d'un étage inférieur de la Maison du quai. Ils partageaient cet appartement avec la fille d'un bolchevik arménien arrêté au printemps. Ioulia était désespérée. Elle avait le sentiment que sa vie s'écroulait et pensa au suicide. Dans son désespoir, elle alla voir une voisine, la seule locataire de l'immeuble qui n'eût pas peur de lui parler, et évoqua ses malheurs. La vieille dame lui dit de ne pas s'apitoyer ainsi sur son sort : beaucoup d'officiels vivaient dans des chambres plus petites. En outre, expliqua-t-elle, Ioulia était mieux pourvue sans Piatnitski, parce que « vous ne vous entendiez pas si bien que ça ». Maintenant, elle ne devait penser qu'à elle et à ses deux fils, non plus à son mari. Réfléchissant à leur conversation, Ioulia écrivit cette nuit-là dans son journal : « [...] Effectivement, Piatnitski ne nous entourait pas d'une grande attention. Il était tout à son travail, et nous vivions si silencieusement et discrètement que, visiblement, tous ceux qui s'en mettaient plein les poches [...], et c'est la majorité, avaient cette idée-là[42]. » Les doutes de Ioulia sur son mari ne devaient pas s'arrêter là au cours de l'année suivante.

II

Le 29 novembre 1937, l'écrivain Mikhaïl Prichvine notait :

> Notre peuple russe, comme les arbres couverts de neige, est tellement accablé par ses problèmes de survie, et il a tant besoin d'en parler autour de lui, que plus personne n'a la force de résister. Mais dès que quelqu'un se laisse aller — un autre le surprend — et il disparaît ! Les gens savent qu'une simple conversation peut leur attirer des ennemis ; et ils s'engagent donc dans une conspiration du silence avec leurs amis. Mon cher ami N. était ravi de me repérer dans un compartiment [de train] bondé ; et quand enfin une place s'est libérée, il s'est assis à côté de moi. Il voulait dire quelque chose, mais il en a été incapable avec une foule pareille. Il est devenu si tendu que, chaque fois qu'il se préparait à parler, il regardait d'un côté, puis de l'autre côté, et tout ce qu'il pouvait se résoudre à dire, c'était : « Oui... » Et je ne pouvais que lui rendre la pareille, et c'est ainsi que, deux heures durant, nous avons voyagé ensemble de Moscou à Zagorsk : « Oui, Mikhaïl Mikhaïlovitch.
>
> — Oui, Gueorgui Edouardovitch[43]. »

Même aux temps soviétiques les plus cléments, il pouvait être dangereux de parler. Mais, pendant la Grande Terreur, quelques mots lâchés à la légère suffisaient à faire disparaître quelqu'un à jamais. Les mouchards étaient partout. « Aujourd'hui, un homme ne parle librement à sa femme que la nuit, la tête sous les couvertures », observa un jour l'écrivain Isaac Babel. Prichvine nota dans son journal que, parmi ses amis, il n'y avait « que deux ou trois vieillards » auxquels il pouvait parler librement, sans crainte de donner naissance à des rumeurs malveillantes ou à des dénonciations[44].

La Grande Terreur réduisit bel et bien au silence le peuple soviétique. « On nous a appris à la fermer », se souvient Rezeda Taïssina, dont le père fut arrêté en 1936 :

> « Ta langue va t'attirer des ennuis », ne cessait-on de nous dire à nous, les enfants. Nous avons vécu dans la peur de parler. Maman disait tout le temps qu'il y avait des mouchards partout. Nous avions peur de nos voisins, et tout particulièrement de la police. J'ai encore peur de parler. Je suis incapable de défendre mon point de vue, ou de parler en public, je cède toujours sans piper mot. C'est mon caractère, parce que c'est ainsi que j'ai été élevée, enfant. Aujourd'hui encore je tremble de peur si je vois un policier[45].

Maria Drozdova a grandi dans une famille paysanne religieuse très stricte de la province de Tver. Dans les années 1930, les Drozdov fuirent la campagne pour échapper à la collectivisation de leur village. Munis de faux documents, ils s'installèrent à Krasnoïe Selo, près de Leningrad, où le père de Maria travailla dans une usine de meubles et sa mère Anna dans un hôpital. Anna était une paysanne analphabète. Convaincue que les bolcheviks étaient l'Antéchrist, dont les agents entendaient et voyaient tout ce qu'elle faisait, elle avait peur de sortir en public ou de discuter hors de la chambre familiale de leur appartement communautaire. Quand son père, gardien d'église, fut arrêté en 1937, la peur la paralysa. Anna ne sortait plus. Elle prit peur de parler dans leur chambre, au cas où des voisins surprendraient leurs propos. Le soir, elle avait une peur panique d'allumer la lampe, de crainte d'attirer l'attention de la police. Elle redoutait même d'aller aux toilettes de crainte de s'essuyer avec un morceau de journal où figurait le nom de Staline[46].

Entre amis, il était tacitement convenu de ne point parler des événements politiques. N'importe qui pouvait être arrêté et contraint par la police de mettre en accusation ses amis en rapportant des conversations de ce genre comme preuve de leurs activités « contre-révolutionnaires ». Dans ce climat, engager des discussions politiques avec un autre qu'un de ses plus proches était faire naître le soupçon que l'on était un mouchard ou un provocateur.

Vera Tourkina se souvient du silence par lequel ses amis et voisins réagirent à l'arrestation de son père, président de la cour provinciale de Perm :

> Dans la maison d'en face, il y avait trois filles dont le père avait été arrêté lui aussi. [...] Nous essayions tous d'éviter le sujet. « Il n'est pas ici, il est parti, quelque part », voilà tout ce que nous disions. [...] Mon père a été victime de sa « langue trop bien pendue » — c'est ainsi que nous voyions les choses dans notre famille —, il était trop direct et carré, et quelque part il avait dit plus qu'il n'aurait dû. La conviction que ses propos avaient été la cause de son arrestation renforça notre silence[47].

Le stoïcisme silencieux était une réaction commune à la perte de parents et d'amis. Comme l'observa Emma Guerstein à propos du poète Mandelstam en 1937 : « Il ne parlait pas des amis disparus et maintenant morts. Personne ne le faisait alors. [...] Rien que des larmes ! Voilà comme ça se passait en ce temps-là[48]. »

Le silence régnait dans maintes familles. Les gens ne parlaient pas des parents arrêtés. Ils détruisaient leurs lettres, ou les cachaient à leurs enfants, dans l'espoir que cela les protégerait. Même chez soi, il était dangereux de parler de ses parents parce que, comme on disait, « les murs ont des oreilles ». Après l'arrestation de son mari, Sergueï Krouglov, en 1937, Anastasia et ses deux enfants emménagèrent dans un appartement communautaire, où une mince cloison les séparait de la famille d'un agent du NKVD. « On entendait tout, ils pouvaient nous entendre éternuer, et même nous entendre parler dans le chuchotement le plus discret. Maman nous disait tout le temps de garder le silence », se souvient Tatiana Krouglova. Trente années durant, ils vécurent dans la peur de parler, parce qu'ils étaient convaincus que leur voisin du NKVD rapportait ce qu'ils disaient (en fait, il les maintenait dans cet état de peur parce qu'il voulait des voisins calmes et dociles)[49].

Après l'arrestation de son père, sa mère plaça Natalia Danilova dans sa famille, les Ossorguine, où il était formellement interdit de parler du détenu. Les Ossorguine étaient une famille de la noblesse, dont les bolcheviks avaient arrêté plusieurs membres, entre autres le mari de la tante de Natalia, Maria, qui dirigeait la maison d'une main de fer. « Elle était hostile à mon père, peut-être parce qu'il était paysan et socialiste, se souvient Natalia. Elle semblait penser qu'il était coupable, qu'il avait mérité son arrestation et que c'étaient ses actions qui avaient attiré des ennuis sur la famille. Elle nous imposa cette version des événements. Elle seule avait le droit de parler de ces choses ; nous autres ne pouvions que chuchoter notre dissentiment[50]. »

Les familles élaboraient des règles spéciales de conversation. Elles apprenaient à tenir un langage elliptique, à faire allusion aux idées et aux opinions de manière à dissimuler le véritable sens de leurs propos aux inconnus, voisins et domestiques. Emma Guerstein se souvient de la femme d'un cousin, Margarita Guerstein, opposante de toujours, qui vivait avec sa famille à Moscou depuis un certain temps. Un jour, Margarita expliqua qu'il était vain de s'opposer à Staline et se trouvait au beau milieu d'une phrase (« Bien entendu on devrait dégommer Staline, mais... ») quand

> la porte s'est ouverte et Polia, notre bonne, est entrée dans la salle à manger. J'ai frissonné de terreur, mais Margarita, sans se départir de sa nonchalance, acheva sa phrase exactement dans la même intonation, de la même voix claire : « ... et donc, Emmotchka, vas-y, achète la soie, n'hésite pas. Après tout ce que tu as fait, tu mérites bien une nouvelle robe. » Quand la bonne se fut retirée, Margarita expliqua qu'il ne fallait jamais donner l'impression d'avoir été pris au dépourvu. « Il ne faut pas non plus s'éclipser furtivement, ni regarder avec inquiétude autour de soi[51]. »

Naturellement bavards, les enfants étaient particulièrement dangereux. Nombre de parents étaient d'avis que moins leurs enfants en savaient, plus grande était la sécurité de tout le monde. Née en 1927, Antonina Moïsseïeva appartenait à une famille paysanne de la province de Saratov. Les Moïsseïev furent classés comme « koulaks » et exilés dans une « colonie spéciale » de l'Oural en 1929. Après leur retour dans la ville de Tchoussovoï, près de Perm, en 1936, la mère d'Antonina se fit un devoir de toujours dire à ses enfants :

> « Vous ne devez rien juger, sans quoi vous serez arrêtés. » Nous passions la nuit à faire la queue pour acheter du pain, et elle nous disait : « Ne jugez pas !

> Ce n'est pas votre affaire si le gouvernement n'a pas de pain. » Maman nous disait que c'était un péché de porter un jugement. « Tenez votre langue ! » disait-elle toujours quand nous quittions la maison[52].

Vilguelm Tell a grandi dans une famille hongroise de Moscou. Il avait neuf ans quand son père fut arrêté à l'occasion d'une des « opérations nationales » en 1938. Dans son souvenir, il n'y eut pas de mises en garde spécifiques ni d'instructions de sa mère ou de ses grands-parents sur la conduite à tenir, mais il sentait bien le climat de peur :

> Je savais inconsciemment que je devais me tenir tranquille, que je ne pouvais pas parler, ou dire ce que je pensais. Par exemple, quand nous nous déplacions dans un tram bondé, je savais que je devais me taire, que je ne pouvais parler de rien, pas même de ce que je voyais par la fenêtre. [...] Je devinais aussi que tout le monde était dans les mêmes dispositions. J'étais toujours calme dans des lieux publics comme le tram. Si les gens parlaient, ce n'était que de choses insignifiantes, comme de leurs achats. Jamais ils ne parlaient de leur travail ou de choses sérieuses[53].

Oxana Golovnia se souvient de s'être trouvée dans un bus de Moscou bondé avec son père, Anatoli, le cinéaste, et d'avoir parlé de son « oncle Lodia » (le réalisateur Poudovkine) :

> Papa m'a chuchoté à l'oreille : « Ne prononce jamais le nom de personne quand tu es dans un lieu public. » Voyant mon air interrogateur et effrayé, il a ajouté à voix haute : « Tu trouves pas que ces boulettes ont l'air de petites oreilles ? » Je savais ce qu'il voulait dire : quelqu'un assis à côté nous écoutait. De ma vie, je n'ai oublié la leçon de papa[54].

Dans son journal en 1937, Prichvine observe que les gens devenaient si habiles à dissimuler le sens de leurs propos qu'ils couraient le risque de ne plus être capables de dire la vérité.

> 10 juillet
>
> Comportement à Moscou : on ne peut parler de rien ni avec personne. Tout le secret de la conduite est de deviner ce qu'une chose veut dire, et qui veut la dire, sans dire quoi que ce soit. Il faut totalement éliminer chez soi le moindre reliquat de la nécessité de « dire le fond de sa pensée[55] ».

Arkadi Mankov observe un phénomène analogue dans son journal :

> Il ne rime à rien de parler de l'état d'esprit de la population. Le silence règne, comme si rien ne s'était produit. On ne parle que dans le secret, en coulisses et en privé. Les seuls à dire ce qu'ils pensent en public, ce sont les ivrognes[56].

Chacun se repliant sur soi-même, l'espace social se réduisait inévitablement. « Nous avons totalement cessé de nous confier les uns aux autres », note Prichvine dans son journal le 9 octobre. Se formait une société de chuchoteurs :

> L'immense masse de la classe inférieure se contente d'aller à son travail et chuchote tranquillement. D'aucuns n'ont aucun sujet de chuchotement ; pour eux « tout est comme ça doit être ». D'autres se chuchotent dans leur solitude, se réfugiant tranquillement dans leur travail. Beaucoup ont appris à rester bouche cousue… comme allongés dans la tombe[57].

Avec la fin de toute communication authentique, la méfiance se répandit à travers la société. Tous dissimulaient leur vrai moi derrière des masques publics. Extérieurement, ils se conformaient aux formes du comportement soviétique correct ; intérieurement, ils vivaient dans le monde impénétrable de leurs pensées privées. Dans cette atmosphère, la peur et la terreur s'amplifièrent. Comme nul ne savait ce que cachait le masque, on supposait que ceux qui avaient l'air de citoyens soviétiques ordinaires pouvaient en fait être des espions ou des ennemis. Sur la base de cette hypothèse, les dénonciations et rapports d'« ennemis cachés » devenaient crédibles, pour le grand public, mais aussi pour les collègues, voisins et amis.

On essayait de se réfugier dans un monde de vérité privé. D'aucuns prirent l'habitude de tenir un journal pendant la Grande Terreur. Malgré tous les risques, tenir un journal était une manière de se tailler un espace privé exempt de toute dissimulation, de formuler ses doutes et ses peurs en un temps où il était dangereux de parler[58]. L'écrivain Prichvine confia ses plus grandes peurs à son journal. En 1936, les bureaucrates littéraires de l'Union des écrivains lui avaient reproché un commentaire aigre lâché lors d'une soirée du Nouvel An, et il craignait maintenant que ces propos ne lui coûtassent sa liberté. « J'ai affreusement peur, écrit-il, que ces mots n'aboutissent dans le dossier d'un mouchard écrivant son rapport sur l'écrivain Prichvine. » Il se retira de l'espace public pour se réfugier dans son journal et remplit ses pages d'une écriture en pattes de mouche, à peine lisible avec une loupe, afin de dissimuler ses pensées à la police en cas d'arrestation et de saisie de ses carnets. Pour lui, son journal était une « affirmation d'individualité » : un endroit où exercer sa liberté intérieure et faire entendre sa vraie voix. « On écrit un journal pour soi, songe-t-il, pour creuser jusqu'à atteindre son moi profond et converser avec soi-même, ou on écrit pour s'impliquer dans la société et exprimer secrètement ce que l'on en pense[59]. » Pour Prichvine, c'était les deux à la fois. Il emplit ses carnets de réflexions intempestives sur Staline, sur l'influence destructrice de la culture de masse soviétique et sur l'indestructibilité de l'esprit humain personnel.

Le dramaturge Alexandre Afinoguenov commença en 1926 de tenir un journal truffé d'autocritiques et de réflexions sur la manière de s'améliorer comme communiste. Puis, au milieu des années 1930, il se mit le régime à dos : la perspective psychologique de ses pièces prolétariennes cessa de plaire aux autorités littéraires, maintenant attachées aux doctrines du réalisme socialiste. Sa pièce, *Le Mensonge* (1933), suscita l'ire de Staline, qui lui reprochait l'absence d'un héros communiste positif dévoué à la cause ouvrière. Le groupe littéraire auquel Afinoguenov appartenait — conduit par l'ancien chef de la RAPP (Association russe des écrivains prolétariens), Leopold Averbakh — fut accusé d'être un « organe trotskiste en littérature » complotant pour préparer la chute du régime. Au printemps de 1937, Afinoguenov fut exclu du Parti et expulsé de son appartement moscovite par le NKVD. Il s'installa alors dans sa datcha de Peredelkino, où il vécut avec sa femme et sa fille dans une réclusion quasi totale, sans parler à personne. Ses anciens amis lui tournèrent le dos. Un jour, dans le train, il surprit une conversation entre deux officiers de l'armée de terre, exprimant leur satisfaction que « l'espion japonais Averbakh » eût été enfin arrêté et que son « séide Afinoguenov » croupît en prison dans l'attente de son procès. Afinoguenov se repliant sur son monde intérieur, son journal changea de nature. Il eut encore des moments d'autocritique, où il accepta les accusations portées contre lui et essaya de se purifier pour devenir un bon communiste, mais son propos devint aussi plus introspectif, accordant une plus large place à l'immédiateté psychologique ; Afinoguenov usa plus volontiers du « je » que du « il » pour parler de lui. Le journal devint le refuge secret de ses pensées et réflexions privées :

> 2 novembre 1937
>
> De retour à la maison, je m'assieds avec mon journal et ne pense qu'à mon petit coin d'univers, qui demeure épargné par la politique. Maintenant que j'ai été exclu du cours général de la vie, j'éprouve soudain le besoin de parler de tout ce qui se passe [...] mais désormais ce désir ardent de communication ne peut être exaucé que dans ces pages parce que personne ne parlera avec moi[60].

Evguenia (Jenia) Evangoulova commença un journal en décembre 1937, l'année où ses deux parents furent arrêtés. Ce fut pour elle l'occasion d'épancher ses émotions et de poursuivre ce qu'elle appelait une « conversation intérieure » avec ses parents, qui avaient disparu au Goulag. « L'espoir ardent ne me quittera pas qu'un jour ceux que j'aime liront ce journal, et je dois donc faire en sorte qu'il soit véridique », écrit-elle dès la première entrée. Pour Evangoulova, étudiante à l'Institut de technologie de Leningrad, le journal devint un lien toujours plus important avec son moi profond, d'autant qu'elle craignait de se laisser submerger par le mode de vie collectif de l'institution. Le 8 mars 1938, elle écrivit: « Peut-être ne me suis-je pas bien exprimée: mon moi intérieur n'a pas disparu — ce qui est à l'intérieur d'une personnalité ne saurait disparaître — mais demeure profondément caché, et je ne ressens plus ma présence au fond de moi. » Elle avait le sentiment de ne pouvoir exprimer sa personnalité qu'à travers une relation authentique avec d'autres, mais il n'y avait personne. Ses condisciples se méfiaient d'elle, fille d'« ennemis du peuple » ; elle n'avait que son journal: « Parfois, écrit-elle en décembre 1939, j'éprouve le besoin désespéré de trouver un ami authentique, quelqu'un qui puisse me comprendre, avec qui je puisse partager toutes les pensées qui me déchirent, en dehors de ce journal silencieux[61]. »

Arkadi Mankov, comme Evangoulova, était avide de contacts humains. Il décida de montrer ses carnets à un condisciple du cours qu'il suivait à la bibliothèque publique de Leningrad. Son journal étant truffé de réflexions antisoviétiques, c'était une preuve de confiance immense, voire de témérité, que de le montrer à un homme qu'il ne connaissait guère, mais ainsi qu'il le confia à son journal, il avait agi par « esseulement; la solitude quotidienne sans fin dans laquelle je mène une vie sans but[62] ».

Prichvine succomba lui aussi à la tentation des contacts humains. En décembre 1938, il demanda à un ami de l'aider à trouver une secrétaire qui pût l'aider à mettre en forme ses journaux. Il vit bien à quel point il pouvait être dangereux de laisser entrer une « inconnue dans mon laboratoire et saisir la totalité de ce que je suis ». Cette nuit-là, il fit un cauchemar. Traversant une grande place dégagée, il perdit son chapeau. Il eut le sentiment d'avoir été mis à nu. Demandant à un policier où était passé son couvre-chef, il se rappela soudain, ainsi qu'il l'analyse dans son journal, qu'il avait « demandé à une inconnue de s'impliquer dans les détails les plus intimes de [sa] vie. La perte de mon chapeau de secret m'avait démasqué ». La femme qui se présenta à son domicile quelques jours plus tard était elle aussi inquiète à l'idée de travailler sur les journaux d'un homme qu'elle ne connaissait pas. Elle suggéra qu'ils apprissent à se connaître avant de se mettre au travail. Ils parlèrent huit heures, sans interruption. Ils tombèrent amoureux. Moins d'un an plus tard, ils étaient mariés[63].

III

Les mouchards étaient partout : à l'usine, à l'école et au bureau, dans les lieux publics comme dans les appartements communautaires. Au faîte de la Grande Terreur, des millions de gens donnaient des renseignements sur leurs collègues, amis et voisins, même s'il est difficile d'être précis parce qu'il n'existe que des éléments épars et des preuves anecdotiques. Selon un haut responsable de la police, un employé de bureau soviétique sur cinq était un indicateur du NKVD. Suivant un autre, les informateurs réguliers représentaient 5 % de la population adulte des grands centres urbains (la population les imaginait bien plus nombreux). Le niveau de surveillance variait amplement d'une ville à l'autre. À Moscou, où la présence policière était massive, il y avait au moins un informateur pour six ou sept familles, si l'on en croit un ancien responsable du NKVD. À Kharkov, en revanche, il n'y avait que cinquante informateurs dans une ville de 840 000 habitants (c'est-à-dire un informateur pour 16 800 personnes), à en croire un ancien agent du NKVD, qui prétendait avoir eu la haute main sur tous les mouchards de la ville. Entre ces deux extrêmes, la ville de Kouïbychev est sans doute plus représentative de l'Union soviétique dans son ensemble : en 1938, la police assurait disposer d'un millier d'informateurs pour une population de 400 000 habitants[64]. Ces chiffres ne représentent que les informateurs enregistrés, régulièrement utilisés par la police et habituellement récompensés sous une forme ou une autre (par de l'argent, des places, un logement, des rations spéciales ou une immunité). N'y figurent pas les millions d'informateurs « fiables » rémunérés (ouvriers et employés de bureau, activistes étudiants, veilleurs, gardiens, etc.) qui étaient les yeux et les oreilles de la police dans tous les coins et recoins de la société[65]. Ils ne tiennent pas davantage compte des rapports et dénonciations de tous les jours — non sollicités par le NKVD — qui faisaient la force de l'État policier. Tout le monde savait que les « citoyens soviétiques loyaux » étaient censés faire part des conversations suspectes qu'ils avaient surprises : la crainte du châtiment pour « manque de vigilance » en obligeait beaucoup à collaborer.

Il y avait deux grandes catégories : les informateurs volontaires, habituellement motivés par les gratifications matérielles, les convictions politiques ou la malveillance envers leurs victimes ; et les informateurs involontaires, piégés par les menaces de la police ou les promesses d'aider des parents arrêtés. Il est difficile de condamner les informateurs de la seconde catégorie ; beaucoup se trouvaient dans des situations presque impossibles où n'importe qui aurait sans doute cédé aux pressions du NKVD.

En 1943, l'écrivain Simonov reçut la visite de « X », un ancien condisciple de l'Institut littéraire. Après l'arrestation de son père, « X » avait été menacé d'expulsion de l'Institut s'il ne consentait pas à rendre compte des conversations surprises entre étudiants. À compter de 1937, « X » avait travaillé comme informateur du NKVD. Rongé par la culpabilité et le remords, il se mit à la recherche de Simonov pour le prévenir qu'il avait rapporté leurs discussions. « X » était « terrassé par la honte », dit-il. Il était aussi un peu effrayé car en 1943 Simonov était devenu un écrivain célèbre, qui avait ses entrées au Kremlin ; peut-être même était-il déjà au courant des rapports de son ancien ami. « X » confia à Simonov qu'il se tuerait s'il apprenait que quiconque avait souffert du fait de ses informations. Il expliqua avoir essayé d'éviter toute preuve accablante, mais il n'en avait pas moins le sentiment de « s'être rendu la vie insupportable par ses actions[66] ».

Wolfgang Leonhard se souvient d'une rencontre avec une condisciple en 1939, une fille avec qui il avait toujours cru pouvoir parler très librement. Ils allaient se promener dans les parcs de Moscou et discutaient des grandes questions politiques du moment. Un jour, elle confessa avoir cédé aux pressions du NKVD et écrit des rapports sur les propos tenus par ses camarades. Triste et travaillée par sa conscience, elle voulait prévenir Leonhard que, même si on ne lui avait pas encore demandé de rapports sur lui, ils devaient cesser leurs conversations[67].

Valeri Frid raconte avoir été recruté comme informateur en 1941. Membre du Komsomol, il étudiait à l'Institut cinématographique d'État de l'Union

(VGIK), évacué de Moscou à Alma-Ata, au Kazakhstan. La situation alimentaire était désespérée. Frid était impliqué dans une petite arnaque avec de fausses cartes de rationnement. Un jour, le NKVD le convoqua dans ses bureaux. Ses interrogateurs savaient tout des cartes truquées et le mirent en garde : il serait chassé du Komsomol et de l'Institut s'il refusait d'accéder à leurs exigences et de se conduire en « Soviétique » en faisant des rapports sur ses condisciples. Interrogé toute la nuit, on le menaça de violences et agita la perspective d'un procès. Frid céda et s'engagea par écrit à faire des rapports. Dès qu'il eut signé, ses interrogateurs lui serrèrent la main et se montrèrent aimables, voire amicaux avec lui. Ils déclarèrent ne pas vouloir lui attirer des ennuis avec ses cartes de rationnement — en fait, libre à lui de continuer — et lui donnèrent un numéro spécial qu'il n'aurait qu'à appeler s'il avait le moindre problème avec la police. De retour au foyer, Frid fondit en larmes. Trois jours durant, il ne put dormir ni manger. Finalement, il ne fit des rapports que sur trois étudiants. Il veilla à ce qu'ils fussent très généraux et ne continssent pas de faits incriminants. L'officier du NKVD auquel Frid remettait ces rapports, un grand homme avec un jeu complet de dents en or, n'était pas content. Mais le retour du VGIK à Moscou, en 1943, lui épargna tout châtiment[68].

Issue d'une famille de la noblesse polonaise d'Ossipovitchi, près de Minsk, Sofia Ozemblovskaïa devint informatrice à tout juste dix-sept ans. Après la révolution de 1917, ses parents se transformèrent en fermiers ; au cours de la collectivisation, cependant, ils furent exilés comme « koulaks » dans la région des Komis, au nord. En 1937, la famille regagna Ossipovitchi, mais par la suite ils furent de nouveau arrêtés dans une des « opérations nationales » contre les Polonais et envoyés dans une « colonie spéciale » près de Perm, Sofia décida de s'enfuir. « Il fallait que je me tire de là pour me donner une chance dans la vie », explique-t-elle. Sofia s'inscrivit dans une usine-école — le moyen le plus rapide d'obtenir des « origines prolétariennes » — puis entra au collège médical de Koudymkar, près de Perm, dans l'Oural. Personne ne lui posa la moindre question sur ses origines « koulaks ». On ne lui demanda même pas son passeport, qu'elle ne possédait pas. Six mois plus tard, elle fut convoquée dans les locaux du NKVD. « Je crus qu'ils allaient me mettre en prison parce que je m'étais enfuie », se souvient Sofia. En fait, on lui dit qu'elle devrait travailler pour le NKVD si elle ne voulait pas être chassée du collège pour avoir caché ses origines sociales. Sa tâche était d'engager des conversations avec ses condisciples sur les événements politiques et d'écrire des rapports sur tout ce qu'ils disaient. Sofia reçut un passeport. Avec la protection du NKVD, elle obtint son diplôme et fit une belle carrière dans le service des ambulances de Perm. Se retournant sur le passé, elle n'éprouve aucun remords de ses actions, alors même qu'elle sait que de nombreux étudiants ont été arrêtés en conséquence directe de ses rapports. Elle croit que ses actions étaient le prix nécessaire de la survie pour une fille de « koulak » dans les années Staline. Sofia épousa le fils d'un officier supérieur du NKVD. Alors que ses enfants grandissaient, elle ne leur dit rien de ses activités de police. Dans les années 1990, en revanche, alors que « la liberté régnait et qu'il n'y avait plus rien à craindre », elle décida de laver sa conscience :

> J'ai décidé de tout dire à mes enfants et à mes petits-enfants. Ils ont été ravis. Mon petit-fils a dit : « Oh, grand-mère, tu es très intelligente de tout te rappeler. On s'en souviendra toute notre vie : comment tu as été réprimée, comment nos parents ont été réprimés[69]. »

Dans ses Mémoires, Olga Adamova-Sliozberg raconte l'histoire d'un jeune mouchard, fils d'un bolchevik exécuté pendant la Grande Terreur, dont la tâche était de se lier à d'autres enfants dont les parents avaient été arrêtés. Il rapportait chaque parole de mécontentement qu'ils prononçaient, chaque doute, chaque question qu'ils soulevaient. Nombre de ses amis furent arrêtés des suites de ses rapports. Olga en rencontra quelques-uns à la prison des Boutyrki après son arrestation, en 1949. Elle leur demanda ce qu'ils pensaient du garçon. Ils étaient étrangement indulgents. « L'opinion générale le présente comme un garçon bien mais "un pauvre idiot" », un naïf qui gobe « chaque slogan et chaque mot imprimé ». La mère de ce gamin, « une femme parfaitement honnête, une camarade remarquable », tenait beaucoup à convaincre Olga que son fils n'avait pas agi par malveillance, mais animé des convictions les plus hautes. « Elle parlait beaucoup [...] de sa bonté exceptionnelle, de ses capacités étonnantes, de son honnêteté. » Peut-être avait-il le sentiment d'agir en patriote en dénonçant ses amis pour servir la cause du pouvoir soviétique, tout comme le héros Pavlik Morozov l'avait fait en dénonçant son père[70].

Pendant la Grande Terreur, beaucoup de Soviétiques écrivirent sans conteste des dénonciations dans la conviction sincère d'accomplir leur devoir patriotique de citoyens. Ils croyaient la propagande sur les « espions » et les « ennemis » et se faisaient un devoir de les démasquer, jusque parmi leurs amis. Par-dessus tout, toutefois, ils avaient peur de s'attirer des ennuis si une de leurs connaissances était arrêtée et qu'ils eussent omis de la dénoncer : c'était un crime de dissimuler ses contacts avec l'ennemi, et le « manque de vigilance » fut en soi à l'origine de milliers d'arrestations. Dans le climat de peur universelle, on se précipitait pour dénoncer les autres avant d'être soi-même dénoncé. Cette folle ruée aux dénonciations n'explique sans doute pas la multitude des arrestations pendant la Grande Terreur : la plupart des victimes du NKVD furent arrêtées en masse dans le cadre des « opérations nationales » et « antikoulaks », qui ne dépendaient pas de dénonciations mais d'une liste de noms préparée. En revanche, elle permet de comprendre pourquoi tant de gens furent happés comme informateurs par le système policier. Des citoyens hystériques se présentaient dans les locaux du NKVD ou du Parti avec les noms de parents et amis qui pouvaient être des « ennemis du peuple ». Ils donnaient des renseignements détaillés sur leurs collègues et connaissances, allant jusqu'à dénoncer la simple rencontre avec ceux qui avaient été en lien avec ces « ennemis ». Une vieille femme écrivit au bureau du Parti de son usine pour signaler que sa sœur avait travaillé un temps comme femme de ménage au Kremlin et qu'elle avait nettoyé le bureau d'un homme arrêté par la suite[71].

La peur poussait à se purifier — à se placer du côté des purs — en éliminant la souillure du contact avec des « ennemis » potentiels. Nombre des informateurs les plus fanatiques possédaient une « biographie souillée » (enfants de « koulaks », « ennemis de classe » ou anciens opposants), qui avaient plus de raisons que d'autres de craindre une arrestation.

Dénoncer leurs amis devint une façon de prouver leur valeur de « citoyens soviétiques ». La politique du NKVD consistait à recruter délibérément des informateurs dans des groupes vulnérables. Il jetait souvent son dévolu sur les parents de personnes arrêtées, lesquels redoutaient d'être à leur tour interpellés. Alexandre Karpetnine, ancien agent du NKVD qui fut lui-même arrêté en 1938, évoque comment il avait été formé à recruter des informateurs :

> Il fallait chercher ceux qui avaient quelque chose de suspect dans leur passé. Mettons, une femme dont le mari avait été arrêté. La conversation se déroulait ainsi : « Es-tu une vraie citoyenne soviétique ?
> — Oui, je le suis.
> — Es-tu prête à le prouver ? Tout le monde prétend être un bon citoyen.
> — Oui, bien sûr, je suis prête.
> — En ce cas, aide-nous. On ne te demandera pas grand-chose. Si tu remarques des actes ou des conversations antisoviétiques, fais-le-nous savoir. On peut se voir une fois par semaine. Auparavant, tu dois mettre par écrit ce que tu as remarqué, qui a dit quoi, qui était présent quand ils ont parlé. C'est tout. Nous saurons alors que tu es une bonne citoyenne soviétique. Nous t'aiderons si tu as des problèmes au travail. Si tu es limogée ou rétrogradée, nous t'aiderons. »
> Voilà tout. Après quoi, la personne consentait[72].

Olga Adamova-Sliozberg raconte l'histoire d'une jeune femme du nom de Zina, qui enseignait les mathématiques à Gorki et qu'elle connut dans les cachots de la Loubianka. Zina avait été arrêtée pour n'avoir pas dénoncé un de ses professeurs, qui venait une fois par semaine de Moscou donner des cours de matérialisme dialectique. Lors de conversations avec Zina, il avait critiqué ouvertement le régime stalinien. Comme il passait la nuit au foyer de Gorki, il avait profité de l'appartement de Zina pour recevoir des amis et y entreposer une malle de livres. Quand le NKVD procéda à une perquisition, il s'avéra que c'étaient des livres trotskistes. Zina se reconnut coupable. Elle décida d'expier son péché et de « libérer [sa] conscience de toute souillure » en donnant au NKVD des renseignements sur d'autres « ennemis ». Elle parla à ses interrogateurs d'un professeur qui avait donné des cours à son institut. Un jour, le courant a été coupé pendant que le professeur faisait une expérience. Il n'y avait pas de bougies, précise Zina :

> J'ai cassé une règle et enflammé un copeau. Le professeur a terminé sa démonstration à la flamme de ce copeau puis il a dit : « La vie s'est améliorée, elle est plus gaie, grâce à Dieu nous voici arrivés à l'âge du copeau ! »

Le professeur fut arrêté. Zina n'avait pas le sentiment d'avoir mal agi en le dénonçant : elle fut juste un peu gênée quand elle dut l'affronter lors de son interrogatoire. Quand Olga lui demanda ce que ça lui faisait d'avoir « ruiné la vie d'un homme pour une telle vétille », Zina rétorqua : « En politique, rien n'est insignifiant. Moi non plus, au départ, je ne comprenais pas la portée criminelle d'une telle réplique, j'en ai pris conscience plus tard[73]. »

La malveillance fut à l'origine de nombreuses dénonciations. La façon la plus rapide d'évincer un rival était de le dénoncer comme « ennemi ». Les rancœurs de classe inférieure au sein de l'élite bolchevik nourrirent la Grande Terreur. Des ouvriers dénonçaient des patrons, des paysans des présidents de kolkhoze s'ils étaient trop stricts dans leurs exigences. Le NKVD faisait souvent appel aux domestiques pour avoir des renseignements sur leurs employeurs. Markoocha Fischer, épouse russe d'un journaliste américain, employa une nourrice qui croyait aux « ennemis ». Elle « représentait vraiment la mentalité de la femme et de l'homme de la rue », écrivit Markoocha. « Elle ne s'embarrassait pas de doutes politiques et acceptait toute déclaration officielle comme parole d'évangile[74]. » Certaines familles vivaient dans la peur constante de leurs employés de maison.

En 1935, le NKVD plaça de nouveaux domestiques au domicile de nombreux officiels du Parti de Leningrad dans le cadre de sa campagne de renforcement de la surveillance après l'assassinat de Kirov. Anna Karpitskaïa et Piotr Nizovtsev, hauts responsables du Parti, furent contraints de se séparer de leur ancienne gouvernante, Macha, vieille-croyante dévote qui leur préparait des herbes médicinales. La nouvelle, Groucha, était une « femme revêche et désagréable », se souvient la fille d'Anna, Marxena, alors âgée de douze ans. « C'est la police qui nous l'avait envoyée pour nous tenir à l'œil. » Marxena et ses petits demi-frères comprirent d'instinct qu'ils ne devaient pas parler en présence de Groucha. « C'est à peine si nous lui disions un mot », raconte Marxena. Groucha dormait dans la cuisine, à l'écart des pièces familiales, où Milia, la nourrice qui avait partagé leur vie de longues années durant, était autorisée à vivre. Groucha était aussi traitée en domestique, à la différence de Milia et de leur ancienne gouvernante, qui faisaient partie de la famille. Marxena se souvient des conversations chuchotées entre ses parents à propos de leur soupçon sur la responsabilité de Staline dans la mort de Kirov. Ils auraient pu parler ouvertement en présence de Macha — sa foi de vieille-croyante eût été une garantie de son silence —, mais il était dangereux de formuler de pareils sentiments quand Groucha était dans les parages. En juillet 1937, les parents de Marxena furent arrêtés (tous deux furent exécutés à l'automne) et ses petits frères placés dans un orphelinat. Marxena emménagea avec sa nourrice Milia dans un appartement communautaire. Groucha disparut[75].

Dans cette atmosphère de méfiance, de haine et de malveillance, il ne fallait pas grand-chose pour que de petites disputes ou jalousies tournassent à la dénonciation. En 1937, Boris Molotkov, médecin de campagne de la région de Gorki, reçut la visite d'un officier de district du NKVD, un vieil ami de la famille, qui lui demanda de pratiquer un avortement sur sa maîtresse. Molotkov refusa : l'avortement était alors illégal en Russie. L'officier du NKVD fit en sorte qu'une série de mouchards dénoncent le médecin comme « contre-révolutionnaire ». Boris fut arrêté et incarcéré dans la geôle du district. Son épouse fut également arrêtée pour le meurtre d'un ouvrier à l'hôpital local, une accusation fabriquée de toutes pièces[76].

Les histoires de sexe ou les idylles romantiques avaient souvent leur part dans ces chicanes meurtrières. Amants, maris et épouses gênants furent dénoncés en grand nombre pendant la Grande Terreur. Nikolaï Sakharov était ingénieur. Son père, un pope, avait été exécuté en 1937, mais Nikolaï était apprécié pour ses compétences et il pensait que cela suffirait à le protéger d'une arrestation. Mais c'est alors qu'un homme s'intéressa à sa femme et le dénonça comme « ennemi du peuple ». Lipa Kaplan eut des ennuis avec son patron, à l'usine, quand elle repoussa ses avances. Le patron s'arrangea pour qu'un mouchard la dénonce sur la base de propos tenus après le meurtre de Kirov, trois ans plus tôt. À cette époque, elle n'avait pas été arrêtée, tant la dénonciation avait paru absurde, mais en 1937 elle suffit à l'envoyer pour dix ans à la Kolyma[77].

Les considérations de carrière et les gratifications matérielles furent des incitations pour la quasi-totalité des informateurs, même si les motivations de ce genre se mêlaient souvent de manières complexes aux convictions politiques et aux peurs. Des milliers de cadres subalternes firent leur chemin dans la hiérarchie soviétique en donnant des informations sur leurs chefs (comme le régime les encourageait à le faire). Un certain Ivan Miatchine fit avancer sa carrière en ne dénonçant pas moins de quatorze dirigeants du Parti et du soviet d'Azerbaïdjan entre février et novembre 1937. Justifiant ses activités, Miatchine déclara plus tard : « Nous pensions que c'était notre devoir. […] Tout le monde écrivait. » Peut-être imaginait-il faire preuve de vigilance. Peut-être éprouvait-il un malin plaisir à ruiner la vie de ses supérieurs, ou de l'orgueil à aider la police. Il existait des délateurs de ce type : des mouches du coche qui écrivaient des lettres en numérotant soigneusement leurs rapports et en les signant « l'un de nous » (*svoï*) ou « partisan » pour bien montrer leur loyauté. Mais la promotion personnelle, une meilleure paie ou des rations plus importantes, voire la promesse d'une surface habitable plus grande, avaient certainement leur part. Quand l'arrestation de ses habitants libérait un appartement, il était souvent repris par les officiers du NKVD, ou partagé et occupé par d'autres serviteurs du régime stalinien, comme des employés de bureau ou des chauffeurs, dont certains étaient sans nul doute récompensés pour avoir donné des informations sur les précédents locataires[78].

La maison des Malyguine à Sestroretsk, années 1930

Ivan Malyguine était un ingénieur de Sestroretsk, au nord de Leningrad. Très qualifié, il forçait le respect des ouvriers de son usine, qui le surnommaient le « tsar-ingénieur » et aidèrent même sa famille quand le NKVD l'arrêta. Malyguine était une sorte de célébrité locale. Il écrivit des manuels, des brochures populaires et des articles pour la presse soviétique. Il vivait avec sa femme et leurs deux enfants à la lisière de la ville dans une grande maison de bois, qu'il avait lui-même construite. Mais, comme cela arrive souvent, sa richesse et sa renommée excitèrent la jalousie. Malyguine fut arrêté sur dénonciation d'un collègue de l'usine, qui lui enviait sa réussite. Il prétendit que Malyguine se servait de sa maison pour entretenir des contacts secrets avec des Finlandais. Il apparut que la dénonciation avait été organisée par un petit groupe d'officiers du NKVD, qui forcèrent Malyguine à vendre sa maison 7 000 roubles (elle avait été évaluée à près d'un demi-million peu auparavant). Les officiers menacèrent d'arrêter sa femme s'il refusait de vendre. Malyguine fut exécuté, sa femme et ses enfants chassés de leur maison, récupérée par les officiers du NKVD et leur famille[79]. Leurs descendants y habitent encore à ce jour.

Faire carrière au temps de la Grande Terreur impliquait nécessairement de passer un compromis moral, sinon en jouant carrément les délateurs, du moins au prix d'une collusion tacite avec le régime stalinien. Simonov, dont la carrière décolla dans ces années-là, a fait montre d'une franchise et d'un remords extraordinaires en évoquant la collaboration de la majorité silencieuse pendant la Grande Terreur. Dans ses Mémoires, dictés sur son lit de mort en 1979, il s'accuse :

> Pour être tout à fait honnête sur cette époque, ce n'est pas seulement Staline que l'on ne saurait pardonner, mais soi-même. Non que l'on ait joué des sales tours — si ça se trouve, on n'a rien fait de mal, du moins en apparence —, mais simplement parce que l'on s'est habitué au mal. Les événements des années 1937-1938 paraissent aujourd'hui extraordinaires, diaboliques, mais pour soi, pour un jeune homme de vingt-deux ou vingt-quatre ans, ils sont devenus une sorte de norme, presque ordinaires. On vivait au cœur de ces événements, aveugle et sourd à tout, on ne voyait ni n'entendait rien quand les gens tout autour de vous étaient exécutés et tués, quand les gens tout autour de vous disparaissaient.

S'efforçant d'expliquer ce détachement, Simonov évoque sa propre réaction à l'arrestation en 1939 de Mikhaïl Koltsov, écrivain terriblement influent dont les reportages sur la guerre d'Espagne avaient inspiré les jeunes cercles littéraires que fréquentait Simonov. Au fond de lui, il n'avait jamais cru que Koltsov était un espion (il le confessa à Fadeïev en 1949), mais à l'époque il avait tant bien que mal réussi à taire ses doutes. Peur ou lâcheté ? Désir de croire l'État, ou simple instinct qui le poussait à éviter les pensées subversives ? Toujours est-il qu'il avait consenti à un petit accommodement intérieur afin de se conformer aux nécessités du régime stalinien. Il avait rajusté son compas moral pour se frayer un chemin à travers les marécages moraux de la Grande Terreur sans porter préjudice à sa carrière et à ses convictions[80].

Simonov ne fut pas un délateur, mais il subit les pressions des autorités soviétiques, qui souhaitaient peut-être qu'il le devînt. Au printemps de 1937, Vladimir Stavski, le secrétaire de l'Union des écrivains, l'invita à rejoindre trois autres jeunes prosateurs de l'Institut littéraire en voyage d'études dans le Caucase. Ils devaient écrire la vie de Sergo Ordjonikidze, l'ancien commissaire à l'Industrie lourde, Géorgien célèbre et camarade de Staline dans la guerre civile, qui venait de se suicider. Peu avant le départ, Simonov fut convoqué au bureau de Stavski, lequel exigea qu'il lui dît « tout sur les conversations antisoviétiques [qu'il avait eues] à l'Institut ». Il voulait l'amener à se confesser et à se repentir, le mettre dans une position où il serait difficile de rejeter les demandes des autorités. Simonov nia avoir eu des conversations de ce genre, mais Stavski prétendit « avoir des renseignements sur lui ». Il lui fit comprendre qu'il valait « mieux dire la vérité » : « Visiblement, le fait que je fusse apparemment incapable d'être sincère et de dire la vérité l'irritait », rapporte Simonov. Après plusieurs vagues d'accusations de Stavski, suivies de dénégations de Simonov, ce fut l'impasse : Simonov refusait de coopérer. Stavski l'accusa de propager de la « poésie contre-révolutionnaire » et l'exclut du voyage. Peu à peu, Simonov devina d'où Stavski tenait ses « informations ». Parmi les étudiants de l'Institut, se trouvait un mordu de la poésie de Kipling. Un jour, Simonov s'était laissé entraîner dans une conversation sur Kipling avec un jeune enseignant qui lui avait demandé ce qu'il pensait de la poésie de Nikolaï Goumilev (exécuté comme « contre-révolutionnaire » en 1921). Simonov répondit qu'il aimait certains poèmes de Goumilev, mais pas autant que la poésie de Kipling. Encouragé par l'enseignant, il récita quelques vers de Goumilev. À l'en croire, Simonov fut terrorisé pour la première fois de sa vie. Il comprit qu'il était menacé d'arrestation, pour ses vues sur Goumilev, mais aussi du fait de ses origines nobles, que le professeur avait visiblement rattachées à son indulgence pour Goumilev dans son rapport. Pendant le reste de l'année universitaire, Simonov évita l'enseignant, qui fut lui-même arrêté un peu plus tard la même année (il était devenu mouchard dans un dernier effort désespéré pour se sauver et avait essayé de piéger Simonov)[81].

Au printemps de 1937, la plus vive inquiétude régnait à l'Institut littéraire. Comme d'autres institutions, le déclenchement soudain de la Grande Terreur l'avait pris au dépourvu ; et la panique était d'autant plus grande que l'on avait le sentiment que cette surprise attestait un « manque de vigilance ». Lors d'une série de réunions de purge, étudiants et enseignants lancèrent des appels hystériques à plus de « vigilance bolchevik et de véritable autocritique » pour débarrasser l'Institut de tous les « formalistes » et « averbakhiens » (trotskistes). Plusieurs étudiants furent arrêtés, certains pour les motifs libéraux ou religieux de leur poésie, d'autres pour avoir défendu Boris Pasternak (auquel la presse soviétique avait reproché son style individualiste). Une douzaine d'étudiants reçurent une « peignée » du Komsomol, et furent contraints d'abjurer leur travail à l'occasion de réunions d'étudiants où ils se firent vertement critiquer. Une étudiante fut exclue de l'Institut et remise au NKVD après qu'elle eut refusé de renier son père, un poète en disgrâce, et vaillamment déclaré à la meute de ses accusateurs : « Mon père est l'homme le plus honorable d'Union soviétique. » Cette attitude lui valut dix ans de Kolyma[82].

Deux bons amis de Simonov à l'Institut furent persécutés au cours de la Grande Terreur : le poète Valentin Portougalov fut arrêté en février 1937, après qu'un camarade eut rapporté ses propos à la police ; et, en avril de la même année, Vladimir Lougovskoï, le maître charismatique, fut dénoncé par le présidium de l'Union des écrivains pour avoir autorisé la réédition, en 1935, de quelques poèmes des années 1920 (des vers romantiques sur la nature russe), qui avaient été jugés depuis « politiquement nuisibles ». Contraint de désavouer ses poèmes, Lougovskoï écrivit un texte de dix pages « sur [ses] erreurs », exercice d'abaissement dans lequel il promit de se purger de « toutes les pensées surannées » qui l'avaient empêché de « suivre la marche de l'histoire[83] ». Lougovskoï était terrorisé. Au cours des années suivantes, il ne publia aucune poésie, hormis un « Chant sur Staline », qui devait être mis en musique en 1939[84].

Homme à la voix aussi douce que son tempérament, Lougovskoï fit aussi une série de discours politiques enragés pour réclamer le sang des ennemis. « Il est temps, déclara-t-il en octobre à un groupe d'écrivains moscovites, de purger notre pays de tous ces ennemis, ces salauds de trotskistes, de dégager d'un balai de fer tous ceux qui ont trahi notre mère patrie, et de purger ces éléments en notre sein[85]. »

Simonov eut lui aussi une réaction de peur. Avant l'incident dans le bureau de Stavski, il passait pour un étudiant modèle et un Soviétique loyal ; désormais, sa réputation était entachée. Évoquant l'incident Stavski, Simonov avoue avoir été « hébété et choqué, non pas tant par le sentiment d'un danger soudain [...] que par le constat qu'ils ne me croyaient ni ne me faisaient plus confiance ». Il entreprit de prouver ce qu'il valait par une série d'attaques contre les « formalistes » et autres « ennemis » lors des réunions de purge tenues à l'Institut[86]. Le plus extraordinaire de ces discours, qu'il prononça lors d'une réunion inaugurale de l'Institut, le 16 mai, contenait une condamnation au vitriol de son ami Evgueni Dolmatovski :

> Souvent [à l'Institut], il y a des conversations où les gens ne parlent que d'eux. En particulier, je me souviens d'avoir entendu un discours répugnant du camarade Dolmatovski dans une réunion de la quatrième année. Il ne disait pas « l'Institut » ou « nous », mais plutôt « moi et l'Institut ». Sa position était : « L'Institut ne prête pas assez attention aux individus de mon espèce. L'Institut a été créé pour éduquer deux ou trois talents, comme moi, Dolmatovski, et c'est la seule justification de son existence. À des talents comme moi, Dolmatovski, l'Institut devrait donner ce qu'il y a de mieux, fût-ce aux dépens des autres étudiants[87]. »

Peut-être Simonov s'était-il exprimé dans l'esprit d'autocritique (qui impliquait de critiquer ses plus proches amis) qui avait toujours fait partie de l'ethos du Komsomol. On attendait des étudiants qu'ils démontrassent leur loyauté et leur vigilance. Peut-être ne voulait-il pas faire de tort à son ami, même s'il était visiblement jaloux de la haute estime dans laquelle était tenu le talent de Dolmatovski ; le directeur de l'Institut y revenait souvent, alors qu'il plaçait Simonov dans une catégorie inférieure et le jugeait « juste assez bon pour l'enseignement, le journalisme et le travail éditorial[88] ». Finalement, la dénonciation de Simonov eut des conséquences relativement mineures pour Dolmatovski. Diplômé de l'Institut en 1938, on l'envoya travailler comme journaliste en Extrême-Orient : affectation très en deçà de sa valeur littéraire et dont il devait parler comme de la plus rude de sa vie. Cela aurait pu être bien pire. Les deux hommes restèrent en bons termes et eurent souvent l'occasion de se louer l'un l'autre, mais les amis de Simonov ne purent jamais se défaire du soupçon que Dolmatovski gardait une dent contre lui[89].

Quant à Simonov, les années de la Grande Terreur, qui furent si catastrophiques pour tant de ses amis, le catapultèrent au premier plan en tant que poète qui avait les faveurs du régime stalinien. En 1937, il entretint le culte de Staline par plusieurs poèmes, dont un pour chœur et orchestre, « Parade » :

Voici une chanson sur Lui
Sur ses vrais amis,
Ses vrais amis et camarades.
Le peuple entier

Lui voue amitié.
Comment dénombrer ses amis, il en a tant,
Autant compter les gouttes d'eau dans l'océan[90].

Dans *Bataille glacée* (1938), Simonov oppose l'histoire nationaliste du prince russe Alexandre Nevski, au XIIIe siècle, triomphant des chevaliers teutoniques, à la lutte soviétique contre les ennemis de l'étranger et de l'intérieur (thème également traité dans l'épopée de Sergueï Eisenstein, *Alexandre Nevski*, tournée la même année). Le poème, qui s'inscrivait dans l'effort de propagande pour préparer le pays à une guerre probable avec l'Allemagne, fut le premier véritable succès littéraire de Simonov. Il lui valut « gloire et popularité », dans les mots de Lougovskoï, qui soutint son entrée à l'Union des écrivains en septembre 1938[91]. Les torts que son refus de devenir informateur avaient pu faire à sa carrière furent apparemment compensés par les vers patriotiques qu'il avait écrits depuis : son acceptation fit de lui le plus jeune membre de l'Union, avec l'aval de Stavski.

La trahison de Dolmatovski par Simonov n'avait rien d'inhabituel dans l'atmosphère de la Grande Terreur. Un mouchard se souvient d'avoir bataillé avec sa conscience quand le NKVD lui demanda de faire des rapports sur ses amis (qui lui avaient tourné le dos après l'arrestation de son père). Il se demanda : « Qui sont mes amis ? Je n'ai pas d'amis. Je ne dois de loyauté à personne, en dehors de ceux qui peuvent me l'arracher — et envers moi-même[92]. » La peur déchirait les liens d'amitié, d'amour et de confiance. Elle a défait les liens moraux qui faisaient tenir la société à mesure que les individus se retournaient les uns contre les autres dans cette ruée chaotique vers la survie.

Après son arrestation, en 1937, Evguenia Guinzbourg fut trahie par nombre de ses amis, contraints de la dénoncer en sa présence lors de son interrogatoire dans la geôle de Kazan : le NKVD organisait souvent des « confrontations » de ce genre. Volodia Diakonov, écrivain qui faisait partie de la rédaction du journal où elle avait travaillé, fut de ceux-là :

> Nous nous connaissions depuis très longtemps ; nos pères se tutoyaient : ils étaient allés au lycée ensemble. J'avais beaucoup fait pour que l'on engage Volodia au journal ; c'est avec une sorte de tendresse que j'avais appris le métier de journaliste à ce jeune homme, de cinq ans mon cadet. Il avait souvent déclaré qu'il m'aimait comme une sœur.

Au cours de leur confrontation, l'officier chargé de l'interrogatoire lut la déclaration que Diakonov avait faite (il écorchait le russe), dénonçant Guinzbourg comme membre d'un « groupe de terroristes clandestins contre-révolutionnaires » au journal. Diakonov tenta de le nier, protestant qu'il avait simplement déclaré qu'elle avait un poste important à la rédaction, mais l'officier insista pour lui faire signer une déclaration confirmant l'existence de ce groupe.

> « Volodia, lui dis-je avec douceur, tout est faux. Vous n'avez rien déclaré de semblable. En signant, vous provoquez la mort de beaucoup de personnes ; il s'agit de vos camarades, de gens qui vous aiment bien. »
>
> Les yeux de bouc [de l'officier] semblent sortir de leurs orbites.
>
> « Comment osez-vous influencer le témoin ? Si vous

continuez, vous filez tout droit au cachot disciplinaire. Vous, Diakonov, hier, quand vous étiez seul, vous avez tout confessé. Et maintenant vous refusez. Je vais vous arrêter pour faux témoignage. »

Il feint de vouloir presser la sonnette dont il se sert généralement pour appeler le soldat qui accompagne les détenus. Volodia, tel un lapin hypnotisé par un boa, appose une signature de paralytique qui ne ressemble en rien au paraphe décidé qu'il mettait au bas de ses articles sur la morale nouvelle.

Puis il murmure, et c'est à peine si je parviens à l'entendre : « Pardonnez-moi, Jenia. Ma femme vient d'avoir une petite fille. Je ne peux pas me condamner à mort[93]. »

IV

Comment réagissait-on à la disparition soudaine de ses collègues, amis et voisins pendant la Grande Terreur ? Les prenait-on véritablement pour des « espions » et des « ennemis », comme le prétendait la presse soviétique ? Pouvait-on vraiment croire des choses pareilles de personnes que l'on connaissait depuis de longues années ?

Pour de vrais communistes, il n'était pas question de douter de ce que disait la direction du Parti. Le problème n'est pas de savoir s'ils croyaient que Toukhatchevski ou Boukharine étaient des espions, mais s'ils acceptaient le jugement du Parti en lequel ils plaçaient leur foi. Il y avait toutes sortes de manières de résoudre les questions qui surgissaient quand un proche ami ou camarade devenait soudain un « ennemi ». Anatoli Gorbatov, officier de l'Armée rouge de Kiev, raconte le raisonnement auquel il dut se livrer, comme beaucoup dans l'armée, quand Toukhatchevski et d'autres officiers supérieurs furent accusés d'espionnage :

> Comment est-il possible que des hommes qui ont tant contribué à mettre en déroute les interventionnistes étrangers et les réactionnaires de l'intérieur [...] soient soudain devenus des « ennemis du peuple » ? [...] Finalement, après avoir ruminé une multitude d'explications possibles, j'ai accepté la réponse la plus courante en ce temps-là. [...] « De toute évidence, disaient beaucoup de gens à l'époque [...], ils sont tombés dans les rets d'organisations de renseignement étrangères quand ils étaient à l'étranger... »

Quand le général Iakir fut arrêté, ce fut un « coup terrible » :

> Je connaissais bien Iakir, et je le respectais. Au fond de moi, je nourrissais l'espoir que ce n'était qu'une erreur : « Ça va s'éclaircir, on va le remettre en liberté. » Mais c'était le genre de choses que l'on ne se risquait à dire qu'entre intimes[94].

Apparemment, Iakir lui-même était disposé à accepter la décision du Parti, si l'on en juge par ses derniers mots devant le peloton d'exécution : « Vive le Parti ! Vive Staline[a][95]... »

Les geôles de Staline étaient pleines de bolcheviks qui continuaient de croire au Parti comme à la source de toute justice. D'aucuns acquiescèrent aux accusations portées contre eux à seule fin de préserver leur foi. Bien que la torture ait été souvent

a. Peut-être Iakir cherchait-il ainsi à sauver sa famille : tous les siens furent par la suite exécutés ou envoyés dans les camps.

utilisée pour arracher des aveux aux bolcheviks, le « facteur décisif » de leur reddition n'était pas la violence, si l'on en croit un ancien détenu (qui n'était pas communiste), mais le fait

> que la majorité des communistes convaincus devaient à tout prix garder leur foi en l'Union soviétique. Y renoncer eût été au-dessus de leurs forces. Dans certaines circonstances, il faut une grande vigueur morale pour renoncer à ses profondes convictions de toujours, même si celles-ci se révèlent intenables[96].

Nadejda Grankina rencontra de nombreux membres du Parti dans la prison de Kazan en 1938. Toutes continuaient de croire à la ligne du Parti. Quand elle leur parlait de la famine de 1932, elles répondaient que « c'était faux, que j'exagérais pour noircir la réalité ». Quand elle leur disait qu'elle avait été chassée de chez elle sans raison, ou à quel point le système des passeports avait détruit les familles, elles observaient : « C'est normal, c'est ainsi qu'il faut agir avec des gens comme toi. »

> Elles trouvent normal que l'on ait agi ainsi avec moi, puisque je critique les abus. Mais quand la même chose leur arrive, elles parlent d'erreur qui sera élucidée, puisqu'elles n'ont jamais douté, qu'elles ont toujours approuvé, toujours soutenu tout ce qui était dicté d'en haut. [...] Au moment de l'exclusion, aucune d'elles n'était intervenue en faveur de l'autre, toutes étaient restées muettes et avaient levé la main pour l'exclusion. Entraînées dans une psychose générale[97].

Pour la grande masse de la population, il y eut toujours deux réalités : la vérité du Parti et la vérité fondée sur l'expérience. Dans les années de la Grande

Terreur, cependant, quand la presse soviétique ne parlait que des grands procès et des abominables méfaits des « espions » et des « ennemis », peu étaient capables de voir clair à travers la propagande. Il fallait une extraordinaire force de volonté, généralement liée à un autre système de valeurs, pour amener quelqu'un à écarter les articles de presse et à remettre en cause les postulats de base de la Terreur. Pour certains, c'est la religion ou leur nationalité qui leur permit d'adopter un point de vue critique ; pour d'autres, un credo ou une idéologie du Parti différents ; et pour d'autres encore, peut-être l'âge (ils en avaient trop vu en Russie pour croire que l'innocence ait jamais protégé quiconque de l'arrestation). Mais pour les moins de trente ans, qui n'avaient jamais connu que le monde soviétique, ou n'avaient pas hérité d'autres valeurs de leur famille, il était quasi impossible de se démarquer du système de propagande et d'en contester les principes politiques.

Les jeunes étaient particulièrement crédules. Les écoles soviétiques leur avaient inculqué cette propagande. Riab Bindel se souvient :

> À l'école, ils disaient : « Voyez comme ils ne veulent pas nous laisser vivre sous le communisme, voyez comme ils font sauter les usines, dérailler les trams et tuent des gens : tout cela, c'est l'œuvre des ennemis du peuple. » Ils nous l'ont martelé si souvent que nous avons cessé de penser par nous-mêmes. Nous voyions des « ennemis » partout. On nous disait que si nous voyions quelqu'un de louche dans la rue, il fallait le suivre et le dénoncer : ce pouvait être un espion. Les autorités, le Parti, nos professeurs : tout le monde disait la même chose. Comment pouvions-nous penser autrement ?

Après avoir terminé l'école, en 1937, Bindel trouva une place en usine, où les ouvriers maudissaient régulièrement les « ennemis du peuple ».

> Quand il y avait une panne à l'usine, ils disaient : « Camarades, sabotage et trahison ! » Ils cherchaient quelqu'un qui avait une tache dans son passé et le traitaient d'ennemi. Ils le jetaient en prison, le frappaient jusqu'à ce qu'il eût avoué ce qu'il avait fait. Lors de son procès, ils disaient : « Voyez ce salaud qui travaillait secrètement parmi nous[98] ! »

Beaucoup d'ouvriers croyaient à l'existence d'« ennemis du peuple » et réclamaient leur arrestation parce qu'ils les associaient aux « chefs » (dirigeants du Parti, cadres et spécialistes), auxquels ils imputaient déjà leurs difficultés économiques. En fait, cette méfiance à l'égard des élites aide à expliquer que les purges aient eu l'heur de satisfaire amplement certaines catégories de la population, pour lesquelles la Grande Terreur était une « querelle de maîtres » qui ne les concernait pas. Une blague qui avait beaucoup de succès dans les années de la Terreur illustre à merveille cette perception. Le NKVD frappe à la porte d'un appartement en pleine nuit : « Qui c'est ? demande l'homme à l'intérieur. — Le NKVD, ouvre ! » L'homme est soulagé : « Non, non, leur dit-il, vous vous êtes trompés d'appartement : les communistes, c'est au-dessus[99] ! »

L'arrestation d'un proche parent ne suffisait pas à déprendre la plupart de leur croyance aux « ennemis ». En vérité, dans bien des cas, elle la renforçait. Ida Slavina, dont le père fut arrêté en 1937, resta fermement attachée à ses convictions de komsomol jusqu'en 1953 :

> Je ne croyais pas que mon père fût un « ennemi du peuple ». Je pensais qu'il était innocent, bien sûr. En même temps, je ne doutais pas un instant qu'il y eût des « ennemis du peuple ». J'étais absolument convaincue que c'était du fait de leur sabotage que les gens bien comme mon père étaient à tort jetés en prison. L'existence de ces ennemis était évidente à mes yeux. [...] J'avais lu des choses sur eux dans la presse et je les haïssais autant que quiconque. Avec le Komsomol, j'ai participé à des manifestations de protestation contre les « ennemis du peuple ». Nous criions : « Mort aux ennemis du peuple ! » La presse nous donnait ces slogans. Ils nous bourraient le crâne avec les grands procès. Nous lisions les confessions terribles de Boukharine et d'autres dirigeants du Parti. Nous étions horrifiés. S'ils étaient des espions, les « ennemis du peuple » étaient partout[100].

Roza Novosseltseva, dont les parents furent arrêtés en 1937, n'a jamais cru qu'ils fussent vraiment des « ennemis », mais elle était toute prête à le croire s'agissant de hauts dirigeants du Parti comme Boukharine. Ainsi qu'elle le dit à l'époque, « il faut bien un responsable à la tragédie que vit notre famille ». Vladimir Ianine, qui grandit dans une famille de diplomates soviétiques, crut toutes les accusations portées contre les « ennemis du peuple » — il tenait Ejov pour un « grand homme » — même si son père, sa sœur aînée, six de ses oncles et une tante furent tous arrêtés pendant la Grande Terreur. Ce n'est qu'après l'arrestation de sa mère, en 1944, qu'il commença à s'interroger. Il écrivit à Staline pour lui dire que sa mère était totalement innocente et le mettre en garde : son arrestation était la preuve que le NKVD était tombé entre les mains des « ennemis du peuple[101] ».

Les victimes de Staline elles-mêmes continuaient de croire à l'existence d'« ennemis du peuple ». Elles leur imputaient leur propre arrestation (qui relevait, à leurs yeux, du « sabotage contre-révolutionnaire ») ou imaginaient qu'on les avait prises à tort pour de véritables « ennemis du peuple ». Dimitri Streletski était le fils d'une famille de « koulaks » exilés en tant qu'« ennemis du peuple ». Il continua de croire à toute la propagande du régime pour devenir un stalinien fervent jusqu'en 1953. Se retournant sur sa vie, Streletski estime qu'« il nous était plus facile à nous [les réprimés] de survivre à nos châtiments si nous continuions à croire en Staline, de penser qu'il était la dupe des "ennemis du peuple", plutôt que d'abandonner tout espoir en lui ».

> Nous n'avons jamais pensé que Staline était responsable de nos souffrances. Nous nous étonnions seulement qu'il ne sût pas qu'il était dupé. [...] Mon père lui-même disait : « Staline ne sait pas, ce qui veut dire que tôt ou tard nous serons forcément libérés [rappelés d'exil]. » [...] Peut-être était-ce une manière de nous abuser nous-mêmes, mais, psychologiquement, cela nous rendait la vie plus supportable, de croire à la justice de Staline. Cela nous soulageait de notre peur[102].

Pavel Vittenbourg, le géologue qui passa de longues années dans les camps de travail, approuva la Grande Terreur contre les « ennemis du peuple ». Ainsi qu'il l'expliqua dans une lettre de février 1937 à sa femme, à l'occasion d'une expédition à Severnaïa Zemlia :

> Tu demandais si j'avais entendu parler du procès de Piatakov à la radio. J'ai tout entendu, et je comprends

> maintenant que ma chute est entièrement le fait de ces canailles de trotskistes : ils ont essayé de détruire notre Union [soviétique]. Tant d'innocents qui n'étaient pas membres du Parti ont été exilés du fait de leurs basses manœuvres[103].

Pour ceux qui étaient moins certains de l'existence de tous ces « ennemis du peuple », ce n'est pas tant les grands procès qui semèrent le doute (peu contestèrent la véracité de l'accusation) que la soudaine disparition de collègues, amis et voisins dont la culpabilité était invraisemblable.

Une manière courante de faire un sort à ces pensées troublantes était de ne pas penser — de se dérober à toute forme de politique pour se replier sur la vie privée. Beaucoup réussirent à survivre à la Grande Terreur en feignant de ne pas voir les événements politiques ; cela vaut même pour les membres de l'élite politique, qui durent fermer les yeux sur les disparitions décimant leurs rangs. Éminent juriste et membre de la Cour suprême de l'Union soviétique, Mikhaïl Issaïev menait grand train à Moscou avec sa femme et leurs quatre enfants. Tout au long des années de la Grande Terreur, jamais il ne fut question de politique à la maison, si l'on en juge par les souvenirs de sa femme Maria, alors même que les arrestations massives affectèrent nombre de leurs amis. Issaïev semblait étonnamment inconscient de ce qui se passait, fût-ce chez lui. Dans une lettre à sa fille, écrite en décembre 1937, il se plaignit de la disparition de la gouvernante, une vieille fille, qui n'avait pas donné de nouvelles depuis plusieurs jours. Le désordre régnait à la maison. Issaïev était visiblement contrarié qu'elle eût « disparu sans prévenir quiconque ». Il n'avait « aucune idée » des raisons de sa disparition et se demandait s'il devait la congédier. Jamais il ne lui vint à l'esprit qu'elle avait été arrêtée — ce qui était bel et bien le cas — et qu'elle n'avait personne pour prévenir ses patrons[104].

Beaucoup d'enfants de ces familles de l'élite étaient protégés des événements politiques. Dina Kaminskaïa, fille d'un avocat et ancien activiste kadet (libéral), ne s'interrogeait jamais sur la politique. Chez ses parents, on évitait le sujet. Après même que son père eut perdu sa place dans une banque soviétique, Dina continua de mener sa « vie insouciante d'étudiante » à la faculté de droit où elle était entrée en 1937. Des années plus tard, elle en discuta avec une amie intime. Toutes deux reconnurent qu'elles avaient été très heureuses pendant la Grande Terreur, sans avoir peur ni même vraiment conscience de ce qui se passait : « Simplement, nous avions été incapables de percevoir l'horreur et le désespoir qui étreignaient la génération de nos parents. » L'amie de Dina évoqua un incident de 1938. Rentrant tard d'une soirée d'étudiants, elle avait perdu sa clé :

> Rien d'autre à faire que de sonner à la porte pour réveiller sa famille. N'obtenant pas de réponse, elle sonna une seconde fois. Elle entendit bientôt des pas et la porte s'ouvrit. Son père était là, habillé comme s'il ne s'était pas couché et venait juste d'arriver, ou bien était sur le point de ressortir. Il portait un costume sombre, une chemise propre et une cravate bien nouée. En voyant sa fille, il la regarda fixement en silence puis, sans dire un mot, il la gifla.

Dina connaissait le père de son amie. Un homme cultivé, sans violence aucune en lui. Sa réaction au coup frappé nuitamment à la porte avait été manifestement déclenchée par la peur qu'« ils » ne fussent venus pour lui. Son amie fut d'abord choquée par le geste :

> Apitoyée sur son propre sort, elle éclata en sanglots et fit des reproches à son père. Puis elle oublia complètement l'incident. Des années passèrent avant qu'elle ne se ressouvienne du visage pâle de son père, de son silence et de cette claque en pleine figure : sans doute la seule fois de sa vie où il eût jamais frappé quelqu'un. Je me rappelle la douleur avec laquelle elle me raconta cette histoire et combien elle était rongée par la culpabilité au souvenir de l'incompréhension dont non seulement elle mais toute notre génération avait fait preuve[105].

Les Soviétiques géraient leurs doutes en les refoulant ou en trouvant le moyen de les rationaliser de manière à préserver les structures élémentaires de leur croyance communiste. Ils ne le faisaient pas en connaissance de cause et, d'une manière générale, ils ne prirent conscience de leur comportement que des années plus tard. Le père de Maïa Rodak fut dénoncé en 1937 comme « ennemi du peuple » pour avoir prononcé par inadvertance une expression que Trotski avait utilisée dans une lettre aux autorités soviétiques. Après son arrestation, Maïa essaya — c'est du moins ainsi qu'elle voit les choses aujourd'hui — de concilier ses doutes à propos de la Terreur avec ses croyances communistes.

> Tant de questions me troublaient. En réaction, je suis devenue délibérément conformiste. C'est ainsi que les choses se sont passées, même si je n'emploie le mot « conformiste » qu'aujourd'hui. [...] Ce n'était pas un jeu, mais une stratégie de survie. Par exemple, mon amie Alla et moi n'aimions pas le culte de Staline, mais l'idée que ce pût être un égarement était

> tout bonnement inadmissible, même pour nous. J'étais consciente de la nécessité constante de me corriger, de me débarrasser de mes doutes[106].

Dans ses Mémoires, Simonov s'interroge sur sa réaction à l'arrestation d'un parent (un grand-oncle du côté de sa mère), officier supérieur de l'armée de terre, en rapport avec le procès de Toukhatchevski et d'autres chefs militaires en 1937. Simonov raconte qu'il n'eut pas l'ombre d'un doute sur la culpabilité des accusés. Enfant, il avait adoré Toukhatchevski, qu'il avait souvent vu chez son oncle, à Moscou. La mère de Simonov était furieuse de l'arrestation et certaine de l'innocence de leur parent. Aussi Simonov pesa-t-il les preuves avec le plus grand soin mais, finalement, il décida d'accepter ce qu'il avait lu dans la presse soviétique. Comme la plupart des gens à l'époque, il supposait que personne n'oserait exécuter de si grands chefs sans preuve concluante de leur trahison :

> Comment aurait-on douté de l'existence d'une redoutable conspiration ? Tout doute en la matière était inconcevable : il n'y avait pas d'autre solution. Je parle de l'esprit de ce temps : ou ils étaient coupables, ou c'était à n'y rien comprendre.

Suivant le même raisonnement, Simonov était disposé à admettre que son parent était coupable de quelque crime. Parce qu'il avait déjà été arrêté par le passé, en 1931, puis libéré faute de preuves, il semblait à Simonov que cette nouvelle arrestation devait signifier qu'une preuve plus solide avait vu le jour (conclusion renforcée par le fait que son beau-père, lui aussi arrêté en 1931, n'était pas inquiété par la police)[107]. Autrement dit, Simonov interpréta les indices d'une manière qui renforçait son système de croyance communiste parce que l'incrédulité était « inconcevable ».

Une autre manière de concilier la disparition soudaine d'amis et de parents avec sa croyance en la justice soviétique consistait à se dire que des innocents étaient arrêtés « par méprise ». Dans cette logique, il y avait forcément des erreurs dans l'identification des véritables « ennemis du peuple », tant les « ennemis » étaient nombreux et bien cachés. De la sorte, le véritable ennemi était toujours quelqu'un d'autre — les fils et maris de toutes les autres femmes qui faisaient la queue pour remettre des colis aux portes de la prison —, mais jamais ses amis ou parents à soi.

Évoquant l'arrestation de son mari, en 1936, Olga Adamova-Sliozberg résume ainsi sa réaction :

> Non, pas moi, pas lui, cela ne pouvait nous arriver ! Quelques rumeurs couraient bien (des rumeurs seulement, car nous étions au début 1936), quelque chose se serait produit, quelques arrestations... Mais cela concernait des gens tout à fait autres, vraiment nous n'avions rien à voir avec cela, nous qui étions si calmes, si honnêtes[108]...

Lors de son arrestation par le NKVD, le mari d'Olga crut à un « malentendu ». Comme des millions d'autres, il partit en disant à sa femme que tout serait bientôt élucidé (« ce doit être une erreur »). Certain de rentrer bientôt, il ne prit qu'un sac pour la nuit. Slavine et Piatnitski en firent autant.

Convaincus qu'une erreur avait été commise, beaucoup de gens écrivirent à Staline pour réclamer la libération des leurs. Anna Semionova, élevée en communiste, raconte avoir écrit à Staline après l'arrestation de son père en juin 1937 : « J'imaginais que d'ici quelques jours Staline recevrait ma lettre, la lirait et dirait : "Que se passe-t-il ? Pourquoi a-t-on arrêté un honnête homme ? Libérez-le sur-le-champ et présentez-lui vos excuses." » Trois mois plus tard, quand ce fut au tour de sa mère d'être emmenée, Anna se dit encore que ce devait être « une erreur[109] ».

La chute d'Ejov, le chef du NKVD responsable de la Grande Terreur, renforça ce système de croyance. Ejov tomba dans l'automne de 1938 au milieu d'une pléiade de scandales (pas tous entièrement fabriqués) liés à sa vie privée : liaisons homosexuelles, orgies bisexuelles et beuveries, sans compter les histoires rocambolesques qui faisaient de sa femme une « espionne anglaise ». Mais la vraie raison de la chute d'Ejov était le sentiment toujours plus net de Staline que la stratégie des arrestations massives avait fait son temps. Au rythme où se poursuivaient les arrestations, toute la population soviétique se trouverait bientôt en prison. Staline fit clairement comprendre que le NKVD ne pouvait continuer d'incarcérer sur la seule foi de dénonciations et sans se donner la peine de s'enquérir de leur véracité. Il mit en garde les carriéristes qui faisaient des dénonciations pour s'élever dans la société. Après la chute d'Ejov, en décembre 1938, son remplaçant, Lavrenti Beria, annonça aussitôt une révision complète des arrestations effectuées sous le règne d'Ejov. En 1940, 1,5 million d'affaires avaient été révisées et 450 000 condamnations cassées, 128 000 dossiers clos, 30 000 personnes libérées de prison, 327 000 des camps de travail et des colonies du Goulag. Du fait de ces élargissements, beaucoup retrouvèrent la foi en la justice soviétique. Ils permirent aux vacillants d'imputer la « terreur d'Ejov » (*ejovchtchina*) à une aberration temporaire plutôt qu'à un abus systématique. Toutes les arrestations massives étaient le fait d'Ejov, assurait-on, mais Staline avait corrigé ses erreurs et dénoncé en Ejov un « ennemi du peuple » qui avait essayé de miner le gouvernement en arrêtant ses fonctionnaires et en semant le mécontentement. Le 2 février 1940, Ejov comparut devant le collège militaire : reconnu coupable de complot terroriste et d'espionnage au profit de la Pologne, l'Allemagne, la Grande-Bretagne et le Japon, il fut exécuté dans un bâtiment spécial qu'il avait lui-même fait construire pour exécuter les « ennemis », non loin de la Loubianka[110].

La nomination de Beria fut accueillie avec soulagement. « L'apparition de ce personnage pur et idéal — c'est l'image que nous donnait Beria — nous réjouit », rapporte Mark Laskine, qui espérait, comme beaucoup, que « tous les innocents allaient être maintenant libérés, pour ne laisser en prison que les vrais espions et ennemis[111] ». Simonov confie que la révision menée par Beria suffit à lui rendre la foi en la justice soviétique et à dissiper les doutes qu'il avait pu avoir quant à l'arrestation de parents. En vérité, son effet sur Simonov fut de renforcer sa conviction que tous ceux qui n'avaient pas été libérés, ou furent arrêtés par la suite, devaient être coupables d'un crime ou d'un autre. Rappelant sa réaction à l'arrestation en 1939 de l'écrivain Isaac Babel et du metteur en scène Vsevolod Meyerhold, Simonov confesse :

> Malgré l'importance de ces hommes en littérature et dans le théâtre, ainsi que les immenses ondes de choc provoquées par leur soudaine disparition — dès cette

> époque —, le fait que ces arrestations furent si soudaines et, en général, dans ces cercles, si inhabituelles, et qu'elles eurent lieu sous Beria, qui corrigeait les erreurs d'Ejov, tout cela me fit penser : peut-être ces hommes sont-ils effectivement coupables de quelque chose. Nombre de personnes arrêtées sous le règne d'Ejov étaient peut-être innocentes, mais ces gens-là, qu'Ejov avait épargnés, avaient été brusquement arrêtés alors que l'on corrigeait les erreurs passées. Il paraissait donc probable qu'ils n'avaient pas été arrêtés sans bonnes raisons[112].

L'un de ceux qui nourrissaient de sérieux doutes sur les accusations portées contre Meyerhold et Babel était Vladimir Stavski, l'ancien secrétaire général de l'Union des écrivains, qui avait tenté de faire de Simonov un délateur. Issu d'une famille ouvrière de la ville de Penza, en province, Stavski n'aurait pu se hisser au sommet de l'establishment littéraire soviétique sans apprendre à transiger sur ses principes moraux. En sa qualité de « bourreau de la littérature soviétique » sous Staline, il avait autorisé l'arrestation de nombreux écrivains et écrivit personnellement la dénonciation qui aboutit à l'arrestation de Mandelstam au printemps de 1938[113]. Mais toute cette époque Stavski n'en fut pas moins en proie au doute et à la peur. Il confia son désespoir à son journal intime qu'il tenait, comme Prichvine, d'une écriture en pattes de mouche, à peine lisible pour un autre que lui. Stavski fut particulièrement troublé par l'histoire qu'il avait entendue de ce cadre du Parti qui se servait de sa voiture avec chauffeur comme d'un bordel. « Je ne comprends pas comment c'est arrivé, avait dit le chauffeur à propos de son patron. C'était un gars ordinaire, comme nous, mais ensuite il a franchi une ligne de partage et il est devenu un porc à la trogne maculée de crasse. Un ouvrier régulier n'accumule pas tant de crasse de toute sa vie[114]. » Peut-être parce qu'il avait perdu la foi, Stavski se mit à boire, prit du poids et tomba malade. Souvent, se remettant de sa dernière cuite, on ne le voyait pas à son travail des jours durant. Il évitait les réunions où l'on dénonçait des écrivains, ou se montrait extrêmement tempéré dans ses propos. Ce qui lui valut d'être finalement condamné en novembre 1937 par le comité du Parti de l'Union des écrivains :

> En sa qualité de dirigeant de l'Union des écrivains, le camarade Stavski fait beaucoup de bruit autour de la nécessaire vigilance en littérature, il réclame une campagne pour démasquer les ennemis. En réalité, cependant, il a contribué à dissimuler les averbakhiens, il n'intervient pas vraiment pour désarmer les « ennemis du peuple » et les éléments étrangers du Parti, mais observe le silence sur les erreurs qu'il a commises en entretenant des relations avec l'ennemi[115].

Soumis aux pressions de plus en plus intenses de ses maîtres politiques, Stavski fut finalement écarté de la direction de l'Union des écrivains au printemps de 1938.

Beaucoup de personnes, comme Stavski, avaient des doutes sur les arrestations massives, mais peu osèrent les dénoncer. Les possibilités d'opposition effective étaient en tout état de cause extrêmement limitées, ainsi que le démontra clairement la protestation de Piatnitski au plénum du Parti. Des groupes ou des particuliers écrivirent aux dirigeants du Parti pour s'indigner des arrestations massives, mais ils le firent presque toujours anonymement.

« Des centaines de milliers d'innocents croupissent dans les geôles, sans que nul ne sache pourquoi… Tout repose sur des mensonges », écrivit un groupe anonyme à Molotov en juin 1938 (« Excusez-nous de ne pas signer de nos noms, il est interdit de se plaindre »)[116]. Localement, il se trouva des membres du Parti pour protester, notamment des bolcheviks déjà âgés, dont les mœurs politiques avaient été formées avant l'ascension de Staline.

Olga Adamova-Sliozberg raconte l'histoire d'un vieux-bolchevik, un dénommé Altounine, qu'elle rencontra à la Kolyma en 1939. Originaire de la province de Voronej, il avait été tanneur avant de rejoindre le Parti. Bel homme d'âge mûr à la barbe rousse, il avait autrefois été très robuste, mais le travail dans les mines l'avait affaibli. Quand Olga fit sa connaissance, il avait été affecté à une brigade féminine de construction de Magadan, où il faisait office d'outilleur. Il raconta son histoire à Olga :

> Quand tout a commencé en 1937 : « Un tel est un ennemi, un tel aussi, excluons-le du Parti, levons la main, abattons nos camarades », je me suis porté malade et ne suis plus allé aux réunions du Parti, puis j'ai compris qu'il fallait faire quelque chose, que ça ne pouvait pas durer : nous perdions le Parti, causions la perte de tous ces gens respectables, des gens honnêtes. Qu'ils fussent tous des traîtres, je ne le croyais pas, je les connaissais bien tout de même. Un soir, j'ai rédigé une déclaration en trois exemplaires : une pour mon organisation communiste, une pour Staline en personne, la troisième pour la Commission de contrôle central [du Parti]. J'ai écrit que nous assassinions la Révolution. […] Dans cette lettre j'ai vidé mon cœur. Je l'ai montrée à ma femme. Elle m'a dit : « Tu cours à ta perte. Dès que tu auras envoyé cette déclaration,

on t'arrêtera. — Qu'ils m'arrêtent, je préfère être en prison que de lever la main et de perdre des camarades. » Il arriva ce qu'elle avait prédit. J'ai envoyé ma déclaration et trois jours plus tard j'ai été arrêté. Ils ont été expéditifs, dix ans, et à la Kolyma.

À la question de savoir s'il avait jamais regretté ce qu'il avait fait, Altounine répondit que si, une fois, quand il avait été enfermé dans une cellule d'isolement parce que son équipe de travail n'avait pas réussi à arracher des souches dans une forêt où il gelait dur :

> [...] Une immense amertume m'envahit : « Les autres ont été jetés en prison, moi je m'y suis jeté moi-même. Et pour quel résultat ? Tout est resté comme avant. Le soleil, lui, a peut-être honte, mais le Moustachu [Staline], tu ne l'ébranleras pas... Je serais avec ma femme, avec mes enfants au chaud près du samovar. » À cette pensée, je me suis frappé la tête contre le mur pour que ces idées ne viennent plus. J'ai couru toute la nuit dans ma cage et me suis couvert d'insultes les plus noires pour avoir pleuré la vie facile[117].

L'unique source d'opposition capable d'avoir la moindre réelle influence se trouvait au sein même du système de répression. Les juges des cours locales excellaient souvent à alléger des peines, quand ils ne classaient pas carrément des dossiers faute de preuves, même si, après l'été de 1937, la quasi-totalité des suspects emportés par les arrestations massives furent sommairement jugés et condamnés par des troïkas, cours spéciales composées de trois hommes (représentant habituellement le NKVD, le parquet et le Parti) mises en place pour contourner les tribunaux[118]. Au sein du NKVD, également, il y eut des responsables courageux qui osèrent dénoncer les arrestations massives, notamment lors des « opérations antikoulaks », qui rappelaient le chaos sanglant de 1928-1933 à plus d'un agent local. Edouard Salyne, le chef du NKVD dans la province d'Omsk, prit la parole lors d'une conférence organisée par Staline et Ejov pour discuter de l'« opération antikoulak » en juillet 1937. Dans sa région, expliqua-t-il,

> les « ennemis du peuple » et les trotskistes ne sont pas suffisamment nombreux pour justifier une campagne de répression et, d'une manière générale, j'estime qu'il est totalement erroné de décider à l'avance du nombre de personnes à arrêter et à fusiller.

Salyne fut arrêté peu après la conférence, jugé et exécuté[119].

Officier du NKVD, Mikhaïl Chreider se déclara lui aussi opposé aux arrestations massives. Dans ses Mémoires écrits dans les années 1970, il se présente comme un « pur tchékiste » inspiré par les idéaux léninistes de Felix Dzerjinski, le fondateur de la Tcheka en 1917. Chreider rédigea ses souvenirs afin de justifier son travail à la Tcheka et se présenter en victime de la Grande Terreur. Suivant sa version des événements, il perdit ses illusions sur le régime stalinien en observant la corruption de ses camarades officiers du NKVD dans les années 1930. Des hommes qu'il avait connus dignes et honnêtes étaient désormais disposés à utiliser toute forme de torture contre les « ennemis du peuple » si cela pouvait servir leur carrière. Chreider fut également troublé par l'ampleur des arrestations. Il n'arrivait pas à croire qu'il y eût tant d'« ennemis du peuple ». Mais il avait peur d'exprimer ses doutes et d'être dénoncé.

Il découvrit vite que nombre de ses collègues partageaient sa peur, mais personne ne voulait briser la conspiration du silence. Alors même qu'un collègue sûr disparaissait, ses camarades osaient au mieux dire qu'il était sans doute un « homme honnête ». Nul ne suggérait qu'il pût être innocent : c'eût été courir le risque d'être dénoncé à son tour pour contestation de la purge. « Personne ne comprenait les raisons de ces arrestations, ajoute Chreider, mais les gens avaient peur de parler, de crainte de faire naître le soupçon qu'ils aidaient les "ennemis du peuple" ou communiquaient avec eux[120]. »

Plusieurs mois durant, Chreider garda le silence en voyant ses vieux amis et collègues arrêtés et condamnés à mort. Incapable de s'opposer à la Terreur, il devint un genre d'objecteur de conscience en refusant d'assister à l'exécution de collègues du NKVD dans la cour de la Loubianka. Puis, au printemps de 1938, il fut affecté à Alma-Ata où il devint le bras droit de Stanislav Redens, chef du NKVD au Kazakhstan (et beau-frère de Staline). Chreider et Redens devinrent intimes. Ils étaient voisins et les leurs étaient toujours fourrés les uns chez les autres. Chreider observa l'aversion croissante de Redens pour les méthodes de torture de ses agents. Il perçut chez lui une certaine humanité. Quant à Redens, il avait perçu en Chreider un homme qui partageait ses doutes sur les méthodes employées pendant la Grande Terreur. Au cœur de la nuit, il l'entraîna hors de la ville et arrêta sa voiture. Les deux hommes descendirent et se mirent à marcher. Quand ils furent hors de portée de voix du chauffeur, Redens dit à Chreider : « Si Felix Edouardovitch [Dzerjinski] était encore en vie, il aurait fait exécuter nombre d'entre nous pour la façon dont nous travaillons aujourd'hui. » Chreider fit celui qui ne comprenait pas : se montrer complice d'une telle réflexion suffisait à justifier son arrestation immédiate. Comment être sûr que ce n'était pas une provocation de la part de son patron ? Redens continua de parler. Chreider comprit sans tarder qu'il pensait bien ce qu'il avait dit. Chreider fit à son tour part de ses troubles. La confiance établie, les deux hommes se livrèrent l'un à l'autre. Redens regretta que tous les communistes corrects eussent été détruits, tandis que les pareils d'Ejov restaient intouchables. Mais il demeurait encore des sujets trop dangereux pour oser les aborder. Se retournant sur ces conversations chuchotées, Chreider observe que Redens en savait bien plus long sur la Terreur qu'il ne l'avait laissé entendre : « Sa situation et les circonstances de l'époque l'obligeaient, comme nous tous, à ne pas appeler les choses par leur nom, et à ne pas parler de choses pareilles, même avec ses amis[121]. »

Ses conversations avec Redens enhardirent Chreider. Elles firent naître en lui remords et colère. Il écrivit à Ejov pour protester contre l'arrestation d'un ancien collègue du NKVD, et contre celle du cousin de sa femme, étudiant à Moscou, certifiant l'innocence des deux hommes. Quelques jours plus tard, en juin 1938, Redens reçut un télégramme d'Ejov ordonnant l'arrestation de Chreider. Informé de cette décision dans le bureau de Redens, Chreider supplia celui-ci d'en appeler à Staline : « Stanislav Frantsevitch, vous me connaissez bien et, après tout, vous êtes son beau-frère. Ce doit être une erreur. » Redens répondit : « Mikhaïl Pavlovitch, je glisserai un mot pour vous, mais je crains que ce ne soit sans espoir. Aujourd'hui c'est vous, demain ce sera sans doute mon tour. » Chreider fut incarcéré dans la prison des Boutyrki, à Moscou. En juillet 1940, il fut condamné à dix ans de camp de travail, suivis de trois ans d'exil. Redens fut arrêté en novembre 1938 et exécuté en janvier 1940[122].

V

La nuit de l'arrestation de son père, en mai 1937, Elena Bonner fut envoyée par sa mère chez sa tante Ania et son oncle Liova pour qu'elle ne soit pas dans leurs pattes lors de la perquisition du NKVD. Alors âgée de quatorze ans, Elena traversa Leningrad et frappa à la porte de ses parents. « La porte s'est ouverte immédiatement à mon coup de sonnette, comme si on m'attendait », raconte Elena, qui expliqua alors à son oncle et à sa tante ce qui s'était passé. Son oncle paniqua et se mit en colère. Puis il commença à poser des questions sur le travail de son père :

> Je n'avais pas encore compris ce qu'il voulait dire et j'essayais d'entrer dans leur appartement. Ania a dit quelque chose. Liova lui a presque crié : « Ania, je t'en prie, il faut toujours que tu... »
>
> Il a mis son bras en travers de la porte pour m'empêcher d'entrer. Et il a chuchoté à toute vitesse : « On ne peut pas te laisser entrer, on ne peut pas ! Tu ne comprends donc pas ? »
>
> Et il a répété cela deux ou trois fois, en me postillonnant dessus. Ania disait quelque chose, je voyais sa bouche s'ouvrir, mais je n'entendais que le murmure de Liova, aussi fort qu'un cri.
>
> J'ai reculé et me suis adossée à la rampe de l'escalier. La porte s'est refermée. Je suis restée là, incapable

> de réaliser ce qui s'était passé. Puis je me suis frotté le visage avec la paume de la main et j'ai commencé à descendre. Je n'étais pas encore arrivée en bas que j'ai entendu la porte se rouvrir. Je me suis retournée. Liova était debout sur le seuil. J'ai eu peur qu'il me rappelle. Mais il se taisait. Puis, lentement, il a commencé à refermer la porte. Alors, je lui ai crié : « Goujat ! » Et j'ai eu le temps de le voir pâlir[123].

Innombrables sont les histoires d'abandon par les amis et voisins, voire par les siens, à la suite de l'arrestation d'un proche parent. Les gens avaient peur d'être en contact avec les familles des « ennemis du peuple ». Ils traversaient la rue pour les éviter, s'abstenaient de leur parler dans les couloirs des immeubles communautaires et interdisaient à leurs enfants de jouer avec les leurs dans la cour. Certains retiraient les photographies d'amis et de parents qui avaient disparu. Parfois, ils allaient jusqu'à les déchirer ou à gribouiller leurs visages sur les portraits de famille.

Soljenitsyne observe :

> La traîtrise la plus bénigne, mais en revanche la plus répandue, consistait à ne pas faire expressément le mal, mais : à ignorer celui qui à tes côtés était en perdition, à ne pas lui venir en aide, à te détourner, à te faire tout petit. On vient d'arrêter ton voisin, ton compagnon de travail, voire ton proche ami. Tu te tais, tu fais semblant de n'avoir rien remarqué [...][124].

Olga Adamova-Sliozberg se souvient de l'arrestation de son mari :

> Mes connaissances pour me parler prenaient un certain ton et cherchaient à m'éviter. Elles changeaient de trottoir en m'apercevant. Il s'en trouva

> certains qui me manifestaient une attention sans faille, mais c'était de leur part de l'héroïsme, eux et moi nous le savions[125].

Après l'arrestation de ses parents, en juin 1937, Inna Gaister et sa sœur furent expulsées de leur datcha familiale de Nikolina Gora. Sur instruction de leurs parents, leur nourrice les emmena chez le poète Alexandre Bezymenski, un vieil ami de leur père, qui, espéraient-ils, les accueillerait. Le poète les conduisit à la gare la plus proche et les mit dans le premier train pour Moscou. « Il avait trop peur de se mouiller, précise Inna. Il allait souvent chez ma grand-mère, mais sa femme et lui venaient d'avoir un bébé, et la peur a dû l'emporter sur la dignité[126]. »

Quand Stanislav et Varvara Boudkevitch furent arrêtés, en juillet 1937, leur fille Maria et son petit frère furent chassés des deux chambres familiales de l'appartement communautaire qu'ils avaient occupées à Leningrad. Les deux pièces revinrent alors à des voisins, une femme et son mari avec trois enfants en bas âge, qui avaient été en bons termes avec les Boudkevitch jusqu'en 1937, quand la femme les avait dénoncés au NKVD comme contre-révolutionnaires et espions (Stanislav était d'origine polonaise). La femme avait même prétendu que Varvara, chercheuse en histoire, se prostituait et faisait venir ses clients dans l'appartement. Le frère de Maria fut placé dans un orphelinat, tandis qu'elle resta brièvement livrée à elle-même ; elle venait d'avoir quatorze ans. Les tout premiers jours, Maria logea chez une camarade d'école. Puis elle trouva une chambre où elle vécut seule. Une vieille amie de la famille, l'épouse d'un cadre bolchevik, conseilla à Maria de demander à ses anciens voisins s'ils savaient où étaient passés ses parents. Quand Maria retourna à l'appartement communautaire, elle reçut un accueil hostile :

> Mon Dieu ! Ils avaient si peur de moi qu'ils ne voulaient même pas me laisser entrer. Vous imaginez ? La femme qui avait repris nos chambres était contrariée et fâchée de me voir. Son mari avait-il déjà été arrêté ou avait-il peur que l'on vînt le chercher ? Je ne sais plus. Peut-être la famille avait-elle des ennuis. En tout cas, ils ne voulaient pas m'aider. La femme a dit simplement : « J'en sais rien. Rien. Tu comprends ? Et s'il te plaît, ne remets pas les pieds ici[127] ! »

Du jour au lendemain, les voisins devenaient des étrangers. Depuis près de trente ans, les Tourkine habitaient à côté des Nikitine. Ils partageaient le rez-de-chaussée d'une maison de bois à deux étages à l'angle de la rue du Soviet et de la rue Sverdlov à Perm : les sept Tourkine (Alexandre, Vera et leurs deux filles, la mère de Vera, son frère et sa sœur) occupant trois pièces dans l'aile droite de la maison, et les Nikitine, une famille de quatre, occupant trois pièces de l'aile gauche. Alexandre Tourkine était un vétéran bolchevik, un camarade de Sverdlov du temps du mouvement révolutionnaire clandestin à Perm. Comme toute sa famille, Alexandre travaillait aux aciéries Motovilikha. Il était aussi journaliste du quotidien local et juge à la cour régionale. Il fut arrêté en 1936 comme trotskiste. Sa femme Vera, une ouvrière qui ne s'intéressait pas à la politique, accepta sa culpabilité comme un fait acquis. Sa mère, femme impérieuse qui tenait la maison Tourkine, crut elle aussi que son gendre était coupable. Elle découpa son visage du portrait de famille qui trônait dans la salle à manger. « S'il y a un ennemi parmi nous, nous devons le retirer », déclara-t-elle. Vera perdit sa place à l'usine Motovilikha après un accident du travail (en tant que femme d'un « ennemi du peuple », elle n'avait pas droit aux indemnités maladie). Le seul emploi qu'elle put trouver fut une place de vendeuse de presse dans un kiosque de rue. Le frère de Vera et sa sœur Valia perdirent aussi leur travail à l'usine. Valia, qui était enceinte, fut aussitôt abandonnée par son mari, qui obtint le divorce pour raisons politiques. La famille eut le plus grand mal à joindre les deux bouts. Il n'y avait jamais grand-chose à manger. Mais le plus dur à supporter, si l'on en croit la fille de Vera, était l'ostracisme des voisins et amis à leur égard :

> Tout le monde avait peur de nous. Ils avaient peur de nous parler, ou même de s'approcher de nous, comme si nous étions des pestiférés et que nous allions les contaminer. […]. Nos voisins nous évitaient, ils interdirent à leurs enfants de jouer avec nous. […] En 1936 [quand Alexandre fut arrêté], personne ne disait quoi que ce soit des « ennemis du peuple » : on se taisait. En 1937, en revanche, tout le monde nous traitait d'« ennemis du peuple ».

Les Nikitine tournèrent eux aussi le dos à leurs voisins. Anatoli Nikitine était comptable aux usines Motovilikha. Peut-être était-ce la peur d'être limogé qui le conduisit à couper les ponts avec les Tourkine. Les deux familles avaient l'habitude de partager leurs repas à la cuisine ; leurs enfants aimaient à jouer ensemble dans la cour. Désormais, ils restaient à l'écart et ne se parlaient pas. Les Nikitine écrivirent même au soviet pour renier leurs anciens voisins et en furent récompensés d'une chambre supplémentaire aux dépens des Tourkine. Valia et son bébé furent chassés de leur chambre. Ils rejoignirent le frère et la mère de Valia dans la pièce d'à côté. La sœur d'Anatoli reprit la chambre de Valia, que la réouverture d'une porte condamnée permit de rattacher à l'appartement des Nikitine[128].

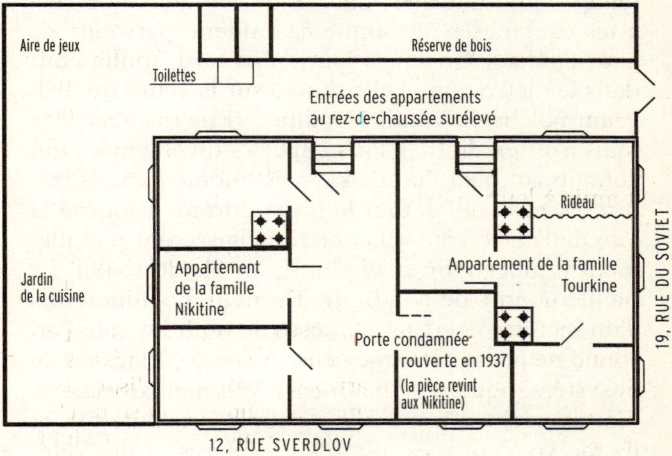

Appartements des familles Nikitine et Tourkine, Perm

Après l'arrestation d'Ossip, en juillet 1937, les Piatnitski furent pareillement frappés d'ostracisme. Chassée de leur appartement, avec à peine de quoi nourrir ses enfants, Ioulia demanda de l'aide à de vieux amis du Parti. Elle s'adressa d'abord à Aron Solts, intime d'Ossip depuis près de trente ans. Quand elle frappa à sa porte, sa gouvernante dit à Ioulia : « Il a peur. Il va me flanquer à la porte s'il vous voit ici. Il m'a dit de vous dire qu'il ne vous connaît pas. » Ioulia se tourna ensuite vers Tsetsilia

Bobrovskaïa, membre des vieux-bolcheviks qu'elle connaissait depuis 1917. Dans un premier temps, elle refusa elle aussi de voir Ioulia, puis elle consentit à la laisser entrer « quelques minutes » avant d'aller au travail. Elle ne voulut rien savoir de l'histoire de Ioulia, mais lui dit d'un ton larmoyant : « Va directement aux autorités, chez Ejov. Ne demande rien à tes camarades. Personne ne t'aidera, personne ne peut t'aider. » Quelques jours plus tard, Ioulia était dans le métro quand elle tomba sur la veuve du dirigeant bolchevik Viktor Noguine : « Elle m'a regardée mais n'a rien dit [...]. Puis Lapev — un cheminot qui connaissait bien Piatnitski — est monté dans la voiture : il m'a vue et, tout le trajet durant, a tourné la tête de l'autre côté. » Leurs amis laissèrent pareillement tomber Igor et Vladimir, les fils de Ioulia. Le meilleur ami de Vladimir, Evgueni Loguinov, fils d'un secrétaire de Staline, cessa de venir les voir. Personne ne passa plus chez eux. À l'école, Vladimir se fit systématiquement malmener. « Ils me harcelaient, me traitaient d'"ennemi du peuple", raconte-t-il, et ils me volaient mes affaires, des livres et des vêtements, tout simplement parce qu'ils savaient que je ne pouvais pas me défendre. » Isolée, trahie par tous ses amis, Ioulia médita sur la fragilité des liens humains. Dans son journal le 20 juillet, elle écrivit :

> Les gens aujourd'hui se comportent si mal les uns envers les autres. Désormais, je suis convaincue d'une seule chose : si quelqu'un est bien disposé, s'il manifeste des sentiments amicaux, ou même de la « camaraderie », il n'y a là ni humanité ni bonté, il n'est mû en fait que par l'intérêt, par le désir de tirer quelque profit. [...] On sait parfaitement que l'on nous a tout pris, que nous n'avons rien pour vivre, rien pour nous

nourrir, mais personne ne bouge le petit doigt. Nous allons mourir, et cela n'intéresse personne[129].

Comme Elena Bonner le découvrit, même les parents tournaient le dos aux familles d'« ennemis du peuple ». Alexeï Evsseïev et sa femme Natalia étaient des communistes militants. Médecin, Alexeï était consultant de l'Armée rouge pour les maladies vénériennes, et Natalia économiste au trust du bois d'œuvre d'Extrême-Orient. Ils vivaient à Khabarovsk, en Extrême-Orient, avec leur fille Angelina. En 1937, Alexeï et Natalia furent tous deux chassés du Parti (Alexeï était lié avec le maréchal V. L. Blioukher, dont l'armée d'Extrême-Orient était la cible d'une grande purge). Angelina, alors âgée de quinze ans, se souvient du retour de son père à la maison après son exclusion du Parti :

> Il était terrorisé. Il est rentré et s'est écrié avec horreur : « Ils vont m'arrêter ! » Je n'étais qu'une sotte, une gamine de quinze ans, et j'ai dit : « Si on t'arrête, c'est que c'est nécessaire. » Mon père m'avait toujours dit : « S'ils sont arrêtés, c'est que c'est nécessaire. » Toute ma vie, l'écho de mes paroles m'a suivie : « C'est que c'est nécessaire. » Je ne comprenais pas de quoi il retournait.

Alexeï fut arrêté le 1er juin. Reconnu coupable de participation à un « complot fasciste contre le gouvernement soviétique », il fut exécuté à Khabarovsk en mars 1938. Après son arrestation, Natalia et Angelina furent chassées de leur appartement. Craignant d'être arrêtée à son tour, Natalia s'enfuit avec Angelina à Moscou, où habitait sa famille, dans l'espoir de confier sa fille à des parents. À quinze ans, le risque était qu'elle fût placée dans un orphelinat si sa mère était arrêtée. Aucun des parents de Natalia, tous fervents communistes, ne devait les aider. Alors qu'elle lui demandait de prendre Angelina, sa petite sœur, activiste du Komsomol, répliqua : « Que le pouvoir soviétique l'élève, nous n'avons que faire d'elle. » La mère de Natalia se montra encore plus hostile. Elle jeta à la figure de sa petite-fille : « Je hais ton père, c'est un "ennemi du peuple", et toi aussi, je te hais. » Plusieurs jours durant, Natalia et sa fille dormirent sur un banc dans un parc. Puis Andreï Grigoriev et sa femme, vieux camarades d'études d'Alexeï à la faculté de médecine de Moscou, finirent par les recueillir. Prenant des risques personnels considérables, les Grigoriev dissimulèrent Angelina dans l'appartement communautaire qu'ils habitaient, à un jet de pierre du Kremlin. Angelina ne possédait pas de papiers l'autorisant à rester dans la capitale, mais les voisins des Grigoriev dans l'appartement communautaire (dont la belle-sœur de Molotov) fermèrent les yeux sur la cachette : la présence de médecins leur était utile. Laissant sa fille à Moscou, Natalia regagna Khabarovsk, où elle se fit arrêter quelques semaines plus tard[130].

Chamssouvali et Goultchira Taguirov étaient instituteurs dans la région tatare de Barda, à 140 kilomètres au sud-ouest de Perm. Militant révolutionnaire, Chamssouvali avait joué un rôle majeur dans la mise en place du kolkhoze de leur village d'Akbach. En 1936, il fut arrêté comme « nationaliste musulman » avec trente-quatre autres enseignants et chefs religieux tatars de la région de Barda (il fut exécuté en 1938). Goultchira se retrouva seule avec six enfants : l'aîné avait onze ans ; le petit dernier, quelques semaines. Étant l'une des rares personnes du village à lire le tatar aussi bien que le russe, les villageois la respectaient et veillèrent à ce qu'elle eût de quoi nourrir sa famille. Même l'officier qui avait arrêté son mari, et qui s'en voulait d'avoir arrêté un brave homme comme Taguirov, aida Goultchira et ses enfants. Il leur apporta du lait et leur donna à manger chez lui. Une fois par semaine, il faisait passer des lettres entre Goultchira et Chamssouvali, emprisonné à Barda. « Pardonnez-moi, écrivit-il dans une lettre à ce dernier. Je n'avais pas le choix. Ils m'ont obligé à vous arrêter, alors même que je vous savais innocent. Je vais maintenant me racheter de ma culpabilité et aider votre famille. » Goultchira garda sa place d'institutrice à Akbach, même si ses cours étaient souvent surveillés par des agents du NKVD qui guettaient le moindre signe de nationalisme musulman dans tout ce qu'elle disait.

Goultchira Taguirova et ses enfants (Rezeda, au centre), 1937. Photographie prise dans un studio de Sarapoul et envoyée à Chamssouvali, dans sa prison

En 1937, Goultchira et ses six enfants furent expulsés de leur maison à la suite d'une dénonciation du président du soviet du village. Ayant chargé leurs affaires sur une charrette tirée par un cheval, ils parcoururent 20 kilomètres à pied pour rejoindre le village d'Ekchour, où la mère de Chamssouvali et son fils aîné habitaient une grande maison à étage avec des pièces libres. La mère était elle-même une femme instruite et pieuse : sa maison regorgeait de livres. Mais elle refusa de les accueillir. Elle reprocha à Goultchira l'arrestation de son fils. Ayant eu vent des rumeurs faisant état de l'amitié croissante de sa bru avec l'officier qui avait arrêté son mari, peut-être la soupçonnait-elle d'avoir pris une part active à l'arrestation de Chamssouvali. Selon Rezeda, la fille de Goultchira, les parents de son père craignaient que sa mère ne fût une « ennemie du peuple » responsable de l'arrestation de son mari et qui pouvait aussi les mettre en danger. La mère de Chamssouvali dit à Goultchira que sa maison était pleine. Il n'était pas question de les laisser entrer, ni même de lui donner des provisions pour les enfants après leur longue marche. Ce soir-là, la famille du petit frère de Chamssouvali s'installa à l'étage, dans les pièces libres (il vendit sa maison d'Akbach, où il était commerçant, pour officialiser le déménagement). Éconduits par la famille de son mari, Goultchira et ses enfants trouvèrent une chambre à louer chez un kolkhozien, à la lisière du village. La mère de Chamssouvali vint les voir une fois, mais se plaignit du tapage des enfants et n'y remit plus les pieds. Goultchira et ses enfants passèrent quinze ans à Ekchour, mais ne virent que rarement la famille Taguirov, qui refusait de leur parler. « Le plus pénible, raconte Goultchira, c'était de les voir passer devant nous dans la rue sans nous adresser la parole, ni même nous saluer — pourtant il n'y avait absolument personne pour les entendre. » Les enfants de Goultchira grandirent dans le même village que leurs cousins, mais frayaient rarement avec eux. « Nous allions à l'école avec eux, mais ne jouions jamais ensemble, ni n'allions chez eux, se souvient Rezeda. Ils étaient toujours froids avec nous, comme nous étions froids avec eux[131]. »

La peur faisait surgir le pire. Il y eut pourtant aussi des actes de bonté extraordinaires. Collègues, amis, voisins, voire parfaits inconnus, prirent des risques énormes pour aider les familles d'« ennemis du peuple », accueillant les enfants, leur donnant des vivres et de l'argent ou les hébergeant après leur expulsion. Il y eut des cadres bolcheviks et des hommes du NKVD pour prendre en pitié les familles de leurs victimes et faire de leur mieux pour les aider en les prévenant du danger ou en retrouvant la trace des parents arrêtés[132].

En mars 1937, l'architecte Mikhaïl Stroïkov, exilé à Arkhangelsk, fut de nouveau arrêté. Sa femme Elena et leur fille de dix ans, Ioulia, échouèrent chez un vieil ami de la famille, Constantin Artseoulov, lui aussi exilé dans la ville de Mojaïsk, à 100 kilomètres au sud-ouest de Moscou, avec son épouse Tatiana et leur fils Oleg, qui avait l'âge de Ioulia. Constantin était sans travail. Artiste de formation, il avait perdu sa place de pilote dans l'armée de l'air soviétique peu avant son arrestation et, en tant qu'exilé, ne pouvait trouver de travail à Mojaïsk. C'est donc à Tatiana, enseignante en ville, que revenait la lourde charge de faire vivre les deux familles. « Ils vendirent tout ce qu'ils pouvaient pour que nous ayons de quoi manger, raconte Ioulia. Ils risquèrent leur peau en nous accueillant. » Ioulia resta chez les Artseoulov tandis que sa mère partit en quête de travail. En novembre 1937, un voisin dénonça Constantin, l'accusant d'héberger la fille d'un « ennemi du peuple ». Il fut de nouveau arrêté, emprisonné, puis exécuté. Sa femme Tatiana n'en continua pas moins de s'occuper de Ioulia, tout en prenant grand soin de la dissimuler à ses voisins malveillants. En 1938, finalement, Tatiana la fit entrer en catimini à Moscou, où des amis de Constantin acceptèrent de la prendre en attendant que sa mère trouvât du travail. Elena vint la chercher durant l'été et l'emmena à Pouchkino, petite ville au nord de Moscou, où des relations de Constantin l'aidèrent à trouver une place au Comité des artistes de la ville de Moscou, organisation chargée de réaliser les portraits de dirigeants soviétiques : point de chute ironique pour la femme d'un « ennemi du peuple[133] ».

Le père d'Oleg Lioubtchenko, journaliste ukrainien, fut arrêté en 1934 et exécuté en 1937. Exilés de Kiev, Oleg et sa mère Vera aboutirent à Maloïaroslavets, petite ville au sud-ouest de Moscou. Ils n'avaient pas de passeport pour Moscou, mais s'y rendaient souvent, séjournant dans un appartement communautaire de l'Arbat, où la famille de Vera, jadis propriétaires fonciers bien connus à Riazan, avait longtemps habité dans les années 1920. La sœur de Vera y logeait encore. De 1936 à 1941, Oleg et sa mère y vécurent illégalement. Tous les locataires se montraient très accueillants, risquant l'expulsion, voire l'arrestation pour héberger des clandestins. La doyenne de l'appartement, une vieille tchékiste du nom de Claudia Koltchina, se montra particulièrement secourable. C'est elle qui avait initialement invité la famille de Vera à emménager dans cet appartement à la fin de la guerre civile quand, débarquant de Riazan à Moscou, elle les avait croisés dans la rue. Claudia avait connu le père d'Oleg à Riazan et était certaine qu'il était innocent des crimes qui lui avaient valu d'être exécuté. Ayant fait partie de la Tcheka, et sachant comment ses agents travaillaient, elle disait souvent : « Nous avons des lois, mais pas de légalité. » La chef du comité de l'immeuble était aussi bien disposée, alors même qu'elle était une activiste communiste. Elle était au courant des présences illégales dans l'appartement mais, rappelle Oleg, les rares fois où lui ou sa mère s'aventuraient dans la cour, ou quand la chef les voyait entrer par une porte latérale, elle « nous regardait passer d'une mine sévère, comme si elle essayait de ne pas nous remarquer[134] ». Les clandestins étaient nombreux dans les immeubles de l'Arbat, quartier prestigieux de la capitale durement touché par la Grande Terreur.

Après l'arrestation d'Ilia Slavine, en novembre 1937, sa femme Esfir et leur fille Ida furent expulsées de leurs trois pièces de la maison du soviet de Leningrad. Elles emménagèrent dans une minuscule pièce de 8 mètres carrés, dans un appartement communautaire sans eau courante ni électricité, d'une lointaine banlieue de Leningrad. Cinq mois plus tard, Esfir fut à son tour arrêtée. Emprisonnée à Kresty, elle fut ensuite condamnée à huit ans au camp de travail d'Akmolinsk « pour les femmes des traîtres à la patrie » (ALJIR), au Kazakhstan. À seize ans, Ida, qui avait jusque-là mené une vie protégée de fille de professeur, se retrouva soudain livrée à elle-même. « Je n'étais absolument pas préparée aux corvées de la vie quotidienne, explique-t-elle. Je ne savais même pas le prix du pain, ni comment faire la lessive. » Sans aucun autre parent à Leningrad, Ida était incapable de subvenir à ses propres besoins ; elle ne pouvait même pas payer le loyer de sa chambrette. Elle fut cependant sauvée par ses camarades de classe et leurs parents, qui l'accueillirent à tour de rôle pour quelques jours (ils ne pouvaient la garder plus longtemps sans courir le risque d'être dénoncés par des voisins). Pour nombre de ces familles, loger et nourrir un enfant supplémentaire était une vraie charge. Leur aide fut d'une importance inestimable pour Ida : « Ils me fournirent non seulement le gîte et le couvert, mais aussi le soutien spirituel dont j'avais besoin pour survivre. »

Ida étudia avec acharnement en vue des examens qu'elle devait passer au terme de la dixième et dernière classe et qui lui permettraient de se présenter à un institut supérieur. Avec l'aide d'amis, elle trouva une place de femme de ménage, qui lui permit de payer le loyer de sa petite chambre. Tous les jours, elle avait trois heures de trajet entre chez elle et l'école, puis encore une heure pour se rendre à son travail. Deux soirs par semaine, elle faisait la queue devant les prisons pour essayer de découvrir où ses parents avaient été emmenés et s'ils étaient encore en vie.

L'autre personne qui aida Ida fut la directrice de son école, Claudia Alexeïeva. Membre du Parti de longue date et respectée, Alexeïeva avait toujours été hostile à la culture de la purge dans son école et elle avait fait de son mieux pour s'y opposer en protégeant tranquillement les enfants dont les parents avaient été qualifiés d'« ennemis du peuple ». Par exemple, elle avait organisé le système de logement qui avait sauvé non seulement Ida, mais beaucoup d'autres orphelins de l'école. Une fois, Alexeïeva avait vaillamment tenu tête au komsomol qui prétendait expulser une fille de quinze ans pour avoir « omis de dénoncer » sa mère, arrêtée comme « ennemie du peuple ». Ida se souvient que Claudia opta pour une tactique relativement simple. Elle se montrait délibérément « naïve » et « libérale » dans son application de la fameuse « directive » de Staline : « Les fils n'ont pas à répondre pour les pères[a]. »

> Dans notre école, nombreux étaient les enfants dont les parents avaient été arrêtés. Grâce à Claudia, aucun ne fut chassé. Il n'y eut pas de ces effroyables réunions — qui avaient lieu dans les écoles — où ces enfants étaient obligés de renier leurs parents. […] Le lendemain de l'arrestation de ma mère, quand je suis arrivée à l'école, Claudia m'a fait appeler dans son bureau et m'a dit que, jusqu'à la fin de l'année scolaire, mes repas seraient pris en charge par le comité des parents. Elle m'a suggéré d'écrire une lettre pour demander à être exemptée des examens scolaires pour raisons de santé [lui permettant de passer ainsi automatiquement en dixième]. « Mais, Claudia Alexandrovna, ai-je répondu, je me porte très bien. » Elle a haussé les épaules en souriant et m'a adressé un clin d'œil.

Ida fut dispensée de se présenter aux examens. Mais la vie n'en resta pas moins très difficile et, à maintes reprises, elle fut tout près d'abandonner ses études :

a. En décembre 1935, lors d'une réunion d'ouvriers et de conducteurs de moissonneuses-batteuses, un jeune machiniste déclara qu'il se battrait pour la victoire du socialisme alors même qu'il était fils d'un « koulak ». Et Staline répliqua : « Un fils n'a pas à répondre de son père. » La presse s'empara de ce slogan mensonger et le transforma en « directive » de Staline.

> Quand j'ai parlé de quitter l'école pour trouver du travail, Claudia m'a fait venir dans son bureau et m'a dit : « Tes parents vont revenir : tu dois y croire. Si tu ne termines pas tes études et ne fais pas quelque chose de ta vie, ils ne te pardonneront pas. » Cela m'a poussée à continuer[135].

Elle devint enseignante.

Ida Slavina n'est pas la seule que la directrice de son école ait soutenue. Elena Bonner, condisciple d'Ida, bénéficia elle aussi de l'aide de Claudia Alexeïeva. Après l'arrestation de ses parents, dans l'été de 1937, Elena fit des ménages le soir. Mais ce n'était pas suffisant pour payer les droits de scolarité (introduits dans les collèges en 1938). Elle décida de laisser tomber l'école pour trouver une place à plein temps, tout en s'inscrivant à l'école du soir, où elle n'aurait rien à payer. Elena soumit le formulaire à Claudia Alexeïeva pour obtenir son approbation.

> Claudia [Alexandrovna] a regardé mon papier, s'est levée de son bureau, a fermé la porte de son cabinet et a dit à voix basse : « Tu ne crois quand même pas que je vais te faire payer ta scolarité ? Allez, va-t'en ! »

Pour être dispensée des frais de scolarité, Elena devait présenter une requête à un responsable du Parti, le *komsorg*, ou « organisateur des Komsomols », qui « surveillait l'état d'esprit et la moralité tant des élèves que des enseignants » et « terrifiait tout le monde » en tant que « représentant officieux du NKVD ». Finalement, un anonyme devait prendre en charge ses frais de scolarité : Elena pense que c'est Claudia elle-même. Se retournant sur cette période, elle précise que, sur vingt-quatre élèves, il y en avait onze dont les parents avaient été arrêtés :

> Nous savions tous qui nous étions, mais nous ne parlions pas, nous ne voulions pas attirer l'attention sur nous. Nous nous conduisions comme des gosses normaux. [...] Je suis presque certaine que chacun de ces onze enfants a fini sa dixième en même temps que moi : tous ont été sauvés par la directrice de notre école[136].

De toutes les professions, celle d'enseignant est la plus souvent exercée par les protecteurs et même sauveurs d'enfants comme Ida Slavina. Beaucoup avaient été formés aux valeurs humanitaires de l'ancienne intelligentsia, notamment dans les écoles d'élite comme celle de Slavina. « La plupart de nos professeurs étaient très instruits, humains et libéraux », se souvient Ida.

> Notre professeur de culture physique avait été officier dans l'armée du tsar, puis avait combattu dans les rangs de la cavalerie rouge au cours de la guerre civile. Il parlait couramment trois langues européennes. [...] Nous avions un groupe de théâtre et un cercle de poésie, tous deux encouragés par nos professeurs, je le comprends aujourd'hui, comme une manière de nous faire découvrir la littérature du XIXe siècle, qui n'avait pas sa place dans la « salle de classe soviétique ». Notre professeur d'histoire, Manous Noudelman, était un brillant conteur et vulgarisateur de l'histoire. C'était un non-conformiste, tant dans ses idées que dans sa façon de s'habiller, excentrique et bohème. Dans ses leçons, il évitait soigneusement le culte de Staline, qui était obligatoire dans toutes les leçons d'histoire en ce temps-là. Il fut arrêté en 1939[137].

Svetlana Tcherkessova n'avait que huit ans en 1937, quand ses parents furent arrêtés. Habitant chez son oncle, elle devait aller à l'école à Leningrad, où sa maîtresse, Vera Elisseïeva, demanda aux enfants d'être gentils avec elle parce qu'elle était « une malheureuse » (mot du lexique de la charité du XIXe siècle). Svetlana se souvient :

> Dans notre classe, il n'y avait pas d'« ennemis du peuple » : voilà ce que disait la maîtresse. Elle se faisait un devoir d'accueillir les enfants des disparus. Et il y en avait beaucoup. Il y avait un garçon, par exemple, qui vivait dans la rue, il était toujours sale, sans souliers ni vêtements, car il n'y avait personne pour s'occuper de lui. Elle lui a acheté un manteau avec son argent et l'a fait venir chez elle pour le laver[138].

Vera Elisseïeva fut arrêtée en 1938.

Dimitri Streletski fut lui aussi bien traité par ses professeurs de Tchermoz, où sa famille fut exilée en 1933. Son professeur de physique lui donnait de l'argent pour déjeuner, parce que sa famille n'en avait pas les moyens. Dimitri voulait la remercier, mais quand elle lui glissait l'argent dans la main, elle mettait son doigt sur la bouche pour lui signifier de se taire. Elle avait peur de s'attirer des ennuis si l'on venait à savoir qu'elle aidait le fils d'un « ennemi du peuple ». Dimitri raconte :

> Il n'y avait jamais le moindre mot : jamais je n'ai eu l'occasion de dire merci. Elle m'attendait dehors, devant la cantine, et, à mon passage, me glissait 3 roubles dans la main. Peut-être chuchotait-elle quelque chose sur mon passage — des encouragements —, mais c'était tout. Jamais je ne lui parlais, pas plus qu'elle ne me parlait vraiment. Mais j'en éprouvais une gratitude immense, et elle comprenait[139].

L'école d'Inna Gaister (l'école n° 19) se trouvait au centre de Moscou, près de la Maison du quai où habitaient de nombreux dirigeants soviétiques, et beaucoup d'enfants qui avaient perdu leurs parents pendant la Grande Terreur la fréquentaient. Dans l'École expérimentale de Moscou (MOPCh) voisine, qui avait les faveurs de maints membres de l'élite soviétique, ces enfants eussent été expulsés ou contraints de renier leurs parents après leur arrestation. À l'école de Gaister, cependant, l'atmosphère était différente ; les professeurs avaient une attitude libérale et protectrice envers leurs élèves. Après l'arrestation de ses parents, en juin 1937, Inna reprit le chemin de l'école au début de l'année scolaire. Longtemps, elle eut peur de dire à ses professeurs ce qui était arrivé. « On nous avait donné en exemple l'histoire de Pavlik Morozov », explique Inna, qui craignait qu'on ne lui demandât de renier ses parents comme le petit héros. Mais quand elle finit par s'armer de courage et par tout dire, l'enseignante fit : « Bon, et après ? En classe. » Le père d'Inna compta parmi les accusés du grand procès monté contre Boukharine, mais aucun de ses enseignants n'attira l'attention sur cet élément. Quand les frais de scolarité furent introduits, c'est l'enseignante qui s'en acquitta sur son salaire (Vladimir Piatnitski, le petit dernier d'Ossip, élève dans la même école, fut lui aussi aidé par un enseignant). L'influence de ces professeurs courageux fit de l'école n° 19 un havre de sécurité pour les enfants d'« ennemis du peuple ». Les autres étaient encouragés à les protéger. Inna se souvient d'un des garçons les plus brutaux de sa classe (ses parents l'avaient adopté dans un orphelinat et il souffrait de graves troubles du comportement). Le garçon, qui avait dressé une liste de vingt-cinq

« trotskistes » dans la classe (c'est-à-dire des enfants d'« ennemis du peuple ») et l'avait placardée sur les murs de la classe, se fit prendre à partie par les autres enfants. Inna se souvient aussi d'un incident lié au procès Toukhatchevski, quand les écoles soviétiques reçurent pour consigne d'effacer l'image de cet « ennemi du peuple » des manuels. L'école de Gaister suivit une autre politique :

> Certains garçons défiguraient le portrait de Toukhatchevski dans leurs manuels, lui ajoutant une moustache et des cornes. Une enseignante, Rakhil Grigorievna, leur dit : « Je l'ai déjà dit aux filles, et maintenant je vous le dis à vous : je vais vous donner à chacun un bout de papier, et je veux que vous le colliez proprement sur vos livres pour recouvrir le visage de Toukhatchevski. Mais faites-le avec soin, parce que aujourd'hui il est peut-être un sale type, un "ennemi du peuple", mais demain lui et d'autres peuvent revenir, et il se pourrait bien qu'on les tienne de nouveau pour des gens bien. Dans ce cas, vous n'aurez qu'à retirer le bout de papier sans le défigurer[140]. »

VI

Quand Sofia Antonova-Ovseïenko fut arrêtée à Soukhoumi, une station balnéaire de la mer Noire, le 14 octobre 1937, elle ne comprit pas que son mari l'avait été trois jours plus tôt à Moscou. Vladimir était le second mari de Sofia, et Sofia la seconde épouse de Vladimir. Le couple s'était connu à Prague en 1927, quand Vladimir, vétéran bolchevik qui avait mené la prise du palais d'Hiver en octobre 1917, était ambassadeur en Tchécoslovaquie (avant d'être ambassadeur en Pologne et en Espagne). En 1937, quand Vladimir fut rappelé à Moscou pour prendre le poste de commissaire à la Justice, ils étaient encore très épris, mais l'arrestation de Sofia les plongea dans le doute. Sitôt arrêtée, elle fut conduite à Moscou. De sa cellule de prison, elle écrivit à Vladimir, l'implorant de croire à son innocence. Sofia ne savait pas qu'il lirait sa lettre dans une autre cellule moscovite.

> M[oscou]. 16/X. Prison
>
> Mon chéri. Je ne sais pas si tu recevras ceci, mais j'ai plus ou moins le sentiment de t'écrire pour la dernière fois. T'en souviens-tu ? Si quelqu'un de notre pays était arrêté, nous disions toujours qu'il devait y avoir une bonne raison : un crime, quelque chose. Sans doute y a-t-il quelque chose dans mon cas aussi, mais je ne sais pas quoi. Tout ce que je sais, tu le sais tout autant, parce que nos vies ont été inséparables et harmonieuses. Quoi qu'il advienne de moi maintenant, je rendrai toujours grâce au jour de notre rencontre. J'ai vécu dans le reflet de ta gloire et j'en ai été fière. Au fil des trois dernières années je n'ai cessé de passer ma vie en revue, me préparant à la mort. En dehors des insuffisances habituelles qui différencient un être humain d'un « ange », je ne vois vraiment rien qui pourrait être qualifié de criminel, que ce soit vis-à-vis d'autres êtres humains ou en rapport avec notre État et notre gouvernement. [...] J'ai pensé exactement comme toi, et y a-t-il quelqu'un de plus dévoué que toi à notre Parti et à notre pays ? Tu sais ce qu'il y a dans mon cœur, tu sais la vérité de mes actions, de mes pensées et de mes mots. Mais le fait que je sois ici doit vouloir dire que j'ai fait quelque chose de mal — quoi ? Je l'ignore [...]. Je ne supporte pas l'idée que tu pourrais ne pas me croire [...]. Voici trois jours que cela m'oppresse. Cela me brûle le cerveau. Je

sais combien toute malhonnêteté t'insupporte, mais toi-même n'es pas au-dessus d'une méprise. Lénine ne l'était pas non plus, semble-t-il. Alors, je t'en prie, crois-moi quand je te dis que je n'ai rien fait de mal. Crois-moi, mon amour. [...] Autre chose : il est temps pour Valitchka [une fille que Sofia avait eue de son premier mariage] d'entrer au Komsomol. Cela se mettra sans doute en travers de son chemin. J'ai le cœur affligé à la pensée qu'elle prendra sa mère pour une canaille. Toute l'horreur de ma situation est que les gens ne me croient pas, je ne puis vivre ainsi. [...] Je demande pardon à tous ceux que j'aime de les plonger dans un tel malheur [...]. Pardonne-moi, mon amour. Si seulement je savais que tu m'as crue et pardonnée ! Ta Sofia[141].

Vladimir Antonov-Ovseïenko avec sa femme Sofia (à droite) et sa belle-fille Valentina (Valitchka), 1936

La Grande Terreur mina la confiance qui unissait les familles. Les femmes doutaient de leur mari, et les maris de leur femme. Le lien entre parent et enfant était généralement le premier des liens familiaux à se défaire. Élevés dans le culte de Pavlik Morozov, les enfants des années 1930 avaient appris à placer leur foi en Staline et le gouvernement, à croire tout ce qu'ils lisaient dans la presse soviétique quand bien même elle montrerait leurs parents du doigt comme des « ennemis du peuple ». L'école, les Pionniers et le Komsomol pressaient les enfants de renier leurs parents arrêtés, ou ils en subiraient les conséquences dans leur éducation ou leur carrière.

En 1938, Lev Tselmerovski avait dix-huit ans quand son père — travailleur de choc et ingénieur de l'armée — fut arrêté à Leningrad. Membre du Komsomol et apprenti pilote, Lev rêvait de rejoindre l'Armée rouge. Après l'arrestation de son père, cependant, il fut exilé sans procès comme « élément socialement étranger » à Tchimkent, dans le Kazakhstan, où il travailla dans une usine. Sa mère et ses deux sœurs habitaient à Kazalinsk, à 500 kilomètres. En septembre 1938, Lev écrivit à Kalinine, le président du soviet, pour renier son père et contester le principe qui lui valait d'être châtié des crimes de celui-ci :

> Quelques mots sur mon père. Ma mère m'a dit qu'il a été banni dans les camps du Nord en tant que mécontent. Personnellement je l'ai pas cru, parce que je l'ai moi-même entendu raconter à ses sœurs comment il a combattu les Blancs dans le Nord. Il nous a parlé de ses exploits. Quand S. M. Kirov a été assassiné, il a pleuré [...]. Mais peut-être tout ceci n'était qu'une habile couverture. Il m'a dit quelques fois être allé à Varsovie [...]. Je crois que mon père devrait être

> autorisé à s'expliquer, mais je ne veux pas souffrir de la disgrâce qu'il a causée. Je veux servir dans l'Armée rouge. Je veux être citoyen soviétique et jouir de droits égaux parce que j'ai le sentiment que je suis digne de ce titre. J'ai été éduqué dans une école soviétique dans l'esprit soviétique, et mes vues sont donc de toute évidence entièrement différentes des siennes. Il est navrant pour moi de porter les papiers d'un élément étranger[142].

Anna Krivko avait dix-huit ans, en 1937, quand son père et son oncle — tous deux ouvriers à Kharkov — furent arrêtés. Anna fut exclue de l'université de Kharkov et chassée du Komsomol en tant qu'« élément étranger ». Elle se mit à la recherche d'un travail pour entretenir sa mère, sa grand-mère et sa sœur, qui n'était encore qu'un bébé. Elle travailla un temps dans un élevage de cochons, mais fut limogée quand on sut l'arrestation de son père et ne parvint pas à trouver d'autre place. En janvier 1938, Anna écrivit à son député du soviet, Vlas Tchoubar, membre du Politburo. Reniant son père, elle l'implora d'aider sa famille. Anna menaça de se tuer, et sa petite sœur avec elle, s'il lui était impossible de mener une vie digne en URSS. Sa lettre de reniement avait un caractère extrême : elle désespérait de prouver qu'elle était une loyale stalinienne digne d'être sauvée. Mais peut-être détestait-elle réellement son père d'avoir précipité sa famille dans une telle catastrophe :

> Je ne sais pas de quoi mon père et son frère sont accusés, ni pour combien de temps ils ont été condamnés. J'ai honte et je ne veux pas le savoir. Je crois profondément que le tribunal prolétarien est juste et, s'ils ont été condamnés, c'est qu'ils l'ont mérité. Je n'ai

> pas les sentiments d'une fille envers mon père, juste le sens plus haut du devoir d'une citoyenne soviétique envers la Patrie, le Komsomol, qui m'a éduquée, et le Parti communiste. Je soutiens de tout mon cœur la décision de la cour, la voix des 170 millions de prolétaires, et me réjouis de ce jugement. De l'aveu même de mon père, il a été recruté par l'armée de Denikine, où il a servi trois mois comme garde blanc en 1919, ce qui lui a valu d'être condamné à deux ans et demi [de camp de travail] en 1929 ; c'est tout ce que je sais de ses activités. [...] Si j'avais remarqué quelque autre signe de ses vues antisoviétiques — quand bien même il est mon père —, je n'aurais pas hésité une seconde à le dénoncer au NKVD. Camarade Tchoubar ! Croyez-moi : j'ai honte de l'appeler mon père. Un « ennemi du peuple » ne saurait être mon père. Seuls ceux qui m'ont appris la haine de la racaille, de tous les ennemis, sans exception ni merci, peuvent jouer ce rôle. Je m'accroche à l'espoir que le prolétariat, le Komsomol de Lénine et le Parti de Lénine et de Staline prendront la place de mon père, qu'ils s'occuperont de moi comme de leur vraie fille et qu'ils m'aideront à faire mon chemin dans la vie[143].

Certains parents, après leur arrestation, incitèrent leurs enfants à les renier dans l'idée de ne pas compromettre leurs perspectives sociales ou de carrière. Dans sa prison de Kazan, en 1937, Olga Adamova-Sliozberg connut une dénommée Lisa qui avait grandi à Saint-Pétersbourg avant la révolution. Sa mère étant mendiante, elle avait passé son enfance dans la rue. Après 1917, Lisa travailla en usine. Elle adhéra au Parti et épousa un cadre bolchevik du comité de gestion de l'usine. Ils vécurent à l'aise et élevèrent leurs deux filles — Zoïa, l'aînée, et Lialia, la cadette — en pionniers modèles :

> Aux matinées enfantines de notre fabrique, quand ma petite fille en robe de soie avec sa cravate de pionnier chantait, mon mari me disait : « Aucune ne vaut notre petite Zoïa, elle deviendra une artiste du peuple. » Je me souvenais de mon enfance dans la rue lorsque j'enviais les enfants qui avaient un père, j'en éprouvais un tel amour pour notre pouvoir soviétique que j'aurais donné ma vie pour lui.

Le mari de Lisa fut arrêté comme partisan de Zinoviev (« Si j'avais su qu'il avait trahi Lénine, je l'aurais étranglé de mes propres mains », observa Lisa.) Puis elle fut arrêtée à son tour. Un jour, Lisa reçut une lettre de Zoïa. Elle arriva tard, un samedi, le jour où les détenus avaient la permission d'écrire, alors que justement Lisa écrivait à Zoïa :

> Chère maman, j'ai quinze ans et je veux entrer au Komsomol. Je dois savoir si tu es coupable ou non. Je n'arrête pas de me demander comment tu as pu trahir notre pouvoir soviétique. Nous vivions si bien, et toi et papa vous êtes des travailleurs. Je me souviens, nous menions la belle vie. Tu me faisais des robes en soie, tu nous achetais des bonbons. Est-il possible que tu aies reçu l'argent « d'eux » [les « ennemis du peuple »] ? Mieux valait alors porter des robes en coton. Mais tu n'es pas coupable, peut-être ? Si c'est ça, je n'entrerai pas au Komsomol et je ne leur pardonnerai jamais ce qu'ils t'ont fait. Mais si tu es coupable, alors je ne t'écrirai plus, parce que j'aime notre pouvoir et que je veux haïr ses ennemis, y compris toi. Maman, écris-moi la vérité. Je préfère que tu ne sois pas coupable et ne pas entrer au Komsomol. Ta fille malheureuse, Zoïa.

Lisa avait déjà utilisé trois des quatre pages autorisées de sa lettre à Zoïa. Elle réfléchit un instant, puis, sur la dernière page, écrivit en capitales :

ZOÏA, TU AS RAISON. JE SUIS COUPABLE. ENTRE AU KOMSOMOL. C'EST LA DERNIÈRE FOIS QUE JE T'ÉCRIS. SOIS HEUREUSE, LIALIA AUSSI. TA MÈRE.

Lisa montra la correspondance à Olga, puis s'effondra, cognant la table de la tête. Étouffée de sanglots, elle ajouta : « Il vaut mieux qu'elle me haïsse... Comment vivrait-elle sans le Komsomol, comme une étrangère ? Elle haïrait le pouvoir soviétique, qu'elle me haïsse plutôt. » À compter de ce jour, raconte Olga, Lisa « ne parla plus jamais de ses filles. Elle ne reçut plus jamais de lettres[144] ».

Pour bien des enfants, l'arrestation d'un proche parent faisait naître toutes sortes de doutes. Tous les principes auxquels ils avaient cru en tant qu'« enfants soviétiques » se trouvaient soudain en conflit avec ce qu'ils savaient des adultes qu'ils aimaient.

Quand son père fut arrêté comme « trotskiste », Vera Tourkina ne sut que croire. Sa mère et sa grand-mère acceptèrent toutes deux la culpabilité d'Alexandre. La presse publia des articles sur les activités criminelles de son père, bolchevik bien connu de Perm. Où qu'elle se rendît, Vera entendait chuchoter dans son dos, sur la fille d'un « ennemi du peuple ». « Mon père devint une source de honte », raconte-t-elle :

> Les gens me disaient : s'il a été arrêté, c'est qu'il doit être coupable de quelque chose. « Il n'y a pas de fumée sans feu », disait tout le monde. Quand ma mère est allée aux nouvelles au bureau du NKVD, ils lui ont dit : « Attendez voir, il va tout confesser. » J'imaginais moi aussi qu'il devait être coupable. Comment aurais-je cru autre chose[145] ?

Elga Tortchinskaïa était une écolière soviétique modèle. Elle aimait Staline, vénérait Pavlik Morozov et croyait à la propagande sur les « espions » et les « ennemis ». Elle voyait encore les choses ainsi quand son père fut arrêté en octobre 1937. Vétéran bolchevik de plus en plus hostile aux politiques de Staline, il ne lui avait jamais parlé de ses opinions politiques. Chez les Tortchinski, à Leningrad, comme dans bien des familles, on ne parlait pas politique en présence des enfants. Elga ne savait donc rien des arrestations massives au-delà de ce qu'elle avait appris à l'école : elle n'avait pas d'autre moyen de comprendre les raisons de l'arrestation de son père, pas de moyen de remettre en question ce qui s'était passé. En 1938, deux de ses oncles furent arrêtés. L'un d'eux revint des camps de travail en 1939 et lui raconta de terribles histoires sur les tortures que lui avait infligées le NKVD. Ces confidences même ne suffirent à ébranler ses convictions : si quelqu'un était arrêté, c'était qu'« il avait dû faire quelque chose ». En 1939, à seize ans, elle demanda à entrer au Komsomol. Dans sa lettre de candidature, elle déclara que son père était un « ennemi du peuple », et prétendit à tort qu'il avait divorcé de sa mère. Sa déclaration était une sorte de reniement, mais, comme Elga l'admet aujourd'hui, elle avait les idées confuses à l'époque, elle redoutait de se poser la moindre question. C'est donc par ignorance qu'elle le rejeta. « Nous étions tous des zombies : c'est comme ça que je vois les choses. Mon Dieu, nous n'étions que des petites filles. C'est le Komsomol qui nous avait éduquées. Nous croyions tout ce que l'on nous disait[146]. »

Le silence, l'absence de nouvelles ou d'informations exacerbait l'incertitude de la famille. Sans nouvelles de la personne arrêtée ni rien qui prouvât son innocence, les parents n'avaient rien à quoi s'accrocher, rien à opposer au postulat public de culpabilité.

Nina Kosterina était la fille d'un bolchevik de longue date. Elle avait eu l'enfance d'une petite Soviétique modèle : elle était entrée au Komsomol à la fin de 1936, alors même que les premiers tremblements de la Terreur commençaient de poindre à sa conscience politique. Lorsque son oncle fut arrêté, Nina s'efforça de donner un sens à l'épisode. Le 25 mars 1937, elle écrivit dans son journal :

> Une chose terrible, incompréhensible, est arrivée. Ils disent qu'oncle Micha est impliqué dans une organisation contre-révolutionnaire. Que se passe-t-il ? Oncle Micha — un membre du Parti depuis les tout premiers jours de la révolution — et, soudain, un « ennemi du peuple » !

Quand leur propriétaire fut arrêté, Nina se demanda comment elle réagirait si les arrestations se rapprochaient de la maison :

> Il se passe quelque chose d'étrange. Je me suis creusé la cervelle et j'en suis arrivée à cette conclusion : s'il se trouve que mon père aussi est un trotskiste et un ennemi de son pays, je ne pleurerai pas sur son sort ! Je l'écris, mais, je l'avoue, le doute me ronge.

En décembre 1937, le père de Nina fut exclu du Parti et démis de ses fonctions officielles. Anticipant son arrestation, il écrivit à sa fille pour la prévenir : « Sois bien sûre que ton père n'a jamais été une canaille [...] et n'a jamais terni son nom par une vilenie ou une bassesse. » La lettre joua un rôle crucial : quoique désorientée et désespérée, Nina put se raccrocher à la conviction de l'innocence de son père lorsqu'il finit par être arrêté, en septembre 1938. Voici ce qu'elle consigna dans son journal :

> 7 septembre
>
> Quelle sinistre obscurité enveloppe ma vie. L'arrestation de papa est un tel coup… Jusqu'à maintenant, j'ai toujours marché la tête haute et avec honneur, mais maintenant… Aujourd'hui Akhmetev [un camarade de classe] vient me dire : « Nous voici camarades d'infortune ! » Quand je pense à quel point je l'ai méprisé et j'ai méprisé son père, un trotskiste. Une pensée cauchemardesque qui m'oppresse jour et nuit : mon père est-il aussi un ennemi ? Non, ce n'est pas possible, je n'y crois pas ! Tout cela est une terrible erreur !

Le père de Nina croupit deux années en prison en attendant d'être « jugé » par une troïka, qui le condamna à cinq ans de travail comme « élément socialement dangereux ». En novembre 1940, il écrivit sa première lettre aux siens. La beauté de la missive toucha Nina, qui y perçut l'esprit de son père, sa « vigueur et sa fraîcheur », malgré les épreuves du camp. Mais sa mère en fut contrariée et se contenta de demander : « Il est coupable, oui ou non ? S'il est innocent, que ne fait-il appel de la condamnation ? » La lettre suivante répondit effectivement à la question de sa mère. « Il n'y a rien à ajouter sur mon affaire, écrivit le père de Nina. Il n'y a pas d'affaire, juste une bulle de savon en forme d'éléphant. Je ne puis réfuter ce qui n'est pas, n'a pas été, n'a jamais pu être[147]. »

La disparition d'un père et d'un mari mettait les familles à rude épreuve. Des femmes renièrent leur mari arrêté : non pas nécessairement qu'elles crussent que leurs époux fussent des « ennemis du peuple », même si cette idée pouvait leur traverser l'esprit, mais parce que cela leur rendait la survie plus facile et protégeait leurs familles (pour cette raison, beaucoup de maris conseillèrent à leurs épouses de les désavouer). L'État exerçait des pressions sur les femmes d'« ennemis » pour les amener à renier publiquement leurs conjoints. N'en rien faire pouvait être lourd de conséquences. Certaines femmes furent arrêtées en qualité d'« épouses d'ennemis » et envoyées dans des camps de travail, avec ou sans leurs enfants. D'autres furent chassées de chez elles, renvoyées de leur travail, privées de leurs rations ou de leurs droits civiques. Les pressions financières n'étaient pas absentes non plus : retenues sur salaires, épargne gelée, augmentation de loyer. Afin d'encourager les femmes à renier leur mari, le coût du divorce, qui était d'ordinaire de 500 roubles pour un couple, fut ramené à 3 roubles (prix d'un repas à la cantine) quand on divorçait d'un prisonnier[148].

Il fallait une extraordinaire résilience, et un sacré courage, aux femmes pour résister à ces pressions et se tenir aux côtés de leurs maris. Irina et Vassili Doudarev étaient mariés depuis près de quinze ans quand Vassili fut arrêté en 1937. Ils s'étaient connus au début des années 1920 à Smolensk où tous deux suivaient une formation d'enseignant. Bolchevik de la guerre civile, Vassili était devenu un haut responsable du Parti d'Orel. En 1933, il fut envoyé à Azov, près de Rostov, à l'embouchure du Don, où il devint chef du Parti. Quant à Irina, elle travaillait dans une bonneterie. Peu portée sur la politique, elle adhéra au Parti par amour pour Vassili et devint ainsi une « femme du Parti ». Quand il fut arrêté, Irina partit à sa recherche : dans les prisons, mais aussi dans les dépôts de chemins de fer de Rostov et de Bataïsk, à 30 kilomètres, où le dimanche soir les transports de prisonniers vers les camps de travail étaient préparés :

> Je longeais la voie, à côté des trains, dans l'espoir de trouver mon mari, que je puisse lui donner des affaires pour le trajet. J'en ai vu, des convois. Les wagons de marchandises couverts de glace étaient fermés avec des clous ; même les fenêtres d'en haut étaient obturées de bandes de métal, ne laissant qu'une petite fente. Depuis les wagons, je n'entendais que le bourdonnement étouffé des voix. Passant devant le train, je lançais : « Doudarev est là ? » Le bourdonnement s'arrêtait, et parfois une voix répondait : « Non. » [...] Mais un jour une voix a répondu : « Doudarev ? — Oui. » C'était le garde du train... J'ai sorti les habits propres que j'avais préparés et les ai tendus dans un petit sac au garde. Il m'a permis d'écrire un billet, « sur des affaires économiques ». J'étais tellement heureuse que Vassili sache que je le recherchais, et que je pensais à lui. J'avais eu si peur que, sans nouvelles de moi, il ne crût que je l'avais renié... Dans mon billet, j'ai fait la liste des effets que j'avais remis au garde et j'ai signé : « Tout va bien. Je t'embrasse. » Quelques minutes plus tard, le garde m'a rendu mon sac avec le billet. Au verso était écrit de la main de Vassili : « Tout reçu. Merci. »

Irina ne douta jamais de l'innocence de son mari. Le NKVD la convoqua à maintes reprises, lui présentant les « preuves » de ses activités criminelles, et menaça de l'arrêter si elle ne consentait à le dénoncer. Chaque fois, elle refusa. Irina se souvient d'une réunion du Parti, à l'usine, où on lui demanda de révéler les crimes de son mari contre l'État. Dans de semblables circonstances, la plupart des femmes prétendaient n'avoir jamais rien su des crimes de leur conjoint. Mais Irina nia courageusement que le sien eût commis le moindre crime :

> J'étais seule en bout de table. Tous les autres se serraient au plus près des chefs du comité, à l'autre extrémité. Personne ne voulait me parler. L'un des secrétaires du Parti a informé l'assemblée que Doudarev avait été arrêté comme « ennemi du peuple » et qu'ils devaient maintenant statuer sur mon cas. Les membres du Parti se sont exprimés à tour de rôle. Ils n'avaient pas grand-chose à dire, hormis des slogans. À mon sujet, ils n'ont rien dit, sauf que j'avais trompé le Parti. Ils ont exigé que je leur parle des crimes de mon mari et que j'explique pourquoi je les avais dissimulés. Personne ne me regardait. Tâchant de garder mon calme, j'ai répondu brièvement, pesant avec soin chacune de mes paroles. J'ai dit que j'avais vécu quinze ans avec mon mari : je savais bien qu'il était un bon communiste, que c'est sous son influence que j'avais rejoint le Parti et que je ne croyais pas un instant qu'il avait trempé dans des affaires louches. Mes propos ont provoqué une vague de murmures. Quelqu'un a lancé : « Mais il a été arrêté ! » Comme si c'était une preuve de culpabilité. L'un après l'autre, ils ont essayé de me convaincre qu'il était de mon devoir de membre du Parti de dénoncer les crimes de Doudarev. Mais personne n'a osé énoncer les accusations portées contre lui... Revenant sans cesse à la charge, ils m'ont demandé de dénoncer Doudarev comme « ennemi du peuple ». Chaque fois, j'ai refusé.

Irina fut exclue du Parti. Elle perdit sa place au comité de direction de son usine et fut rétrogradée et affectée à une tâche mal payée, à la comptabilité. Quelques jours plus tard, le soviet municipal exigea un lourd arriéré d'impôt sur son appartement, expliquant qu'elle devait payer la « surface habitable excédentaire » que son mari et elle occupaient depuis de longues années. En juillet 1938, Irina fut arrêtée « pour avoir omis de dénoncer les activités ennemies de son mari ». Libérée en décembre, elle regagna Smolensk[149]. Doudarev fut exécuté en 1937[a].

Ioulia Piatnitskaïa ne savait trop à quoi s'en tenir après l'arrestation de son mari. Elle avait envie d'en penser le plus grand bien, mais étant donné la situation désespérée dans laquelle Ossip l'avait laissée, il était difficile de ne pas lui en vouloir — comme ses fils — d'avoir plongé sa famille dans pareil malheur. Igor, seize ans, se sentit abandonné par son père, dont l'arrestation l'avait isolé de ses amis du Komsomol. Vladimir, douze ans, en voulait à son père d'avoir ruiné ses rêves de carrière dans l'Armée rouge. Vova (Vladimir) « éprouve une haine aiguë, douloureuse, contre son père ; en revanche, il souffre pour Igor », écrivit Ioulia dans son journal. Malmené par ses anciens camarades et s'attirant souvent des ennuis à l'école, Vladimir fut ébranlé par un incident aux Pionniers : le chef l'avait questionné sur son père. Vladimir refusant de répondre, il déclara de façon que tout le monde l'entendît : « Ton père est un “ennemi du peuple”. Il est maintenant de ton devoir de décider de tes relations envers lui. »

Ioulia et Vladimir ne cessaient de se disputer. Un jour que Vladimir était en colère parce que sa mère avait refusé d'écrire à Ejov pour qu'on lui rendît son fusil d'enfant et des ouvrages militaires, que le NKVD avait confisqués au cours de la perquisition,

a. Irina ne sut jamais rien de sa mort. Elle continua de le chercher, écrivant des centaines de lettres aux autorités soviétiques jusqu'à sa mort en 1974. Après 1956, elle fut invitée à réintégrer le Parti, mais elle refusa.

il lui lança sous l'effet de la rage : « Dommage qu'ils n'aient pas fusillé papa, puisque c'est un "ennemi du peuple". » Une autre fois, comme il rentrait de l'école avec une mauvaise note, Ioulia s'énerva et traita Vladimir de tous les noms. Elle lui déclara, suivant son propre journal, que sa conduite démontrait qu'il était le fils d'un « ennemi du peuple ». Les larmes aux yeux, Vladimir répondit : « Comment peux-tu dire que je suis coupable parce que je suis le fils [...] d'un ennemi ? Je ne te considère plus comme ma mère, je veux aller dans un orphelinat. » Ioulia menaça de l'envoyer au lit avec un croûton de pain ; Vladimir promit de « l'égorger ». Et elle lui flanqua deux claques[150].

Ioulia était au bout du rouleau. Chassée de son appartement, bataillant pour trouver un emploi qui lui convînt, elle se mit à se poser des questions sur son mari plus intensément que jamais. Ioulia n'avait qu'« une seule pensée » en tête et ne cessait de se demander « qui est Piatnitski » :

> 20 juillet 1937
>
> [...] Hier soir, j'ai pensé à Piatnitski avec animosité : comment a-t-il pu tolérer que l'on nous inflige de telles vexations ? Comment est-ce possible qu'il ait travaillé avec eux et n'ait pas été au courant de leurs méthodes, qu'il n'ait pas pressenti qu'ils étaient capables de nous condamner à des tortures et à la faim ? [...] J'en veux beaucoup à Piatnitski, je ressens beaucoup d'amertume à son égard. Il a livré ses enfants aux bêtes fauves. Pourquoi donc lui, si frugal, a-t-il remis de l'argent à ces gens qui ont pillé nos affaires et pris notre argent ? Mais qui sont-ils donc ? Au pouvoir de qui sommes-nous tombés ? L'arbitraire est effrayant, et tout le monde a peur. Je deviens folle à nouveau, quelles sont ces idées, mais quelles sont ces idées[151] ?

Six mois durant, Ioulia continua de s'interroger ainsi dans son journal, s'efforçant de savoir qui était vraiment son mari. Informée le 7 février 1938 qu'il avait été accusé d'espionnage et d'activités contre-révolutionnaires, Ioulia écrit :

> Qui est-il vraiment ? Si c'est le révolutionnaire professionnel tel qu'il se décrit dans son livre, tel que je l'ai vu pendant dix-sept ans, alors il lui est arrivé un malheur : il était entouré d'espions, d'ennemis, qui ont fait beaucoup de mal à la cause, mais il ne voyait rien. [...] Il est clair que Piatnitsa n'a jamais été un révolutionnaire professionnel : c'était un salaud professionnel — un espion ou un provocateur [...]. C'est pour ça qu'il vivait de cette façon, qu'il était si brusque et si renfermé. [...] Et nous tous — moi, sa femme, et ses enfants —, nous n'avions pas d'importance pour lui[152].

Igor fut arrêté le 9 février 1938. Il était à l'école, en cours, quand deux soldats vinrent le chercher. Il fut emprisonné aux Boutyrki. Dévorée d'inquiétude pour son fils, Ioulia sombra dans le désespoir. Selon Vladimir, elle fit une dépression nerveuse : elle passait des journées, prostrée, au lit, et pensait souvent au suicide[153]. La seule chose qui la faisait tenir, c'était l'idée de vivre pour ses fils, qu'elle répète comme un mantra dans son journal. « Je vais mourir, tant mieux, écrit-elle le 9 mars 1938. Ils ne se comporteront humainement ni avec Vova ni avec Igor. Il n'y a donc que moi qui sois avec eux, c'est pour eux que je dois me battre et pour moi-même. » Par moments, cependant, Ioulia était tellement abattue que le seul salut qu'elle pouvait imaginer était de couper les ponts avec tout le monde, y compris avec ses fils :

17 février 1938

[...] Cette nuit, il me semble que j'ai trouvé la solution : pas la mort, bien que ce soit le plus facile et le plus attrayant pour ma volonté vacillante, avec mon immense chagrin. [...] Non, j'ai trouvé une solution : il ne faut pas d'enfants. Tout détruire et confier Vova à l'État ; quant à moi, ne vivre que pour le travail, travailler sans fin, ne garder pour moi que du temps pour la lecture, pour être au contact de la nature [...], voilà la solution. Avoir des rapports dépourvus de toute sentimentalité avec les gens, mais leur donner, ainsi qu'à mon travail, tout ce que j'ai. Il m'a semblé que c'était bien — se dépenser entièrement, ne pas avoir de proches, puisque l'on nous a presque tout pris ; pourquoi Vova resterait-il et qu'est-ce que je peux lui donner de sain ? Mon chagrin est trop grand pour que je puisse être une personne normale, partager les intérêts de Vova. Il veut simplement vivre, il veut des camarades, du soleil, un gîte confortable, une vie bien remplie, et moi qui suis la femme d'un contre-révolutionnaire[154] !...

Ioulia essaya d'élucider les raisons de l'arrestation d'Ossip et d'Igor. À la différence de Vladimir, elle ne pouvait se résoudre à haïr Ossip comme un « ennemi du peuple ». Elle nota dans son journal que Vova le tourmentait parce qu'elle était incapable de haïr Piatnitski : « Oh ! comme ça me fait mal de ne pas pouvoir haïr Piatnitski, et pourtant je pensais au début que je le haïrais obligatoirement, que c'était impossible autrement, je suis en proie à un doute terrible [...]. » Elle s'efforça de raisonner Vladimir, lui expliquant : « Peut-être qu'il n'est pas coupable, qu'il s'est simplement trompé, peut-être que des ennemis l'ont abusé[155]. » Ioulia croyait à l'existence d'« ennemis du peuple ». Elle fait souvent état de « suspects » dans son journal, et elle ne doutait pas de la justice des tribunaux soviétiques. Lors du procès de Boukharine, elle se convainquit que les « malfaisants » avaient été justement condamnés à mort. Politiquement, elle était naïve ; elle tarda à comprendre la réalité qui l'engloutissait. Elle ne demandait qu'à faire de Boukharine le bouc émissaire de la catastrophe qui avait détruit sa famille. Commentant l'exécution de Boukharine et de ses coaccusés en mars 1938, Ioulia estime que leur « sang vil et abject est un prix bien trop bas pour toute la peine qu'a ressentie et que ressent encore le Parti ».

> On peut les exterminer maintenant, mais ma haine n'en sera pas pour autant affaiblie. Je souhaiterais pour eux un châtiment terrible : qu'on les enferme dans des cages construites spécialement pour eux, que l'on place ces « contre-révolutionnaires » dans un musée ; nous en prendrions soin comme d'objets de curiosité... Ce serait affreux pour eux : les citoyens viendraient les regarder comme des bêtes sauvages. Oh ! notre haine pour eux serait toujours vivante ; ils nous verraient lutter ensemble pour une vie heureuse, aimer nos dirigeants, qui n'ont pas trahi la Révolution, et vaincre le fascisme ; eux, totalement oisifs, seraient nourris comme des bêtes, car on ne les considérerait pas comme des hommes.

Évoquant la « vie meilleure » du futur, où seuls seront autorisés à vivre et travailler les gens honnêtes, Ioulia entrevoyait quelque espoir pour sa famille :

> Et peut-être qu'Igor et même Piatnitsa reviendront, si Piatnitsa est honnête, s'il n'est pas coupable ; évidemment, il est coupable d'avoir laissé commettre tant de crimes, de n'avoir pas vu ces canailles, mais, s'il ne nourrissait pas de sombres pensées, il

> reviendrait, c'est sûr. Comme j'aimerais savoir si Piatnitsa est coupable de quoi que ce soit… N'étais-tu pas d'accord avec la ligne du Parti ? T'es-tu opposé à certains de nos dirigeants ? Comme ce serait plus facile si je savais la vérité ! En ce qui concerne Igor, je pense aux paroles de F. : « Tout ce qui est de bonne trempe supporte l'épreuve du feu. Nous nous débarrasserons sans regret des éléments médiocres[156]… »

Ioulia prit la résolution de mettre sa foi à l'épreuve : si Ossip était innocent, il survivrait lui aussi à la Terreur.

Piatnitski fut interné aux Boutyrki, la prison où son fils était détenu. Lev Razgon le connut dans une cellule surpeuplée (conçue pour vingt-cinq prisonniers, elle en accueillait soixante-sept) au début d'avril 1938. Razgon vit un « vieil homme maigre et tout courbé » — Piatnitski avait soixante-cinq ans — « dont le visage portait les marques de la bataille ».

> Me voyant le dévisager, [Piatnitski] expliqua que c'étaient les traces laissées par la boucle métallique de la ceinture de son interrogateur. J'avais vu Piatnitski dans les premiers mois de 1937. […] L'homme qui se tenait devant moi n'avait plus rien à voir avec celui que j'avais vu auparavant. Seuls les yeux avaient le même éclat, des yeux vifs, quoique bien plus tristes maintenant. Ils trahissaient une immense souffrance spirituelle.

Piatnitski interrogea Razgon sur son affaire, les accusations portées contre lui, et Razgon le questionna sur la sienne :

> Il garda le silence, puis dit qu'il n'avait aucune illusion sur son sort, que son affaire touchait à sa fin et qu'il y était prêt. Il me raconta comment ils le

questionnaient sans relâche, comment ils le torturaient, lui extorquant exactement ce dont ils avaient besoin, et menaçaient de le battre à mort. Il n'avait pas fini de parler quand ils vinrent le chercher à nouveau[157].

Le 10 avril, Piatnitski fut transféré à la prison de Lefortovo, où il fut systématiquement torturé et interrogé chaque nuit du 12 avril jusqu'à son procès, fin juillet. D'après son principal interrogateur, qui nia avoir recouru à la contrainte physique, Piatnitski se montra « calme et retenu mais un jour, alors que quelque chose le tracassait, il me demanda l'autorisation de prendre un verre et, se dirigeant vers la carafe d'eau, il s'en assena un grand coup sur la tête[158] ». Ossip comparut devant le tribunal militaire du Soviet suprême, avec cent trente-sept autres détenus, le 27 juillet. On l'accusait d'être un des chefs du réseau d'espionnage fasciste des trotskistes et des droitistes au sein du Komintern. Ejov adressa la liste des condamnés à Staline. En haut de la liste, conservée dans les archives présidentielles du Kremlin, figure un bref ordre manuscrit : « À fusiller, tous les 138. I. S[taline] V. Molotov[159]. »

Ioulia ne sut rien de tout cela. Elle ne sut même pas que Piatnitski était détenu dans la prison des Boutyrki quand elle faisait la queue à la porte pour remettre un colis à son fils. Plus elle resta sans nouvelles d'Ossip, plus il lui devint difficile de s'accrocher à l'espoir qu'il était innocent. Tout le monde lui disait d'oublier Ossip, de penser à elle et à ses deux fils. Le 12 avril, la nuit où les tortures d'Ossip reprirent à la prison de Lefortovo, Ioulia fit un cauchemar. Elle rêva qu'un chat la tourmentait. Cherchant le sens de son rêve, elle se demanda si cela voulait dire que son fils était torturé aux Boutyrki (des femmes, dans la queue, avaient fait courir des rumeurs à ce propos). Ainsi qu'elle le confia à son journal, la seule pensée qu'Igor souffrait altérait ses sentiments envers Ossip :

> Ma vie n'est plus qu'une dégringolade sans fin. Je me parle à moi-même à mi-voix, j'éprouve un sentiment d'angoisse, tout est source de tourments : Piatnitsa, Igor, surtout mon pauvre petit garçon... Son dix-septième printemps, il le passe dans une prison puante, sombre et sale, dans une cellule avec des gens totalement étrangers. Et surtout, il n'a commis aucun crime, il est innocent. Piatnitski a terminé sa vie ; la seule chose, c'est qu'il n'a pas su à qui il avait affaire, ou bien c'est un dégénéré ; ce n'est pas si terrible, puisqu'il s'était donné tout entier à la politique, mais Igor[160]...

L'idée qu'il était trop tard pour faire quoi que ce soit pour Ossip renforça Ioulia dans sa détermination à faire tout le nécessaire pour aider Igor, qui avait encore la vie devant lui. Elle avait accepté la possible culpabilité de son mari, mais elle n'était pas prête à accepter que son fils de seize ans ait pu tremper dans quelque crime. Ioulia décida de renier son mari dans l'espoir que cela l'aiderait à sauver son fils.

Elle se rendit à la procurature de Moscou. Informée que Piatnitski avait commis un grave crime contre l'État, Ioulia répondit : « Si c'est le cas, je n'ai plus aucune raison de m'intéresser à lui. » Le procureur lui conseilla alors de commencer une nouvelle vie. Ioulia lui dit qu'elle aimerait travailler pour le NKVD, et il l'encouragea à présenter une demande officielle tout en promettant de l'appuyer. Ioulia trouva le procureur sympathique :

> Je lui ai serré longuement la main, bien que, peut-être, ç'ait été de ma part une marque de sentimentalité superflue que je n'arrive pas à maîtriser. Mais voyant en lui un homme qui remplit une tâche difficile et indispensable pour notre époque, j'ai voulu, par ce geste, manifester tout le respect que j'éprouve pour ces camarades, ma solidarité avec ceux qui travaillent à extirper toute la canaille du Parti. Je me suis à nouveau persuadée que, malgré toutes les souffrances morales où me plonge cette agonie, malgré le risque qu'il y ait des victimes innocentes (oh, Igor !), je dois rester fidèle aux principes : faire preuve de discipline et de patience. Je dois, je dois même absolument collaborer activement, je dois trouver pour ce qui me concerne une forme de participation, sinon il n'y a pas de place pour moi parmi les hommes.

Du jour où elle eut abandonné son mari, Ioulia fut prête à en penser le pire. Voici ce qu'elle écrit le 16 avril dans son journal :

> Oh, comme c'est incompréhensible. Et si c'est vrai, comme je méprise, comme je hais son âme vile, lâche, que je ne peux pas comprendre ! Oh, comme il savait bien simuler ! Voilà, je comprends tout : pourquoi il s'entourait d'une « compagnie chaleureuse » composée de toutes sortes de mouchards, de provocateurs et de fonctionnaires. À vrai dire, il n'avait pas d'amis… Généralement, il était d'une humeur sombre, il ne s'est jamais totalement confié à moi. […] Peut-être n'aimait-il pas le Parti, ne prenait-il pas à cœur ses intérêts ? Et en ce qui nous concerne, moi et les enfants, quelles étaient ses intentions[161] ?

Trois semaines plus tard, Igor fut traîné devant un tribunal de trois hommes et accusé d'avoir monté un groupe d'élèves contre-révolutionnaire : accusation si absurde que le tribunal lui-même l'écarta tout en condamnant Igor à cinq ans de camp de travail pour une accusation moins grave, mais beaucoup plus vague, d'agitation antisoviétique[a]. Ioulia apprit la condamnation de son fils le 27 mai. Dans une crise d'hystérie, elle exigea du procureur d'être arrêtée à son tour : « S'il est coupable, moi aussi. » Le soir, méditant le cours des événements, Ioulia entrevit le sens de la Terreur :

> Il se peut que Piatnitski, effectivement, ne soit pas digne du nom d'homme et que nous devions tous périr… Mais comme il est difficile de mourir quand on ne sait pas concrètement qui est Piatnitsa ni quel crime a commis Igor ! Et qui suis-je, moi ? Je sais bien qu'Igor n'a pas de crime sur la conscience. Et qu'il n'a pas pu en commettre. Mais comment l'ont-ils traité ? C'est peut-être un criminel en puissance, parce qu'il est le fils de son père. […] C'est là peut-être une forme de mobilisation forcée de la population (de la partie à laquelle le gouvernement ne fait pas confiance, mais qu'il peut utiliser) ? Je ne sais rien de rien. Mais je sais que c'est peut-être logique. Évidemment, si tel est le cas, Igor et tous ses semblables ne reviendront jamais. Ils seront en dehors de la vie, mais ils accompliront une œuvre utile à l'État. Me fixer là-dessus ou attendre autre chose m'effraie tout autant, car les données me manquent[162].

a. En 1941, Igor fut de nouveau accusé d'avoir organisé une « conspiration contre-révolutionnaire », cette fois impliquant des enfants d'« ennemis du peuple », et écopa de cinq années supplémentaires. Il retourna à Leningrad en 1948, mais fut très vite de nouveau arrêté pour « agitation contre-révolutionnaire » et condamné à cinq ans (il en purgea huit) dans le camp de travail de Norilsk.

Ioulia elle-même fut arrêtée le 27 octobre 1938. Elle avait trente-neuf ans. Saisi au moment de son arrestation, son journal fut utilisé comme preuve qu'elle complotait avec son mari contre le gouvernement. Elle fut envoyée au camp de travail de Kandalakcha, dans la région de Mourmansk, dans le Grand Nord. Vladimir y fut envoyé avec elle, alors même qu'il était très malade, à peine remis d'une opération, et qu'il fallut l'arracher à son lit. À Kandalakcha, Vladimir resta dans les baraques, où un garde du NKVD venait le nourrir deux fois par jour, tandis que Ioulia allait travailler à la construction de la station hydroélectrique de Niva-GES, près du camp. Peu après leur arrivée, Vladimir s'enfuit et trouva le moyen de retourner à Moscou, où il logea chez divers camarades d'école, dont la famille d'Evgueni Loguinov, dont le père travaillait au secrétariat personnel de Staline. Jusque-là, les Loguinov avaient tourné le dos aux Piatnitski, mais quelque chose les fit alors changer d'avis. Peut-être la dignité. Vladimir séjourna trois mois chez les Loguinov. Puis, un soir, il surprit une conversation entre les Loguinov : le père d'Evgueni avait des ennuis pour avoir hébergé le fils de Piatnitski. Pour leur épargner davantage d'ennuis, Vladimir s'adressa au soviet de Moscou. L'officiel auquel il s'adressa était un vieux camarade de Piatnitski depuis octobre 1917. Il commanda des sandwichs pour Vladimir et appela la police. Vladimir fut placé au centre de détention du NKVD aménagé dans l'ancien monastère Danilov, d'où les enfants des « ennemis du peuple » étaient expédiés dans des orphelinats à travers l'Union soviétique[163].

En mars 1939, trois de ses collègues dénoncèrent Ioulia, prétendant l'avoir entendue dire que son mari avait été arrêté à tort, qu'il était innocent, et qu'il avait considéré que Staline n'avait pas les qualités nécessaires pour conduire le prolétariat. Convaincue d'agitation antisoviétique, Ioulia écopa de cinq ans de camp de travail à Karaganda au Kazakhstan. Igor travaillait dans la section industrielle du camp, et Ioulia s'arrangea pour le voir. « Nous avons passé ensemble une journée remarquable et terriblement triste, se souvient Igor, puis elle est repartie » en direction de la section féminine du camp. Physiquement fragile et mentalement perturbée, Ioulia n'était pas de taille à affronter les épreuves de la vie de camp. Encore belle, elle attira l'attention du commandant (ce qui explique sans doute qu'elle ait pu rendre visite à Igor), mais elle repoussa ses avances, et il l'en punit en l'affectant à la construction d'un barrage. Seize heures par jour, avec l'eau glaciale à hauteur de taille, elle creusait la terre. Elle tomba malade et mourut à une date indéterminée, dans le courant de l'hiver 1940.

En 1958, à sa libération, Igor reçut la visite d'une vieille connaissance de la famille, une dénommée Zina, qui avait vu sa mère au camp de Karaganda, où elle était également détenue. Zina déclara à Igor que Ioulia était morte au dispensaire du camp et qu'elle avait été inhumée dans la fosse commune. En 1986, Igor reçut une nouvelle visite de Zina, cette fois âgée de quatre-vingts ans. Elle lui dit que, la fois précédente, elle lui avait menti au sujet de sa mère, parce que Ioulia, avant de mourir, lui avait fait promettre d'épargner à Igor les détails affreux de sa mort (et que, avoua-t-elle alors, elle-même avait eu peur de dire la vérité). Dernièrement, toutefois, Zina avait vu Ioulia en rêve ; elle lui avait parlé de son fils, et elle y vit le signe qu'elle devait parler à Igor des derniers jours de sa mère. Ioulia n'était pas morte à l'hôpital. En décembre 1940, Zina était allée voir Ioulia dans le camp de Karaganda. Personne ne voulut lui dire où elle était, mais, ensuite, une femme montra du doigt une bergerie sur la steppe et dit qu'elle la trouverait là. Zina entra dans la bergerie. Au milieu des moutons, sur le sol gelé, gisait Ioulia :

> Elle était en train de mourir, son corps était brûlant de fièvre et traversé de frissons. Les brebis, entassées derrière une barrière, ne la protégeaient ni du vent ni de la neige, qui recouvrait le sol tout autour de la litière. Je me suis agenouillée, elle a essayé de se redresser, mais en vain. Je lui ai pris les mains afin de les réchauffer en soufflant.
>
> « Qui êtes-vous ? » dit-elle dans un souffle. Je ne lui ai pas donné mon nom, j'ai seulement dit que je venais de ta part, que tu m'avais demandé de prendre de ses nouvelles [...]. Elle s'est animée : « Mon petit Igor, mon petit garçon, chuchotait-elle à travers ses lèvres desséchées, mon petit garçon, aidez-le, je vous en supplie, aidez-le à survivre. » J'ai essayé de la tranquilliser, je lui ai promis de prendre soin de toi (comme si cela dépendait de moi !). « Donnez-moi votre parole, a murmuré Ioulia, que vous ne lui raconterez pas comment sa mère est morte, jurez-le-moi... »
>
> Elle délirait à moitié, je me tenais à genoux devant elle, jurant et promettant, lorsque soudain quelqu'un m'apostropha : « Hé, toi, d'où sors-tu, comment as-tu fait pour atterrir ici, que cherches-tu ? ! » En me bousculant, l'homme d'escorte me fit sortir de la bergerie : « Tu es qui, toi ? »
>
> Je lui ai expliqué que j'étais chef d'atelier, que je venais chercher du matériel et que j'étais tombée là par hasard. Ils m'ont quand même retenue, ils voulaient savoir ce que m'avait dit ta mère. [...] Ils m'ont laissée repartir avec les recommandations d'usage : « Tâche de tenir ta langue, ne bavarde pas trop. »

Ioulia mourut dans la bergerie. On l'y avait abandonnée quand elle était tombée malade. Nul n'avait droit de lui rendre visite. Elle fut inhumée sur place[164].

APPENDICE

NOTES

INTRODUCTION

1. MSP, f. 3, op. 14, d. 2, l. 31 ; d. 3, l. 18-19.

2. Entretien avec Elena Dombrovskaïa, Moscou, janvier 2003.

3. MP, f. 4, op. 25, d. 2, l. 9-10.

4. M. Gefter, « V predchuvstvii proshlogo », *Vek XX i mir*, 1990, n. 9, p. 29.

5. Voir, e. g., V. Kaverin, *Epilog : Memuary*, Moscou, 1989 ; K. Simonov, *Glazami cheloveka moego pokoleniia*, Moscou, 1990.

6. La littérature est immense, mais voir, par exemple, A. Barmine, *Vingt Ans au service de l'URSS : souvenirs d'un diplomate soviétique*, trad. V. Serge, Paris, Albin Michel, 1939 ; Victor Kravchenko, *J'ai choisi la liberté*, trad. Jean de Kerdéland, Paris, Éditions Self, 1947 ; Aleksandr Gorbatov, *Years Off My Life*, trad. Gordon Clough et Anthony Cash, Londres, 1964 ; N. Kaminskaya, *Final Judgment : My Life as a Soviet Defence Attorney*, New York, 1982 ; Nadejda Mandelstam, *Contre tout espoir. Souvenirs*, trad. M. Minoustchine, préface de M. Aucouturier, Paris, Gallimard, 3 vol., 1972, 1974 et 1975 ; Evguenia Guinzbourg, *Le Vertige. Chronique des temps du culte de la personnalité*, trad. B. Abbots et J.-J. Marie, Paris, Seuil, 1967 et *Le Ciel de la Kolyma. Le Vertige*, 2, trad. G. Johannet, Paris, Seuil, 1980 ; L. Bogoraz, « Iz vospominanii », *Minuvshee*, vol. 2, Paris, 1986 ; Lev Kopelev, *No Jail for Thought*, Londres, 1979, et *The Education of a True Believer*, Londres, 1980 ; en fr., voir

À conserver pour l'éternité, trad. L. Martinez et D. Sesemann, Paris, Stock, 2 vol., 1976-1977 ; T. Aksakova-Sivers, *Semeinaia khronika*, 2 vol., Paris, 1988 ; Mikhail Baitalsky, *Notebooks for the Grandchildren : Recollections of a Trotskyist Who Survived the Stalin Terror*, New Jersey, 1995.

7. A. Krylova, « The Tenacious Liberal Subject in Soviet Studies », *Kritika : Explorations in Russian and Eurasian History*, vol. 1, n. 1, hiver 2000, p. 119-146.

8. Là encore, la littérature est volumineuse, mais parmi les plus intéressants citons : Olga Adamova-Sliozberg, *Put'*, Moscou, 1993 ; en fr., « Le Long Chemin », *in* S. Vilenski, éd., *L'Aujourd'hui blessé*, trad. F. Andreieff, Zoé Andreyev, N. Favre et N. Poghetti-Harrison, Lagrasse, Verdier, 1997, p. 13-160 ; A. Raikin, *Vospominaniia*, Saint-Pétersbourg, 1993 ; A. Diakonov, *Kniga vospominanii*, Saint-Pétersbourg, 1995 ; Iu. Liuba, *Vospominaniia*, Saint-Pétersbourg, 1998 ; Inna Shikheeva-Gaister, *Semeinaia khronika vremen kul'ta lichnosti (1925-1953 gg.)*, Moscou, 1998 ; I. Dudareva, *Proshloe vsegda s nami : vospominaniia*, Saint-Pétersbourg, 1998 ; E. Evangulova, *Krestnyi put'*, Saint-Pétersbourg, 2000 ; K. Atarova, *Vcherashnyi den' : vokrug sem'i Atarovykh-Dal'tsevykh : vospominaniia*, Moscou, 2001 ; I. El'iashova, *My ukhodim, my ostaemsia. Kniga 1 : Dedy, ottsy*, Saint-Pétersbourg, 2001 ; N. Iudkovskii, *Rekviem dvum semeistvam : vospominaniia*, Moscou, 2002 ; E. Vlasova, *Domashnyi al'bom : vospominaniia*, Moscou, 2002 ; P. Kodzaev, *Vospominaniia reabilitirovannogo spetspereselentsa*, Vladikavkaz, 2002 ; E. Liusin, *Pis'mo-vospominaniia o prozhithykh godakh*, Kalouga, 2002 ; A. Bovin, *XX vek kak zhizn' : vospominaniia*, Moscou, 2003. Voir aussi I. Paperno, « Personal Accounts of the Soviet Experience », *Kritika : Explorations in Russian and Eurasian History*, vol. 3, n. 4, automne 2002, p. 577-610.

9. Voir, par exemple, Sheila Fitzpatrick, *Stalin's Peasants : Resistance and Survival in the Russian Village after Collectivization*, New York, 1994 ; S. Davies, *Popular Opinion in Stalin's Russia : Terror, Propaganda and Dissent, 1934-1941*, Cambridge, 1997 ; Stephen Kotkin, *Magnetic Mountain : Stalinism as a Civilization*, Berkeley, 1997.

10. Voir, par exemple, N. Kosterina, *Dnevnik*, Moscou, 1964, et en fr., *Journal d'une jeune fille ordinaire*, trad. N. Nidermiller, Paris, Éditeurs français réunis, 1963 ; O. Berggol'ts,

« Bezumstvo predannosti : iz dnevnikov Ol'gi Berggol'ts », *Vremia i my*, 1980, n. 57, p. 270-285 ; A. Mar'ian, *Gody moi, kak soldaty : dnevnik sel'skogo aktivista, 1925-1953 gg.*, Kichinev, 1987 ; M. Prishvin, *Dnevniki*, Moscou, 1990 ; E. Bulgakova, *Dnevnik Eleny Bulgakovoi*, Moscou, 1990 ; N. Vishniakova, *Dnevnik Niny Vishniakovoi*, Sverdlovsk, 1990.

11. Voir, par exemple, V. Vernadskii, « Dnevnik 1938 goda », *Druzhba narodov*, 1992, n. 2, p. 219-239 ; n. 32, p. 241-269 ; et *idem*, « Dnevnik 1939 goda », *Druzhba narodov*, 1993, n. 11/12, p. 3-41 ; A. Solov'ev, *Tetradi krasnogo professora (1912-1941gg.), Neizvestnaia Rossiia. XX vek*, vol. 4, Moscou, 1993, p. 140-228 ; « "Ischez chelovek i net ego, kuda devalsia – nitko ne znaet" : iz konfiskovannogo dnevnika », *Istochnik*, 1993, n. 4, p. 46-62 ; *Golgofa. Po materialam arkhivno-sledstvennogo dela no. 603 na Sokolovu-Piatniskuiu Iu. I.*, éd. V. I. Piatnitskii, Saint-Pétersbourg, 1993 et, en fr., Ioulia Piatnitskaïa, *Chronique d'une déraison. Moscou, 1937-1938*, journal annoté par Vladimir Piatnitski, trad. D. et I. Paillard, Paris, Seuil, 1992 ; A. Afinogenov, « Dnevnik 1937 goda », *Sovremennaia dramaturgiia*, 1993, n. 1, p. 219-233 ; n. 2, p. 223-241 ; n. 3, p. 217-239 ; Korneï Tchoukovski, *Dnevnik, 1930-1969*, Moscou, 1994 ; en fr., *Journal, 1930-1969*, trad. M. Weinstein, Paris, Fayard, 1998 ; M. Prishvin, « "Zhizn' stala veselei…" : Iz dnevnika 1936 goda », *Oktiabr'*, 1993, n. 10, p. 3-21 ; *id.*, « Dnevnik 1937 goda », *Oktiabr'*, 1994, n. 11, p. 144-171 ; 1995, n. 9, p. 155-171 ; M. Prishvin et V. Prishvin, *My s toboi dnevnik liubvi*, Moscou, 1996 ; A. Kopenin, « Zapiski nesumashedshego : iz dnevnika sel'skogo uchitelia », *Rodina*, 1996, n. 2, p. 17-29 ; *Dnevnye zapiski ust'-kulomskogo krest'ianina I. S. Rassukhaeva (1902-1953)*, Moscou, 1997 ; M. Krotova, *Bavykinskii dnevnik : vospominaniia shkol'nogo pedagoga*, Moscou, 1998 ; A. Tsember, *Dnevnik*, Moscou, 1999 ; F. Filipovich, *Ot sovetskoi pionerki do cheloveka-pensionerki : moi dnevniki*, Podol'sk, 2000 ; A. Man'kov, *Dnevniki tridtsatykh godov*, Saint-Pétersbourg, 2001 ; Iu. Nagibin, *Dnevnik*, Moscou, 2001 ; Nina Lougovskaïa, *Journal d'une écolière soviétique*, trad. V. Mikhalkov, préface de St. Courtois, Paris, Laffont, 2005 ; rééd., Pocket, 2007 ; M. Shirshova, *Zabytyi dnevnik poliarnogo biologa*, Moscou, 2003. Des extraits de dix journaux ont été publiés en traduction *in* V. Garros, N. Korenevskaya et T. Lahusen, éd., *Intimacy and Terror : Soviet Diaries of the 1930s*, New York, 1995.

12. L'historien Jochen Hellbeck a été le premier à étudier les journaux soviétiques des années 1930, notamment le journal de Stepan Podloubni, qui est reproduit *in* J. Hellbeck, éd., *Tagebuch aus Moskau, 1931-1939*, Munich, 1996. Voir aussi son analyse de quatre journaux soviétiques des années 1930 *in* J. Hellbeck, *Revolution on My Mind: Writing a Diary Under Stalin*, Cambridge, Mass., 2006. Le point de vue, discutable, de Hellbeck est que les citoyens soviétiques des années 1930 pensaient dans les catégories soviétiques faute d'aucune autre solution conceptuelle, et que dans leurs journaux ils s'efforçaient de se transformer en Homme nouveau soviétique en se dépouillant de tous les éléments non soviétiques de leur personnalité (ce qu'ils vivaient comme une « crise du moi »). Voir également J. Hellbeck, « Self-Realization in the Stalinist System : Two Soviet Diaries of the 1930s », *in* M. Hildemeier, éd., *Stalinismus vor dem Zweiten Weltkrieg : neue Wege der Forschung*, Munich, 1998, p. 275-290. L'optique de Hellbeck a été vivement critiquée, notamment par A. Etkind, « Soviet Subjectivity : Torture for the Sake of Salvation ? », *Kritika : Explorations in Russian and Eurasian History*, vol. 6, n. 1, hiver 2005, p. 171-186 ; et S. Boym *in* « Analiz praktiki sub'ektivizatsii v rannestalinskom obshchestve », *Ab Imperio*, 2002, n. 3, p. 209-418.

13. Voir, par exemple, J. Hellbeck, « Fashioning the Stalinist Soul : The Diary of Stepan Podlubnyi (1931-1939) », *Jahrbücher für Geschichte Osteuropas*, 44, 1996, p. 344-373 ; I. Halfin et J. Hellbeck, « Rethinking the Stalinist Subject : Stephen Kotkin's "Magnetic Mountain" and the State of Soviet Historical Studies », *Jahrbücher für Geschichte Osteuropas*, 44, 1996, p. 456-463 ; I. Halfin, *Terror in My Soul : Communist Autobiographies on Trial*, Cambridge, Mass., 2003 ; C. Kaier et E. Naiman, éd., *Everyday Life in Early Soviet Russia : Taking the Revolution Inside*, Bloomington, 2006.

14. Telle est la thèse principale de Hellbeck (voir les références *supra*).

15. MP, f. 4, op. 18, d. 2, l. 49-50.

16. Voir notamment les deux ouvrages de Catherine Merridale, *Night of Stone : Death und Memory in Russia*, Londres, 2000, et *Ivan's War : The Red Army 1939-1945*, Londres, 2005, qui s'appuient tous deux, partiellement, sur des interviews.

17. Voir, par exemple, *Golos krest'ian : Sel'skaia Rossiia XX*

veka v krest'ianskikh memuarakh, Moscou, 1996; *Sud'ba liudei: Rossiia XX veka. Biografii semei kak ob'ekt sotsiologicheskogo issledovaniia*, Moscou, 1996; D. Bertaux, P. Thompson et A. Rotkirch, éd., *On Living through Soviet Russia*, Londres, 2004; V. Skultans, *The Testimony of Lives: Narrative and Memory in Post-Soviet Latvia*, Londres, 1998; A. Shternshis, *Soviet and Kosher: Jewish Popular Culture in the Soviet Union, 1923-1939*, Bloomington, 2006. Parmi les nombreux livres nourris d'entretiens, voir notamment Nanci Adler, *Beyond the Soviet System: The Gulag Survivor*, New Brunswick, NJ, 2002, et Anne Applebaum, *Gulag: A History of the Soviet Camps*, Londres, 2003; en fr., *Goulag*, trad. P.-E. Dauzat, Grasset, 2005; rééd. Folio histoire, 2008.

18. La première grande histoire orale a été le Harvard Project on the Soviet Social System (trois cent vingt-neuf entretiens menés en 1950-1951 avec des réfugiés soviétiques en Europe et aux États-Unis). La plupart des personnes interrogées avaient quitté l'Union soviétique entre 1943 et 1946, et leurs vues, colorées par l'expérience de la vie à l'Ouest, avaient un caractère délibérément antisoviétique qui n'était pas représentatif de la population soviétique dans son ensemble. Le projet n'en déboucha pas moins sur diverses études sociologiques, qui influencèrent la vision occidentale de la vie quotidienne soviétique au cours de la guerre froide: R. Bauer, A. Inkeles et C. Klukhohn, *How the Soviet System Works: Cultural, Psychological and Cultural Themes*, Cambridge, Mass., 1957; Joseph Berliner, *Factory and Manager in the Soviet Union*, Cambridge, 1957; M. Field, *Doctor and Patient in Soviet Russia*, Cambridge, Mass., 1958; et A. Inkeles et R. Bauer, *The Soviet Citizen: Daily Life in a Totalitarian Society*, Cambridge, Mass., 1959, dont le propos spécifique était d'étudier « comment la société soviétique affecte l'individu et comment celui-ci s'inscrit dans le mode de vie soviétique » (p. 3). Des projets d'histoire orale plus modestes, adoptant une approche sociologique, ont été menés au début des années 1990 par Daniel Bertaux et Paul Thompson (publiés *in Sud'ba liudei* et *On Living Through Soviet Russia*) ainsi que par l'École de sciences économiques et sociales de Moscou (parus *in Golos krest'ian*). La société Mémorial (www.memo.ru) a accompli un travail pionnier en matière d'histoire orale du Goulag, même si, bien entendu, la première grande histoire orale du sujet est l'œuvre

d'Alexandre Soljenitsyne, *L'Archipel du Goulag*, trad. collective, Paris, Seuil, 3 vol., 1974-1976, largement nourrie d'entretiens avec des survivants des camps de travail.

I
ENFANTS DE 1917 (1917-1928)

1. RGALI, f. 3084, op. 1, d. 1389, l. 17 ; f. 2804, op. 1, d. 45.

2. E. Drabkina, *Chernye sukhari*, Moscou, 1975, p. 82-83.

3. Simon Sebag Montefiore, *Stalin. The Court of the Red Tsar*, Londres, 2003, p. 61 ; en fr. *Staline : la cour du tsar rouge*, trad. Fl. La Bruyère et A. Roubichou-Stretz, Paris, Éditions des Syrtes, 2005.

4. RGALI, f. 2804, op. 1, d. 22, l. 4 ; f. 3084, op. 1, d. 1389, l. 3 ; Drabkina, *Chernye sukhari*, p. 23-29 ; N. Burenin, *Pamiatnye gody : vospominaniia*, Leningrad, 1961, p. 150-151.

5. *Partiinaia etika : dokumenty i materialy diskussii dvadtsatykh godov*, Moscou, 1989, p. 16 ; M. Gorki, *Pensées intempestives, 1917-1918*, trad. L. Nivat et S. Drablier, avant-propos de Boris Souvarine, Lausanne, L'Âge d'homme, 1975 ; rééd. augmentée, Paris, Pluriel, 1977, p. 50.

6. Citée *in* E. Naiman, *Sex in Public : The Incarnation of Early Soviet Ideology*, Princeton, 1997, p. 91-92.

7. RGALI, f. 2804, op. 1, d. 22, 40, 1389 ; V. Erashov, *Kak molniia v nochi*, Moscou, 1988, p. 344.

8. Orlando Figes, *A People's Tragedy : The Russian Revolution, 1891-1924*, Londres, 1996, p. 752-768 ; en fr., *La Révolution russe, 1891-1924. La tragédie d'un peuple*, trad. P.-E. Dauzat, Denoël, 2007, p. 923-943.

9. I. Stalin, *Sochineniia*, 13 vol., Moscou, 1946-1955, vol. 6, p. 248.

10. K. Geiger, *The Family in Soviet Russia*, Cambridge, Mass., 1968, p. 61.

11. L. Kirschenbaum, *Small Comrades : Revolutionizing Childhood in Soviet Russia, 1917-1932*, New York, 2001, p. 48.

12. O. Maitich, « Utopia in Daily Life », *in* J. Bowlt et O. Maitich, éd., *Laboratory of Dreams : The Russian Avant-Garde and Cultural Experiment*, Stanford, 1996, p. 65-66 ; V. Buchli, *An Archaeology of Socialism*, Oxford, 1999, p. 65-68.

13. W. Goldman, *Women, the State and Revolution : Soviet*

Family Policy and Social Life, 1917-1936, Cambridge, 1993, p. 107 ; N. Lebina, *Povsednevnaia zhizn' sovetskogo goroda : normy i anomalii, 1920-1930 gody*, Saint-Pétersbourg, 1999, p. 272.

14. I. Halfin, « Intimacy in an Ideological Key : The Communist Case of the 1920s and 1930s », *in* Halfin, éd., *Language and Revolution : Making Modern Political Identities*, Londres, 2002, p. 187-188.

15. L. Trotski, *Les Questions du mode de vie*, Paris, 1976, question n. 6 ; Inkeles et Bauer, *The Soviet Citizen*, p. 205.

16. Trotski, *Les Questions du mode de vie*, chap. VI.

17. MSP, f. 3, op. 16, d. 2, l. 2, 7, 46-62.

18. Voir O. Figes, *Natasha's Dance : A Cultural History of Russia*, Londres, 2002, p. 119-130.

19. MSP, f. 3, op. 18, d. 2, l. 24, 26.

20. MSP, f. 3, op. 12, d. 2, l. 15.

21. Elena Bonner, *De mères en filles. Un siècle russe*, trad. S. Benech, Paris, Gallimard, 2002, p. 67, 75, 93, 95.

22. Buchli, *An Archaeology of Socialism*, p. 131.

23. V. Maiakovskii, *Polnoe sobranie sochinenii*, 13 vol., Moscou, 1953-1961, vol. 2, p. 74-75.

24. V. Dunham, *In Stalin's Time : Middle-Class Values in Soviet Fiction*, Durham, 1990, p. 64 ; traduction légèrement modifiée dans un souci de clarté [en fr., *cf.* F. V. Gladkov, *Le Ciment*, trad. V. Serge, 1928 ; rééd., Paris, Julliard, 1970].

25. W. Rosenberg, éd., *Bolchevik Visions : First Phase of the Cultural Revolution in Soviet Russia*, 2 vol., Ann Arbor, 1990, vol. 1, p. 37 (traduction légèrement modifiée dans un souci de clarté).

26. MM, f. 1, op. 1, d. 167, 169 ; f. 12, op. 27, d. 2, l. 47-54.

27. MSP, f. 3, op. 47, d. 2, l. 32-33, 59-64 ; d. 3, l. 1-6 ; L. El'iashova, *My ukhodim, my ostaemsia. Kniga 1 : Dedy, ottsy*, Saint-Pétersbourg, 2001, p. 191-194.

28. OR RNB, f. 1156, d. 597, l. 3, 14 ; HSH, Vojtinskij, n. 11 (boîte 3, dossier 5/b) ; VOFA, A. Levidova, « Vospominaniia », ms., p. 11 ; entretien avec Ada Levidova, Saint-Pétersbourg, mai 2004.

29. OR RNB, f. 1156, d. 576, l. 4, 12-19 ; d. 577, l. 1 ; d. 597, l. 51 ; VOFA, A. Levidova, « Vospominaniia », ms., p. 12.

30. V. Zenzinov, *Deserted : The Story of the Children*

Abandoned in Soviet Russia, Londres, 1931, p. 27; en fr., *Les Enfants abandonnés en Russie soviétique*, Paris, Plon, 1929.

31. A. Lunacharskii, *O narodnom obrazovanii*, Moscou, 1948, p. 445.

32. E. M. Balashov, *Shkola v rossiiskom obshchestve 1917-1927 gg. Stanovlenie « novogo cheloveka »*, Saint-Pétersbourg, 2003, p. 33; J. Ceton, *School en kind in Sowjet-Rusland*, Amsterdam, 1921, p. 3. Sur le travail et les jeux aux jardins d'enfants, voir L. Kirschenbaum, *Small Comrades: Revolutionizing Childhood in Soviet Russia, 1917-1932*, p. 120-123.

33. MP, f. 4, op. 18, d. 2, l. 1-2; RGAE, f. 9455, op. 2, d. 154; L. Holmes, « Part of History: The Oral Record and Moscow's Model School N. 25, 1931-1937 », *Slavic Review*, 56, été 1997, p. 281-283; Sh. Fitzpatrick, *Education and Social Mobility in the Soviet Union 1921-1934*, Cambridge, 1979, p. 27; SFA, I. Slavina, « Tonen'kii nerv istorii », ms., p. 16.

34. RGAE, f. 9455, op. 2, d. 30, l. 241-256; d. 51, l. 113-114; d. 154, l. 47-48.

35. RGAE, f. 9455, op. 2, d. 154, l. 397; d. 155, l. 5, 8, 9, 15; d. 156, l. 11-12, 171; d. 157, l. 98-103.

36. R. Berg, *Sukhovei: vospominaniia genetika*, Moscou, 2003, p. 29.

37. A. Mar'ian, *Gody moi, kak soldaty: dnevnik sel'skogo aktivista, 1925-1953 gg.*, Kichinev, 1987, p. 17; E. Liusin, *Pis'mo – vospominaniia o prozhitykh godakh*, Kalouga, 2002, p. 18-19. Voir en outre C. Kelly, « Byt, Identity and Everyday Life », *in* S. Franklin et E. Widdis, éd., *National Identity in Russian Culture: An Introduction*, Cambridge, 2004, p. 157-167.

38. Balashov, *Shkola v rossiiskom obshchestve*, p. 137.

39. MSP, f. 3, op. 37, d. 2, l. 8-9; op. 14, d. 3, l. 24-26; MP, f. 4, op. 24, d. 2, l. 41-42; op. 3, d. 2, l. 24; V. Frid, *58 ½: zapiski lagernogo pridurka*, Moscou, 1996, p. 89.

40. MSP, f. 3, op. 8, d. 2, l. 1, 7; MP, f. 4, op. 9, d. 2, l. 11-12.

41. C. Kelly, « Shaping the "Future Race": Regulating the Daily Life of Children in Early Soviet Russia », *in* Kaier et Naiman, éd., *Everyday Life in Early Soviet Russia*, p. 262; Rosenberg, éd., *Bolshevik Visions*, vol. 2, p. 86; MP, f. 4, op. 24, d. 2, l. 43.

42. Entretien avec Vassili Romachkine, Norilsk, juillet 2004.

43. Entretien avec Ida Slavina, Cologne, juin 2003.

44. MSP, f. 3, op. 17, d. 2, l. 8.

45. P. Kenez, *The Birth of the Propaganda State: Soviet Methods of Mass Mobilization, 1917-1929*, Cambridge, 1985, p. 168-169.

46. N. Vishniakova, *Dnevnik Niny Vishniakovoi*, Sverdlovsk, 1990, p. 28-29.

47. E. Dolmatovskii, *Bylo: zapiski poeta*, Moscou, 1982, p. 22-23.

48. V. Pirozhkova, *Poteriannoe pokolenie*, Saint-Pétersbourg, 1998, p. 46-47.

49. Entretien avec Vassili Romachkine, Norilsk, juillet 2004; D. Hoffman, *Stalinist Values: The Cultural Norms of Stalinist Modernity*, Cornell, 2003, p. 121-122.

50. Baitalsky, *Notebooks for the Grandchildren*, p. 56, 68, 71 (traduction légèrement modifiée dans un souci de clarté). [En fr., *cf.* M. Baïtalski, « Souvenirs d'un jeune communiste (1920-1927) », *Cahiers du mouvement ouvrier, CERMTRI, Centre d'études et de recherches sur les mouvements trotskystes et révolutionnaires internationaux*, Paris, n. 16, décembre 2001, p. 21-34; et « Souvenirs (suite). L'année 1929: premières arrestations », *ibid.*, n. 17, avril-mai 2002, p. 29-38.]

51. Lebina, *Povsednevnaia zhizn'*, p. 274.

52. Baitalsky, *Notebooks for the Grandchildren*, p. 94-96, 161-162.

53. Stalin, *Sochineniia*, vol. 6, p. 46; *Partiinaia etika*, p. 287.

54. M. Rubinshtein, *Sotsial'no-pravovye predstavleniia i samoupravleniia u detei*, Moscou, 1925, p. 69-70.

55. *Partiinaia etika*, p. 329.

56. O. Kharkhordin, *The Collective and the Individual in Russia: A Study of Practices*, Berkeley, 1999, p. 35-74, 212-228.

57. Leonard Schapiro, *The Communist Party of the Soviet Union*, Londres, 1970, p. 385; en fr., *De Lénine à Staline, histoire du Parti communiste de l'Union soviétique*, trad. A. Golem, Paris, Gallimard, 1967.

58. Voir en outre I. Halfin, « From Darkness to Light: Student Communist Autobiography During NEP », *Jahrbücher für Geschichte Osteuropas*, 45, 1997, p. 210-236; *id.*, *Terror in My Soul: Communist Autobiographies on Trial*, Cambridge, Mass., 2003.

59. Kharkhordin, « Reveal and Dissimulate: A Genealogy of the Private Life in Soviet Russia », *in The Collective and the Individual in Russia*, p. 123-125; en fr., Oleg Kharkhordine,

« Révéler, dissimuler. Une généalogie de la vie privée en Russie soviétique », *Politix*, 1995, vol. 8, n. 31, p. 203-227, ici p. 203-205.

60. V. Kozlov, « Denunciation and Its Functions in Soviet Governance : A Study of Denunciations and Their Bureaucratic Handling from Soviet Police Archives, 1944-1953 », *Journal of Modern History*, 68, décembre 1996, p. 867 ; C. Hooper, « Terror from Within : Participation and Coercion in Soviet Power, 1924-1964 », Thèse, Princeton University, 2003, p. 13.

61. *XIV s'ezd VKP (b) : stenograficheskii otchet*, Moscou, 1926, p. 600.

62. *Ibid.*, p. 615.

63. Bonner, *De mères en filles*, p. 208.

64. *Partiinaia etika*, p. 329.

65. Entretien avec Elena Dombrovskaïa, Moscou, janvier 2003.

66. MSP, f. 3, op. 48, d. 2, l. 1, 23, 32-34.

67. MSP, f. 3, op. 42, d. 2, l. 5-6.

68. MP, f. 4, op. 9, d. 1, l. 4-8 ; d. 2, l. 13.

69. MP, f. 4, op. 12, d. 2, l. 7.

70. Bonner, *De mères en filles*, p. 36.

71. V. Semenova, « Babushki : semeinye i sotsial'nye funktsii praroditel'skogo pokoleniia », *in Sud'ba liudei : Rossiia XX veka. Biografii semei kak ob'ekt sotsiologicheskogo issledovaniia*, Moscou, 1996, p. 326-354.

72. Bonner, *De mères en filles*, p. 32, 33-34, 117, 203, 376 ; entretien avec Elena Bonner, Boston, novembre 2006.

73. GFA, O. Golovnia, « Predisloviia k pis'mam », ms., p. 20 ; entretien avec Elena Golovnia, Moscou, novembre 2004.

74. Entretien avec Vladimir Fomine, Saint-Pétersbourg, septembre 2003.

75. Entretien avec Evguenia Evangoulova, Saint-Pétersbourg, mars 2004 ; E. P. Evangulova, *Krestnyi put'*, Saint-Pétersbourg, 2000, p. 7-9, 36 ; RGAE, f. 5208, op. 1, d. 28.

76. Entretien avec Boris Gavrilov, Saint-Pétersbourg, juin 2003.

77. « Obydennyi NEP (Sochineniia i pis'ma shkol'nikov 20-x godov) », *in Neizvestnaia Rossiia XX veka*, vol. 3, Moscou, 1993, p. 285-287 ; HP, 59 A, vol. 5, p. 25 ; Inkeles et Bauer, *The Soviet Citizen*, p. 216. Voir pareillement S. Tchouikina, « The "Old" and "New" Intelligentsia and the Soviet State », *in*

T. Vihavainen, éd., *The Soviet Union — A Popular State ?*, Saint-Pétersbourg, 2003, p. 99-100.

78. Inkeles et Bauer, *The Soviet Citizen*, p. 223 ; MSP, f. 3, op. 52, d. 2, l. 19.

79. Elinor Olitskaia, *Moi vospominaniia*, vol. I et II, Francfort, 1971, vol. 2, p. 56 ; *Le Sablier*, trad. fr. Andreieff et H. Châtelain, préface de L. Pliouchtch, Paris, Deux Temps Tierce, 1991, p. 298 ; MP, f. 4, op. 8, d. 2, l. 6. Voir aussi MM, f. 12, op. 31, d. 2, l. 1-2 ; MSP, f. 3, op. 53, d. 2, l. 11-12 ; f. 3, op. 8, d. 2, l. 1-7.

80. *Partiinaia etika*, p. 437 ; Liusin, *Pis'mo*, p. 11 ; MP, f. 4, op. 32, d. 4, l. 7.

81. Bonner, *De mères en filles*, p. 69, 195-197, 273.

82. MSP, f. 3, op. 16, d. 2, l. 3-4, 7.

83. MSP, f. 3, op. 37, d. 2, l. 13-15 ; Shikheeva-Gaister, *Semeinaia khronika vremen kul'ta lichnosti*, Moscou, 1998, p. 5-6.

84. V. P. Danilov, *Sovetskaia dokolkhoznaia derevnia : naselenie, zemlepol'zovanie, khoziaistvo*, Moscou, 1977, p. 31.

85. MSP, f. 3, op. 14, d. 3, l. 34-35.

86. Sur la révolution paysanne, voir O. Figes, *Peasant Russia, Civil War : The Volga Countryside in Revolution (1917-1921)*, Oxford, 1989.

87. MSP, f. 3, op. 14, d. 3, l. 8, 104 ; G. Dobronozhenko, *Kollektivizatsiia na Severe, 1929-1932*, Syktyvkar, 1994, p. 27-28.

88. MSP, f. 3, op. 14, d. 3, l. 7-8.

89. MSP, f. 3, op. 14, d. 2, l. 18, 69.

90. MSP, f. 3, op. 2, d. 2, l. 20, 43-45.

91. VFA, E. Vittenbourg, « Pamiati P. V. Vittenburga », ms., p. 4 ; entretiens avec Evguenia Vittenbourg, Saint-Pétersbourg, août 2003 et septembre 2004 ; E. Vittenbourg, *Vremia poliarnykh stran*, Saint-Pétersbourg, 2002, p. 44-74.

92. RGALI, f. 1814, op. 9, d. 351, l. 3 ; entretien avec Alexeï Simonov, Moscou, novembre 2003.

93. RGALI, f. 1814, op. 9, d. 2613, l. 7, 13 ; K. Simonov, *Segodnia i davno*, Moscou, 1978, p. 65.

94. RGALI, f. 1814, op. 10, d. 360 ; op. 9, d. 2613, l. 3, 13.

95. RGALI, f. 1814, op. 9, d. 2698, l. 1.

96. RGALI, f. 1814, op. 10, d. 360, l. 31.

97. RGALI, f. 1814, op. 9, d. 353, l. 38 ; d. 337, l. 7.

98. RGALI, f. 1814, op. 10, d. 339, l. 11 ; op. 9, d. 1534, l. 31.

99. RGALI, f. 1814, op. 6, d. 70, l. 103; d. 170, l. 17; op. 9, d. 2613, l. 13; d. 23-24.

100. RGALI, f. 1814, op. 9, d. 1533, l. 18; d. 24, l. 16; d. 25, l. 6, 17, 26; d. 1010, l. 9-10; Simonov, *Segodnia i davno*, p. 66.

101. Simonov, *Glazami*, p. 25-26.

102. RGALI, f. 1814, op. 9, d. 25, l. 12; d. 1010, l. 16-19; op. 10, d. 339, l. 11.

103. SLFA, M. Laskine, « Vospominaniia », ms., p. 2.

104. SLFA, « Lichnyi listok po uchety kadrov » (Samouïl Laskine); entretiens avec Fania Laskina, Moscou, novembre 2003, mars 2005.

105. A. Ball, *Russia's Last Capitalists: The NEPmen 1921-1929*, Berkeley, 1987, p. 39.

106. Entretiens avec Fania Laskina, Moscou, juin et novembre 2003, février et juillet 2004; entretiens avec Alexeï Simonov, Moscou, novembre 2003; SLFA, M. Laskine, « Vospominaniia », ms., p. 20, 21, 29.

107. Y. Slezkine, *The Jewish Century*, Berkeley, 2005, p. 217; *Vsesoiuznaia perepis' naseleniia 1937 g. Kratkie itogi*, Moscou, 1991, p. 90.

108. A. Shternshis, *Soviet and Kosher: Jewish Popular Culture in the Soviet Union, 1923-1939*, Bloomington, 2006, p. 35-43; J. Veidlinger, *The Moscow State Yiddish Theatre: Jewish Culture on the Soviet Stage*, Bloomington, 2000.

109. Entretiens avec Fania Laskina, Moscou, juin et novembre 2003; entretiens avec Alexeï Simonov, Moscou, novembre 2003; SLFA, M. Laskine, « Vospominaniia », ms., p. 19.

110. Entretien avec Rebekka (Rita) Kogan, Saint-Pétersbourg, 2003.

111. I. Slavin, *Protsess v Novikakh*, Vitebsk, 1920.

112. SFA, I. Slavina, « Tonen'kii nerv istorii », ms., p. 11; entretien avec Ida Slavina, Cologne, octobre 2003.

113. Entretien avec Fania Laskina, Moscou, mars 2005.

114. Barmine, *Vingt Ans au service de l'URSS*, p. 193-194; H. Kuromiya, *Stalin's Industrial Revolution: Politics and Workers, 1928-1932*, Cambridge, 1988, p. 110; RGAE, f. 9455, op. 2, d. 157, l. 183.

115. V. Danilov, « Vvedenie: sovetskaia derevnia v gody "Bol'shogo terrora" », *in Tragediia sovetskoi derevni: kollektivizatsiia i raskulachivanie. Dokumenty i materialy v 5 tomakh*

1927-1939, 5 vol., Moscou, 1999-2004, vol. 5, *1937-1939*, 1re partie, *1937*, p. 9 ; A. Meyer, « The War Scare of 1924 », *Soviet Union/Union soviétique*, vol. 5, n. 1, 1978, p. 1-25 ; Sh. Fitzpatrick, « The Foreign Threat During the First Five Year Plan », *Soviet Union/Union soviétique*, vol. 5, n. 1, 1978, p. 26-35 ; Stalin, *Sochineniia*, vol. 11, p. 170-172.

116. R. Davies, *The Industrialization of Soviet Russia 3 : The Soviet Economy in Turmoil, 1929-1930*, Londres, 1989, p. 76 ; Ball, *Russia's Last Capitalists*, p. 76-77.

117. SLFA, « Lichnyi listok po uchety kadrov » (Samouïl Laskine) ; entretiens avec Fania Laskina, Moscou, novembre 2003, mars 2005.

118. Mandelstam, *Contre tout espoir*, vol. 3, p. 249 (traduction légèrement modifiée).

II
LA GRANDE RUPTURE (1928-1932)

1. MSP, f. 3, op. 14, d. 2, l. 38 ; d. 3, l. 10.

2. AFSBVO, Arkhivno-sledstvennoe delo N. A. Golovina.

3. MSP, f. 3, op. 14, d. 2, l. 102-104.

4. MSP, f. 3, op. 14, d. 2, l. 93.

5. AFSBVO, Arkhivno-sledstvennoe delo N. A. Golovina ; MSP, f. 3, op. 14, d. 2, l. 69 ; d. 3, l. 7-8.

6. GAVO, f. 407, op. 1, d. 98, l. 7.

7. AFSBVO, Arkhivno-sledstvennoe delo N. A. Golovina ; MSP, f. 3, op. 14, d. 3, l. 9.

8. AFSBVO, Arkhivno-sledstvennoe delo N. A. Golovina.

9. MSP, f. 3, op. 14, d. 3, l. 11.

10. *Tragediia sovetskoi derevni*, vol. 1, p. 36, 148-150, 228-230, 742 ; *Izvestiia TsK KPSS*, 1991, n. 5, p. 196-202.

11. Cité *in* Moshe Lewin, *Russian Peasants and Soviet Power : A Study of Collectivization*, Londres, 1968, p. 257.

12. R. Davies, *The Soviet Economy in Turmoil, 1929-1930*, Londres, 1989, p. 198-199 ; *Pravda*, 1er septembre et 10 novembre 1929.

13. *Pravda*, 7 novembre 1929 ; Stalin, *Sochineniia*, vol. 12, p. 174.

14. R. Davies, *The Socialist Offensive : The Collectivization of Soviet Agriculture, 1929-1930*, Londres, 1980, p. 111 ; *Tragediia*

sovetskoi derevni, vol. 1, p. 702-710, 716-727 ; M. Hindus, *Red Bread : Collectivization in a Russian Village* Bloomington, 1988, p. 246.

15. Davies, *The Socialist Offensive*, p. 218 ; Kravchenko, *J'ai choisi la liberté*, p. 133.

16. M. Vareikis, « O partiinom rukovodstve kolkhozam », *Na agrarnom fronte*, 1929, n. 8, p. 65 ; *Izvestia*, 19 avril 1930 ; GARK, f. 3, op. 1, d. 2309, l. 6.

17. Davies, *The Socialist Offensive*, p. 198.

18. Merle Fainsod, *How Russia is Ruled*, Cambridge, 1962, p. 250 ; en fr. *Smolensk à l'heure de Staline*, trad. G. Bernier, Paris, Fayard, 1967.

19. Robert Conquest, *The Harvest of Sorrow : Soviet Collectivization and the Terror-Famine*, Londres, 1986, p. 120-121 ; en fr. *Sanglantes Moissons. La collectivisation des terres en URSS*, trad. Cl. Seban, Paris, Laffont, « Bouquins », 1995, p. 131-132 ; Fitzpatrick, *Stalin's Peasants*, p. 54-55.

20. GAVO, f. 22, op. 1, d. 37, l. 41 ; GARK, f. 136, op. 1, d. 121, l. 153 ; MSP, f. 3, op. 14, d. 3, l. 74 ; *Tragediia sovetskoi derevni*, vol. 3, p. 66-68.

21. MP, f. 4, op. 18, d. 2, l. 44.

22. Conquest, *The Harvest of Sorrow*, p. 137, et trad. fr., p. 149 ; *Tragediia sovetskoi derevni*, vol. 3, p. 15 ; Lewin, *Russian Peasants and Soviet Power*, p. 508.

23. MP, f. 4, op. 18, d. 2, l. 44.

24. MP, f. 4, op. 7, d. 2, l. 39.

25. MP, f. 4, op. 5, d. 2, l. 30.

26. VFA, « Vospominaniia », ms., p. 8 ; *Komsomol'skaia pravda*, 8 septembre 1989, p. 2.

27. LFA, « Roditeli », p. 24.

28. A. Zverev, *Zapiski ministra*, Moscou, 1973, p. 54.

29. Lev Kopelev, *The Education of a True Believer*, Londres, 1981, p. 235.

30. *Tragediia sovetskoi derevni*, vol. 1, p. 8-9 ; R. Davies et S. Wheatcroft, *The Years of Hunger : Soviet Agriculture, 1931-1933*, Londres, 2004, p. 451.

31. Davies, *The Socialist Offensive*, p. 442-443 ; *Tragediia sovetskoi derevni*, vol. 3, p. 8-9 ; Davies et Wheatcroft, *The Years of Hunger*, p. 31, 37 ; *Politbiuro i krest'ianstvo : vysylka, spetsposelenie 1930-1940*, 2 vol., Moscou, 2006, vol. 2, p. 43.

32. AFSBVO, Arkhivno-sledstvennoe delo N. A. Golovina ; MSP, f. 3, op. 14, d. 2, l. 82-101 ; d. 3, l. 11, 56-58.

33. Hindus, *Red Bread*, p. 142.

34. E. Footeva, « Coping with Revolution : The Experience of Well-to-do Russian Families », *in* D. Bertaux, P. Thompson et A. Rotkirch, éd., *On Living through Soviet Russia*, Londres, 2004, p. 75.

35. Entretiens avec Olga Ramenskaïa (née Zapragaïeva) et Galina Petrova, Strougui-Krasnye (oblast de Pskov), août 2003.

36. RGAE, f. 7486, op. 37, d. 101, l. 61-62 ; M. Tauger, « The 1932 Harvest and the Soviet Famine of 1932-1933 », *Slavic Review*, vol. 50, n. 1, printemps 1991 ; Davies et Wheatcroft, *The Years of Hunger*, p. 181-224, 411, 415 ; Conquest, *The Harvest of Sorrow*, p. 3, 196, 272-273, 341, et trad. fr., p. 6, 213, 295-296, 371. L'accusation de génocide a également été portée par J. Mace, « The Man-Made Famine of 1933 in Soviet Ukraine : What Happened and Why ? » *in* I. Charny, éd., *Toward the Understanding and Prevention of Genocide : Proceedings of the International Conference of the Holocaust and Genocide*, Boulder, 1984, p. 673 ; et « Famine and Nationalism in Soviet Ukraine », *Problems of Communism*, vol. 33, n. 3, mai-juin 1984, p. 39.

37. Pour le lien entre la famine et l'introduction du système des passeports, en décembre 1932, voir RGASPI, f. 81, op. 3, d. 93, l. 24-25 ; f. 558, op. 11, d. 45, l. 109.

38. Fitzpatrick, *Stalin's Peasants*, p. 80 ; Conquest, *The Harvest of Sorrow*, p. 237, et trad. fr., p. 255-256.

39. G. Kessler, « The Passport System and State Control Over Population Flows in the Soviet Union, 1932-1940 », *Cahiers du monde russe*, vol. 42, n. 2-4, 2001, p. 477-504 ; D. Shearer, « Social Disorder, Mass Repression and the NKVD during the 1930s », *Cahiers du monde russe*, vol. 42, n. 2-4, 2001, p. 505, 519-520. Voir aussi D. Shearer, « Elements Near and Alien : Passportization, Policing, and Identity in the Stalinist State, 1932-1952 », *Journal of Modern History*, vol. 76, décembre 2004, p. 835-881.

40. *Tragediia sovetskoi derevni*, vol. 3, p. 63 ; Applebaum, *Gulag*, p. 329 ; et trad. fr., Folio, p. 543 ; GARF, f. 5207, op. 3, d. 49, l. 190 ; f. 8131, op. 37, d. 137, l. 4.

41. Lynne Viola, « Tear the Evil from the Root : The Children of Spetspereselentsy of the North », *in* Natalia Baschmakoff

et Paul Fryer, éd., *Modernization of the Russian Provinces*, n. spécial de *Studia Slavica Finlandensia*, 17, avril 2000, p. 4, 44, 48-49 (traduction de la citation légèrement modifiée dans un souci de clarté), p. 51 ; *Politbiuro i krest'ianstvo*, p. 47. Pour plus de détails sur les « colonies spéciales », voir L. Viola, *The Unknown Gulag : The Lost World of Stalin's Special Settlements*, Oxford, 2007 ; Nicolas Werth, *L'Île aux cannibales. 1933, une déportation-abandon en Sibérie*, Paris, Perrin, 2006.

42. MSP, f. 3, op. 14, d. 2, l. 25-26 ; d. 3, l. 12-18, 125.

43. MP, f. 4, op. 18, d. 2 ; d. 5, l. 16-17.

44. MP, f. 4, op. 5, d. 2, l. 37, 38.

45. *Politbiuro i krest'ianstvo*, p. 467-553 ; Viola, *The Unknown Gulag*, p. 232.

46. MP, f. 4, op. 9, d. 5, l. 2-7.

47. AMILO, M. A. Solomonik, « Zapiski raskolchennoi », ts., p. 7-34.

48. *Pravda*, 7 novembre 1929.

49. AFA, A. M. Alexeïev, « Vospominaniia », p. 18.

50. Voir, par exemple, GARF, f. 9414, op. 1, d. 368, l. 115. Voir aussi les commentaires rétrospectifs révélateurs d'Alexeï Loguinov, directeur du complexe minier du Goulag à Norilsk de 1954 à 1957, *in* A. Macqueen, « Survivors », *Granta*, 64, hiver 1998, p. 45.

51. Pour une interprétation politique classique du système du Goulag, voir R. Conquest, *The Great Terror : A Reassessment*, Londres, 1992 ; en fr., *La Grande Terreur. Les purges staliniennes des années 1930*, trad. M.-A. Revellat et Cl. Seban, Paris, Laffont, « Bouquins », 1995 ; et *id.*, *Kolyma : The Arctic Death Camps*, New York, 1978. La dimension économique est soulignée par M. Jakobson, *Origins of the Gulag : The Soviet Prison Camp System, 1917-1934*, Lexington, KY, 1993 ; G. Ivanova, *Gulag v sisteme totalitarnogo gosudarstva*, Moscou, 1997 ; et par plusieurs chercheurs *in* P. Gregory et V. Lazarev, éd., *The Economics of Forced Labor : The Soviet Gulag*, Stanford, 2003. Pour une étude savante des premières années du Goulag qui mêle les deux approches, voir O. Khlevniuk, *The History of the Gulag : From Collectivization to the Great Terror*, New Haven, 2004.

52. *Sistema ispravitel'no-trudovykh lagerei v SSSR, 1923-1960 : Spravochnik*, Moscou, 1998, p. 395 ; Applebaum, *Gulag*, p. 31-40, et trad. fr., Folio, p. 99-113.

53. GARF, f. 5446, op. 11a, d. 555, l. 32 ; RGASPI, f. 17, op. 3, d. 746, l. 11 ; *Sistema ispravitel'no-trudovykh lagerei v SSSR*, p. 38.

54. GARF, f. 9414, op. 1, d. 2920, l. 178 ; Applebaum, *Gulag*, p. 62-65, et trad. fr., Folio, p. 146-151 ; C. Joyce, « The Gulag in Karelia, 1929-1931 », *in* Gregory et Lazarev, éd., *The Economics of Forced Labor*, p. 166 ; N. Baron, « Conflict and Complicity : The Expansion of the Karelian Gulag, 1923-1933 », *Cahiers du monde russe*, vol. 42, n. 2-4, 2001, p. 643 ; Soljenitsyne, *L'Archipel du Goulag*, vol. 2, p. 78.

55. MSP, f. 3, op. 19, d. 2, l. 1-4.

56. GARF, f. 5515, op. 33, d. 11, l. 39-40 ; GASO, f. 148, op. 5, d. 26, l. 75.

57. GARF, f. 9414, op. 1, d. 3048, l. 25-36 ; V. Shalamov, *Vishera : antiroman*, Moscou, 1989, p. 23, en fr., Varlam Chalamov, *Vichéra*, trad. S. Benech, Lagrasse, Verdier, 2000.

58. D. Nordlander, « Magadan and the Economic History of the Dalstroi in the 1930 », *in* Gregory et Lazarev, éd., *The Economics of Forced Labor*, p. 110.

59. Varlam Chalamov, *Récits de la Kolyma*, trad. S. Benech, C. Fournier et L. Jurgenson, Lagrasse, Verdier, 2003, p. 784 (« Le virtuose de la pelle »). Chalamov arriva à la Kolyma en 1937 ; ce qu'il écrit de l'époque Berzine repose donc sur la légende du camp.

60. MP, f. 4, op. 10, d. 1, l. 1-4, 13-17.

61. Barmine, *Vingt Ans au service de l'URSS*, p. 275.

62. C. Ward, *Stalin's Russia*, Londres, 1999, p. 56 ; A. Smith, *I Was a Soviet Worker*, Londres, 1937, p. 43.

63. Entretiens avec Lydia Poukhova, Saint-Pétersbourg, mai, octobre 2004.

64. MSP, f. 3, op. 14, d. 2, l. 23-24, 26, 29 ; d. 3, l. 20, 63-70.

65. Y. Druzhnikov [Droujnikov], *Informer 001 : The Myth of Pavlik Morozov*, Londres, 1997, p. 45-46, 155-156 ; C. Kelly, *Comrade Pavlik : The Rise and Fall of a Soviet Boy Hero*, Londres, 2005, p. 66.

66. Druzhnikov, *Informer 001*, p. 19-20, 30-31, 42, 114, 152 ; Kelly, *Comrade Pavlik*, p. 13-94. Kelly, qui a consulté le dossier de la police secrète, doute qu'il y ait eu un procès Morozov. Dans son idée, la dénonciation de Pavlik serait une invention de la police et de la presse (p. 251-258).

67. Kelly, *Comrade Pavlik*, p. 26-72.

68. Druzhnikov, *Informer 001*, p. 9-11 ; Kelly, *Comrade Pavlik*, p. 14.

69. Kelly, *Comrade Pavlik*, p. 156 (traduction légèrement modifiée dans un souci de clarté).

70. Voir *ibid.*, p. 22, 26-29, 169-171.

71. M. Nikolaev, *Detdom*, New York, 1985, p. 89.

72. V. Danilov, *Sovetskaia dokolkhoznaia derevnia : naselenie, zemlepol'zovanie, khoziaistvo*, Moscou, 1977, p. 25 ; P. Kenez, *The Birth of the Propaganda State : Soviet Methods of Mass Mobilization, 1917-1929*, Cambridge, 1985, p. 186 ; *Ocherki byta derevenskoi molodezhi*, Moscou, 1924, p. 10-12.

73. Entretiens avec Nina Gribelnaïa, Saint-Pétersbourg, mars, juin, octobre 2004 ; AFSBTO, Arkhivno-sledstvennoe delo F. Z. Medvedeva.

74. Conquest, *The Harvest of Sorrow*, p. 195 et trad. fr., p. 320 ; Sh. Fitzpatrick, *Stalin's Peasants*, p. 256.

75. *Vskhody kommuny*, 19 décembre 1932 ; Geiger, *The Family in Soviet Russia*, p. 308 (traduction légèrement modifiée dans un souci de clarté).

76. A. Mar'ian, *Gody moi, kak soldaty : dnevnik sel'skogo aktivista, 1925-1953 gg.*, Kichinev, 1987, p. 55, 71, 78-79.

77. Cité *in* Geiger, *The Family in Soviet Russia*, p. 140.

78. A. Shternshis, *Soviet and Kosher : Jewish Popular Culture in the Soviet Union, 1923-1939*, Bloomington, 2006, p. 61. Je remercie Anna Shternshis d'avoir mis à ma disposition une transcription de l'entretien avec Sofia G.

79. V. Baevskii, « Syn kulaka i vrag naroda : A. T. Tvardovskii v Smolenske v 1937 g. », *in Stalinizm v rossiiskoi provintsii : smolenskie arkhivnye dokumenty v pochtenii zarubezhnykh i rossiiskikh istorikov*, Smolensk, 1999, p. 256.

80. *Istoriia sovetskoi politicheskoi tsenzury*, Moscou, 1997, p. 109 ; Baevskii, « Syn kulaka », p. 255-258.

81. I. Tvardovskii, « Stranitsy perezhitogo », *Iunost'*, 1988, n. 3, p. 14, 18.

82. *Ibid.*, p. 23.

83. *Ibid.*, p. 26.

84. *Ibid.*, p. 27.

85. E. Iaroslavskii, éd., *Kak provodit' chistku partii*, Moscou, 1929, p. 10.

86. Voir Sh. Fitzpatrick, « The Problem of Class Identity in NEP Society », *in* Sh. Fitzpatrick, A. Rabinowitch et R. Stites,

éd., *Russia in the Era of NEP: Explorations in Soviet Society and Culture*, Bloomington, 1991, p. 21-33.

87. G. Alexopoulos, « Portrait of a Con Artist as a Soviet Man », *Slavic Review*, vol. 57, n. 4, hiver 1998, p. 774-790. Voir également Sh. Fitzpatrick, « Making a Self for the Times: Impersonation and Imposture in 20th Century Russia », *Kritika: Explorations in Russian and Eurasian History*, vol. 2, n. 3, été 2001, p. 469-487 ; *id.*, *Tear off the Masks! Identity and Imposture in Twentieth-Century Russia*, Princeton, 2005.

88. Bonner, p. 426.

89. Sh. Fitzpatrick, *Everyday Stalinism*, New York, 1999, p. 118-138 ; en fr. *Le Stalinisme au quotidien. La Russie soviétique dans les années 1930*, trad. J.-P. Ricard et Fr.-X. Nérard, Paris, Flammarion, 2002, p. 173-205.

90. Geiger, *The Family in Soviet Russia*, p. 141-142 ; voir aussi Fitzpatrick, *Everyday Stalinism*, p. 133, et trad. fr., p. 197-198.

91. B. Engel et A. Posadskaya-Vanderbeck, *A Revolution of Their Own: Voices of Women in Soviet History*, Boulder, 1997, p. 29-32 (traduction légèrement modifiée dans un souci de clarté).

92. Geiger, *The Family in Soviet Russia*, p. 143 ; N. Novak-Decker, éd., *Soviet Youth: Twelve Komsomol Histories*, Munich, 1959, p. 99.

93. RGALI, f. 1814, op. 10, d. 339, l. 6.

94. RGALI, f. 1814, op. 10, d. 339, l. 3.

95. Simonov, *Glazami*, p. 29-30.

96. RGALI, f. 1814, op. 10, d. 339, l. 5.

97. Simonov, *Glazami*, p. 32.

98. *Ibid.*, p. 33.

99. *Ibid.*, p. 35-36.

100. W. Leonhard, *Child of the Revolution*, Londres, 1957, p. 143 ; en fr., *Un enfant perdu de la révolution*, trad. P. Ollagnier, Paris, Éditions France-Empire, 1983, p. 54 (traduction modifiée).

101. J. Hellbeck, « Fashioning the Stalinist Soul: The Diary of Stepan Podlubny (1931-1939) », *Jahrbücher für Geschichte Osteuropas*, 44, 1996, p. 350, 353-355 (traduction légèrement modifiée dans un souci de clarté).

102. MSP, f. 3, op. 14, d. 3, l. 22.

103. MSP, f. 3, op. 14, d. 2, l. 31 ; d. 3, l. 18-19.

104. MSP, f. 3, op. 14, d. 2, l. 38.

105. MSP, f. 3, op. 14, d. 2, l. 84.
106. MSP, f. 3, op. 14, d. 2, l. 119-120.

III

LA POURSUITE DU BONHEUR (1932-1936)

1. SLFA, lettre de Fania et Sonia Laskina à Gavril Popov, 18 mai 1990 ; M. Laskine, « Vospominaniia », ms., p. 31 ; entretiens avec Fania Laskina et Alexeï Simonov, Moscou, juillet 2004, mars 2005.

2. T. Colton, *Moscow : Governing the Socialist Metropolis*, Cambridge, Mass., 1995, p. 214, 270 *sq.*

3. RGALI, f. 2772, op. 1, d. 93, l. 2 ; Colton, *Moscow*, p. 280, 327.

4. RGALI, f. 2772, op. 1, d. 6, l. 24 ; d. 87, l. 5.

5. RGALI, f. 2772, op. 1, d. 94, l. 55 ; D. Neutatz, *Die Moskauer Metro : Von den ersten Planen bis zur Grossbaustelle des Stalinismus (1897-1935) ; Beitrage zur Geschichte Osteuropas 33*, Vienne, 2001, p. 173, 181-182 ; Colton, *Moscow*, p. 257 ; *Pravda*, 20 mai 1935, p. 3.

6. RGALI, f. 2772, op. 1, d. 97, l. 17-18.

7. RGALI, f. 2772, op. 1, d. 87, l. 87 ; d. 90, l. 30-21 ; entretien avec Fania Laskina, Moscou, novembre 2003.

8. E. Zaleski, *Planning for Economic Growth in the Soviet Union, 1918-1932*, Chapell Hill, 1971, p. 120 ; N. Lampert, *The Technical Intelligentsia and the Soviet State : A Study of Soviet Managers and Technicians 1928-1935*, Londres, 1979, p. 71 ; Sh. Fitzpatrick, *Education and Social Mobility in the Soviet Union 1921-1934*, p. 199-200 ; R. Davies, *The Industrialization of Soviet Russia 3 : The Soviet Economy in Turmoil, 1929-1930*, Londres, 1989, p. 134-135.

9. On trouvera un bon échantillon de ces lettres *in Obshchestvo i vlast' 1930-e gody : povestvovanie v dokumentakh*, Moscou, 1998, et L. Siegelbaum et A. Sokolov, éd., *Stalinism as a Way of Life : A Narrative in Documents*, New Haven, 2000.

10. Voir L. Viola, *Peasant Rebels Under Stalin : Collectivization and the Culture of Peasant Resistance*, Oxford, 1996 ; et « Popular Resistance in the Stalinist 1930s : Soliloquy of a Devil's Advocate », *Kritika : Explorations in Russian and Eurasian History*, vol. 1, n. 1, hiver 2000, p. 45-69 ; J. Rossman,

« The Teikovo Cotton Workers' Strike of April 1932 : Class, Gender and Identity Politics in Stalin's Russia », *Russian Review*, vol. 56, n. 1, janvier 1997, p. 44-69.

11. Entretiens avec Lev Molotkov, Saint-Pétersbourg, mai 2003 ; Zinaïda Belikova, Saint-Pétersbourg, octobre 2003 ; MUFA, A. Golovanov, « Tetradki », ms., p. 16.

12. TsKhDMO, f. 1, op. 23, d. 1265, l. 43.

13. J. Arch Getty et Oleg Naumov, éd., *The Road to Terror : Stalin and the Self-Destruction of the Bolshevik. 1932-1939*, New Haven et Londres, 1999, p. 52-54.

14. *Ibid.*, p. 126.

15. Sh. Fitzpatrick, *The Cultural Front : Power and Culture in Revolutionary Russia*, Ithaca, 1992, p. 160-162 ; Fitzpatrick, *Education and Social Mobility*, p. 178, 246.

16. Man'kov, *Dnevniki tridtsatykh godov*, p. 82-83.

17. Siegelbaum et Sokolov, éd., *Stalinism as a Way of Life*, p. 124-125 (traduction légèrement modifiée dans un souci de clarté).

18. L. Trotski, *La Révolution trahie*, trad. V. Serge, Paris, 1936.

19. J. Gronow, *Caviar with Champagne : Common Luxury and the Ideals of the Good Life in Stalin's Russia*, Oxford, 2003, p. 36 ; Fitzpatrick, *The Cultural Front*, p. 224.

20. RGASPI, f. 17, op. 120, d. 138, l. 78-79.

21. D. Hoffman, *Stalinist Values : The Cultural Norms of Stalinism Modernity*, Ithaca, 2003, p. 126, 131 ; N. Timasheff, *The Great Retreat : The Growth and Decline of Communism in Russia*, New York, 1946, p. 317-318 ; sur le rôle idéologique de la *koultournost'* (« bonne éducation ») dans les années 1930, voir V. Volkov, « The Concept of *Kul'turnost'* : Notes on The Stalinist Civilizing Process », *in* Sh. Fitzpatrick, éd., *Stalinism : New Directions*, Londres, 2000, p. 210-230.

22. Trotski, *Les Questions du mode de vie*, Paris, 1976, chap. VI.

23. K. Gerasimova, « Public Privacy in the Soviet Communal Apartment », *in* D. Crowley et S Reid, éd., *Socialist Spaces : Sites of Everyday Life in the Eastern Bloc*, Oxford, 2002, p. 210 ; V. Buchli, *An Archaeology of Socialism*, Oxford, 1999, p. 78.

24. Fitzpatrick, *Everyday Stalinism*, p. 150-155 ; et trad. fr., p. 233-238 ; K. Clark, *The Soviet Novel : History as Ritual*, Chicago, 1981, p. 115 ; J. Brooks, « Revolutionary Lives :

Public Identities in *Pravda* during the 1920s », *in* S. White, éd., *New Directions in Soviet History*, Cambridge, 1992, p. 34 ; Timasheff, *The Great Retreat*, p. 199-200, 202 ; Kelly, *Comrade Pavlik*, p. 158.

25. Entretien avec Marina Ivanova, Saint-Pétersbourg, mars 2004.

26. Shikheeva-Gaister, *Semeinaia khronika vremen kulta lichnosti*, p. 15-17.

27. J. Barber, « The Worker's Day : Time Distribution in Soviet Working-Class Families, 1923-36 », étude présentée au Centre for Russian and East European Studies, University of Birmingham, 1978.

28. Trotski, *La Révolution trahie*, « Thermidor au foyer ».

29. MFA, L. Makhnatch, « Oskolki bylogo vysoty nastoiashchego », ms., p. 2-5 ; entretiens avec Leonid Makhnatch, Moscou, mars, juillet 2004.

30. MFA, L. Makhnatch, « Otets », ms., p. 2-4.

31. MFA, Vladimir à Maria Makhnatch, 29 novembre 1935.

32. GFA, O. Golovnia, « Predisloviia k pis'mam », ms., p. 3-4, 6, 12, 14, 47.

33. GFA, O. Golovnia, « Mezhdu Kratovym i otdykhom », ms. p. 1 ; « Predisloviia k pis'mam », ms., p. 31 ; A. Golovnia, « Dnevnik » ; entretiens avec Evguenia Golovnia, Moscou, mars, juillet, octobre 2004.

34. GFA, O. Golovnia, « Predisloviia k pis'mam », ms., p. 40-43, 58-61.

35. *Ibid.*, p. 51.

36. E. Osokina, *Za fasadom « stalinskogo izobiliia ». Raspredelenie i rynok v snabzhenii naseleniia v gody industrializatsii, 1927-1941*, Moscou, 1998, p. 128, 134 ; Man'kov, *Dnevniki tridtsatykh godov*, p. 272. Voir aussi Gronow, *Caviar with Champagne*, p. 126-127.

37. A. Ledeneva, *Russia's Economy of Favours : Blat, Networking and Informal Exchange*, Cambridge, 1998 ; Sh. Fitzpatrick, *Everyday Stalinism*, p. 63, et trad. fr., p. 99.

38. Fitzpatrick, *Everyday Stalinism*, p. 46, et trad. fr., p. 75.

39. S. Kotkin, *Magnetic Mountain : Stalinism as a Civilization*, Berkeley, 1997, p. 161, 171, 175-176, 477.

40. Mandelstam, *Contre tout espoir*, vol. 1, p. 135.

41. Voir, par exemple, MSP, f. 3, op. 36, d. 2, l. 3-9.

42. MSP, f. 3, op. 44, d. 2, l. 57.

43. La section suivante repose sur des entretiens avec trente-sept habitants des appartements communautaires dans les années 1930. Voir la liste des entretiens page 1129.

44. K. Gerasimova, « Public Privacy in the Soviet Communal Apartment », p. 208 ; V. Semenova, « Ravenstvo v nishchete : simvolicheskoe znachenie "kommunalok" », *in Sud'ba liudei Rossiia XX veka. Biografii semei kak ob'ekt sotsiologicheskogo issledovaniia*, Moscou, 1996, p. 374.

45. K. Gerasimova, « Public Spaces in the Communal Apartment », *in* G. Rittersporn, M. Rolfe et J. Behrends, éd., *Public Spheres in Soviet-Type Societies*, Sonderdruck, 2003, p. 167 ; I. Utekhin, *Ocherki kummunal'nogo byta*, Moscou, 2001, p. 148-149.

46. Entretiens avec Alexeï Iourassovski, Moscou, mars, juin 2005.

47. Paola Messana, *Kommunalka. Une histoire de l'Union soviétique à travers les appartements communautaires*, Paris, Lattès, 1995, p. 16-17. Voir également R. Berg, *Sukhovei. Vospominaniia genetika*, Moscou, 2003, p. 140.

48. SSEES, Collection Pahl-Thompson, E. V. Mamline, p. 1-7.

49. Entretien avec Minora Novikova, Moscou, mai 2005.

50. Entretien avec Nina Paramonova, Saint-Pétersbourg, juin 2005.

51. Entretien avec Ninel Reifchneider, Moscou, avril 2005.

52. MSP, f. 1, op. 16, d. 2, l. 65-66 ; op. 23, d. 2, l. 93 ; Berg, *Sukhovei*, p. 141 ; entretien avec Elena Baïgoulova, Saint-Pétersbourg, mai 2005 ; SSEES, Collection Pahl-Thompson, E. V. Mamline, p. 4.

53. Gerasimova, « Public Spaces », p. 185-186.

54. Entretien avec Nina Paramonova, Saint-Pétersbourg, juin 2005.

55. V. Semystiaha, « The Role and Place of Secret Collaborators in the Informational Activity of the GPU-NKVD in the 1920s and 1930s (on the Basis of Materials of the Donbass Region) », *Cahiers du monde russe*, vol. 42, n. 2-4, 2001, p. 231-244. Voir aussi P. Holquist, « "Information is the Alpha and Omega of Our Work" : Bolshevik Surveillance in its Pan-European Context », *Journal of Modern History*, 69, septembre 1997, p. 415-450.

56. Entretien avec Nina Paramonova, Saint-Pétersbourg, juin 2005 ; Baitalsky, *Notebooks for the Grandchildren*, p. 144.

57. Entretien avec Natalia Grigorieva, Saint-Pétersbourg, mai 2005.

58. Entretien, Moscou, mars 2003.

59. Entretien avec Evguenia Moïsseïenko, Saint-Pétersbourg, septembre 2005.

60. Entretien avec Minora Novikova, Moscou, mai 2005 : SSEES, Collection Pahl-Thompson, G. E. Mamlina, p. 6.

61. Entretien avec Nina Paramonova, Saint-Pétersbourg, juin 2005 ; entretien avec Evguenia Moïsseïenko, Saint-Pétersbourg, septembre 2005 ; MSP, f. 3, op. 16, d. 2, l. 71-72.

62. K. Gerasimova, « Public Spaces », p. 224.

63. Entretiens avec Inna Chikheïeva (Chikheïeva-Gaister), Moscou, mai 2005 ; Elizaveta Tchetchik, Moscou, avril 2005 ; Minora Novikova, Moscou, mai 2005 ; Maïa Rodak, Moscou, octobre 2004 ; Tatiana Vassilieva, Saint-Pétersbourg, mai 2005 ; Elena Baïgoulova, Saint-Pétersbourg, mai 2005.

64. Entretiens avec Elizaveta Tchetchik, Moscou, avril 2005 ; Inna Chikheïeva (Chikheïeva-Gaister), Moscou, mai 2005 ; Minora Novikova, Moscou, mai 2005 ; SSEES, Collection Pahl-Thompson, E. V. Gavrilova, p. 6-7 ; G. E. Mamlina, p. 12 ; MSP, f. 3, op. 16, d. 2, l. 64-65.

65. SSEES, Collection Pahl-Thompson, A. A. Dobriakova, p. 5-8.

66. Entretien avec Alexeï Iourassovski, Moscou, mars 2005. Voir aussi E. A. Skriabina, *Stranitsy zhizni*, Moscou, 1994, p. 84.

67. Entretiens avec Inna Chikheïeva (Chikheïeva-Gaister), Moscou, mai 2005 ; Elizaveta Tchetchik, Moscou, avril 2005 ; Minora Novikova, Moscou, mai 2005 ; Maïa Rodak, Moscou, octobre 2004 ; Tatiana Vassilieva, Saint-Pétersbourg, mai 2005 ; SSEES, Collection Pahl-Thompson, E. V. Gavrilova, p. 7 ; E. V. Mamlin, p. 12.

68. Utekhin, *Ocherki*, p. 94-95, 151, 153, 166 ; entretien avec Galina Markelova, Saint-Pétersbourg, juin 2004. Voir aussi MM, f. 12, op. 7, d. 2, l. 12-15 ; TsGASP, f. 7384, op. 42, d. 343, l. 421-424.

69. Lebina, *Povsednevnaia zhizn'*, 1999, p. 195 ; entretien avec Elizaveta Tchetchik, Moscou, avril 2005.

70. Entretiens avec Minora Novikova, Moscou, mai 2005; Inna Chikheïeva (Chikheïeva-Gaister), Moscou, mai 2005.

71. Karl Mannheim, *Idéologie et Utopie. Une introduction à la sociologie de la connaissance*, trad. P. Rollet, Paris, Marcel Rivière, 1956, p. 114. Voir aussi A. Kelly, « In the Promised Land », *New York Review of Books*, vol. 48, n. 19, 29 novembre 2001, d'où est tiré ce paragraphe.

72. N. Patolichev, *Ispytaniia na zrelost'*, Moscou, 1977, p. 170.

73. V. Petrov, *Byt derevni v sochineniiakh shkol'nikov*, Moscou, 1927; T. Egorov, *Kem khotiat byt' nashi deti? Sbornik detskikh pisem dlia ottsov*, Moscou et Leningrad, 1929; G. Petelin, *Dadim slovo shkol'niku*, Moscou, 1931.

74. MSP, f. 3, op. 47, d. 2, l. 7.

75. R. Orlova, *Vospominaniia o neproshedshem vremeni*, Ann Arbor, 1983, p. 30.

76. *Izvestia*, 14 juillet 1935, p. 2; A. Tertz, « Le réalisme socialiste », *in* Tertz, *Le Verglas*, trad. S. Lescaut, préface de J.-M. Domenach, Paris, Plon, 1963, p. 283-330; *Soviet Writer's Congress, 1934: The Debate of Socialist Realism and Modernism*, Londres, 1977, p. 157; Fitzpatrick, *The Cultural Front*, p. 217; Leonhard, *Child of the Revolution*, p. 22 (passage absent de la version française abrégée).

77. Dina Kaminskaya, *Avocate en URSS*, trad. J. du Theil, Paris, Robert Laffont, 1983, p. 22 (traduction ici modifiée).

78. Boris Pasternak et Olga Freidenberg, *Correspondance, 1910-1954*, éd. E. Mossman, trad. M. Aucouturier, Paris, Gallimard, 1987, p. 243; Mandelstam, *Contre tout espoir*, vol. 1, p. 115.

79. L. Kopelev, *No Jail for Thought*, Londres, 1975, p. 11-13.

80. Leonhard, *Child of the Revolution*, p. 81; et trad. fr., p. 31.

81. D. Shearer, « Social Disorder, Mass Repression and the NKVD during the 1930s », *Cahiers du monde russe*, vol. 42, n. 2-4, 2001, p. 505-534; P. Hagenloh, « "Socially Harmful Elements" and the Great Terror », *in* Fitzpatrick, éd., *Stalinism*, p. 286-308.

82. RGALI, f. 1604, op. 1, d. 21, l. 32; A. Avdeenko, « Otluchenie », *Znamiia*, n. 3, 1989, p. 11.

83. C. Ruder, *Making History for Stalin: The Story of the Belomor Canal*, Gainesville, Fl., 1998, p. 50; G. Smith, *D. S. Mirsky: A Russian-English Life, 1890-1939*, Oxford, 2000, p. 209;

Avdeenko, « Otluchenie », p. 8 ; *Belomorsko-baltiiskii kanal imeni Stalina : istoriia stroitel'stva 1931-1934 gg.*, Moscou, 1934.

84. A. Starkov, *Mikhail Zoshchtenko : sud'ba khudozhnika*, Moscou, 1990, p. 139.

85. S. et B. Webb, *Soviet Communism : A New Civilization ?*, 2 vol., Londres, 1935, vol. 2, p. 591 ; Ivan Chukhin, *Kanaloarmeitsy : istoriia stroitel'stva Belomorkanala v dokumentakh, tsifrakh, faktakh, fotografiiakh, svidetel'stvakh uchastnikov i ochevidtsev*, Petrozavodsk, 1990, p. 37.

86. Ruder, *Making History for Stalin*, p. 56-59.

87. Avdeenko, « Otluchenie », p. 8 ; RGALI, f. 1814, op. 1, d. 944, l. 6, 14.

88. RGALI, f. 1814, op. 10, d. 339 ; d. 360, l. 33, 35-36. Sur Simonov et Poudovkine, K. Simonov, « O Vsevolode Illarionoviche Pudovkine », *in Pudovkin v vospominaniiakh sovremennikov*, Moscou, 1989, p. 274-281.

89. Simonov, *Glazami*, p. 39-41.

90. RGALI, f. 1814, op. 10, d. 360, l. 34 ; Simonov, *Glazami*, p. 39, 41, 45.

91. RGALI, f. 1604, op. 1, d. 1, l. 13-14, 60 ; d. 848, l. 5 ; op. 10, d. 360, l. 34-35.

92. RGALI, f. 1814, op. 10, d. 339, l. 4.

93. RGALI, f. 1814, op. 10, d. 360, l. 36.

94. RGALI, f. 632, op. 1, d. 1 ; d. 16, l. 5, 12.

95. N. Tipot (Sokolova), « Dnevnik », archives privées.

96. RGALI, f. 632, op. 1, d. 15, l. 23-27 ; d. 16, l. 7-8 ; f. 1814, op. 9, d. 2606, l. 6 ; op. 10, d. 339, l. 11 ; entretien avec Lazare Lazarev, Moscou, novembre 2003.

97. L. Lazarev, *Konstantin Simonov. Ocherk zhizni i tvorchestva*, Moscou, 1985, p. 18, 35 ; A. Karaganov, *Konstantin Simonov vblizi i na rasstoianii*, Moscou, 1987, p. 9, 10 ; RGALI, f. 1814, op. 1, d. 71.

98. Simonov, *Glazami*, p. 42-45 ; RGALI, f. 1814, op. 9, d. 25, l. 13 ; d. 1010, l. 16-19, 25.

99. Simonov, *Glazami*, p. 46-47.

100. *Ibid.*, p. 48-49.

101. *Ibid.*, p. 47.

102. TsGAIPD, f. 1278, op. 1, d. 439869, l. 4.

103. SFA, I. Slavina, « Tonen'kii nerv istorii », *ms.*, p. 16-17, 30 ; entretien avec Ida Slavina, Cologne, septembre 2003.

104. I. Slavin, *Vreditel'stvo na fronte sovetskogo ugolovnogo*

prava, Moscou, 1931, p. 76 ; SFA, I. Slavina, « Put' na plakhu », ms., p. 29.

105. I. Slavin, « K voprosu o prinuditel'nykh rabotakh bez soderzhaniia pod strazhei », *Ezhenedel'nik sovetskoi iustitsii, 1922*, n. 36 ; « Proizvodstvennye tovarishcheskie sudi i revoliutsiia », *Sovetskoe gosudarstvo i pravo*, 1931, n. 7 ; « Nekotorye voprosy praktiki proizvodstvenno-tovarishcheskikh sudov », *Sovetskoe gosudarstvo i pravo*, 1932, n. 5-6.

106. SPbF ARAN, f. 229, op. 1, d. 100, l. 44-45.

107. TsGAIPD, f. 1816, op. 2, d. 5095, l. 66.

108. SPbF ARAN, f. 229, op. 1, d. 93, l. 4, 6 ; d. 100, l. 67 ; d. 120, l. 7-12 ; d. 122, l. 6-10 ; SFA, « Put' na plakhu », p. 79-81 ; entretiens avec Ida Slavina, Cologne, juin, octobre 2003 ; TsGAIPD, f. 563, op. 1, d. 1467, l. 117.

109. S. Wheatcroft, « The Scale and Nature of German and Soviet Repression and Mass Killings, 1930-45 », *Europe-Asia Studies*, vol. 48, n. 8, 1996, p. 1338-1340.

110. Entretien avec Evguenia Vittenbourg, Saint-Pétersbourg, août 2003 ; E. Vittenburg, *Vremia poliarnykh stran*, Saint-Pétersbourg, 2002, p. 106-112.

111. I. Flige, « Osoblag Vaigach », *Vestnik Memoriala*, n. 6, Saint-Pétersbourg, 2001, p. 12-19.

112. VFA, lettre de Zinaïda à Veronika et Valentina Vittenbourg, 26 août 1933.

113. Entretien avec Evguenia Vittenbourg, Saint-Pétersbourg, août 2003.

114. Entretien avec Evguenia Vittenbourg, Saint-Pétersbourg, septembre 2004.

115. VFA, « Sotsdogovor ambulaturnogo vracha sanotdela vaigachskoi ekspeditsii NKVD Vittenburg Z.I. ot 2 marta 1933 » ; lettre de Zinaïda à Veronika et Valentina Vittenbourg, sans date [1935] ; entretien avec Evguenia Vittenbourg, Saint-Pétersbourg, septembre 2004.

116. Entretiens avec Evguenia Vittenbourg, Saint-Pétersbourg, août 2003, septembre 2004 ; VFA, lettre de Zinaïda à Evguenia Vittenbourg, 3 novembre 1935 ; « Dnevnik v pis'makh P. V. Vittenburga docheri Evgenii », p. 54 ; Vittenbourg, *Vremia poliarnykh stran*, p. 134.

117. VFA, lettre de Pavel à Evguenia Vittenbourg, 13 septembre 1936 ; « Dnevnik v pis'makh P. V. Vittenburga docheri Evgenii », ms., p. 7.

118. MM, f. 1, op. 4, Trudovaia kniga ; f. 12, op. 9, d. 2.

119. MM, f. 12, op. 2, d. 2, d. 2, l. 13 ; d. 3, l. 43.

120. S. Rosefield, « Stalinism in Post-Communist Perspective : New Evidence on Killings, Forced Labour and Economic Growth in the 1930s », *Europe-Asia Studies*, vol. 48, n. 6, 1996, p. 969.

121. MSP, f. 3, op. 1, d. 2, l. 1-14 ; d. 5, l. 1-5, 12-15 ; *Pravda*, 3 novembre 1929, p. 5 ; P. Broué, *Trotsky*, Paris, Fayard, 1988, p. 638.

122. MSP, f. 3, op. 1, d. 5, l. 10, 19.

123. MSP, f. 3, op. 1, d. 4 (on peut retrouver les citations des lettres par leur date).

124. MSP, f. 3, op. 1, d. 2, l. 21, 59.

125. MSP, f. 3, op. 1, d. 2, l. 58.

126. MSP, f. 3, op. 1, d. 2, l. 50.

127. MSP, f. 3, op. 1, d. 2, l. 52.

128. MSP, f. 3, op. 1, d. 5, l. 7, 8, 21, 35-26.

129. L. Lih, O. V. Naumov et O. V. Khlevniuk, éd., *Stalin's Letters to Molotov*, trad. Sh. Fitzpatrick, New Haven, 1995, p. 200.

130. RGAE, f. 769, op. 1, d. 23-35.

131. RGAE, f. 769, op. 1, d. 25, l. 10.

132. RGAE, f. 769, op. 1, d. 31, l. 9.

133. RGAE, f. 769, op. 1, d. 13.

134. RGAE, f. 769, op. 1, d. 29, l. 44.

IV
LA GRANDE PEUR (1937-1938)

1. *Pravda*, 31 janvier 1932 ; *Golgofa*, p. 42 ; Piatnitskaïa, *Chronique d'une déraison*, p. 57 (traduction modifiée).

2. *Ibid.*, p. 8-9.

3. V. Piatnitskii, *Zagovor protiv Stalina*, Moscou, 1998, p. 198.

4. *Golgofa*, p. 9.

5. J. Haslam, « Political Opposition to Stalin and the Origins of Terror, 1932-1936 », *Historical Journal*, vol. 29, n. 2, juin 1986, p. 412. Voir aussi, du même auteur, « The Soviet Union, the Komintern and the Demise of the Popular Front, 1936-1939 », *in* H. Graham et O. Preston, éd., *The Popular*

Front in Europe, Londres, 1987, p. 152-160 ; K. McDermott, « Stalinist Terror in the Komintern : New Perspectives », *Journal of Contemporary History*, vol. 30, n. 1, janvier 1995, p. 111-130.

6. G. Dimitrov, *Journal 1933-1949*, éd. G. Moullec, 2005, Paris, Belin, p. 186 (11 février 1937) ; McDermott, « Stalinist Terror », p. 118.

7. B. Starkov, « The Trial That Was Not Held », *Europe-Asia Studies*, vol. 46, n. 8, 1994, p. 1303.

8. *Golgofa*, p. 20, 21, 24 ; Piatnitskaïa, *Chronique d'une déraison*, p. 21, 25 ; entretiens avec Vladimir Piatnitski, Saint-Pétersbourg, septembre 2005.

9. *Golgofa*, p. 62, 63 ; Piatnitskaïa, *Chronique d'une déraison*, p. 99.

10. *Ibid.*, p. 25, 39-40 ; Piatnitskaïa, *Chronique d'une déraison*, p. 21, 26.

11. *Ibid.*, p. 26, 34 ; Piatnitskaïa, *Chronique d'une déraison*, p. 30, 38 ; entretiens avec Vladimir Piatnitski, Saint-Pétersbourg, septembre 2005.

12. M. Ellman, « Soviet Repression Statistics : Some Comments », *Europe-Asia Studies*, vol. 54, n. 7, novembre 2002, p. 1151-1172 ; H. Kuromiya, « Accounting for the Great Terror », *Jahrbücher für Geschichte Osteuropas*, 53, 2005, p. 88 ; Applebaum, *Gulag*, p. 579, 584, et trad. fr., Folio, p. 925, 929. Les chiffres de 1929-1932 sont tirés de V. Popov, « Gosudarstvennyi terror v sovetskoi Rossii, 1923-1953 gg. », *Otechestvennyi arkhiv*, 1992, n. 2, p. 28.

13. J. Arch Getty, *Origins of the Great Purges : The Soviet Communist Party Reconsidered, 1933-1938*, Cambridge, 1985.

14. Peter Solomon, *Soviet Criminal Justice Under Stalin*, Cambridge, 1996, chap. 5 ; O. Khlevniuk, « The Politburo, Penal Policy and "Legal Reforms" in the 1930s », *in* P. Solomon, éd., *Reforming Justice in Russia, 1864-1996 : Power, Culture and the Limits of Legal Order*, Armonk, 1997, p. 190-206.

15. J. Arch Getty, « "Excesses Are Not Permitted" : Mass Terror and Stalinist Governance in the Late 1930s », *Russian Review*, 61, 2002, p. 113-138.

16. Sh. Fitzpatrick, « Varieties of Terror », *in* Fitzpatrick, éd., *Stalinism*, p. 258. Pour un point de vue analogue, B. McLoughlin et K. McDermott, « Rethinking Stalinist Terror », *in* McLoughlin et McDermott, éd., *Stalin's Terror : High Politics*

and Mass Repression in the Soviet Union, New York, 2003, p. 1-18.

17. O. Khlevniuk, « The Reasons for the "Great Terror" : The Foreign Political Aspect », *Annali della Fondazione Giangiacomo Feltrinelli*, vol. 34, 1998, p. 163 *sq.* ; *id.*, « The Objectives of the Great Terror, 1937-1938 », *in* J. Cooper, M. Perrie et E. Rees, éd., *Soviet History, 1917-1953: Essays in Honour of R. W. Davies*, Londres, 1995, p. 158-176. Voir aussi Kuromiya, « Accounting for the Great Terror », dont je m'inspire dans les paragraphes qui suivent.

18. Kuromiya, « Accounting for the Great Terror », p. 94 : S. Payne, *The Spanish Civil War, the Soviet Union, and Communism*, New Haven, 2004, p. 309.

19. S. Allilueva, *Twenty Letters to a Friend*, Londres, 1967, p. 88-89 (en fr., *Vingt Lettres à un ami*, trad. J.-J. Marie, Paris, Seuil, 1968) ; J. Arch Getty et Oleg Naumov, éd., *The Road to Terror*, p. 157, 256-257.

20. Kravchenko, *J'ai choisi la liberté*, p. 294.

21. V. Rogovin, *Partiia rasstreliannykh*, Moscou, 1997, p. 487-489 ; *Reabilitatsia. Kak eto bylo*, 3 vol., Moscou, 2000-2004, vol. 1, p. 30 ; O. Suvenirov, *Tragediia RKKA, 1937-1938*, Moscou, 1998, p. 315.

22. *Istochnik*, 1994, n. 3, p. 80 ; Nikita Khrouchtchev, *Khrushchev Remembers: The Last Testament*, trad. Strobe Talbott, Londres, 1971, p. 283 ; en fr. *Souvenirs...*, trad. de l'anglais sous la direction de J. Michel, Paris, Robert Laffont, 1971 ; M. Jansen et N. Petrov, *Stalin's Loyal Executioner: People's Commissar Nikolai Ezhov, 1895-1940*, Stanford, 2002, p. 89, 201.

23. F. Chuev, *Sto sorok besed s Molotovym*, Moscou, 1991, p. 390, 413 ; Piatnitskii, *Zagovor protiv Stalina*, p. 65 ; Kuromiya, « Accounting for the Great Terror », p. 93.

24. *Tragediia sovetskoi derevni*, vol. 5, *1937-1939*, 1re partie, *1937*, p. 32, 33, 46, 54, 387 ; Kuromiya, « Accounting for the Great Terror », p. 92-93.

25. N. Petrov et A. Roginskii, « "Pol'skaia operatsiia" NKVD 1937-1938 gg. », *in* L. Eremina, éd., *Repressii protiv poliakov i pol'skikh grazhdan*, Moscou, 1996, p. 40-43. Sur les « opérations nationales » comme forme de « nettoyage ethnique », voir T. Martin, *The Affirmative Action Empire: Nations and Nationalism in the Soviet Union, 1923-1939*, Ithaca, 2001, p. 328-343.

26. V. Garros, N. Korenevskaya et T. Lahusen, éd., *Intimacy and Terror*, New York, 1995, p. 357.

27. Entretien avec Vladimir Piatnitski, Saint-Pétersbourg, septembre 2005.

28. Robert Thurston, *Life and Terror in Stalin's Russia, 1939-1941*, New Haven et Londres, 1996, p. 72-77.

29. V. Frid, *58½: zapiski lagernogo pridurka*, Moscou, 1996, p. 91.

30. Entretien avec Viatcheslav Kolobkov, Saint-Pétersbourg, mai 2004.

31. Guinzbourg, *Le Vertige*, p. 27-28.

32. Bonner, *De mères en filles*, p. 355-357.

33. MP, f. 4, op. 4, d. 2, l. 2, 25 ; op. 5, d. 5, l. 3-4 ; L. Il'ina, *Moi otets protiv NKVD*, Saint-Pétersbourg, 1998, p. 16-21.

34. MSP, f. 3, op. 12, d. 2, l. 35-40, 116-117.

35. SFA, I. Slavina, « Tonen'kii nerv istorii », ms., p. 9-13.

36. Conquest, *The Great Terror*, p. 75, 87, 89, 127, et trad. fr., p. 471, 484, 487, 538.

37. V. Bronshtein, « Stalin and Trotsky's Relatives in Russia », *in* T. Brotherstone et P. Dukes, éd., *The Trotsky Reappraisal*, Édimbourg, 1992, p. 8-15.

38. Getty et Naumov, éd., *The Road to Terror*, p. 486-487 ; Chuev, *Sto sorok besed s Molotovym*, p. 415.

39. *Golgofa*, p. 29 ; Piatnitskaïa, *Chronique d'une déraison*, p. 32.

40. Voir aussi MSP, f. 3, op. 14, d. 2 ; MP, f. 4, op. 16, d. 2, 3.

41. *Golgofa*, p. 31, 34, 35-36, 43, 45 ; Piatnitskaïa, *Chronique d'une déraison*, p. 34-36, 42, 59, 63, 65 ; entretien avec Vladimir Piatnitski, Saint-Pétersbourg, août 2005.

42. *Golgofa*, p. 37 ; Piatnitskaïa, *Chronique d'une déraison*, p. 47.

43. M. Prishvin, « Dnevnik 1937 goda », *Oktiabr'*, 1995, n. 9, p. 168.

44. Conquest, *The Great Terror*, p. 256 et trad. fr., p. 701 ; M. Prishvin et V. Prishvin, *My s toboi*, p. 13.

45. MP, f. 4, op. 25, d. 2, l. 9-10.

46. MSP, f. 3, op. 8, d. 2, l. 9.

47. MP, f. 4, op. 6, d. 2, l. 18, 37.

48. E. Gerstein, *Moscow Memoirs*, Londres, 2004, p. 79.

49. MM, f. 12, op. 14, d. 2, l. 15-16.

50. MM, f. 12, op. 7, d. 2, l. 23.

51. Gerstein, *Moscow Memoirs*, p. 214.

52. MP, f. 4, op. 8, d. 2, l. 22.

53. MM, f. 12, op. 28, d. 2, l. 12, 35-36.

54. GFA, O. Golovnia, « Dom na Vasil'evskoi », ms., p. 2-3.

55. M. Prishvin, « Dnevnik 1937 goda », *Oktiabr'*, 1995, n. 9, p. 158.

56. Man'kov, *Dnevniki tridtsatykh godov*, p. 144.

57. M. Prishvin, « Dnevnik 1937 goda », *Oktiabr'*, 1995, n. 9, p. 165.

58. Pour une approche différente du rôle du journal intime, voir les travaux de Jochen Hellbeck cités dans l'introduction.

59. M. Prishvin, « "Zhizn' stala veselei..." : Iz dnevnika 1936 goda », *Oktiabr'*, 1993, n. 10, p. 4 ; *id.*, « Dnevnik 1937 goda », *Oktiabr'*, 1994, n. 11, p. 144 ; *id.*, *Sobranie sochinenii*, 8 vol., Moscou, 1986, vol. 8, p. 473.

60. J. Hellbeck, *Revolution on My Mind : Writing a Diary Under Stalin*, Cambridge, Mass., 2006, p. 304-305, 306, 308-309, 311-322 ; RGALI, f. 2172, op. 3, d. 5, l. 249.

61. E. Evangulova, *Krestnyi put'*, Saint-Pétersbourg, 2000, p. 68, 81, 83.

62. Man'kov, *Dnevniki*, p. 59.

63. M. Prishvin et V. Prishvin, *My s toboi*, p. 22-23, 35, 37.

64. MM, f. 12, op. 25, d. 2, l. 136 ; Kravchenko, *J'ai choisi la liberté*, p. 595 ; Thurston, *Life and Terror in Stalin's Russia*, p. 71. Un responsable de l'OGPU avançait un chiffre inférieur de 10 000 informateurs pour Moscou en 1930 ; cité *in* G. Agabekov, *GPU : zapiski chekista*, Moscou, 1931. Voir aussi Semystiaha, « The Role and Place of Secret Collaborators », p. 231-234.

65. Sur ces réseaux d'informateurs subalternes, voir C. Hooper, « Terror from Within », p. 154-164.

66. Simonov, *Glazami*, p. 50.

67. Leonhard, *Child of the Revolution*, p. 100-102 (passage absent de l'édition française).

68. Frid, *58½*, p. 160-161.

69. MP, f. 4, op. 9, d. 2, l. 25-27 ; d. 5, l. 8-9.

70. Adamova-Sliozberg, *Put'*, p. 172 ; et trad. fr., p. 141-142.

71. TsAODM, f. 369, op. 1, d. 161, l. 1-2.

72. Interview *in The Hand of Stalin* (2e partie), October Films, 1990.

73. Adamova-Sliozberg, *Put'*, p. 19-20 et trad. fr., p. 28-29.

74. Cité *in* Thurston, *Life and Terror in Stalin's Russia*, p. 154.

75. MSP, f. 3, op. 16, d. 2, l. 3-4, 63-65.

76. Entretien avec Lev Molotkov, Saint-Pétersbourg, mai 2003.

77. Adler, *Beyond the Soviet System*, p. 216 ; Shikheeva-Gaister, *Semeinaia khronika vremen kulta lichnosti*, p. 32.

78. Conquest, *The Great Terror*, p. 222 et trad. fr., p. 656-657 ; V. Kozlov, « Denunciation and Its Functions in Soviet Governance : A Study of Denunciations and Their Bureaucratic Handling from Soviet Police Archives, 1944-1953 », *Journal of Modern History*, 68, décembre 1996, p. 875. Sur les appartements, voir V. Buchli, *An Archaeology of Socialism*, Oxford, 1999, p. 113-117.

79. MSP, f. 3, op. 36, d. 2, l. 3, 13-14 ; d. 3, l. 4-6.

80. Simonov, *Glazami*, p. 55, 62.

81. RGALI, f. 1814, op. 9, d. 5, l. 65-71 ; entretien avec Lazare Lazarev, Moscou, novembre 2003.

82. RGALI, f. 632, op. 1, d. 12, l. 28-29 ; d. 13, l. 10 ; entretien avec Semion Vorovski, Moscou, juin 2005.

83. RGALI, f. 631, op. 15, d. 242, l. 6-8 ; f. 618, op. 3, d. 27, l. 5-14.

84. RGALI, f. 653, op. 1, d. 1087, l. 4.

85. RGALI, f. 631, op. 15, d. 226, l. 72.

86. RGALI, f. 1814, op. 1, d. 437, l. 1-7.

87. RGALI, f. 632, op. 1, d. 15, l. 23.

88. RGALI, f. 632, op. 1, d. 12, l. 13.

89. E. Dolmatovskii, *Bylo : zapiski poeta*, Moscou, 1982 ; entretien avec Lazare Lazarev, Moscou, novembre 2003.

90. RGALI, f. 1812, op. 1, d. 96, l. 7.

91. RGALI, f. 631, op. 15, d. 265, l. 34.

92. A. Granovsky, *All Pity Choked : The Memoirs of a Soviet Secret Agent*, Londres, 1952, p. 101.

93. Guinzbourg, *Le Vertige*, p. 90-93.

94. A. Gorbatov, *Years of My Life*, Londres, 1964, p. 103-104 (en fr., *Les Années de ma vie. Un général soviétique dans les camps de Staline*, trad. R. Huntzbucier, Paris, Stock, 1966).

95. Conquest, *The Great Terror*, p. 203-204 et trad. fr., p. 632.

96. F. Beck et W. Godin, *Russian Purge and the Extraction of Confession*, trad. de l'allemand E. Mosbacher et D. Porter, Londres, 1952, p. 86.

97. Simeon Vilenski, éd., *Till My Tale is Told* [*Dodnes'*

tiagoteet, Moscou, 1989], Bloomington et Indianapolis, IN, 1999, p. 124-126 ; en fr., *L'Aujourd'hui blessé*, p. 179-181.

98. Interview *in The Hand of Stalin* (2e partie), October Films, 1990.

99. Kravchenko, *J'ai choisi la liberté*, p. 292. Voir aussi S. Davies, *Popular Opinion in Stalin's Russia*, p. 131-135 ; Thurston, *Life and Terror in Stalin's Russia*, p. 143-146.

100. Entretien avec Ida Slavina, Cologne, juin 2003.

101. MM, f. 12, op. 21, d. 2, l. 28-29 ; op. 32, d. 2, l. 17.

102. MP, f. 4, op. 18, d. 2, l. 32-35, 49-50.

103. VFA, lettre de Pavel à Evguenia Vittenbourg, février 1937.

104. TsMAMLS, f. 68, op. 1, d. 76, l. 77 ; d. 124, l. 19 ; d. 141, l. 88.

105. Dina Kaminskaya, *Avocate en URSS*, trad. J. du Theil, Paris, Robert Laffont, 1983, p. 19-20.

106. MM, f. 12, op. 23, d. 2, l. 37-38.

107. Simonov, *Glazami*, p. 59.

108. Adamova-Sliozberg, *Put'*, p. 11, et trad. fr., p. 18.

109. *Deti GULAGa 1918-1956, Rossiia XX veka Dokumenty*, Moscou, 2002, p. 272-273.

110. O. Khlevniuk, « The Objectives of the Great Terror, 1937-1938 », *in* D. Hoffman, éd., *Stalinism*, Londres, 2003, p. 98 ; Jansen et Petrov, *Stalin's Loyal Executioner*, p. 187-188, 192.

111. SLFA, M. Laskine, « Vospominaniia », ms., p. 41.

112. Simonov, *Glazami*, p. 59.

113. Vitali Chentalinski, *La Parole ressuscitée. Dans les archives littéraires du KGB*, trad. G. Ackerman et P. Lorrain, Paris, Robert Laffont, 1993 ; rééd. « Pluriel », Paris, 1994, p. 277-279.

114. RGALI, f. 1712, op. 1, d. 21, l. 4, op. 4, d. 8, l. 37.

115. RGALI, f. 1712, op. 3, d. 13, l. 1.

116. GARF, f. 5446, op. 82, d. 66, l. 287-288. Voir aussi L. Siegelbaum et A. Sokolov, éd., *Stalinism as a Way of Life*, p. 237-241.

117. Adamova-Sliozberg, *Put'*, p. 77-78 et trad. fr., p. 107-108 (traduction ici légèrement modifiée).

118. Peter Solomon, *Soviet Criminal Justice Under Stalin*, Cambridge, 1996, p. 234.

119. M. Shreider, *NKVD iznutri: zapiski chekista*, Moscou, 1995, p. 42.

120. *Ibid.*, p. 91.

121. *Ibid.*, p. 104-105.

122. *Ibid.*, p. 120.

123. Bonner, *De mères en filles*, p. 408-409.

124. Soljenitsyne, *L'Archipel du Goulag*, vol. 2, p. 473.

125. Adamova-Sliozberg, *Put'*, p. 11-12, et trad. fr., p. 18-19.

126. MSP, f. 3, op. 37, d. 2, l. 93.

127. MSP, f. 3, op. 12, d. 2, l. 42-43.

128. MP, f. 4, op. 6, d. 2, l. 6-10, 39-41, 45-49; d. 3, l. 1-6.

129. *Golgofa*, p. 30, 32, 35; Piatnitskaïa, *Chronique d'une déraison*, p. 38, 44; entretien avec Vladimir Piatnitski, Saint-Pétersbourg, août 2005.

130. MSP, f. 3, op. 18, d. 1, l. 1; d. 2, l. 2-3, 7-10.

131. MP, f. 4, op. 25, d. 2, l. 7-8, 13-16, 18, 19, 21-22, 26-30.

132. Voir, par exemple, MSP, f. 3, op. 4, d. 2; MP, f. 4, op. 4, d. 2; V. Shapovalov, éd., *Remembering the Darkness: Women in Soviet Prisons*, Lanham, 2001, p. 228-229; N. Ulanovskaia et M. Ulanovskaia, *Istoriia odnoi sem'i*, New York, 1982, p. 135.

133. MM, f. 12, op. 2, d. 2, l. 16-20.

134. O. Liubchenko, « Arbat 30, kvartira 58 », *Istochnik*, 1993, n. 5-6, p. 26-29.

135. SFA, I. Slavina, « Tonen'kii nerv istorii », ms., p. 31; entretien avec Ida Slavina, Cologne, juin 2003.

136. Bonner, *De mères en filles*, p. 345 (Bonner se trompe en indiquant le nom de la directrice de l'école: non pas Claudia Vassilievna, mais Claudia Alexandrovna); entretien avec Elena Bonner, Boston, novembre 2006.

137. Entretien avec Ida Slavina, Cologne, septembre 2004.

138. MSP, f. 3, op. 46, d. 2, l. 17-18, 42-43.

139. MP, f. 4, op. 18, d. 2, l. 53.

140. MSP, f. 3, op. 37, d. 2, l. 23-25, 37.

141. MM, f. 1, op. 1, d. 169 (Sofia à Vladimir Antonov-Ovseïenko, 16 octobre 1937).

142. GARF, f. 7523, op. 123, d. 202, l. 16-19.

143. GARF, f. 5446, op. 26, d. 105, l. 35-36.

144. Adamova-Sliozberg, *Put'*, p. 60-63 et trad. fr., p. 66-68 (traduction légèrement modifiée).

145. MP, f. 4, op. 6, d. 2, l. 37-38.

146. MSP, f. 3

147. N. Kosterina, *Dnevnik*, Moscou, 1964, p. 35, 44, 53, 85, 163, 165 ; en fr., *Journal d'une jeune fille ordinaire*, trad. N. Nidermiller, Paris, Éditeurs français réunis, 1963.

148. Baitalsky, *Notebooks for the Grandchildren*, p. 334-335.

149. MSP, f. 3, op. 10, d. 1, l. 1 ; d. 3, l. 7, 10-11.

150. *Golgofa*, p. 41, 46, 53-54 ; Piatnitskaïa, *Chronique d'une déraison*, p. 57, 66, 81 ; entretien avec Vladimir Piatnitski, Saint-Pétersbourg, septembre 2005.

151. *Golgofa*, p. 33, 42 ; Piatnitskaïa, *Chronique d'une déraison*, p. 39-40, 58.

152. *Golgofa*, p. 41-42 ; Piatnitskaïa, *Chronique d'une déraison*, p. 55-56.

153. Entretien avec Vladimir Piatnitski, Saint-Pétersbourg, septembre 2005. À compter de mai 1938, elle fut traitée en psychiatrie ; voir *Golgofa*, p. 88 ; Piatnitskaïa, *Chronique d'une déraison*, p. 135.

154. *Golgofa*, p. 42-43, 58 ; Piatnitskaïa, *Chronique d'une déraison*, p. 58-59, 90.

155. *Golgofa*, p. 57, 100 ; Piatnitskaïa, *Chronique d'une déraison*, p. 86-87, 157.

156. *Golgofa*, p. 52, 61 ; Piatnitskaïa, *Chronique d'une déraison*, p. 80, 94-96 ; entretien avec Vladimir Piatnitski, Saint-Pétersbourg, septembre 2005.

157. L. Razgon, *True Stories*, Londres, 1997, p. 131 (passage absent de la version française abrégée et remaniée : *La Vie sans lendemains*, trad. A. Coldefy-Faucard et L. Jurgenson, Paris, Horay, 1991).

158. Starkov, « The Trial That Was Not Held », p. 1307.

159. *Lubianka. Stalin i glavnoe upravlenie gosbezopasnosti NKVD, 1937-1938*, Moscou, 2004, p. 544.

160. *Golgofa*, p. 80 ; Piatnitskaïa, *Chronique d'une déraison*, p. 118.

161. *Golgofa*, p. 83-84 ; Piatnitskaïa, *Chronique d'une déraison*, p. 121-126.

162. *Golgofa*, p. 99 ; Piatnitskaïa, *Chronique d'une déraison*, p. 155-156.

163. Entretien avec Vladimir Piatnitski, Saint-Pétersbourg, septembre 2005.

164. *Golgofa*, p. 114-116 ; Piatnitskaïa, *Chronique d'une déraison*, p. 168-171.

DANS LA COLLECTION FOLIO / HISTOIRE

(extrait du catalogue)

HISTOIRE DE FRANCE

Maurice Agulhon : *Les Quarante-huitards*, nº 42.

Yves Marc Ajchenbaum : Combat, *1941-1974. Une utopie de la Résistance, une aventure de presse*, nº 217.

Jean-Paul Bertaud : *Valmy. La démocratie en armes*, nº 215.

Bronislaw Baczko : *Politiques de la Révolution française*, nº 162.

Jean-Pierre Bat : *Le syndrome Foccart. La politique française en Afrique, de 1959 à nos jours*, nº 202.

Yves-Marie Bercé : *Croquants et nu-pieds. Les soulèvements paysans en France du XVIe au XIXe siècle*, nº 34.

Emmanuel Berl : *La fin de la IIIe République*, nº 208.

Marc Bloch : *L'étrange défaite. Témoignage écrit en 1940*, nº 27.

Léon Blum : *Souvenirs sur l'Affaire*, nº 51.

Michel Borwicz : *Écrits des condamnés à mort sous l'occupation nazie. 1939-1945* précédé de *Ma pendaison*, nº 75.

Pierre Bouretz : *La République et l'universel*, nº 119.

Jean-Denis Bredin : *Joseph Caillaux*, nº 2.

José Cabanis : *Le Sacre de Napoléon. 2 décembre 1804*, nº 59.

Michel de Certeau : *La possession de Loudun*, nº 139.

Michel de Certeau, Dominique Julia, Jacques Revel : *Une politique de la langue. La Révolution française et les patois : l'enquête de Grégoire*, nº 117.

Christian Chevandier : *Policiers dans la ville. Une histoire des gardiens de la paix*, nº 198.

Dominique Colas : *Citoyenneté et nationalité*, nº 130.

Philippe Contamine : *Azincourt*, nº 209.

Daniel Cordier : *Jean Moulin. La République des catacombes I*, nº 184.

Daniel Cordier : *Jean Moulin. La République des catacombes II*, nº 185.

Jean-Louis Crémieux-Brilhac : *La France Libre. De l'appel du 18 juin à la Libération I*, nº 105.

Jean-Louis Crémieux-Brilhac : *La France Libre. De l'appel du 18 juin à la Libération II*, nº 106.

Annie Crépin : *Histoire de la conscription*, nº 169.

Le Débat : *Les idées en France 1945-1988. Une chronologie*, nº 25.

Le Débat : *1789. La Commémoration*, nº 91.

Francis Démier : *La France de la Restauration (1814-1830). L'impossible retour du passé*, n° 191.

Jean-Paul Demoule : *On a retrouvé l'histoire de France. Comment l'archéologie raconte notre passé*, n° 225.

Marcel Detienne : *L'identité nationale, une énigme*, n° 177.

Alain Dewerpe : *Charonne 8 février 1962. Anthropologie historique d'un massacre d'État*, n° 141.

Jean-Philippe Domecq : *Robespierre, derniers temps*, n° 186.

Jean-Marie Donegani, Marc Sadoun : *La Ve République. Naissance et mort*, n° 95.

Georges Duby : *L'An Mil*, n° 52.

Georges Duby : *Dames du XIIe siècle I. Héloïse, Aliénor, Iseut et quelques autres*, n° 84.

Georges Duby : *Dames du XIIe siècle II. Le souvenir des aïeules*, n° 89.

Georges Duby : *Dames du XIIe siècle III. Ève et les prêtres*, n° 96.

Georges Duby : *Le dimanche de Bouvines. 27 juillet 1214*, n° 1.

Georges Duby, Andrée Duby : *Les procès de Jeanne d'Arc*, n° 69.

Claude Dulong : *Anne d'Autriche. Mère de Louis XIV*, n° 8.

Alphonse Dupront : *Qu'est-ce que les Lumières ?*, n° 76.

Roger Dupuy : *La Garde nationale. 1789-1872*, n° 181.

Philippe Erlanger : *Henri III*, n° 21.

Arlette Farge : *Vivre dans la rue à Paris au XVIIIe siècle*, n° 43.

Lucien Febvre : *Amour sacré, amour profane. Autour de* L'Heptaméron, n° 74.

Hector Feliciano : *Le musée disparu. Enquête sur le pillage d'œuvres d'art en France par les nazis*, n° 197.

Jean-Louis Flandrin : *Les amours paysannes. XVIe-XIXe siècle*, n° 53.

Robert Folz : *Le couronnement impérial de Charlemagne. 25 décembre 800*, n° 26.

Michel Foucault (dir.) : *Moi, Pierre Rivière, ayant égorgé ma mère, ma sœur et mon frère... Un cas de parricide au XIXe siècle*, n° 57.

Geneviève Fraisse : *Muse de la Raison. Démocratie et exclusion des femmes en France*, n° 68.

Marc Fumaroli : *Trois institutions littéraires. La Coupole, la conversation, « le génie de la langue française »*, n° 62.

François Furet : *Penser la Révolution française*, n° 3.

François Furet : *La Révolution en débat*, n° 92.

Benoît Garnot : *Histoire de la justice. France, XVIe-XXIe siècle*, n° 173.

Robert Gauthier : *« Dreyfusards! ». Souvenirs de Mathieu Dreyfus et autres inédits*, n° 140.

Gérard Gayot : *La franc-maçonnerie française. Textes et pratiques (XVIIIe-XIXe siècles)*, n° 37.

Jean Giono : *Le désastre de Pavie. 24 février 1525*, n° 204.

Jacques Godechot : *La prise de la Bastille. 14 juillet 1789*, n° 24.

Pierre Goubert, Michel Denis : *1789 Les Français ont la parole. Cahiers de doléances des États généraux*, n° 210.

Grégoire de Tours : *L'Histoire des rois francs*, n° 187.

Jean-Pierre Hirsh : *La Nuit du 4 août*, n° 223.

Philippe Joutard : *Les Camisards*, n° 60.

Jacques Le Goff : *Saint Louis*, n° 205.

Emmanuel Le Roy Ladurie : *Le Carnaval de Romans. De la Chandeleur au mercredi des Cendres (1579-1580)*, n° 10.

Emmanuel Le Roy Ladurie : *Montaillou, village occitan de 1294 à 1324*, n° 9.

André Loez : *14-18. Les refus de la guerre. Une histoire des mutins*, n° 174.

Jean Maitron : *Ravachol et les anarchistes*, n° 41.

Manufacture Française des Pneumatiques Michelin : *Les lieux de l'histoire de France. De la Préhistoire à 1945*, n° 189.

Karl Marx : *Les Luttes de classes en France*, suivi de *La Constitution de la République française adoptée le 4 novembre 1848* et de *Le 18 Brumaire de Louis Bonaparte*, n° 108.

Jules Michelet : *Histoire de la Révolution française I, vol. 1*, n° 151.

Jules Michelet : *Histoire de la Révolution française I, vol. 2*, n° 152.

Jules Michelet : *Histoire de la Révolution française II, vol. 1*, n° 153.

Jules Michelet : *Histoire de la Révolution française II, vol. 2*, n° 154.

Gérard Monnier : *L'art et ses institutions en France. De la Révolution à nos jours*, n° 66.

Paul Morand : *Fouquet ou le Soleil offusqué*, n° 7.

Roland Mousnier : *L'assassinat d'Henri IV. 14 mai 1610*, n° 45.

Robert Muchembled : *La sorcière au village. XVe-XVIIIe siècle*, n° 36.

Jean Nicolas : *La rébellion française. Mouvements populaires et conscience sociale (1661-1789)*, n° 165.

Gérard Noiriel : *État, nation et immigration. Vers une histoire du pouvoir*, n° 137.

David O'Connell : *Les propos de Saint Louis*, n° 212.

Zoé Oldenbourg : *Le bûcher de Montségur. 16 mars 1244*, n° 23.

Pascal Ory : *La France allemande. 1933-1945*, n° 67.

Jacques Ozouf : *Nous les maîtres d'école. Autobiographies d'instituteurs de la Belle Époque*, n° 50.

Mona Ozouf : *La Fête révolutionnaire. 1789-1799*, n° 22.

Mona Ozouf : *Varennes. La mort de la royauté (21 juin 1791)*, nº 193.
Martine Poulain : *Livres pillés, lectures surveillées. Les bibliothèques françaises sous l'Occupation*, nº 224.
Miguel Rodriguez : *Le 1er Mai*, nº 213.
Pierre Rosanvallon : *La démocratie inachevée. Histoire de la souveraineté du peuple en France*, nº 126.
Pierre Rosanvallon : *Le peuple introuvable. Histoire de la représentation démocratique en France*, nº 118.
Pierre Rosanvallon : *Le sacre du citoyen. Histoire du suffrage universel en France*, nº 100.
Henry Rousso : *Vichy. L'événement, la mémoire, l'histoire*, nº 102.
Antoine-Louis de Saint-Just : *Œuvres complètes*, nº 131.
Jean-François Sirinelli (dir.) : *Les droites françaises. De la Révolution à nos jours*, nº 63.
Jean-François Sirinelli : *Intellectuels et passions françaises. Manifestes et pétitions au XXe siècle*, nº 72.
Zeev Sternhell : *La droite révolutionnaire (1885-1914). Les origines françaises du fascisme*, nº 85.
Zeev Sternhell : *Ni droite ni gauche. L'idéologie fasciste en France*, nº 203.
Alexis de Tocqueville : *L'Ancien Régime et la Révolution*, nº 5.
Alexis de Tocqueville : *Souvenirs*, nº 94.
Jean Tulard : *L'anti-Napoléon. La légende noire de l'Empereur*, nº 214.
Michel Vovelle : *Mourir autrefois. Attitudes collectives devant la mort aux XVIIe et XVIIIe siècles*, nº 28.
Patrick Weil : *La France et ses étrangers. L'aventure d'une politique de l'immigration de 1938 à nos jours*, nº 135.
Patrick Weil : *Liberté, égalité, discriminations. L'« identité nationale » au regard de l'histoire*, nº 168.
Patrick Weil : *Qu'est-ce qu'un Français ? Histoire de la nationalité française depuis la Révolution*, nº 134.
Michel Winock : *L'agonie de la IVe République. 13 mai 1958*, nº 206.
Michel Winock : *La République se meurt. 1956-1958*, nº 4.

Composition UTIBI
Impression Maury Imprimeur
45330 Malesherbes
le 3 février 2014.
Dépôt légal : février 2014.
1er dépôt légal dans la collection : avril 2013.
Numéro d'imprimeur : 187523.

ISBN 978-2-07-045647-5. / Imprimé en France.

260826